走出家庭，或回归家庭？

劳动、社会性别与当代中国社会变迁

（法文版）

« FEMMES AU FOYER », « FILLES DE FER »
ET RETOUR AU FOYER,

GENRE ET TRAVAIL A SHANGHAI
SUR QUATRE GENERATIONS, 1949—2007.
ENQUETE DANS UNE USINE AGRO—ALIMENTAIRE

唐晓菁 著
Xiaojing TANG

上海三联书店

中文摘要

　　在当代中国，社会性别问题是折射社会剧烈变迁的一面镜子。自1949年以来，不同代际的女性有着完全不同的生活图景与社会性别实践。近些年，学界对市场化改革与妇女地位变迁的问题展开了诸多讨论。但从历史社会学视角来看，要真正理解女性社会状况的转变还需要将这一问题置于更为广阔、长时段的社会语境中分析。为此，在本书中，作者拟采取"社会代"的研究方法，将视野拓展至1949年至今四代女性的劳动与生活，从而研究在剧烈转型的社会背景下，社会性别如何在具体的劳动实践中延续与转变。

　　与西方妇女解放的历史不同，中国妇女解放的议题被裹挟在民族国家复兴与现代性问题之中。在启蒙－改良－革命运动中，女性的权利和角色始终是文化思想界、政府改革、立法的重要内容。1927年，共产党领导的妇女运动将女性权利的争取纳入阶级和民族解放之中。1949年新中国成立之后，男女平权的理念很快以法律形式确立下来。妇女在政治、经济与婚姻、家庭等多领域的平等权利得到承认。[①]在各

[①] 具有临时宪法性质的《中国人民政治协商会议共同纲领》规定："中华人民共和国废除束缚妇女的封建制度。妇女在政治的、经济的、文化教育的、社会的生活各方面，均有与男子平等的权利，实行男女婚姻自由。"1950年，婚姻法确立了婚姻自由和家庭中的男女平等原则。1954年第一部宪法确认了男女在各领域中的平权。

项权利中，根据马列主义理论，就业权是妇女解放的先决条件，因此尤为重要。和其他工业化国家的情况类似，中国妇女就业最早可追溯到近代工业化时期。19 世纪 80 年代之后，少数接受高等教育的女性开始陆续活跃于教育、新闻和医疗等行业。但是，妇女的广泛就业和受教育程度的普遍提高却肇始于 1949 年之后。在工业"大跃进"时期，政府提倡"妇女走出家门"与"妇女半边天"的平等观念，并通过行政手段大量安置妇女就业。此后，根据官方就业率数据，在经历 20 世纪 60 年代初妇女就业率的短暂反复之后，妇女的就业参与率持续增长。直至 20 世纪 90 年代，城市妇女的就业率已高达 90%（1990 年）。中国因此成为世界上妇女就业率最高的国家。

然而，经济变革打破了这一平等化的趋势。随着改革的深化，女性的社会地位不断弱势化：大批女工下岗、招工中出现性别歧视、妇女回归家庭等传统现象重现、两性间的收入差距也不断扩大。这一趋势引发海内外学界的广泛关注，不少学者惊叹"中国女性地位倒退"！

那么，如何理解妇女地位的"倒退"？经济变革从何种意义上重构了妇女的角色？对于这一问题，仅仅从经济学的效率论角度来解释显然是不够的。事实上，性别关系不仅体现在政策与经济体制的规制上，而且在具体的劳动实践过程中被生产与重构。因此，对社会性别关系转型的研究不可停留于政策文本、话语或者观念层面，必须深入至具体的劳动实践与社会关系建构的层面上进行分析。

此外，受"断裂论"与"五四史观"的影响，通常我们将中国妇女的历史分为三段，即新中国成立前漫长的封建"父权制"历史、新中国成立后由政府主导的性别平等时期与经济变革之后妇女解放的回落期。然而，近些年的不少研究发现，"五四史观"遮蔽了历史复杂多元的真相。同时，随着历史社会学的发展，"断裂论"也不断受到挑战。基于此，这项研究旨在将妇女的劳动与性别关系建构置于具体的历史与社会场景中理解,从而突破过去的"断裂论"或者"倒退论",呈现 1949 年以来历史变迁过程中更为丰富、复杂的性别图景。

在本书中,笔者将引入历史社会学的视角,结合"大历史"与"小历史",对历史变迁的动力机制进行追问。问题意识包括:如何从历史演变/时间的维度来解释实践中"社会性别"的变迁? 20 世纪中国的三次社会剧变:社会主义革命、"文化大革命"、经济改革,分别如何在实践层面上生产和改变"社会性别"?历史变迁的动力既来自于经济、政治制度的变革、也来自于社会表征和文化、个体情感和主体性"选择"。那么,1949 年以来,什么被延续下来?什么发生了变化?为什么?具体而言,"社会性别"规范与政策、劳动组织模式的互动过程是什么?(既有社会性别规范如何影响政策和单位/企业中的劳动组织模式?相反,劳动组织模式的改变如何影响社会性别规范?)个体的身份如何被建构起来?主体性体现在哪里?策略是什么?

事实上,今天中国女性的就业率仍在世界上领先。这是否可以被解读为社会主义时期妇女解放的遗产,还是有更为复杂的社会动因?从社会学视角来看,透析社会主义时期女性解放的遗产与不足,变迁与不变,不仅是对经验梳理与解释的问题,还涉及理论建构的维度。如何看待五十年来的变迁?"社会性别"的概念与本土历史、社会经验的关系是什么?在中国的政策体制下,国家、劳动制度与女性的关系是什么?又如何理解女性劳动与家庭之间的关系?对于这些问题的解释既涉及到对历史延续性与断裂的机制分析,又关系到对中国"特殊性"问题的理解。

研究田野:Aban 厂

本书选择对几代城市女性的劳动展开民族志研究(ethnography)。民族志方法是 20 世纪下半期以来被广泛运用至社会学研究之中的一种质性方法。该方法的优势在于呈现丰富的情景化资料，从而加深对于社会生活的理解。2007年，笔者通过个人关系以实习生身份进入了一家成立于1864年的食品企业（ABAN，简称A厂），进行了为期一年的田野研究。在此期间，我对该企业中几代职工进行了生活史、工作史的深度访谈（整理了50份录音资料），并以参与式观察法深入了解各个部门的劳动状况。同时，笔者查阅企业内部档案与出版物，将之与官方数据与资料（《人民日报》、《上海劳动志》、《妇女志》、上海档案馆资料，等等）相结合，作为理解过去国家话语、劳动政策以及企业变迁的具体材料。

A厂于1864年由一名英国人创立，最早是一家生产汽水（当时的奢侈品）的工厂。在1949年前，该厂是一家工人收入和待遇优厚的工厂，全部工人均为男性。在1953-1957年的国有化期间，Aban兼并了二十余家小食品厂，成为一家大型国有食品企业，生产并销售汽水、糖果、糯米纸等食品类产品。在此期间，A厂出现了一定比例的女职工（过去糖果厂的工人）。工厂的第二次"女性化"发生在"大跃进"期间（1958－1961）。在这一时期，工厂从从附近里弄招录了一批"家庭妇女"作为临时工。20世纪60年代初，大部分临时工都被退回里弄。几年后，随着经济的恢复，一部分妇女又以"外包工"的身份进厂劳动。70年代末是A厂的第二次招聘高峰，很多知青返城顶替父母的岗位而被聘用。直到80年代末，A厂维持着其在上海的良好效益和品牌声誉。随着老职工逐步退休，新进职工中女性比例较高。到1990年底止，全厂职工2357人，其中女职工1287人，占全总数的54.6%。

90年代初，A厂受到市场冲击。1993年，企业濒临倒闭，几乎所有职工都回家待岗。在此期间，和其他大型国企一样，A厂内成立了"劳动服务公司"，帮助下岗职工再就业。1995年，在政府抓大放小的政策下，A厂作为大型国有企业受政府重点扶持，更换产品（饮用水）、进行企业重组。一部分职工重回工作岗位。此后,企业效益呈快速递增趋势。2000年后,企业引入外资,成为合资企业,并进行"减员增效"。此后,公司每年设定一定名额的"下岗"人数规定。在大批女职工被下岗的同时,公司通过劳务公司廉价招用外地工。A厂逐渐完成了从国营大型单位向市场化企业的过渡与转型,过去的"干部"成为职业经理人,过去的"供销科"转为现代化的"销售与市场"部门。中高级经理人的收入日益与国际化市场接轨(经理的平均月收入在五千元人民币左右,副总的平均年收入为三十万元。)但过去的单位制管理风格仍有所留存,也因此吸引了一部分有意协调家庭和职业角色的年轻女性。

笔者进入A厂时,正值上述企业重组与人员新旧更替的时期,因此有机会观察企业在劳动组织形式重构过程中不同个体或群体与工作之间的关系、对工作的理解以及与其性别身份之间的关联。同时,也正是因为A厂作为一个熟人社会的"单位"特点,有利于我通过滚雪球的方式联系并访谈不同代际、不同职位与性别的员工,从而为这项研究奠定资料基础。

各章概要

本书共九章。前四章交代理论视角、方法论和研究问题:既有研究的分析和本研究问题的提出(导论部分),田野的介绍和研究方法(第一章),描述分别属于四代的五位A厂女职工的生活史(第二章)和中国及上海妇女就业概况的统计数据分析(第三章)。后五章是对田野调研(A厂,匿名)资料的分析。前两章分析五六十年代的第一代妇女,包括大跃进妇女和正式工妇女(第四章、第五章)。第六章分析"文革"一代妇女的劳动和社会性别。最后两章(第七章、第八章)尝试解释经济改革在A厂企业中带来的变化以及女性和劳动之间关系的重构。

导论部分旨在对既有文献的回顾和分析的基础上，提出本研究的问题、分析概念和理论框架。这一章由三部分组成。第一部分介绍法国学界自 20 世纪 60 年代女权运动以来关于妇女、劳动和移民问题的研究的问题域、概念和理论。第二部分具体分析在海外（法语和英语文献）和中国大陆学界 1980 年后，在其各自的学术脉络下，对中国妇女劳动的问题建构、研究方法和结论。最后，笔者提出本文的研究问题。

第二章描述了作为典型个案的五位 A 厂女职工（四代）的职业和人生经历。谢丽（新中国成立后早期的童工），宜林（大跃进妇女），洁升（老三届），刘露（外来女工），简（本科学历的"现代"妈妈）。几位女性的人生经历有共性也有差异，差异中哪些是属于不同的"代"？那些是社会阶层原因？社会性别原因？家庭原因？抑或是个体选择？

第三章旨在为接下来"小历史"的民族志分析铺垫可嵌入的宏观背景。我们用数据图表构勒 1949 年以来全国范围和在上海的女性就业的演变、行业及职业的两性分布，分析其背后的结构性因素以及中国女性就业的特殊性。数据来源主要是四次人口普查资料及 1% 人口普查资料。结合经济变化和就业政策，可以将 1949 年至今的妇女就业历史分为四个阶段。第一阶段（1949—1957）是社会主义就业制度的建设期。在此期间，新进入劳动市场的妇女为数有限，男性是主要的政府安置就业对象。第二阶段从标志着妇女广泛就业的"大跃进"运动（1958—1961）到 60 年代末。在此期间，妇女就业经历了反复：在经济困难期（1961—1963）女性就业回落，1964 年后又有所上升。在这一时期进入劳动力市场的妇女主要以"临时工"或者"外包工"（家属工）的身份。60 年代以后，国家出台政策允许一部分"临时"女工转正。但大部分女工仍然处于这一不稳定、低收入的就业类别中。第三阶段（70年代初起到80年代末）的妇女就业表现出稳定增涨的特点。第四阶段（90年代至今）城市女性就业下降，以两个年龄段的女性为主：30—34岁（婚育期女性）和45—49岁（下岗年龄）。

第四、五章分析五六十年代的妇女就业、职业和社会性别的生产。这一部分旨在回答以下问题：1. 如何理解平等主义意识形态和两性之间以及妇女中等级化差异的矛盾：为何在"铁饭碗"制度下存在着"临时工"、"外包工"的就业形式？干部群体是如何性别化的？2. 女性劳动的表征如何被延续下来并被再生产？3. 女性的主体性，对"解放"的理解、行动策略是什么？

第四章揭示了社会主义时期一个就业类别的建构，即以城市妇女为主的"临时工"、"外包工"，分析其背后的经济、政治和意识形态过程。这些女工是在1958—1961年间被动员就业的城市"家庭妇女"。事实上，"家庭妇女"是在1952至1957年间被建构起来的一个类别。1949年后，为了解决失业问题、建构社会主义就业制度，国家组织失业人员登记和安置就业工作。由于当时的经济状况能力不足以吸纳全部有就业愿望的市民，所以一部分无就业经验的妇女被定义为"家庭妇女"而受到制度性的就业限制。1958年"大跃进"开始，广大"家庭妇女"被调动起来参加生产。然而，妇女家务劳动无偿性的文化逻辑被延用到工业中。事实上，在"大跃进"的初始阶段，这部分妇女的劳动几乎是无偿的。之后，她们的收入也十分微薄（是正式工平均收入的一半左右）。60年代初，大部分临时工被退回里弄，重归"家庭妇女"的身份。1964年以后，她们又以"外包工"（又称家属工）的身份走进工厂。这一段看似变化无常的妇女就业政策，反映了中国集体化时期特殊的意识形态和社会组织模式："公"、"私"之间的关系远比西方国家更为复杂，妇女无论是参加经济建设，还是从事家务劳动，都是为社会主义国家尽责。因此，妇女的家外劳动与家内劳动之间呈现意义相互交织的关联性，而非对立的二元关系。

当然，在集体化的时代，家庭之外经济劳动的参与令妇女获得更高的价值实现感，也有助于赢得在家庭中的地位与话语权，使她们从过去被动的"失语"处境中解脱出来（很多外包女工认为，"解放"的意义在于在家里面"可以说说了"）。在这一意义上，外包工妇女极为微薄的收入和不稳定、无保障的就业状况，使得她们还不能像一部分正式工妇女那样，在家庭中争取经济独立和心理的独立。（在正式女工中，已经出现了夫妻间分开独立的经济管理方式。M："婆婆说不到我了，我自己吃自己的饭"。）因此，这部分妇女也为劳动的正式化付诸行动，进行了一系列的就业诉求表达。

第五章分析"女干部"群体的建构。"干部"是 1949 年后执政党建构的一个特殊的社会类别。"干部"是性别化的。这一性别化既表现在女性低比例（不超过 30％）上，也表现在以性别为分界的两个不同的干部职业系统。1949 年前的两性的劳动分工延续下来（男工在前工段，女工在后工段）。大部分女干部从事政工、工会、宣传、行政、财务工作。而技术岗位更多地被男性干部所占据。这一职业系统的等级化差别（收入、职业发展、社会声望）在某种意义上是由于国家－妇联在当时有意识地建构了一个从事"妇女工作"和"群众工作"的女干部群体。女性的"沟通能力"和"情感能力"在国家、家庭与个人关系的沟通上起到了重要的作用。也就是，这部分妇女成为国家与劳动妇女之间的中介，在动员、教化、情感联系以及道德示范等方面扮演了重要的角色。因此，她们在经济收入上并没有得到很高的价值化承认（甚至被污名化为"婆婆妈妈"的工作），但是由于在国与家之间扮演重要的角色，从而在社会价值层面得到自我实现。

第六章讨论六七十年代的劳动组织和社会性别。五六十年代中等教育中女性比例的提高（在上海，两性的比例已经基本相当）和"文革"

期间大学的废除使得这代女性有了和男性相对平等的基础：男性和女性一起受当时政治运动的深刻影响。研究发现，首先，正如之前研究者所描述的，一方面，这一代年轻女性勇于超越性别界限；但另一方面，"铁姑娘"的平等化叙事仍只是少部分女性的现实经历。大部分的妇女仍然从事轻工行业、技术性弱的工作。从单位体制来看，单位内部"家文化"的男权特点渗透至劳动的组织安排过程之中。有职业志向的女性更多遵从性别角色脚本，在女性角色的边界之内实现向上流动。其次，这一时期也出现了以"铁姑娘"为范本，挑战、超越传统性别关系，重新定义"性别关系"的刚强女性。这一代妇女还有着返乡与回城的特殊经历。和上一代人不同的是，独生子女政策减轻了家务劳动的负担，但在面对回城之后住房紧张、工作与家庭之间张力等问题时，两性之间基于性别角色的差异仍体现得较为明显。

第七、八章讨论经济改革和社会性别（gender）的关系。第七章分析"文革"的一代在 90 年代经济改革、就业和劳动重组过程中的社会性别的重构。随着经济和就业形式的变化（就业的市场化和形式的多样化、劳动组织和管理的资本主义化等）和商品化，女性的身份（identity）和她们就业的表征被修改。在此过程中，女性的职业身份（professional identity）被消解。这体现在"下岗"事件中。事实上，"下岗"并非发生在固定不变的人身上的一次外在事件，而是一次性别身份的重构。和其他企业一样，A厂中绝大多数下岗人员（买断、内退）是女工。被劝下岗的理由一般是"补偿金"和劳动收入差不多，或者其岗即将变成"剩余性"岗位。前者将女性的劳动简化为"经济收入"，消解了她们的职业身份。而后者，即"剩余性岗位"则也是被建构的产物：同样在"剩余性岗位"（前工段）的男性获得在A厂内新的就业机会。其次，随着女性的生产（production）身份的削弱，"女性特质"与商品化、消费性的关联被强化。她们的声音、身体作为客体受到规训、并用在销售中。这部分的分析以下岗后被转产至 A 厂"商务电话中心"的女工为例。下岗女工在这些岗位上的再就业只是延迟了她们的再次失业。事实上，在年轻女性进入这些行业的时候，原来的女工由于年龄的"劣势"，往往面临再次下岗。这些岗位往往属于不稳定的非正式就业。这类就业形式的出现并非偶然。然而，与其说这是市场就业的必然趋势，不如说是女性就业表征的一次再创造。通过这一章，我们看到在改革期间的劳动重组本身受到性别化规范的型塑，另一方面，随着流动打工群体大量进入城市，性别与阶级、地域之间相互交织，成为建构企业内劳动制度的重要因素。

第八章讨论第三代（过渡的一代）与第四代女性的劳动建构、身份认同和策略。受高等教育的年轻女性进入 A 厂后散布在各部门的文职岗位上。由于大多数部门的经理层为过去的干部占据，所以她们的职业机会并不多。劳动管理较为宽松（不同于资本主义化企业的理性化劳动管理），为怀孕女性和有孩子的女性提供了协调职业身份和家庭身份的可能性。此外，由于很多进入 A 厂工作的年轻女性是 A 厂职工的下一代，因此在企业中的种种性别化话语也以家长规劝晚辈的形式出现。在这里，我分析了出现在 A 厂中的"女强人"、"第三性"、"白骨精"等新词汇及其意义结构，分析了话语对女性职业成就的否定和污名化、对男性经济和社会主导地位的强化，分析了"发嗲"与女性气质、女性"魅力"的建构与"依赖人格"。一部分年轻女性内化了这些规范，倾向从家庭和消费中寻找身份认同。年轻女性也是行动者。她们中的很多人选择符合"女性特质"的行业发展职业。此外，她们通过选择有一定经济和社会地位的配偶，以确保个体的经济独立和相对自主性。一些女性完成婚姻生育的"任务"后将孩子和家务"委托"给上一辈家长、或者雇用下岗女工、来沪打工的外地女性（由于她们的劳动报酬低廉）照看孩子。这里，可以再次看到社会性别、"社会代"和地域之间相交织的不平等关系。

结论

在这项研究中，我选择 A 厂作为研究对象。这一有着悠久历史的企业，完整地经历了 20 世纪中国历史上的三次政治、经济和社会的剧变。在田野调研中，我尽可能地接近 A 厂内四代劳动者的劳动和日常生活，试图理解经济、政治变动对他们的生活（职业和家庭）、价值及表征的影响。这一微观社会学的研究法使我们得以观察到、如仅仅对宏观经济和社会进行分析就无法看到的社会现象。

中国式矛盾在于"性别平等"在话语、政策与实践中有一定张力，以及作为现代性想象的"妇女解放"在 90 年代之后出现了逆转。透过这项研究，有必要进一步讨论国家、劳动与个人之间关系，以及作为国家、企业与个体的行动者如何理解现代性，又如何将之付诸实践。事实上，历史演变的动力机制是复杂、多元的：既渗透着"传统"的延续，又存在新历史时期带来的转折。同时，在国家、企业与个体之间的结构框架之内，个体仍然有着不同程度的能动空间。从这一意义上而言，这项研究也旨在揭示"现代化"进程的多义性、反复性与复杂性。

PRESENTATION DES CHAPITRES

Ce livre comporte neuf chapitres. Les quatre premiers présentent le cadre théorique et la méthodologie qui nous ont aidés à construire notre objet. Une revue de la littérature et les principes de contruction de l'objet (Introduction), une présentation du terrain et de la méthode (chapitre 1), des portraits de femmes (chapitre 2) et un panorama statistique retraçant les grandes tendances de l'emploi féminin à Shanghaï et en Chine (chapitre 3) dressent le cadre historique et social général où s'inscrit notre enquête de terrain.

Les cinq chapitres suivants relatent les résultats de notre enquête de terrain réalisée au sein de l'entreprise Aban à Shanghaï. Les premiers sont consacrés à la génération des femmes du Grand Bond en avant ainsi qu'aux femmes cadres au cours des années 1950 et 1960 (chapitres 4 et 5). Le chapitre 6 traite des femmes de la génération de la Révolution culturelle. Les derniers chapitres, 7 et 8, tentent d'analyser les bouleversements induits dans la condition des femmes et dans leurs relations au travail et à la famille par les Réformes économiques en cours et la libéralisation des échanges.

目录

TABLE DES MATIERES

Présentation des chapitres

INTRODUCTION (序论)
GENRE, TRAVAIL ET MIGRATION

Ce premier chapitre retrace dans ses grandes lignes la question du travail des femmes et sa situation dans le champ sociologique. Il ne s'agit pas d'exposer la genèse épistémologique des travaux sur le genre, en France, en Chine et dans les autres pays de la planète, mais de construire notre objet de recherche et de l'inscrire dans le cadre où nous raisonnons. Aussi, nous concentrerons-nous sur trois types de littérature : la sociologie du genre, la sociologie du travail et la sociologie de l'emploi qui se recoupent et les ouvrages de sociologie et d'histoire qui portent sur le travail des femmes en Chine de 1949 à nos jours.

I. SOCIOLOGIE DU GENRE, DU TRAVAIL, DE L'EMPLOI ET DE LA MIGRATION EN FRANCE

En France, la sociologie du travail a vu le jour après la Seconde Guerre mondiale, autour des sociologues Georges Friedmann et Pierre Naville. Cette sociologie s'intéresse principalement aux conditions de travail et aux inégalités entre les classes. La division sociale du travail était au centre de la réflexion, mais la différence des sexes est demeurée longtemps ignorée.

En 1966, c'est Madeleine Guilbert, dans la filiation directe de George Friedmann, qui pose pour la première fois la question de la différence entre les hommes et les femmes au travail. Elle réalise une recherche sur les femmes dans l'industrie métallurgique française qui contribue fortement à rompre le silence sur le thème du genre en sociologie du travail (Madeleine Guilbert, 1966).

Elle met en évidence dans son analyse le processus par lequel se construit la négation des qualifications féminines. Elle explique que les capacités prétendument « naturelles » des femmes sont en réalité socialement et culturellement construites par un apprentissage des tâches domestiques et une certaine éducation, capacités dévalorisées tout en étant largement utilisées dans l'industrie. Comme le notent Margaret Maruani et Chantal Rogerat :

« Ainsi s'opère un processus de dévalorisation sociale du travail féminin que beaucoup nomment "déqualification"»[2].

Le travail de Madeleine Guilbert représente une étape importante de la rencontre entre sociologie du genre et sociologie du travail :

« A cet égard, compte tenu du "vide" théorique et intellectuel concernant les rapports hommes/femmes dans lequel s'élabore le travail de Madeleine Guilbert, ce dernier, même s'il ne va pas jusqu'à une conceptualisation comparable à celle d'aujourd'hui, s'avère sans conteste novateur et d'une grande pertinence.»[3]

Repenser le « travail» : travail domestique et travail professionnel

Ainsi, à partir de la fin des années 1970, l'idée d'une imbrication des sphères professionnelle et familiale se retrouvera au coeur de recherches qui vont se multiplier. Danièle Kergoat, dans son ouvrage *Les ouvrières*, a articulé deux variables : le sexe et la classe sociale. Elle explique comment la division technique et sociale du travail se juxtapose très étroitement à la division sexuelle du travail, ce qui impose que « toute approche du travail féminin soit faite conjointement à l'analyse du statut et de la place des femmes dans l'univers de la reproduction (Margaret Maruani, 2000). D'après Michel Lallement :

« Ce courant sociologique contrevient à l'idée selon laquelle la classe ouvrière est une et indivisible, en montrant au contraire qu'il y a une manière différente d'être ouvrier et d'être ouvrière. Ces travaux participent d'une sociologie en termes d'exploitation et de domination, ils montrent que les rapports sexués, loin d'être un phénomène marginal, redoublent les rapports sociaux (LALLEMENT Michel, 2003) » [4]

Ainsi, « La division sexuelle du travail » s'appuie-t-elle sur une appréhension élargie du concept de travail qui englobe le professionnel et le domestique. Plus exactement, elle rend compte de l'imbrication des deux sphères : si les hommes et les femmes ne sont pas en situation d'égalité professionnelle, c'est aussi parce

---

2 Margaret Maruani et Chantal Rogerat, 2006, "Hommage à Madeleine Guilbert" in *Travail, genre et société*, N°16-Novembre 2006, pp.5-6.
3 Tania Angeloff, 1999, *Le travail à temps partiel : question de temps ou redéfinition des représentations et du statut du travail des femmes ?*, Thèse de doctorat sous la direction de Margaret Maruani, Université Paris 8, p.28.
4 Tania Angeloff, 2006, « Monde du travail et sociologie du genre » in *Sociologie du monde du travail*, Norbert Alter (sous la dir. de), Paris, Presses Universitaires de France, Chapitre 16, p. 287.

qu'il y a une division inégalitaire des tâches dans la famille.

La construction sociale de la qualification

Mais la famille, et plus largement l'univers domestique, n'expliquent pas tout. Les sociologues prennent très vite conscience que pour saisir la construction sociale de la division du travail, il faut repenser le travail et ses catégories, les notions et les concepts.

Ainsi, un nouveau champ de recherche est-il ouvert, « des concepts [...] comme ceux de qualification, de productivité, de mobilité sociale et plus récemment, de compétence [...] »[5] sont remis en chantier. S'ouvrent aussi « [...] de nouveaux champs de recherche : relation de service et actuellement : travail de care, mixité au travail, accès des femmes aux professions intellectuelles supérieures, temporalités sexuées, liens entre politique d'emploi et politique familiale, etc. »[6].

Philippe Alonzo, par exemple, a montré en 1996 le caractère genré de la construction de la catégorie des « employés » (Philippe Alonzo, 1996).

De la sociologie du travail à la sociologie de l'emploi : le genre et l'emploi

Une fois terminées les « trente glorieuses», le chômage et les formes d'emploi flexibles ou précaires se sont multipliés. Dans ce contexte, Margaret Maruani considère que la sociologie du travail classique ne suffit pas à rendre compte du travail des femmes.

Au début des années 1990, elle passe donc à une sociologie de l'emploi pour comprendre les questions d'emploi et de chômage comme des « constructions sociales », ce qui lui permet également d'élargir l'analyse de « rapports sociaux de sexe ». Ainsi, Margaret Maruani et Emmanuèle Reynaud entendent faire une analyse de « la place des femmes sur le marché du travail et non plus seulement de leur position dans l'univers professionnel, qui traite de la division sexuelle du marché du travail et non plus seulement de la division sexuelle du travail... Les formes de chômage tout comme les catégories de

---

5 Helena Hirata et Danièle Kergoat, 2007, « Division sexuelle du travail professionnel et domestique, Evolution de la problématique et paradigmes de la "conciliation"», in *Marché du travail et genre : comparaisons internationales Brésil-France* [sous la direction de Cristina Bruschini, Helena Hirata, Margaret Maruani et Maria Rosa Lombardi], p. 311.

6 Helena Hirata et Danièle Kergoat, 2007, « Division sexuelle du travail professionnel et domestique, Evolution de la problématique et paradigmes de la "conciliation"», in *Marché du travail et genre : comparaisons internationales Brésil-France, op.cit.,* p. 311.

population concernées, les types d'emploi, de sous-emploi sont des éléments qui se constituent socialement, c'est à dire en fonction de normes et de règles sociales.»[7].

Des travaux portant sur des thèmes très divers ont été réalisés dans le cadre de cette sociologie : chômage, différents formes d'emploi, temps de travail, etc. Par exemple, l'enquête de Tania Angeloff en 1999 a porté sur «le travail à temps partiel» en France. Dans le cadre d'une sociologie de l'emploi, du genre et du temps, elle met au jour les processus de la construction sociale du temps de travail, sous l'angle juridique, économique, politique, des discours et des pratiques. Ainsi, elle montre que ce marché du travail est un marché de dupe qui dévalorise, déqualifie et discrimine les femmes (Tania Angeloff, 1999).

Genre et organisation du travail

Alors que le genre, en tant que paradigme transversal, concernait les divers champs dans le monde du travail, jusqu'à récemment, l'organisation du travail a été peu étudiée en France sous le prisme du genre. Comme Tania Angeloff et Jacqueline Laufer le disent :

« [...] les termes de genre et d'organisation(s) ont longtemps été disjoints dans l'analyse du monde du travail. Comme si les organisations du travail échappaient à une structure de genre, du fait peut-être de leur caractère bureaucratique désincarné et donc asexué dans l'imaginaire collectif (Joan Acker, 1990). Or divers auteurs et analyses l'ont désormais montré, les univers organisationnels doivent être appréhendés comme des construits sociaux. Ils sont des lieux de pouvoir [...], qui masquent les rapports de genre et d'ethnicité.»[8].

En 1982, Jacqueline Laufer montre dans son œuvre *La féminité neutralisée?* Les femmes cadres dans l'entreprise, que dans l'entreprise moderne où la hiérarchie est avant tout masculine, l'identité de cadre n'est pas automatiquement compatible avec une identité de femme. Elle montre également les stratégies développées dans cet univers de cadre par les femmes (Jacqueline Laufer, 1982).

Depuis lors, plusieurs recherches ont mis en évidence le rôle des rapports sociaux entre les sexes et des pratiques de gestion de la main-d'œuvre dans la construction des inégalités hommes/femmes dans l'organisation (Laufer, 1982 ; Kergoat, 1982 ; Battagliola, 1984 ; Maruani et Nicole, 1989; Fortino, 2000 ;

---

7 Margaret Maruani, 1999, Emmanuèle Reynaud, *La sociologie de l'emploi*, Paris, La Découverte, p. 24.
8 Tania Angeloff et Jacqueline Laufer, 2007, « Genre et organisations » in *Travail, genre et sociétés*, Paris, La Découverte, N° 17, pp.21-25.

Laufer et Fouquet, 2001 ; Laufer, 2001; Laufer, 2003; Marry, 2004; Laufer et Pochic, 2004).

Ces études ont mis en évidence les cultures et pratiques organisationnelles qui, du fait qu'elles sont « masculines», ont alimenté des stéréotypes relatifs aux postes, aux parcours et aux comportements qui conviennent aux femmes, toutes les stratégies masculines visant à différencier leurs pratiques professionnelles de celles des femmes. (Jacqueline Laufer, 2004)

Ces recherches et ces analyses interviennent surtout sur deux niveaux d'analyses : d'une part, les processus organisationnels et d'autre part, les stratégies des femmes. A cet égard, Catherine Marry oppose des approches centrées sur la « demande» à celles centrées sur «l'offre » (Catherine Marry, 2001). Ces deux approches se sont souvent articulées dans les analyses (Jacqueline Laufer, 2005).

* * *

On voit qu'au cours de la quarantaine d'années qui ont suivi le moment où Madeleine Guilbert a inscrit le genre dans la sociologie du travail, les thèmes et les problématiques ont beaucoup évolué. Les recherches ont traversé différents champs et aspects du monde du travail : formes d'emploi, vie professionnelle et vie familiale, la construction de la qualification, organisation du travail, temps de travail, rapport au travail, etc. Les différents niveaux d'analyse ont pris en compte les lois et les politiques, les représentations sociales, les politiques des entreprises, les normes produites dans l'entreprise, l'articulation entre la sphère professionnelle et la sphère familiale, les stratégies des acteurs, etc. Les analyses prennent en même temps en compte l'ambivalence et les contradictions dans les rapports entre hommes et femmes, la dynamique égalitaire comme celle de régressions.

Les analyses s'articulent de plus en plus avec d'autres catégories : ethnicité, classe, diplôme, âge, etc. Par exemple, la modalité de la « dualisation de l'emploi féminin » illustre bien le croisement des rapports sociaux. Les femmes des sociétés du Nord qui travaillent de plus en plus externalisent « leur » travail domestique aux femmes pauvres, françaises et immigrées. (Helena Hirata et Danière Kergoat, 2007)

Par ailleurs, si les premières études sont exclusivement concentrées sur la masse de femmes les plus dominées - ouvrières et employées -, elles se sont progressivement tournées vers les femmes des professions supérieures du fait de la croissance des femmes diplômées : femmes ingénieurs (Catherine Marry,

2004), femmes cadres (Jacqueline Laufer, 2005) etc.

Parallèlement à ce qui se produit sur la scène française, les études sur le travail des femmes chinoises se multiplient à partir des années 1980, du côté occidental comme à l'intérieur de la Chine.

2. LES ANALYSES FRANÇAISES ET ANGLO-SAXONNES

Les études occidentales sur les femmes Chinoises s'inscrivent dans le vaste contexte du mouvement féministe aux Etats-Unis et en Europe. Dans les années 1970, au moment de la seconde vague féministe aux Etats-Unis et en Europe, les féministes occidentales tentent de comprendre non seulement la condition des femmes de leur propre pays, mais aussi l'expérience des femmes d'autres parties du monde (Tania Angeloff, 1997; Gail Hershatter, Emily Honig, Susan Mann, et Lisa Rofel, 1998). Ainsi, des chercheuses commencent à étudier les femmes Chinoises à partir des années 1970. Les études se multiplient à partir des années 1980, favorisées par la politique d'ouverture de la Chine, qui apporte de meilleures conditions d'étude mais également stimulées par la modernisation démarrée à la fin des années 1970 qui frappe les femmes chinoises de plein fouet (Tania Angeloff, 1997).

Mise en question de l'égalité sexuelle au travail sous le régime communiste chinois (1949—1979). Les mesures gouvernementales et leurs effets

Pour comprendre la place des femmes en Chine depuis la fin des années 1970, époque des réformes insufflées par Deng Xiaoping, les chercheuses portent tout d'abord leur attention sur la « libération» des femmes sous le régime maoïste qui a précédé, conscientes que ces réformes ne constituent pas une véritable rupture dans l'histoire des femmes.

Les premières discussions visent à évaluer les conséquences du socialisme chinois sur la situation des femmes. La révolution communiste a-t-elle ou non favorisé les femmes ou pas Et si oui, comment ? (WANG Zheng, 2008).

De nombreux auteurs anglo-saxons glorifient les progrès réalisés dans ce domaine (l'emploi féminin, l'éducation et le progrès du statut des femmes dans la famille) tout en critiquant les limites de la Révolution Communiste (Delia Devin, 1976 ; Elisabeth Croll, 1978 ; Phyllis Andors, 1983). Ils soulignent que l'accession des femmes au travail est d'emblée biaisée, les postes qui sont leur sont alloués étant globalement peu ou pas qualifiés.

Parmi ces premiers travaux, celui d'Elisabeth Croll - l'un des premiers auteurs qui traite sérieusement cette question – mérite une attention particulière. Dans son ouvrage intitulé *Chinese Women since Mao*[9] , elle analyse le rôle de l'Etat et ses effets. Elle met d'abord en lumière quatre grands axes de la stratégie gouvernementale pour redéfinir le rôle et le statut des femmes dans la société Chinoise.

a) Légiférer sur les droits des femmes, promouvoir l'égalité hommes-femmes, l'égalité d'accès à la terre à la campagne, d'accès au travail salarial et de participation dans les institutions (loi sur la famille et loi agraire de juin 1950). Elle souligne un trait spécifique à la Chine : le rôle assigné à l'éducation pour promouvoir les droits des femmes et la présence d'institutions spécifiquement créées à cet effet.

b) Instituer l'emploi des femmes comme préalable à leur émancipation.

c) Bâtir une nouvelle idéologie d'égalité : les changements opérés précédemment, quoique positifs, se sont avérés insuffisants, le poids des traditions faisant obstacle à l'évolution égalitaire des rapports hommes-femmes. Aussi, à compter du début des années 60, le gouvernement chinois s'emploiera-t-il à remodeler, voire à redéfinir l'image de la femme.

d) Créer des organisations spécifiques pour les femmes. (importance pour les femmes d'avoir leurs propres organisations et prendre elle-même en charge la négociation de leurs droits et leur mise en pratique).

Elle en évalue les effets en proposant trois types de mesure

a) la comparaison de la position des femmes chinoises entre avant 1949 et aujourd'hui ;

b) la comparaison des positions des femmes chinoises des années 1970 avec celles des femmes d'autres sociétés du tiers-monde ;

c) la mesure des accomplissements réalisés à l'aune des buts fixés.

Ces évaluations lui permettent d'identifier plus clairement les progrès réalisés en matière de statut social des femmes et la persistance de certains problèmes, comme celui des poches de résistance à la redéfinition du rôle féminin dans la sphère productive et la sphère reproductive.

Les progrès sont évidents :

a) les femmes ont largement investi les domaines traditionnellement masculins et elles y sont relativement plus représentées que dans la plupart des sociétés ;

b) l'égalité de salaire est effective (à poste égal, au sein d'une même

---

9   Elisabeth Croll, 1983, *Chinese Women since Mao*, London, Third World Book, 129p.

entreprise), même si les perspectives de promotion demeurent asymétriques. En revanche, les indices de résistances à la redéfinition du rôle féminin dans la sphère productive et la sphère reproductive sont eux aussi nombreux et sans ambiguïté. L'auteur constate par exemple l'affectation des femmes à des sphères particulières d'activité et la restriction d'autres domaines à leur égard.

Elle conclut son étude en posant deux questions :

a) jusqu'à quel point le rôle féminin dans la sphère de reproduction a-t-il influencé, d'une part, la forme et le niveau de participation des femmes dans la sphère de production, et, d'autre part, la division du travail au sein de la production ?

b) jusqu'à quel point la participation des femmes à la production a-t-elle affecté, dans son ampleur et sa nouveauté, leur rôle dans la reproduction et la division sexuelle du travail domestique ?

Pour la première question, elle considère qu'en dépit des slogans comme « ce que les hommes peuvent faire, les femmes le peuvent aussi », « à travail égal, salaire égal », la division sexuelle du travail dans la production est largement déterminée par le rôle domestique traditionnellement assigné aux femmes[10]. Leurs compétences domestiques particulières sont ainsi utilisées dans la production, tout en étant dévaluées. En outre, les ouvrières touchent de fait un salaire généralement inférieur à celui de leurs homologues masculins.

Les changements dans les structures de production ont également peu affecté la redéfinition de la division sexuelle domestique du travail.

Si au milieu des années 1970 la réalité des efforts engagés pour impliquer les hommes dans les tâches ménagères est avérée, le gouvernement admet lui-même que les femmes assument encore la plus grande part des charges du travail domestique. Ainsi, l'inégalité dans la compétition professionnelle entre les hommes et les femmes trouve-t-elle également sa source dans cette double charge qui est généralement le lot des femmes, puisque celles-ci consacrent plus de temps et d'énergie à la famille, au détriment de l'engagement professionnel.

Elisabeth Croll précisera par la suite que les raisons pour lesquelles les femmes occupent une place secondaire peuvent être beaucoup plus complexes que celles invoquées par l'Etat, qui se réfère à la persistance de l'idéologie confucianiste traditionnelle pour expliquer que «les femmes ne veulent pas voler si haut dans le ciel ».

---

10 La conclusion de Madeleine Guilbert est identique (Madeleine Guilbert, 1966, *Les fonctions des femmes dans l'industrie*, Paris et La Haye, Editions Mouton, p.393).

Elle considère que les raisons pour lesquelles les femmes continuent à être l'objet de discriminations à chaque étape de leur cycle de vie sont à trouver, à parts égales, d'une part dans la relation entre l'accumulation de capital productif et la consommation dans les politiques publiques, et d'autre part, dans les effets de l'économie agraire sur la structure et le fonctionnement de la famille paysanne. Elle note également que dans les villes, les sources allouées par l'Etat pour dégager les femmes de leurs tâches domestiques sont insuffisantes. Elle souligne que malgré la collectivisation dans les régions rurales, la famille continue de prendre en charge certaines fonctionnalités économiques, par exemple, la transformation des produits alimentaires bruts en produits prêts à consommer dans la famille. Ainsi, les femmes rurales ont-elles en charge trois types de tâches: travail salarial, occupations auxiliaires, tâches domestiques. Le modèle de la famille patrilocale, celui où la famille qui vient de se constituer réside près du domicile ou au domicile des parents du mari, persiste trente ans après la révolution communiste.

Une autre raison est que dans les villes comme dans les régions rurales, les femmes n'ont pas la possibilité de résister ou de défendre leurs propres désirs et intérêts. Pour Jean Robinson, si l'égalité ne s'est pas réalisée, c'est parce que la politique chinoise assigne implicitement aux femmes deux rôles majeurs antagonistes : celui de mère et de travailleuse[11]. D'après Elisabeth Croll, ce double rôle assigné par l'Etat induit une forte pression chez les femmes, en temps et en énergie. Mais l'exigence de leur loyauté envers le Parti Communiste Chinois limite leurs possibilités de résistance.

En résumé, ces premiers travaux témoignent de la place inférieure des femmes sur le marché du travail sous le régime socialiste, à travers l'analyse des politiques publiques, des discours d'Etat, des journaux et d'articles de visiteurs étrangers. Mais ces recherches présentent une limite évidente, comme l'explique Tania Angeloff, commentant le travail d'Elisabeth Croll : « Malgré tout, les principales intéressées restent les grandes absentes de ces analyses par ailleurs documentées et fouillées.»

La discrimination vis-à-vis des femmes à l'ère de la réforme économique

La réforme économique exerce des effets négatifs sur le statut des femmes.

---

11 Cité par Emily Honig et Gail Hershatter, 1988, *Personal Voices. Chinese Women in the 1980's*, Stanford, Stanford University Press, p.243.

Les travaux commencent par analyser les lois et les discours étatiques. Margaret Woo[12] montre que les lois « protectrices» conduisent à une discrimination sexuée de l'accès à l'emploi. Si la Constitution chinoise de 1982 a réaffirmé le principe d'égalité entre les sexes, des lois plus récentes ont tendance à réinscrire dans les textes juridiques les supposées spécificités biologiques des femmes – en particulier la capacité de reproduction. Pour cet auteur, même si ces lois, dont l'origine remonte à la tradition confucéenne, prétendent protéger les femmes – les femmes enceintes en particulier –, elles menacent néanmoins l'égalité entre les sexes (Margaret Woo, 1994).

Beverley Hooper a mis en évidence, quant à elle, la discrimination qu'opèrent les entreprises envers les jeunes femmes et le discours officiel qui attribue implicitement aux femmes un rôle secondaire (Beverley Hooper, 1984).

Jacka Jamara, enfin, analyse l'image de la femmes telle que les médias la construisent : mise en avant du rôle de mère, insistance sur les tâches domestiques et dépréciation du travail salarié féminin. L'auteur montre comment les média ont participé au discours social sur la crise de l'emploi féminin (licenciements des femmes mariées, discriminations contre des jeunes femmes en recherche d'emploi) : le rapport « coût / performance» des femmes serait plus élevé que celui des hommes (Jacka Jamara, 1990).

Au delà de ces analyses, certains auteurs, comme le commente Tania Angeloff, «[…] tentent d'approcher la question des femmes de l'intérieur, aussi bien en analysant des articles de presse grand public...»[13]. A cet égard, l'ouvrage Personnal Voice : *Chinese Women in the 1980's*[14] d'Emily Honig et Gail Hershatter mérite d'être lu et analysé avec une grande attention.

Les deux auteurs analysent les discours portant sur les adolescentes dans les années 1980, tels qu'ils sont produits par les parents, les enseignants et la propagande de l'Etat – discours, par exemple, sur les 'femme modèles'... – en privilégiant ce qui est dit sur deux rôles qui leur sont assignés : travailleuse dans la sphère productive et épouse/mère dans la sphère reproductive. Les activités proposées aux filles et aux garçons à l'école sont très différentes. Elles constatent

12 Margaret Y. K. Woo, 1994, « Chinese Women Workers : The Delicate Balance between Protection and Equality » in *Engendering China. Women, Culture, and the State*, Harvard, Harvard University Press, pp.279—295.

13 Tania Angeloff, 1996, *Les incidences de la modernisation chinoise sur le statut des femmes en milieu urbain depuis la fin des années 1980 : Etat des lieux des recherches*, Mémoire de DEA sous la direction de Marianne Bastid-bruguière, ENS-EHESS, p.21

14 Emily Honig et Gail Hershatter, 1998, *Personal Voices. Chinese Women in the 1980's*, Stanford, Stanford University Press, 13.

que les filles ont largement intériorisé leur « rôle » en choisissant des carrières en accord avec leurs « capacités féminines ».

Emily Honig et Gail Hershatter nous fournissent des éléments sur l'origine historique de ces discours :

« Dans les régions rurales et dans les villes, la croyance que les filles sont intellectuellement, physiquement et émotionnellement inférieures aux garçons est une vieille croyance. Aujourd'hui, elle porte le vêtement scientifique qui légitime ces limites imposées aux filles quant à leurs opportunités scolaires et professionnelles ».[15]

Ainsi, les auteurs considèrent que ces croyances, renforcées au nom de la « science » et de la « modernité », sur les « infériorités féminines », perturbent la division sexuelle du travail et tendent à la hiérarchiser.

Revisiter l'«émancipation des femmes »

En 1986, Joan W. Scott a publié un article théorique[16] qui a exercé une grande influence dans le monde académique de langue anglaise. Depuis lors, les études s'éloignent de la tradition des « women's studies » des années 1970 et 1980, pour se livrer à une investigation plus profonde et plus complexe de la construction du genre et du rapport du pouvoir.

Comme l'écrivent en 1992 Christina Gilmartin, Gail Hershatter, Lisa Rofel, et Ryrene White dans la préface du livre *Gendering China, Women, Culture and the State,* fruit de la rencontre entre auteurs de langue anglaise et auteurs de langue Chinoise :

« China viewed through the lens of gender is not just more inclusive ; it is different. (…) [It] revises the most basic categories through which we strive to apprehend Chinese social relations, institutions, and cultural production. »[17].

Dans ce contexte, depuis les années 1990, on assiste à une relecture interrogative de l'histoire des femmes chinoises depuis 1949. Les chercheuses tentent de comprendre le processus complexe de construction du genre, la production du discours sur le genre, la rapport entre le genre et la modernisation, etc. Le genre est analysé strictement dans sa relation avec le contexte historique. On passe également d'une analyse générale des « femmes

---

15 *Ibid.,* p.20.
16 Joan W. Scott, Décembre 1986, « Gender: A Useful Category of Historical Analysis ». *The American Historical Review,* Vol. 91, No. 5. pp. 1053-1075.
17 Christina K. Gilmartin, Gail Hershatter, Lisa Rofel et Ryrene White, 1994, *Engendering China: Women, Culture and the State,* Harvard, Harvard University Press, p.2.

chinoises» à des analyses sur « les femmes concrètes », s'articulant avec les dimensions d'ethnicité, de classe, d'âge, etc.

Lisa Rofel, dans son ouvrage intitulé *Other Modernities: Gendered Yearnings in China after Socialism*, observe par le biais d'une enquête de terrain l'évolution du sens du mot «libération » chez les ouvrières depuis 1949. Elle articule le genre avec la catégorie d'ouvrier, en adoptant une approche générationnelle, pour comprendre le rapport entre l'«émancipation des femmes» et la modernité. Elle montre que le sentiment de « libération » des ouvrières dans les années 1950 est étroitement lié au statut de la classe ouvrière. En fait, pour ces femmes qui ont déjà travaillé à l'usine avant 1949, la « libération» ne consiste pas en l'émancipation de l'enfermement familial. Avant 1949, le travail à l'usine effectué par les femmes était perçu comme une honte. La représentation marxiste valorise au contraire ce travail des femmes à l'usine, en les faisant passer d'un sentiment de honte à l'égard de leur condition à un sentiment de fierté. Dans les années 1980, l'identité « ouvrière » et celle de « femme » ont beaucoup changé. Les femmes n'ont plus le sentiment d'être « libérées ». Le travail de Lisa Rofel montre qu'il est simplificateur de définir la « libération » des femmes par leur seule participation au travail productif. (Lisa Rofel, 1999)

Emily Honig a montré à la fois la construction du modèle dominant des «filles de fer»[18] et l'écart entre cette image de « fille de fer » et la division sexuelle réelle du travail pendant la Révolution Culturelle : « les "filles de fer" représentent seulement une très faible minorité. Ainsi, c'est un malentendu de croire que ce comportement est représentatif de celui de l'ensemble des femmes sur le lieu du travail. » Elle montre également l'effet des modèles élaborés par l'État sur les jeunes femmes instruites. Le modèle de « fille de fer » attribue en fait à une partie des femmes « jeunes et instruites » une autorité morale instituée par le pouvoir étatique ; ce modèle est pensé comme un défi à la conception traditionnelle de la division sexuée du travail dans la campagne où elles ont été envoyées. (Emily Honig, 2005)

Travail, genre et ethnicité

Si l'on s'intéresse au travail en Chine, il est inévitable de tenir compte des phénomènes migratoires. Depuis les années 1980, et surtout depuis les années

---

18 Le prototype des « groupe de filles de fer » (la moins âgée a 14 ans, la plus âgée a 24 ans) est le groupe des jeunes filles qui, sans mesurer le danger, ont participé aux secours lors d'une inondation en 1963, dans le village de Dazhai.

1990, de nombreux migrants originaires des régions de l'ouest de la Chine viennent travailler dans les grandes villes industrielles. Comme le résume Tania Angeloff :

« Les études ethnographiques sur les femmes et le travail en Chine ont fait émerger deux thèmes récurrents sur les trajectoires des femmes chinoises, leurs identités et leur culture : le poids de la famille et du localisme (Ching Kwang Lee, 1998, p.32). »[19]

Le travail de Pun Ngai, en étudiant une identité de « Dagongmei » (jeunes ouvrières célibataires immigrées), montre comment l'Etat, le marché capitaliste et la culture patriarcale ont produit ensemble les nouvelles relations de pouvoir et de domination. Elle a notamment mis en lumière le pouvoir du langage (dialecte) sur la construction des hiérarchies sur le lieu de travail. (Pun Ngai, 1999).

Depuis, de nombreuses enquêtes ethnographiques ont montré l'importance décisive des réseaux locaux de la province d'origine dans le travail des femmes migrantes (Nivard, 2004, Kennets, 2004, Fan, 2003). La division du travail qui s'opère n'est pas seulement genrée, elle est également fonction de la province d'origine, des réseaux sociaux et des représentations collectives attachées aux femmes de telle ou telle province. Ainsi, à la capitale, les migrantes de l'Anhui sont perçues comme de bonnes domestiques dans les familles d'intellectuels ou de cadres de l'Anhui déplacées à Pékin, ou encore chez les familles de la bourgeoisie chinoise en voie de reconstitution dans les années quatre-vingt (Nivard, 2004). Zhang et Huang ont distingué trois types de rapports entre les ouvriers urbains, les ouvriers licenciés et les entreprises ou les résidents urbains qui demandent des services domestiques : travail en concurrence mais obtenu par les ouvrières licenciées, travail que les ouvrières licenciées ne veulent pas faire, et travail en concurrence mais obtenu par les immigrantes. [20]

3. LES ANALYSES CHINOISES

Du côté des auteures et chercheuses chinoises, le renouveau des sciences sociales et une liberté accrue ont rendu le « genre » plus visible en Chine depuis le début des années 1980: il devient un objet de débat et de discussion. (Tania

---

19 Tania Angeloff, Christian Baudelot, XiaoJing Tang et Yeqin Zhao, 2008, « La dimension genrée des trajectoires d'accès au travail à Shanghai » in *Rapport CEFC*, Paris-Shanghai, p.5.
20 D'après l'étude menée par Fang Lee Cooke et Jill Rubery, «Minimum Wage policies, gender and the urban/rural divide in China», 2002, (A report commissioned by ILO), p.38.

Angeloff, 1996) Dès lors, dans ce contexte, les débats sur les femmes n'ont jamais été aussi vivants depuis le mouvement de 1919.

On peut distinguer trois périodes de réflexion sur la question de l'emploi féminin. La première période (1980—1994) est marquée par des débats publics sur le « problème féminin » (en chinois : « Funü Wenti »). La deuxième période (1994—2000) est une période d'introduction des théories occidentales et de résistance à ces théories. Lors de la troisième période (2000—2009), les recherches se sont bien davantage attachées à la théorie du genre et à la méthode d'enquête qualitative. Des coopérations entre sociologues américaines et sociologues chinoises ont vu le jour, si bien qu'on constate une sorte d'intégration des recherches réalisées par les sociologues chinoises à la tradition académique anglo-saxonne sur le genre et le travail.

Le débat et l'enquête de la Fédération nationale des femmes : le rôle des femmes

Les premiers travaux sur cette question ont été réalisés dans le cadre de la Fédération nationale des femmes de toute la Chine. Cet organisme, créé par le PCC, avait cessé toutes ses activités au moment de la Révolution Culturelle, puis est réapparu en 1979. A partir du début des années 1980, la Fédération nationale des femmes joue concrètement son rôle de défense des intérêts juridiques des femmes et des enfants. En même temps, elle organise des conférences nationales et des enquêtes sur le problème des femmes.

Comme Jacqueline Nivard le note :

« [...] on souligne qu'elle a exercé un quasi-monopole sur le sujet jusqu'en 1985. Les départements de sociologie des universités, qui réapparaissent en 1979 et 1980, ont beau avoir commencé des enquêtes sur la famille dès 1982, ils ne constituent pas une concurrence pour la Fédération.»[21]

Après la question sur le mariage et la famille, la première question abordée par la Fédération nationale des femmes de la Chine[22], dans la seconde moitié des années 1980, est celle de l'emploi féminin, l'un des sujets les plus âprement discutés dans la presse chinoise. En 1988, le débat s'est fait plus virulent avec

---

21 Pour plus de détail, voir Tania Angeloff, 1996, *Les incidences de la modernisation chinoise sur le statut des femmes en milieu urbain depuis la fin des années 1980 : Etat des lieux des recherches*, Mémoire de DEA sous la direction de Marianne Bastid-Bruguiere, op.cit, et Jacqueline Nivard, 1995, «Recherche sur les femmes chinoises. Ressources bibliographiques chinoises. 1980—1993», *Revue Bibliographique de Sinologie 1993-1994*, p. 26.

22 La question concernant le mariage et la famille est apparue dans un contexte d'augmentation du taux de divorce après l'application de la "loi sur le mariage en RPC" adoptée en 1980.

la dégradation de l'emploi féminin[23]. Cette année-là, la revue *Zhongguofunü*, publication officielle de la Fédération des femmes Chinoises, a ouvert ses colonnes à un « grand débat pour les articles ou lettres »[24], sous le titre « 1988, une solution pour les femmes ? Les femmes chinoises face aux réformes, à l'ouverture, aux modernisations »[25].

Dans ce contexte, une enquête a été effectuée par la Fédération des femmes tout au long de l'année 1988. Les résultats sont parus dans le magazine *Zhongguo Funü* du mois de mars 1989. Cette enquête qui aborde les questions de l'emploi féminin est sous-titrée : « 1988, quelle perspective d'avenir pour les femmes ? Les femmes chinoises face aux réformes, à l'ouverture, aux modernisations ».

Après un dépouillement systématique[26], Tania Angeloff a fait une lecture critique de cette enquête.

Elle en a d'abord analysé les biais d'échantillonnage, relativement à la proportion d'hommes et de femmes interrogés, au découpage par classe d'âge (celui-ci diffère de celui qui prévaut dans les annuaires statistiques chinois), aux niveaux d'éducation (ceux de l'enquête ne correspondent pas aux taux nationaux), etc.

Ensuite, le questionnaire est également problématique. Par exemple :

« La question est biaisée quand, dans sa formulation, certains présupposés sont considérés comme acquis. Ainsi, dans la rubrique sur la crise de l'emploi féminin, dans la question "si à l'avenir votre unité de travail licenciait une partie

---

23 Depuis 1978, avec l'accroissement des licenciements de femmes et la difficulté qu'ont les femmes diplômées à trouver un emploi, ces problèmes ont gagné en visibilité. En août 1988, en particulier, on a estimé à au moins 15 millions les travailleurs en « surnombre » dans les entreprises étatiques en Chine (Tamara Jacka, 1990, « Back to the work : women and employment in Chinese industry in the 1980s », in *Australien Journal of Chinese Affaires*, Vol. 24, p.13.)

24 Le débat a été lancé à partir de deux cas de licenciement des femmes : « où est la solution pour les femmes? (Women de chulu zai nali ?) » et « réflexion sur le retour au foyer des femmes dans le village de Daqiu (Daqiuzhuang funü huijia de sisuo) ». Le premier est celui d'une femme de 37 ans diplômée d'université. Mariée et ayant une fille, elle travaille dans une usine collective. Leurs parents ne peuvent les aider, elle et son mari prennent à tour de rôle sur leur temps de travail pour s'occuper de leur enfant. Même si elle est arrivée à trouver une crèche gérée par l'usine de son mari, de toute façon, elle devait s'absenter souvent en cas de maladie de l'enfant. A ce moment, avec la réforme économique, 91% des femmes dans son unité de travail sont renvoyées au foyer, y compris elle. Le deuxième est une description de la situation des femmes dans un village qui s'appelle Daqiu. Après la réforme économique, le village devient très riche et 84% des femmes mariées moins de 45 ans se retirent de l'emploi et sont devenues femmes au foyer. Pour plus de details, voir Tamara Jacka, 1990, « Back to the work : women and employment in Chinese industry in the 1980s », op.cit., pp 1—23.

25 Voir Jacka, Jamara, « Back to the work : women and employment in Chinese industry in the 1980s», *Australien Journal of Chinese Affaires*, 1990, pp. 1-23.

26 Voir Annexe 5 - Les principales questions et conclusions d'une enquête en 1989, réalisée par la Fédération des femmes chinoises

du personnel et permettait à certains des salariés de toucher une partie de leur salaire en retournant chez eux, approuveriez-vous cette méthode?", la partie du personnel visée est implicite, comme s'il allait de soi qu'il s'agissait des femmes. C'est une allusion à la polémique nationale consécutive au renvoi des femmes d'une entreprise du village de Daqiu. Cependant, pour les 53,1% de personnes interrogées n'ayant pas entendu parler de l'affaire de Daqiu, cette allusion implicite remet en cause la juste compréhension de la question. »[27]

Les analyses des résultats sont également biaisées. Par exemple :

« Dans l'analyse des résultats, certaines réponses implicites ne sont pas suffisamment dégagées. C'est le cas, dans le paragraphe relatif à la confiance en soi et à l'esprit de compétition. "Les femmes d'un niveau d'études supérieures au baccalauréat disent rechercher le succès à 86,5 %, tandis que les hommes du même niveau ne le souhaitent qu'à 81,7%. Ce qui met en évidence la supériorité des femmes sur les hommes". La conclusion met l'accent sur la supériorité des femmes au lieu de souligner l'importance d'une égalité des chances dans l'éducation des filles et des garçons pour favoriser la 'combativité' professionnelles des premières. Une partie des réponses portant sur l'emploi féminin est conditionnée par la question de l'éducation. Or, cette question demeure implicite d'un bout à l'autre de l'enquête.' »[28]

«Le problème de la tension entre la vie familiale et la vie professionnelle est analysé en termes de libre choix féminin et de reconnaissance sociale et économique du phénomène, quel que soit le choix de la femme. A aucun moment le progrès n'est pensé en termes de partage plus équitable des tâches ménagères et notamment à propos de la garde des enfants.»[29]

On le voit, cette enquête ainsi que l'analyse de la Fédération des femmes Chinoises éclaire de nombreux problèmes scientifiques. Néanmoins, elles révèlent l'idéologie et l'attitude de la Fédération des femmes Chinoises.

En fait, le rôle familial est considéré comme étant par nature exclusivement celui des femmes. Comme le commente Tania Angeloff :

« La question centrale, ici posée, est celle de la définition du rôle de la femme chinoise. La réponse apportée consiste en une double valorisation (femme au travail/femme au foyer). Cette double polarité n'est envisagée que si elle est le

---

27 Tania Angeloff , 1996, *Les incidences de la modernisation chinoise sur le statut des femmes en milieu urbain depuis la fin des années 1980 : Etat des lieux des recherches, op.cit.*, p.71.
28 Tania Angeloff , 1996, Les incidences de la modernisation chinoise sur le statut des femmes en milieu urbain depuis la fin des années 1980 : Etat des lieux des recherches, op.cit., p. 73.
29 Ibid, p. 73.

produit d'un libre choix pour les femmes : "C'est pourquoi, nous demandons à la société de continuer à réviser en toute honnêteté les critères de reconnaissance du rôle des femmes, tout en donnant à ces dernières davantage de possibilités pour choisir leur rôle"»[30]

Ainsi, la Fédération des femmes Chinoises propose un compromis entre la vie familiale et la vie professionnelle au lieu d'un égal partage des tâches domestiques : un parcours professionnel discontinu pour les femmes, une reconnaissance sociale et financière lors de la cessation temporaire d'activité, une garantie de réembauche après le congé de maternité, etc.

Les premières réflexions des universitaires

Trait marquant de l'histoire des sciences sociales chinoises, depuis la deuxième moitié des années 1980, des études sont également menées par les écoles du Parti, par les académies des sciences et par des universitaires (pas nécessairement des sociologues), (Jacqueline Nivard, 1995). Ces derniers, comme Jacqueline Nivard le note, « [...] fondent des associations indépendantes qui, dans la deuxième moitié des années 1980, et surtout depuis le début des années 1990, brisent la mainmise de la Fédération sur le discours concernant les femmes. »[31]

LI Xiaojiang

LI Xiaojiang, professeur de littérature à l'Université de Zhengzhou, est à l'origine de cette nouvelle tendance. Elle s'est intéressée à l'étude des femmes alors qu'elle étudiait la littérature, comme elle le raconte :

« J'étudiais la littérature occidentale pour mes études de master, je m'intéressais aux images féminines dans la littérature. Peu à peu, j'ai trouvé que ce n'était pas très intéressant de regarder seulement les images : ainsi je me suis tournée vers les recherches sur la racine du destin historique des femmes ....»[32]

Elle a été la première à percevoir le danger que font peser les réformes sur la condition des femmes chinoises et à réfléchir à cette question de manière indépendante. En 1983, elle publie un article, « le Progrès de l'humanité et de la

---

30 Tania Angeloff, 1996, *Les incidences de la modernisation chinoise sur le statut des femmes en milieu urbain depuis la fin des années 1980 : Etat des lieux des recherches, op.cit.,* p. 74.

31 Jacqueline Nivard, 1995, « Recherche sur les femmes chinoises. Ressources bibliographiques chinoises. 1980— 1993 », *Revue Bibliographique de Sinologie 1993—1994,* p. 27.

32 LIU Lin, LIU Xiaoli, 2007, « Cong funü yanjiu dao xingbie yanjiu - LI Xiaojiang jiaoshou fangtanlu » (« Des recherches sur les femmes aux recherches sur le genre - l'enquête du professeur LI Xiaojiang »), in *Jinyang Xuekan (Rue académique de Jinyang),* p.2.

libération des femmes »[33]. Par ce texte, elle a posé la question de « l'émancipation des femmes chinoises » et a mis à l'épreuve les discours et les pratiques s'appuyant sur l'idée que « les femmes et les hommes sont identiques ».

Pour LI Xiaojiang, le vrai danger réside dans le fait que les problèmes des femmes ne sont pas traités comme les problèmes sociaux, mais sont considérés comme des problèmes strictement individuels qui ne représentent aucune menace pour la société. Pour cela, elle appelle avec anxiété à « une conscience subjective des femmes » (LI Xiaojiang, 1988).

En même temps, LI Xiaojiang souligne que la « libération des femmes chinoises » a ses limites. Même si les femmes ont été intégrées dans la société par la Révolution Communiste, elles n'ont pas encore développé des capacités équivalentes à celles des hommes : « le niveau du droit des femmes est élevé, mais la capacité sociale des femmes est basse.» Ainsi, elle appelle à « élever la qualité des femmes » (LI Xiaojiang, 2000).

Un débat suscité par un intellectuel

La conférence mondiale à Beijing (1995) a constitué un tournant décisif dans l'histoire des études sur la question des femmes en Chine. A la veille de cette conférence, les théories féministes occidentales ont été beaucoup traduites et introduites en Chine.

C'est à ce moment qu'un sociologue, un homme, ZHENG Yefu[34], a publié un article dans la « revue sociologique» (Shehuixue yanjiu) qui a suscité un débat entre les hommes et les premières femmes universitaires - qui étaient féministes.

Dans cet article, où il retrace l'histoire de la domination masculine, il met en valeur le système patriarcal :

« Le patriarcat est incondamnable, il est le résultat inévitable de la compétition dans un groupe ou un intergroupe, il est également la structure de coopération efficace »[35].

Pour justifier cette opinion, il cite Durkheim, et lie la division sexuelle du travail à l'intégration de la société. Il critique ainsi la pratique socialiste de la « libération des femmes » :

« Pendant 40 ans, nous avons utilisé la force administrative pour aider les

---

33 LI Xiaojiang, 1983, « Renlei jinbu yu funü jiefang » (« Le progrès de l'homme et l'émancipation des femmes ») in *Makesi zhuyi yanjiu (La recherche Marxiste)*, N°2, pp. 142-166.
34 Au moment de la publication de ce texte (1994), ZHENG Yefu, (né en 1950), est alors chercheur au département de sociologie de l'école des sciences sociales de Pékin.
35 ZHENG Yefu, 1994, «Nannü pingdeng de shehuixue sikao » (« Réflexion sociologique sur l'égalité hommes-femmes »), in *Shehuixue yanjiu (Études sociologiques)*, N°2, p.110

femmes dans la production pour permettre l'égalité des femmes et des hommes. Les hommes qui ont été privés de pouvoirs s'imaginent que leur contribution n'est pas aussi importante que celle des femmes. Ainsi les hommes ont réalisé autant de tâches domestiques que les femmes. Depuis lors, la division du travail entre les deux sexes a perdu son efficacité.»[36]

ZHENG Yefu considère que l'égalité est un droit, mais pas un résultat. Il en appelle finalement au modèle culturel pour influencer les « choix » des individus et ainsi reconstruire l'ordre social (ZHENG Yefu, 1994).

Cet article a suscité un débat virulent, notamment la même année dans la revue *La Recherche sociologique*.

Deux femmes universitaires ont critiqué l'article de Zheng Yefu. Li Yinhe insiste d'abord sur le fait que l'emploi féminin fait partie des « droits de l'homme ». Ensuite, elle réfute l'opinion selon laquelle les femmes seraient moins efficaces que les hommes : pour elle, elles ne sont pas plus faibles que les hommes (LI Yinhe, 1994). LIU Bonhong tient le même discours que LI Yinhe, et indique en outre que la domination masculine peut à la fois menacer les femmes et blesser les hommes. Elle cite les mots d'un chercheur chinois :

« Le but du féminisme n'est pas de remplacer le pouvoir masculin par le pouvoir féminin, il s'agit de l'égalité entre hommes et femmes et de leur accès égal au statut de citoyen et à la conscience citoyenne ».[37]

Le féminisme conduit directement à la démocratie politique. «Sa théorie peut mobiliser pour construire, modifier et reconstruire l'espace publique». (LIU Bohong, 1994)Mais, à la suite de ces deux articles, SUN Liping, un autre sociologue (masculin) reconnu en Chine, publie un article pour relancer l'opinion favorable à la réduction de l'emploi féminin comme un moyen « efficace »pour traiter la crise de l'emploi et le chômage (SUN Liping, 1994).

En 1995, LI Xiaojiang dépasse l'objet de la discussion, en analysant le discours et le sentiment de ZHENG Yefu. Selon elle :

« La réflexion d'un sociologue sur les faits n'est pas forcément toujours sociologique... L'histoire a construit une grande différence sociale et psychologique entre les deux sexes... Même le monde académique qui aurait dû être le plus juste et objectif ne fait pas exception. »[38]

---

36 *Ibid*, p.110
37 LI Yinhe, 1994, « 'nüren huijia' wenti zhi wojian » (« Mon opinion sur la question du "retour au foyer des femmes"), in *Shehuixue yanjiu* (*Études sociologiques*), N°2, pp. 71—72.
38 LI Xiaojiang, 1995, « 'nannü pingdeng', zai zhongguo shehui shijian zhong de shiyude » (« L'égalité sexuelle' : Gains et pertes dans la société chinoise ») in *Shehuixue yanjiu* (*Études sociologiques*), N°1, p.92.

Elle a perçu l'humeur que cache l'article de ZHENG Yefu. Pour elle, cette humeur genrée est la manifestation d'un sentiment réprimé chez les hommes chinois (LI Xiaojiang, 1995).

WANG Zheng fait des remarques plus profondes sur l'identité des hommes sociologues. Pour elle, le changement des rapports hommes / femmes apporté par l'autorité communiste n'a pas seulement apporté aux femmes une indépendance économique et la possibilité de choisir leur conjoint, mais a également redéfini la masculinité et la féminité :

« A l'époque maoïste, les jeunes femmes se débarrassent entièrement des normes confucéennes. Elles sont un sujet qui ne dépend ni de leurs parents ni de leur mari. Leur rôle n'est pas défini par la famille ni par le sexe, mais par leur rôle social, comme les hommes. La loyauté au Parti communiste, à l'Etat et leur excellente performance dans la sphère professionnelle est une condition préalable à la fois pour les hommes et pour les femmes... l'économie du plan a aboli le pouvoir des hommes dans la famille »[39].

Elle souligne que les hommes intellectuels subissent en outre une marginalisation de leur statut politique. (WANG Zheng, 2001)

La « psychologie féminine »

En même temps qu'elles appellent à une conscience de soi-même, les féministes estiment que le problème de la « psychologie féminine », (le sentiment de dépendance, la faible motivation pour une carrière, la faible confiance en soi et de conscience de soi-même, etc.) est très prégnant chez les femmes.

Ainsi, LI Xiaojiang a conclu que la faible proportion de femmes parmi les cadres est due à leur faible motivation pour faire carrière. Elle considère que la « psychologie féminine » des femmes chinoises est liée à la nature du rôle des femmes en Chine. Selon elle, la « libération des femmes Chinoises » a été poussée par la révolution communiste. Donc, la conscience en soi du féminisme n'a pas encore été véritablement réveillée. (LI Xiaojiang, 1986)

En 1995, SHA Lianxiang souligne que c'est l'inégalité sexuelle qui structure la psychologie féminine, et pas l'inverse (SHA Lianxiang, 1995). JIE Aihua considère que la crise de l'emploi féminin est due à leur faible compétence, celle-ci étant elle-même liée à la « psychologie féminine ». Elle souligne l'effet psychologique négatif pour les femmes de l'unité de travail. Elle

---

39 WANG Zheng, 2001, « Qianyi Shehuixingbiexue zai Zhongguo de Fazhan» (discussions peu profondes sur le développement des études du genre en Chine), *Shehuixue yanjiu* (*Études sociologiques*), N°5, p.73.

décrit la Danwei comme une institution patriarcale (même si elle n'emploie pas ce terme) qui limite, contraint et produit une psychologie féminine passive et négative :

« La Danwei a une fonction de sollicitude, comme une famille, mais en même temps elle empêche les "choix" individuels indépendants : les choix des hommes et des femmes, mais spécialement des femmes, à cause de leur statut de "fille" dans la famille. Cet amour paternel envers les femmes a dissipé leur conscience indépendante et la possibilité de développer leur valeur individuelle»[40].

Elle considère ensuite que la politique d'« égalisation des salaires par le bas » bénéficie beaucoup plus aux femmes qu'aux hommes, ce qui a favorisé l'attachement des femmes à leurs unités de travail. Troisièmement, elle souligne que les femmes cherchent davantage à nouer des relations qu'à améliorer leur compétence professionnelle. Finalement, elle considère que le redoublement de la vie familiale et de la vie professionnelle produit chez certaines femmes un « esprit étroit » (JIE Yuhua, 2001).

On voit que les premières analyses des femmes universitaires se concentrent sur la psychologie féminine et le sous-développement de la compétence des femmes. Ces auteures font partie de la troisième génération des intellectuelles en Chine communiste (Ruth Cherrington, 1997), soit la « génération perdue» (Michel Bonnin, 2004). Leur propres études ont été interrompues ou influencées par la Révolution Culturelle. Après la réouverture des universités, elles s'engagent dans des formations différentes : littérature, histoire, sociologie.

Leur analyse se fonde sur leurs observations et leur expérience de la vie. Elles ont toutes une expérience de l'époque maoïste, et elles ont accepté depuis l'enfance le discours selon lequel « les hommes et les femmes sont identiques ». N'étant pas en mesure d'exprimer les intérêts des « femmes », leur engagement féministe consiste au départ en une critique du discours communiste de l'époque maoïste et souligne la différence entre les sexes.

C'est pour cette raison que pendant les années 1980, quand les universitaires occidentales passent des « études sur les femmes » (women's studies) aux études de genre, les intellectuelles chinoises ignorent la notion de « genre », de peur de retomber dans une idéologie qui neutraliserait les différences sexuelles (LI Xiaojiang, 1998 ; WANG Zheng, 2001). WANG

---

40 JIE Aihua, 2001, « Danwei zhi yu chengshi nüxing fazhan » (« Le régime de l'unité de travail et le développement des femmes urbaines) in *Zhejiang shehui kexue* (*Les sciences sociales dans la province de Zhejiang*), N°1, pp. 94-99.

Zheng l'analyse ainsi :

« Dans le mouvement féministe chinois lancé par l'Etat qui valorise le critère masculin, les femmes ne peuvent pas exprimer leurs exigences diverses et les problèmes qu'elles rencontrent. Ainsi, la réforme économique leur a ouvert une possibilité de s'exprimer et a défini leur propre intérêt. Les critiques envers le discours maoïste concernant la libération des femmes est pour les femmes intellectuelles un moyen d'ouvrir un espace social pour les femmes.»[41]

Travail, genre et ethnicité

Il faut attendre jusqu'au début des années 2000 pour que la théorie du genre gagne droit de cité. Avec le développement de la discipline sociologique, les études sur le genre se développent, articulées avec l'ethnicité et la classe sociale, sur la base d'enquêtes de terrain.

Les auteurs commencent à interroger la manière dont l'Etat a produit le nouveau rôle des femmes au travail et comment l'inégalité persiste.

A partir d'une enquête qualitative réalisée auprès de travailleurs dont la majorité sont des femmes rurales de la province de Shanxi, GAO Xiaoxian a montré que ce qui pousse les femmes rurales à travailler dans les champs de coton d'abor et avant tout une motivation d'ordre économique. En même temps, le gouvernement encourage les hommes de se retirer de ce type de travail et à s'investir dans les occupations auxiliaires où ils peuvent gagner plus de « points de travail» que les femmes sur les champs de coton. Les femmes, par ailleurs, gardent ces emplois en dépit de la charge des tâches domestiques (GAO Xiaoxian, 2005)[42].

JIN Yihong a étudié deux types de division sexuée du travail pendant la Révolution Culturelle : « homme-ouvrier et femme-paysan » (Nangongnügeng) dans le champ pétrolifère près de la ville de Daqing de la province de Heilongjiang, et « fille de fer », archétype d'une division du travail désexualisée à la campagne et à la ville.

Elle montre que l'intervention étatique sur l'emploi féminin et la « désexualisation » dans cette branche d'activité, n'est pas issue de considérations sur l'égalité, mais plutôt le fait d'une production secondaire due

---

41 WANG Zheng, 2001, « Qianyi Shehuixingbiexue zai Zhongguo de Fazhan» (discussions peu profondes sur le développement des études du genre en Chine) in *Shehuixue yanjiu* (*Études sociologiques*), N°5, pp. 43—44.

42 GAO Xiaoxian, 2005, « 'Yinhuasai : 20shiji 50 niandai nongcun funü de xingbie fengong » (« La division sexuée du travail dans les régions rurales dans les années 1950 du 20ème siècle : l'exemple d'un concours de ramassage de coton ») in *Shehuixue yanjiu* (*Études sociologiques*), N°4, pp. 351—371. Ce travail a été réalisé en collaboration avec Gail Hershatter, professeur au département d'histoire à l'université de Californie.

à l'industrialisation brutale en Chine pendant les années 50. Elle note ensuite que cette intervention a des effets limités sur la division sexuelle. En fait, les hommes continuent à occuper les postes les plus techniques et ceux du haut de la hiérarchie. Enfin, elle souligne que les femmes des villes constituent un « bassin » pour l'industrie (JIN Yihong, 2006)[43].

GUO Yuhua s'intéresse au rapport entre la politique et la subjectivité des femmes. Par le biais d'une enquête sur la mémoire des femmes rurales relative à l'histoire de la collectivisation dans les années 1950, elle analyse le processus de construction du « bonheur » des femmes malgré leur souffrance corporelle. Ainsi, la « libération des femmes » est en fait un processus de la collectivisation de leur âme (GUO Yuhua, 2003).

Dans la société de consommation qu'est devenue la Chine aujourd'hui, l'identité au travail ne suffit pas à rendre compte de la subjectivité des ouvriers. A cet égard, YU Xiaomin et PAN Yi s'intéressent à la consommation comme productrice d'identité. Elles analysent le lien entre la consommation et la construction de l'identité des jeunes ouvrières célibataires immigrées (dagongmei). Leur enquête montre que celles-ci sont devenues des consommatrices actives qui désirent diminuer la distance qui les sépare des citadins. Néanmoins, cette reconstruction de leur identité par la consommation est difficile (YU Xiaomin et PAN Yi, 2007).

L'article de ZHU Jiangang et SHEN Kai fait partie des recherches très peu nombreuses sur les femmes diplômées dans l'entreprise. Ils ont étudié les femmes col-blanc dans une entreprise internationale. Ils montrent que le processus du travail capitaliste neutralise le genre et a produit un esprit d'indépendance chez ces femmes. En revanche, celles-ci utilisent leur féminité dans leurs stratégies pour gagner du pouvoir dans l'organisation (ZHU Jiangang et SHEN Kai, 2001).

* * *

Bref, les études sur les femmes chinoises en occident, principalement aux Etat-Unis et en Chine continentale sont très différentes, et prennent chacune forme dans leur propre contexte historique.

---

43 JIN Yihong, 2006, « Tie guniang zai sikao-zhongguo wenhua da geming qijian de shehui xingbie yu laodong » (« Repenser la "fille de fer" : le genre et le travail pendant la révolution culturelle en Chine »), in Shehuixue yanjiu (*Études sociologiques*), N°1, pp.169—193 ; un article réalisé dans le cadre du projet de collaboration avec les chercheuses américaines : *Le travail des femmes chinoises dans le 20ème siècle*.

Dans le monde académique anglo-saxon, depuis les années 1990, suite à la publication de l'article de Joan W. Scott, on assiste à un élargissement des thèmes et des problématiques dans les recherches sur le travail des femmes en Chine : politiques publiques, représentations de l'emploi féminin, rapport avec la modernité, etc.

Quant aux les chercheuses chinoises, ce n'est que depuis très peu de temps qu'elles adoptent la théorie du genre, en l'articulant avec l'ethnicité et la classe sociale, et s'engagent dans des enquêtes de terrain. Les recherches restent cependant encore peu développées.

4. NOTRE OBJET DE RECHERCHE ET SON CADRE THEORIQUE

Notre problématique initiale porte sur le travail et le statut des femmes dans la société d'aujourd'hui. Mais il nous conduit très vite aux questions historiques : la réforme économique initiée depuis les années 1990 apporte-t-elle ou non une rupture relative au statut des femmes ? Si le régime maoïste a redéfini le rôle des femmes, quels ont été ses effets concrets dans la pratique? Par exemple, quels ont été les effets de l'organisation du travail dans l'unité du travail sur le travail des femmes ? Comment a évolué et s'est transformée la représentation du travail féminin? Pourquoi assiste-t-on aujourd'hui à ce que certain(e)s appellent un « retour en arrière» ? Quelles ont été les incidences des réformes économiques récentes sur le travail des hommes et des femmes en Chine ? Que reste-t-il des héritages de l'époque maoïste ? En quoi consiste l'identité des femmes ? Quelles sont, à l'échelle individuelle ou collective, leurs stratégies ? Leurs résistances ?

Les questions sont multiples. Les recherches déjà réalisées que nous avons résumées, ont peu insisté sur le processus historique de ces transformations dans le temps. Ainsi, nous considérons que cette question mérite qu'une nouvelle recherche empirique lui soit consacrée, une enquête qui analyse, au niveau de la vie des personnes, les perturbations, l'ambivalence et les contradictions dans les rapports entre hommes et femmes engendrées par cette histoire tumultueuse.

A cet égard, le terme de « genre » est supposé introduire une perception dynamique dans la notion de « différence des sexes ». Cette dernière, comme Tania Angeloff le commente :

« [...] qui désigne également un état ou un résultat, est envisagée comme un processus qui œuvre à la construction sociale des multiples espaces politiques, économiques et sociaux. En retour, ces espaces modifient - ou sont susceptibles de modifier-la cartographie du genre. »[44]

La notion de « genre » désigne la différence hiérarchique socialement instituée entre les sexes. Elle renvoie au caractère relationnel de la construction sociale de la masculinité et de la féminité, « Masculinité et féminité existent et se définissent dans et par leur relation»[45]. Comme le dit Catherine Marry :

« Au-delà de leurs différences de point de vue et des termes utilisés pour qualifier les hommes et les femmes en société - rapports sociaux de sexe, genre, masculin-féminin, différence(s) des sexes, catégories de sexe - ,ces approches partagent un postulat commun, celui du caractère relationnel de ces deux termes: l'un ne peut être défini en dehors de sa relation avec l'autre. »[46]

Le marché du travail, la construction de l'emploi et l'organisation du travail sont à la fois les produits et les moteurs de la construction du « genre ». Les régimes d'emploi, la répartition des tâches, les opportunités de la promotion, le licenciement, etc., sont à la fois la représentation du genre, et les moteurs du changement. Ainsi, il est pertinent de se demander ce que « l'unité de travail» (danwei), forme typique d'organisation du travail en Chine communiste, a apporté de nouveau au paysage de la relation entre les hommes et les femmes. Qu'a-t-il perturbé, par ses normes ou ses régimes ? De même, après la réforme économique, qu'est-ce que la privatisation des entreprises étatiques a eu pour conséquences sur la relation des hommes et des femmes ? Certes, sur le marché du travail, l'analyse en terme de genre suppose également une articulation avec les autres catégories sociales et ethniques.

Le terme de « genre » met également au jour les relations entre la sphère familiale et le monde professionnel. A cet égard, le terme de la « division sexuelle du travail » a bien mis en évidence l'articulation entre les deux sphères. Helena Hirata et Danière Kergoat le disent :

« Il s'agit d'une part d'une acception sociographique : on étudie la distribution différentielle des hommes et des femmes sur le marché du travail, dans les métiers et les professions, et les variations dans le temps et dans l'espace de cette distribution ; et l'on analyse comment elle s'associe au partage inégal du

---

44 Tania Angeloff, 1999, Le travail à temps partiel : question de temps ou redéfinition des représentations et du statut du travail des femmes ?, Thèse de doctorat sous la direction de Margaret Maruani, Université Paris 8, p.9.
45 Helena Hirata, Françoise Laborie, Hélène Le Doaré et Danièle Senotier, 2000, Dictionnaire critique du féminisme, Paris, Presses universitaires de France, p.71.
46 Catherine Marry, 2004, Les femmes ingénieurs, une révolution respecteuse, Paris, Belin, p.22.

travail domestique entre les sexes. »[47]

Helena Hirata et Danière Kergoat définissent la « division sexuelle du travail comme la forme de division du travail social découlant des rapports sociaux entre les sexes ; et plus encore : elle est un enjeu prioritaire pour la suivie du rapport social entre les sexes. Cette forme est modulée historiquement et sociétalement.»[48]

La division sexuelle du travail est d'une incroyable plasticité. Comme en témoigne en France, l'apparition et le développement, avec la précarisation et la flexibilisation de l'emploi, des « nomadismes sexués» (Kergoat, 1998). Ainsi la dualisation de l'emploi féminin illustre bien le croisement des rapports sociaux. C'est pour cela que les deux auteures françaises ont proposé de distinguer très précisément « les principes de la division sexuelle du travail » de « ses modalités ». D'un côté, ses principes organisateurs : le principe de séparation et le principe de hiérarchie (qui, à la différence du premier, est universel). De l'autre côté, ses modalités, d'une incroyable « plasticité ». C'est dans ce cadre théorique de la division sexuelle du travail que nous avons inscrit notre travail.

Concrètement, la division sexuelle du travail se construit au sein d'un champ de forces : la politique étatique, l'organisation du travail, le technique et l'économie, la structure de l'entreprise, le stratégie des individus, etc. L'entreprise est elle aussi un lieu où se produisent les normes.

Le genre renvoie aussi à l'identité différentielle entre les deux sexes. Selon Claude Dubar, « [...] l'identité n'est pas ce qui reste nécessairement "identique" mais le résultat d'une "identification" contingente. »[49] Selon lui, l'identité est à la fois la différence et l'appartenance commune. S'agissant du genre, il structure toute les autres identités (de métier, de classe, d'âge, d'ethnicité, de religion, etc.). Les travaux de Judith Butler, notamment, ont montré que les identités de genre n'étaient pas fixées ou unifiées mais au contraire construites à travers des pratiques et des processus sociaux extrêmement complexes et mouvants. L'identité est à la fois attribuée par les autres et revendiquée par soi-même. (Claude Dubar, 2000)

Sur la subjectivité, soit « l'identité revendiquée par soi-même », il s'agit de « stratégie » des individus. Les individus ne sont pas seulement victimes

---

47 Hélèna Hirata et Danièle Kergoat, 2007, « Division sexuelle du travail professionnel et domestique. Evolution de la problématique et paradigmes de la 'conciliation' » in *Marché du travail et genre : comparaisons internationales Brésil-France*, sous la direction de Cristina Bruschini, Helena Hirata, Margaret Maruani et Maria Rosa Lombardi, [Actes du colloque international qui a eu lieu au Brésil, Directrice de la publication, Helena Hirata], p. 309.

48 *Ibid.*, p. 309.

49 Claude Dubar, 2000, *La Crise des identités. L'interprétation d'une mutation*, Paris, PUF, p.3.

ou bénéficiaires de mesures, ils sont aussi acteurs des changements. Mais en même temps, leur action est conditionnée. Pierre Bourdieu est très clair sur ce point. La vraie question pour le sociologue est de : « comprendre la logique de toutes les actions qui sont raisonnables sans être le produit d'un dessein raisonné ou, à plus forte raison, d'un calcul rationnel ; habitées par une sorte de finalité objective sans être consciemment organisées par rapport à une fin explicitement constituée : intelligibles et cohérentes sans être issues d'une intention de cohérence et d'une décision délibérée, ajustées au futur sans être le produit d'un projet ou d'un plan. »[50]. A cet égard, quand nous analysons les stratégies des femmes et des hommes, il est important de les replacer dans leur contexte.

Tel est le prisme d'analyse dynamique inspiré par les travaux français de sociologie du genre, du travail et de l'emploi, au travers duquel nous allons analyser les données de l'enquête de terrain que nous avons réalisée à Shanghaï.

Il y a certes de la provocation, de l'ethnocentrisme scientifique et de l'anachronisme à vouloir soumettre la réalité sociale chinoise, surtout celle des tout débuts de la révolution maoïste où la misère était universelle et la société essentiellement rurale, à des méthodes d'analyse élaborées par des chercheurs occidentaux, trente ans plus tard, pour analyser des contradictions de leurs propres sociétés ô combien plus riches, urbaines et économiquement développées. Ne l'oublions pas, mouvements féministes et études de genre ne sont apparus dans les sociétés occidentales les plus riches qu'une fois atteint un niveau élevé du PIB. Dans les pays et dans les classes sociales où la survie au jour le jour constitue l'horizon de la vie quotidienne, la division sociale traditionnelle et multiséculaire du travail entre les sexes, parce qu'elle est sans doute la plus efficace, est la norme. En Chine comme ailleurs. Très consciente du décalage entre des outils conceptuels imprégnés des problématiques sociales des pays riches et une réalité d'extrême pauvreté, nous assumons les critiques que pourraient nous adresser des ethnologues davantage soucieux de reconstituer, par leurs catégories d'analyse, l'univers mental des populations qu'ils étudient. L'exercice a des limites mais il nous semble pourtant fécond, surtout dans un pays où, comme on le verra, les mots d'ordre des dirigeants et des campagnes politiques du parti communiste, se sont parfois donné comme objectif explicite de réaliser l'égalité des hommes et des femmes, ces dernières constituant « la moitié du ciel ». L'égalité visée par les féministes d'aujourd'hui dans les

---

50 Pierre Bourdieu, 1980, *Le Sens pratique,* Paris, Editions de Minuit, p. 86.

pays riches n'a évidemment rien à voir avec l'égalité proclamée des dirigeants chinois, mais le parti pris méthodologique qui est le nôtre et qui consiste à raisonner à partir de l'appareil conceptuel élaboré dans les départements de «gender studies» des universités occidentales a le grand mérite de mieux cerner l'originalité dans ce domaine de la singularité chinoise.

Moins discutable méthodologiquement en tous les cas est l'approche générationnelle à laquelle nous avons procédé. D'autres avant nous, dans les sciences sociales comme dans la littérature, y ont recouru pour comprendre les ruptures historiques. L'histoire de la Chine du 20ème siècle est en effet très propice à l'introduction de cette approche, qui permet de comprendre les effets des immenses changements politiques et économiques sur la vie des hommes et des femmes d'une génération.

«Génération» est un terme si riche de sens qu'il en devient polysémique. Dans son sens macrosociologique, penser en terme de génération permet pourtant à Mannheim de comprendre les facteurs de socialisation, les principes structurants, les événements fondateurs susceptibles de produire un «ensemble générationnel», c'est-à-dire un groupe suffisamment marqué par l'histoire pour partager une forme de « communauté de destin ».

Comme le note Louis Chauvel, « Depuis Karl Mannheim, la question est celle-ci : comment des individus séparés, n'ayant en commun que leur année de naissance, peuvent-ils se structurer en générations sociales voire historiques?»[51] Karl Mannheim estimait qu'une génération se constituait autour d'un événement historique majeur. Ainsi, comme Louis Chauvel le note, l'histoire du 20ème siècle de la Chine est extrêmement favorable à ce type d'approche :

« La Chine est, comme la France, un pays où la dynamique générationnelle est particulièrement forte, bien plus qu'au Brésil, en Inde ou aux Etats-Unis, pays qui ont certes connu des alternances de générations mais pas à ce degré de contraste. »[52]

Dans le domaine de la recherche sociologique sur la Chine, cette approche a été beaucoup utilisée pour étudier les cohortes qui ont vécu la Révolution Culturelle en terme de « génération perdue» (Hung, E. P.W. et Chiu, S. W. K, 2003 ; Michel Bonnin, 2004 ; Liu Jieyu, 2007)[53]. Il est également utilisé pour

---

51 Louis Chauvel, « Générations sociales et dynamique de la consommation En France et en Chine », Communication à un colloque franco-chinois organisé à l'université Sun Yat Sen de Canton, les 15, 16 et 17 décembre 2006. p.3.
52 Ibid., p.1.
53 La « génération perdue » prend en compte les personnes nées de 1948 à 1957 ; Voir Hung, E. P.W. et Chiu, S. W. K, 2003, « The lost génération : life course dynamics and Xiagang in China » in *Modern China*, [29(2)], pp.204-236.

étudier les intellectuelles (Ruth Cherrington, 1997) ainsi que le phénomène de la consommation en Chine (Louis Chauvel, 2007).

Cette approche s'est montrée particulièrement féconde pour structurer notre recherche sur le genre parce que chaque « grand événement » intervenu au cours de la seconde moitié du 20ème siècle, a modifié la construction du genre en Chine.

Louis Chauvel a défini trois types de génération:

« La macrosociologie s'intéresse différemment au phénomène générationnel, en analysant comment des groupes humains nés à des périodes différentes peuvent êtres porteurs au long de leur vie de structures démographiques, sociales, culturelles, économiques durablement différentes.[...]La difficulté ici est que, à une extrémité, nous sommes confrontés au manque de contenu sociologique (la génération démographique n'étant par définition presque rien, sinon le fait démographique d'avoir la même date de naissance), et de l'autre à un excès (la génération historique relevant de l'exception à l'échelle des siècles, comme c'est le cas de la « wusiyidai », génération qui a participé au mouvement du 4 mai 1919). Pour relier ces deux pôles, la génération sociale se définit comme un curseur situé entre ces deux extrêmes, une voie du milieu où la sociologie a toute sa place. La génération sociale est alors une cohorte de naissance, socialement structurée d'une façon objective ou culturelle, dont les membres peuvent partager des caractéristiques sociales remarquables sans en avoir nécessairement la conscience ; plus cette conscience se renforce, plus son action politique est profonde, plus la génération sociale se rapproche d'une génération historique.»[54]

Nous nous inscrivons plutôt dans la définition de « la génération sociale». Selon cette définition, une génération est socialement structurée d'une façon objective ou culturelle. Dans notre cas, les cohortes s'avèrent avant tout « socialement structurées d'une façon objective » en terme de trajectoires de carrière. D'autre part, comme le sociologue allemand Karl Mannheim l'estimait, une génération se constitue en tant que groupe social autour d'un événement historique majeur. En Chine depuis le début du 20ème siècle, les groupes de trajectoires de nos enquêtées se constituent pendant les grands bouleversements sociaux.

Nous avons donc retenu pour notre étude la définition suivante de la génération : une cohorte de naissance, qui rencontre un grand événement

---

54 Louis Chauvel, « Générations sociales et dynamique de la consommation en France et en Chine», *op. cit.,* p.3.

historique et a été structurée par ce grand événement en termes de trajectoire, scolaire ou de carrière des individus. Ce modèle structuré de trajectoire a eu une influence, chance ou contrainte, marquante sur les individus qui y appartiennent tout au long de leur existence.

Nous sommes partis des trajectoires à la fois subjectives et objectives des personnes enquêtées pour mettre en lumière les groupes de trajectoires scolaires ou de carrières semblables en les rapprochant des grands bouleversements sociaux de la Chine dans la période étudiée.

Dans ce cas, sauf pour la première cohorte (cohorte qui rencontre la révolution communiste), l'âge situé autour de 18 ans nous parait significatif : c'est l'âge maximum pour être forcée de quitter l'école (renvoyée à la campagne) dès le début de la révolution culturelle, c'est aussi l'âge d'entrée à l'université pour les cohortes précédentes, qui constitue un moment crucial dans la vie: soit entrer à l'université et donc avoir une chance de réussir sur le marché économique, soit travailler en usine après l'école secondaire ou une école professionnelle.

Pour la première génération qui rencontre la révolution communiste, ceux qui ont moins de 35 ans en 1956 ont encore une chance de faire carrière dans le nouveau système. Donc, dans ce cas, nous prenons l'âge de 35 ans au moment de la nationalisation comme la borne supérieure d'âge de cette génération. Nous distinguons donc quatre générations : « la génération de la libération », « la génération de la Révolution culturelle », « la génération de transition » et « la génération de la réforme économique ».

La génération de la libération (I)

Cette génération regroupe les cohortes nées entre 1923 et 1947 ; elles ont entre 9 et 33 ans en 1956, entre 19 et 43 ans en 1966, entre 60 et 84 ans en 2007, année de l'enquête.

Elles ont été élevées dans des conditions sociales difficiles : guerre, pauvreté, chômage et ont eu peu de chance d'être scolarisées. Trop jeunes pour bénéficier de la croissance de l'école dans les années 50, elles comptent une immense proportion d'illettrées : 90% des femmes et 80% des hommes étaient illettrés avant 1949[55].

En revanche, elles ont bénéficié des cours du soir d'alphabétisation organisés par le gouvernement communiste. Et elles ont été enregistrées comme

---

55 Bureau statistique de la Chine, « Zhongguo Shehui zhong de nanren yu nüren » (« les faits et les données statistiques : Les femmes et les hommes dans la société chinoise »), source officielle en ligne (cf : lien), http://www.stats.gov.cn/tjsj/qtsj/men&women/men&women.pdf

chômeurs et ont été affectées à un emploi par le gouvernement communiste pendant la période 1949—1956. Une fois l'étatisation réalisée, l'essentiel des travailleurs ont été stabilisés et ont bénéficié d'un système complet et efficace de protection sociale.

Cette génération comprend en fait deux groupes bien distincts :

a) celles qui ont eu accès au travail avant 1949 et un petit nombre de femmes, principalement les diplômées d'école secondaire, qui a eu accès pour la première fois au travail durant la période 1949—1957.

b) les « femmes du Grand Bond en avant » qui commencent à travailler pour la première fois sous la vive impulsion du gouvernement.

Le premier groupe de femmes a dans l'ensemble bénéficié du système d'emploi stable dès l'étatisation (1956) et d'une certaine possibilité de faire carrière. Le deuxième ensemble, les femmes du Grand bond, a été soumis à un autre système d'emploi à part entière : l'emploi précaire et sans opportunité de carrière.

Les deux groupes de femmes ont plusieurs enfants et sont donc soumises à une charge domestique lourde.

Les femmes de cette génération sont appelées « femmes de la libération» dans la mesure où elles sont les premières bénéficiaires des efforts gouvernementaux pour redéfinir le rôle et le statut des femmes dans la société chinoise.

La génération de la révolution culturelle (2.1)

Cette génération regroupe les cohortes nées entre 1948 et 1957. Elles ont entre 9 et 18 ans en 1966, début de la période ; et entre 18 et 27 en 1975, fin de la période. Elles ont entre 50 à 59 ans en 2007, année de l'enquête.

Cette génération a bénéficié du fort accroissement du nombre d'écoles et de la part des filles scolarisées dans le primaire et le secondaire : depuis 1958, la part des filles dans l'école primaire comme dans l'école secondaire a dépassé 40% à Shanghai[56].

Mais leurs études ont eu une faible rentabilité sociale et l'accès à l'enseignement universitaire a été très difficile à cause du mouvement dit d'envoi à la campagne (« grimper dans les montagnes, descendre dans la campagne », Shangshan, Xiaxiang) Les premières promotions des « jeunes instruits » envoyés

---

56 En 1958, 47,4% de filles parmi les élèves d'école primaire, 42.9% de filles parmi les élèves d'école secondaire ; source : *L'annales des femmes à Shanghai* (*Shanghai funü zhi*), Mars 1998, Shanghai, Editions de l'académie des sciences sociales à Shanghai, 567 p. ; Chapitre sur l'éducation des filles disponible en ligne : http://www.shtong. gov.cn/node2/node2245/node64804/node64818/node64926/node64934/userobject1ai59221.html

à la campagnes avaient entre 15 et 18 ans en 1966 : soit les élèves de dernière année des premiers et deuxièmes cycles des écoles secondaires. Celles qui ont échappé à l'envoi à la campagne, entrent largement dans les usines et travaillent comme ouvrières.

De nombreux jeunes instruits ont eu l'opportunité de retourner dans leur ville d'origine en 1979. L'Etat a eu des difficultés à leur assigner un emploi. A Shanghai, leurs parents, souvent leurs mères, prennent une retraite anticipée en leur donnant leurs places.

Dans les années 80, l'arrivée de Deng Xiaoping signe le regain d'intérêt pour les disciplines intellectuelles et l'éducation. Les femmes de notre seconde génération ont une chance de suivre des cours de rattrapage. Après les cours de rattrapage secondaire, il y a aussi des universités pour les adultes. Ceux qui ont obtenu le diplôme d'université d'adultes à ce moment là sont devenus cadres supérieurs et se trouvent en bonne position pour être les grands bénéficiaires de la réforme économique.

Pendant la révolution culturelle, les femmes de cette génération ont connu le pic de « l'égalité idéologique » : « ce que les hommes peuvent faire, les femmes le peuvent aussi». Au départ, elles sont mis sur un pied d'égalité avec les garçons dont elles partagent les conditions d'existence : elles vont à la campagne et travaillent à l'usine.

La politique de l'enfant unique commence à s'appliquer au début des années 1980. Donc les femmes de cette génération n'ont majoritairement qu'un enfant.

Cette génération est appelée «génération de la révolution culturelle » ou « génération perdue» (Michel Bonnin, 2004). Les femmes sont appelées « femmes de la génération perdue» parce qu'à l'ère de la réforme économique, de nombreuses femmes font l'objet d'un licenciement.

Les cohortes touchées par la révolution culturelle (2.2)

Certaines cohortes sont touchées par la révolution culturelle : ce sont les cohortes de femmes nées entre 1958 et 1966.

Leurs études primaires et secondaires ont été plus ou moins perturbées par la révolution culturelle. Leur diplôme scolaire n'est pas reconnu dans les années 80. Le 18 novembre 1981, le bureau étatique du travail (Guojia laodong zongju), le syndicat étatique de la Chine (Zhonghua quanguo zonggonghui), et la ligue nationale de la jeunesse communiste (Gongqingtuan Zhongyang) promulguent la « recommandation pour les jeunes qui sont dans la force de l'âge de rattraper les cours de culture générale et de technique », indiquant que « les étudiants qui ont terminé leur premier cycle ou deuxième cycle d'études secondaires de 1968 à 1980, mais n'ont pas le niveau de connaissances équivalent à ce diplôme doivent suivre des cours de rattrapage. »

La voie d'accès aux universités par examen est ouverte pour elles, mais est très compétitive et les chances de réussite sont faibles. Pour les filles, leurs chances n'ont pas dépassé 30%. Mais celles qui ne sont pas entrées à l'université bénéficient de l'école technologique.

La génération de transition (3)

Cette génération regroupe les cohortes nées entre 1967 et 1974 ; elles ont entre 11 et 18 ans en 1985 et entre 18 ans et 25 ans en 1992 ; entre 33 et 40 ans en 2007, année de l'enquête.

Elles connaissent une croissance lente des chances d'accès à l'université. Les chances d'accès des filles dans les universités plafonnent à 33%. Elles entrent dans le monde du travail au moment de la transition planifiée du système d'emploi basé sur le contrat limité. La compétition n'est pas encore accélérée.

En effet, depuis 1986, le gouvernement commence à prendre les mesures de réforme du système d'emploi stable. Les entreprises commencent à avoir l'autorité pour embaucher les nouveaux arrivants travailleurs.

La génération de la réforme économique (4)

Les cohortes nées en 1975 et après (18 ans en 1993 et après) : 32 ans et moins en 2007, constituent la « génération de la réforme économique ».

C'est une génération de filles et de jeunes femmes qui offrent les traits caractéristiques de quelques mutations lorsqu'on les compare aux plus âgées. Dans un premier temps elles ont bénéficié d'une expansion considérable de l'accès à l'université, pendant laquelle leur part dans les universités a connu également une croissance significative : de 33.61% en 1993 à 45.7% en 2004. Dans une ère où le diplôme est un facteur crucial pour la réussite, le progrès des filles dans la formation supérieure et l'accès aux diplômes est déterminant dans le progrès de l'accès des femmes aux professions intellectuelles.

Dans un deuxième temps, elles constituent également la première génération des enfants uniques à cause de la politique d'enfant unique appliquée en 1979.

Enfin, elles entrent sur un marché du travail où l'intervention de l'Etat a été affaiblie et où l'emploi est désormais régi par la loi de l'offre et de la demande et où la compétition entre entreprises et demandeurs d'emploi est forte. En 1992, le voyage de Deng Xiaoping dans le Sud de la Chine, poumon économique du pays, accélère la réforme économique. La même année, le système d'emploi au contrat commence à se généraliser. Les entreprises et les demandeurs d'emploi ont le droit de se choisir l'un l'autre, et le droit de mettre fin à l'emploi selon des clauses contractuelles. La culture d'entreprise repose sur l'efficacité et la compétition. Forte différence avec l'époque maoïste où le congé payé de maternité était assuré par l'Etat, à partir des années 80, la maternité est à la charge des entreprises qui ont été privatisées. Les crèches n'ont plus droit de cité dans les entreprises.

Nous appellerons ces femmes, celles de la génération de la réforme économique.

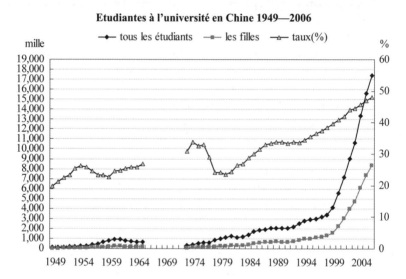

Etudiantes à l'université en Chine 1949—2006

Sources : *Zhongguo jiaoyu tongjinianjian de 1949 à 1981*, (*Les Annales de l'éducation en Chine,1949—1981*) ; *Zhongguo jiaoyu nianjian de 1987 à 2005*, (*Les Annales des statistiques sur l'éducation en Chine, 1987—2005*), ; sources cités par ZHENG Ruoling, 2002, « Xin Zhongguo nüzi gaodengjiaoyu de chengjiu» (« Le succès des filles dans l'éducation supérieure en Chine) in *Qinghuadaxue jiaoyuyanjiu* (*Etudes de l'éducation de Qinghua université*), N°6, pp. 68—69.

La part de étudiantes à l'université à Shanghai 1945—1996

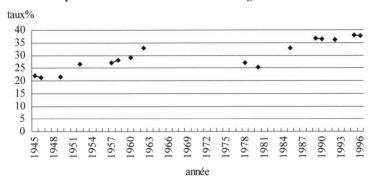

Source : Les Annales des femmes à Shanghai, Mars 1998, Shanghai, Editions de l'académie des sciences sociales à Shanghai, 567 p.

CHAPITRE 1.
QUESTION DE METHODE :
PRESENTATION DU TERRAIN.

Nous avons combiné dans notre travail plusieurs modes d'approche. La statistique est incontournable pour dessiner les grands cadres de la division sexuelle du travail et pour mesurer son évolution sur le moyen terme, de 1949 à aujourd'hui. Nous avons donc rassemblé des données statistiques de sources diverses. Mais les limites de la statistique chinoise aujourd'hui disponible sur ces questions nous ont incité à recourir à une autre approche. Une exception toutefois : nous avons beaucoup utilisé les *Annales du travail à Shanghai,* source officielle qui se présente sous la forme d'un recueil écrit par des cadres administratifs. Cet ouvrage fait partie d'une série des annales de Shanghai rédigées sous la direction du gouvernement de Shanghai. La rédaction des *Annales du travail à Shanghai,* qui a duré six ans, a été réalisée sous la direction du bureau du travail (laodongju) de la ville de Shanghai. Cet ouvrage retrace l'histoire du travail à Shanghai du début de l'industrialisation pendant les années 1870 jusqu'aux années 1990 sous ses principaux aspects : l'emploi, la gestion du travail, la formation continue, l'assurance du travail, la rémunération des travailleurs, la protection du travail, l'institution de gestion du travail, etc. C'est la seule source dont on dispose aujourd'hui sur l'histoire du travail à Shanghai. En dépit du contrôle exercé sur ces données par le Parti, contrôle susceptible de parfois limiter leur fiabilité, ces annales constituent une mine précieuse et irremplaçable d'informations et de données riches et détaillées.

La méthode principale mise en œuvre dans cette thèse est une enquête monographique. Si nous avons privilégié une étude monographique, c'est parce qu'une telle approche permet à la fois la compréhension des enjeux socio-économiques de la pratique concrète, et de comprendre l'identité et stratégie des individus.

Ainsi, j'ai choisi une ancienne entreprise étatique qui a été privatisée dans les années 1990, en vue d'étudier les effets des changements dans la division sexuée du travail. Je me suis fait embaucher pendant un an et demi dans cette entreprise, Aban, comme stagiaire au département des ressources humaines. J'ai notamment occupé ce temps à consulter les archives internes d'Aban.

Outre des observations directes sur la division sexuelle du travail et les conditions de travail, j'ai réalisé une soixantaine d'entretiens approfondis avec des femmes et des hommes des quatre générations. Le recueil de trajectoires des deux sexes était nécessaire pour une comparaison systématique. Pendant les entretiens, nous avons recueilli à la fois des éléments objectifs - trajectoires professionnelles, familiales et scolaires-, et des éléments subjectifs -discours sur les sentiments, le rapport subjectif au travail et à la famille, la motivation des choix, les valeurs, etc.

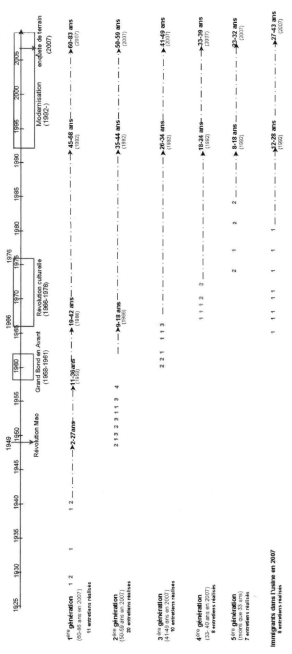

Chronologie historique et coordonnées de la vie des enquêtes

Note: les chiffres représentent le nombre des enquêtés dont l'année de naissance corresponds à l'axe de la chronologie historique.

39

Choix du terrain

Notre idée initiale était de trouver une entreprise regroupant des travailleurs masculins et féminins originaires de milieux sociaux divers et appartenant à différentes générations, qui me permette de conduire une enquête ethnographique à base d'entretiens et d'observation directe. Aban est une entreprise qui correspond à ces critères.

Histoire d'Aban

L'entreprise Aban est située dans le quartier de Yangpu, un vieux quartier industriel de Shanghai. Son histoire est aujourd'hui riche de 143 ans puisqu'elle a été fondée par un anglais en 1864.

Elle produit depuis l'origine de l'eau gazeuse (aerated water), un produit alimentaire de luxe à cette époque. Au départ, tous les travailleurs étaient des hommes.

Au cours de la période de nationalisation, entre 1953 et 1957[57], trente-neuf petites entreprises ont été fusionnées avec Aban.[58] L'établissement s'est ainsi transformé en une grande entreprise nationale agro-alimentaire multi-produits. On y produisait de l'eau gazeuse, des bonbons, des papiers de riz glutineux, du glucose, des jus de fruits, nouveau produit introduit dans les années 1950, tout en conservant le label britannique qui était très réputé à Shanghai. Le nombre des « ouvriers et travailleurs » (zhigong) employés s'élevait à 496 en 1957. Aban, est une entreprise réputée qui payait bien ses personnels. Les femmes ont fait leur entrée chez Aban en tant qu'ouvrières au cours des années cinquante, puisque les petites entreprises de bonbons comptaient beaucoup d'ouvrières.

Pendant le Grand Bond en avant, entre 1958 et 1961, un grand nombre de « femmes au foyer» ont été embauchées par Aban. Le nombre d'« ouvriers et travailleurs » atteint ainsi 1342 en 1961.

Et depuis lors jusqu'à la fin des années 1980, la très bonne réputation d'Aban se maintient à Shanghai. Ses produits sont populaires. Elle apporte à ses travailleurs et ouvriers un bon salaire et une bonne couverture sociale. En 1990, les femmes constituent plus de la moitié de l'effectif total des travailleurs : 1287 sur 2357 personnes employées, soit 54,6%.

Une grave crise secoue l'entreprise au début des années 1990, suite

---

57 1953—1957 est la période mise en place de l'économie planifiée en Chine. Pendant 1953—1956, l'Etat nationalise les entreprises privées. Ainsi, à la fin de 1956, après la nationalisation, seules deux grandes catégories d'entreprises subsistent : les entreprises publiques et les entreprises collectives.

58 Depuis 1956, le gouvernement regroupe les entreprises dans la même industrie à fin de faciliter sa gestion.

aux réformes économiques et à l'ouverture du marché chinois aux boissons étrangères et à la concurrence qu'elle provoque. Au début des années 1990, plus de mille personnes ont perdu leur emploi, les femmes étant de loin les premières victimes des vagues de licenciement. Entre 1993 et 1994, Aban est au bord de la fermeture. Beaucoup de travailleurs licenciés ont été reconvertis dans d'autres activités en plein essor à l'époque : taxis, cafés, hôtels, restaurants, etc...

En 1995, le gouvernement de Shanghai apporte une aide financière à Aban au nom de la politique "retenir les grandes (entreprises d'État), lâcher les petites" (Zhua da fang xiao). Les produits ont été transformés, la diversification abandonnée. Désormais, Aban se concentre sur la production d'eau potable. Etant l'une des premières entreprises à investir en Chine sur ce nouveau créneau, Aban retrouve la voie du succès. Une partie des anciens travailleurs chez Aban a été réembauchée.

Depuis 2000, Aban coopère financièrement avec Danone, un groupe alimentaire français. Chacun possède 50% des actifs cotés en bourse. Le PDG de la branche française est une femme hongkongaise qui a fait ses études en Angleterre. Elle dirige notamment le marketing, la finance et est responsable de l'augmentation des profits. La partie chinoise, dont le vice PDG est Jiesheng, est, elle, responsable de la gestion des ressources humaines.

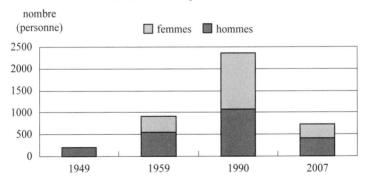

Figure 1
Source : graphique élaboré à partir des Annales d'Aban et du Département de Ressources Humaines en 2007

L'entrée sur le terrain

Le choix d'Aban comme terrain d'enquête est un compromis entre deux contraintes : certes l'entreprise réunit les critères indispensables à notre recherche par le fait que plusieurs générations d'hommes et de femmes, originaires de milieux sociaux différents, s'y sont succédés. Mais c'est aussi parce qu'une relation informelle (guanxi) m'a permis d'accéder à ce terrain dans des conditions favorables dans le contexte chinois. Je comptais parmi les membres de ma famille élargie un ancien dirigeant de l'entreprise, un homme de 54 ans, de la génération de la révolution culturelle.

Ses recommandations m'ont introduite auprès d'une de ses anciennes collaboratrices et subordonnées, Jiesheng, une dame de 59 ans, devenue entre-temps PDG de la partie chinoise et responsable de la gestion du personnel, du syndicat et des affaires du parti communiste.

Cette porte d'entrée sur le terrain a immédiatement exercé un effet positif sur mes relations avec les dirigeants. Ils me considéraient comme une fille, vivant une situation voisine de celle de leurs enfants, en recherche d'un stage pour enrichir mon CV. En fait, les cadres d'Aban s'entraident souvent pour trouver un emploi à leurs enfants. Mon cas n'avait rien d'original. C'est pourquoi, au début, ni mon « contact», ni Jiesheng n'ont pris vraiment mes demandes au sérieux. Ma famille m'informe tout de suite qu'il n'y aura pas de problème. Par téléphone, l'objectif exact des raisons de ma présence chez Aban est toujours resté dans le vague. Les enquêtes ethnographiques de longue durée en Chine sont très rares. C'est pourquoi Jiesheng donne son accord tout de suite sans savoir véritablement quelles étaient mes véritables intentions. Quand je lui explique mes projets au téléphone, elle pense qu'il s'agit seulement de poser quelques questions à quelques personnes et déclare que « je vais m'ennuyer très vite chez Aban ».

Mais la situation évolue très vite dès ma première rencontre avec Jiesheng. Je me suis présentée comme étudiante en sociologie désireuse d'étudier la modernisation de la Chine au niveau de l'entreprise. Cette présentation qui m'avait parue suffisamment vague et prudente est néanmoins très nouvelle pour elle. Jiesheng commence à se rendre compte que je suis différente des autres jeunes qui désirent simplement acquérir une expérience de stagiaire. Elle répète à plusieurs reprises qu'il est dommage que je fasse de la sociologie plutôt que des études de marché. Elle devient très méfiante quand que je lui demande de m'accorder la liberté de bavarder avec des ouvriers et de pouvoir entrer dans l'usine :

« Tu veux une expérience comme stagiaire, je comprends, c'est facile.. .Si tu veux un cachet de notre entreprise, même si tu ne viens pas travailler, je peux te le faire... Tu peux également très bien enquêter auprès de quelques cadres. Je peux t'en présenter, mais le contact avec les ouvriers... Ce n'est pas vraiment faisable...».

Mais, en dépit de la méfiance que suscitait ma demande (méfiance inattendue pour moi et même incompréhensible au début - sur laquelle elle s'expliquera), elle m'assure pourtant qu'elle ne saurait me refuser cette « faveur ». Elle m'avertit cependant :

« C'est une entreprise dans une situation particulière, tendue. Si embaucher une stagiaire fait bien partie de mes prérogatives, il faut faire attention. Les ouvriers s'indignent aujourd'hui de leurs salaires et sont remontés contre leur hiérarchie, surtout la partie française...».

Elle me parle franchement de cette difficulté qui m'apparut très vite criante dans les journée suivantes. J'essayais de lui expliquer que ce que je faisais n'avait aucune visée politique, aucune retombée journalistique, que ma thèse était axée sur l'étude de la vie sociale, sur la condition des femmes et son évolution depuis plusieurs génération. Mais je n'ai pas réussi à calmer un tant soit peu son inquiétude. Finalement, elle limita mes contacts avec les enquêtés, posant comme condition aux entretiens qu'ils soient réalisés en présence du manager du département des ressources humaines, un de ses plus fidèles collaborateurs, et que je n'interroge que des personnes qui aient été préalablement sélectionnées par ses soins.

Malgré ma déception et mes doutes sur la possibilité de mener mon travail à bien dans ces conditions, je me suis résolue à accepter, au moins dans un premier temps, les contraintes qu'elle m'imposait, à prendre le temps d'observer et d'évaluer les avantages et les inconvénients d'une telle position sur le terrain avant de prendre une quelconque décision.

Ma situation s'est améliorée après une dizaine de jours d'observation mutuelle. Pendant la première semaine - hormis deux entretiens proposés dans les conditions qui m'étaient imposées et qui se déroulèrent plutôt mal - je me contentais d'habituer les personnels à ma présence, de sympathiser avec les gens, de recueillir des données chiffrées sur l'emploi et consulter les publications internes d'Aban, le PDG et le manager me facilitant d'ailleurs très aimablement l'accès aux archives.

A compter de la deuxième semaine, j'ai commencé à contacter directement moi-même quelques employés du bureau pour faire des entretiens, sans tenir compte de la consigne qui m'avait été donnée de passer obligatoirement par le

Manager. Parallèlement j'essayais d'approcher les ouvriers dans l'usine et sur le quai de chargement, me présentant à eux et évaluant timidement mes chances d'obtenir des entretiens, de préférence avec des personnes isolées afin d'éviter de me retrouver à l'origine d'un mouvement contestataire que je savais pouvoir facilement déclencher dans ce contexte tendu. La PDG et le Manager fermant les yeux devant ces premières initiatives, je m'enhardis à passer à l'étape suivante et tentais mes premiers entretiens directs. Après mon deuxième entretien avec un ouvrier immigrant, revenant au bureau à une heure avancée, la PDG m'interrogea sur le déroulement de cet entretien. J'évoquais avec elle les questions posées sur son parcours social et familial.

Rassurée par le fait que je m'intéressais à des événements très « culturels et historiques » ne représentant pas de menace immédiate pour l'entreprise et que j'avais l'air un peu naïf d'une petite étudiante, elle me dit :

« J'ai une fille de ton âge, elle est en Master, en Australie, j'espère qu'elle peut compter sur des gens pour l'aider quand elle en a besoin, alors si je peux à mon tour t'aider comme d'autre le feraient avec elle... Tu peux rester autant de temps que tu veux, tu es libre ».

En fait, comme Jiesheng l'a bien perçu, mon statut de fille shanghaïenne de la quatrième génération instaurait une relation de confiance entre les directeurs de la branche chinoise et moi. J'ai beaucoup usé de cette carte de visite pour établir le contact avec mes enquêtés de la deuxième génération, qu'ils soient ouvriers ou cadres. Souvent, je me présentais à eux comme la fille de deux « jeunes instruits ». L'expérience vécue par mes parents pendant la révolution culturelle favorisait la qualité de nos relations. Je parlais avec eux en dialecte shanghaïenne. Ils m'appelaient souvent « petite fille » (xiaoguniang), expression shangaïenne sur laquelle nous reviendrons dans le dernier chapitre. De mon côté, j'appelais aussi souvent les ouvrier-e-s « tante » (ayi) ou « oncle » (ashu), ou « maitre » (shifu) - comme c'était l'usage à l'époque de l'économie du plan.

Le fait que je sois une fille étudiante a joué sans doute un rôle important dans nos échanges. Je me suis rendue compte, qu'en tant que « fille », je bénéficiais des aides de certains ouvriers qui me traitaient comme leur fille. Il leur arrivait souvent de dire :

« Ce n'est pas facile pour une fille de faire une étude de haut niveau et de rester si longtemps dans notre entreprise. Elle réalise juste une enquête pour pouvoir passer ses examens... »

Ce statut de fille a aussi beaucoup facilité mes discussions avec eux sur leur vie privée. Beaucoup de parents m'ont même demandé de présenter des garçons à leurs filles. En retour, ils s'intéressaient aussi à ma vie familiale, mon avenir, etc.

Par contre, ce statut de jeune étudiante shangaïenne a rendu plus difficile la communication avec les migrants. Bien que j'ai toujours évité de manifester auprès d'eux de manière trop ostentatoire mon statut de jeune étudiante shangaïenne et les bonnes relations que j'entretenais avec les shanghaïens, les nouvelles se propageant vite chez Aban, ils se méfiaient de moi, craignant que les informations que je collectais sur eux soient en fait destinées aux cadres.

Grâce à mes relations avec les dirigeants et le fait que mon « contact» originel était un vice PDG chez Aban, mon statut de stagiaire était un peu particulier. La Vice PDG chinoise m'exempta des tâches quotidiennes, seule une traduction de brochure sur le management d'entreprise me fut confiée, mais ce fut sur la demande de la PDG de la « direction française », suivie de temps en temps par d'autres traductions. La PDG française m'a demandé de lui donner des cours pour lui permettre de maîtriser les rudiments de la langue française, une fois par semaine pendant six mois. Les autres vice PDG m'ont demandé de les aider à écrire leurs mémoires pour le diplôme de MBA : de chercher les articles et des documents, de formuler des idées, discuter des données, etc. J'étais donc assez libre et y allais comme bon me semblait, sans horaires de travail, ni compte à rendre. J'y suis ainsi restée pendant plus d'un an. La plupart des membres du personnel de bureau surent que je n'étais là ni pour consolider mon cv, ni pour briguer une place dans l'entreprise, mais pour « enrichir mes expériences sociales » et faire une enquête. Ce qui leur paraissait bizarre : l'enquête ethnographique étant quasi inconnue en Chine, beaucoup considéraient que je « perdais mon temps pour rien ».

CHAPITRE 2.
CINQ PORTRAITS DE FEMMES DANS UNE MEME ENTREPRISE, DE 1949 A AUJOURD'HUI.

Avant de procéder à une analyse macro-statistique des grandes évolutions de l'emploi féminin de 1949 à aujourd'hui en Chine, avant d'analyser, par grands blocs, le destin social et professionnel des quatre générations de femmes chinoises dans leurs relations à l'emploi et au travail, il nous semble utile de faire concrètement connaissance avec certaines d'entre elles. Nous en avons choisi cinq, les deux premières, Xieli et Yilin appartiennent à la même génération, celle de la révolution de 49 et du grand bond en avant, la troisième, Jiesheng, à celle de la révolution culturelle et les quatrième et cinquième, Liulu et Jian, à celle des Réformes économiques. Nous les avons choisies par ce que leurs itinéraires nous semblent, sinon représentatifs, du moins très significatifs des conditions économiques, sociales et politiques qui ont constitué l'univers au sein duquel chacune a évolué. On apprend en les écoutant les effets concrets des grands bouleversements sur la vie des gens, en l'occurrence l'emploi féminin.

Elles ont toutes les quatre un trait commun, toutes ont à un moment ou à un autre de leur existence travaillé dans la même entreprise, Aban, à l'origine, nous l'avons vu, un établissement producteur d'eau gazeuse dont les activités se sont beaucoup développées et diversifiées au cours du temps. Elles ont même, à certains moments, travaillé en même temps au sein de cette entreprise. Ce trait commun, on va le voir, est pourtant loin d'unifier les destins de ces quatre femmes que tout oppose. La première différence tient évidemment à un effet d'âge et de génération. Elles n'ont pas trouvé le même état du marché du travail et de l'emploi quand elles ont commencé à travailler et l'état de ce marché s'est transformé à mesure qu'elles prenaient de l'âge, mais elles étaient déjà embarquées sur un bateau.

Les débuts de la révolution communiste, le grand bond en avant, la révolution culturelle, les réformes économiques, chacun de ces grands événements de l'Histoire avec un grand H qui a, chacun a sa manière, profondément ébranlé et transformé la société chinoise dans toutes ses dimensions, économiques, sociales et politiques, a également profondément marqué de son sceau le destin de ces quatre femmes. Mais cette action de la grande histoire sur la petite histoire des individus est loin d'être directe et uniforme. Les deux premières, Xieli et Yilin, par exemple, ont beau avoir à peu près le même âge, elles ont connu des existences très différentes : leur accès au travail, les différents statuts d'emploi par lesquels elles sont passées, leurs conditions de travail et leurs chances de promotion professionnelle ne se ressemblent pas. Xieli est devenue ouvrière stable et a même eu la chance de faire une véritable carrière, tandis que Yilin, après 10 ans d'emploi précaire, finit par conquérir une garantie de stabilité sans pour autant pouvoir échapper à son statut d'ouvrière externe qui lui collera à la peau toute la vie. On s'aperçoit en effet, en analysant les effets des grands bouleversements historiques et politiques sur la vie concrète et quotidienne des personnes que les grandes révolutions, si socialistes ou communistes qu'elles soient, ne font jamais complètement table rase du passé. L'inégalité de la structure de l'emploi chinois, distinguant depuis l'origine, au même titre que beaucoup d'autres dans le monde, les stables et les précaires, les travailleurs internes et les externes, les permanents et les temporaires, les cadres et les exécutants, les élites et les masses, les femmes au foyer et les salariées, apparaît, quand on raisonne à partir de l'expérience directe des travailleuses, comme une donnée de structure qui survit à tous les grands bouleversements et affecte durablement et même à vie l'existence de celles et de ceux que les hasards de la naissance ou de la petite histoire ont placés du bon ou du mauvais côté de la fente, selon l'expression de Jack London.

Ces quatre femmes, nous aurons l'occasion de les revoir et de les réentendre, au fil des chapitres de cette thèse. Mais il importait, en commençant, de pouvoir disposer d'un déroulé complet de leurs existences.

Xieli

Agée de 68 ans, XieLi est une ancienne collègue et amie de JieSheng, actuelle vice-présidente de la branche chinoise de l'entreprise Aban. Elle lui rend régulièrement visite. Ce jour-là, après avoir joyeusement et chaleureusement échangé des propos sur leur vie familiale et l'éducation de leurs enfants ou petits enfants, Sheng me l'a présentée pour un entretien.

Xieli, bien que n'ayant pas obtenu le statut de cadre, en présente nombre de caractéristiques: sa tenue vestimentaire est soignée, ses gestes délicats, elle parle posément, avec une certaine tendresse, de manière naturellement cohérente et organisée en faisant preuve de vivacité et d'une mémoire précise.

Notre entretien a été réalisé à l'écart, dans une salle de réunion. Ma première question portant sur la façon dont elle est entrée sur le marché du travail suscita chez mon interlocutrice une émotion qu'elle parvint difficilement à maîtriser quand sa réponse l'amena à me préciser qu'elle avait commencé précocement, comme « enfant-ouvrier ».

Xieli est née en 1939 à Shanghai dans une famille très pauvre. Son père travaillait de façon intermittente dans les usines, sans avoir un travail fixe. Sa mère s'occupait de ses sept enfants avant d'être mobilisée dans une usine en 1957, pendant le « Grand Bond en avant ». Dans cette famille, on n'avait pas toujours assez à manger. Dans ce contexte, en tant qu'aînée, Xieli fut obligée de travailler pour aider ses parents. Elle dit que « comme c'était juste après la libération, les choses n'étaient pas encore très organisées et contrôlées : obligés de travailler pour survivre, les gens cherchaient eux-mêmes du travail[59], prenant ce qui se présentait sans se poser de question ».

Ainsi, Xieli commença à travailler dès 1952—53 dans une fabrique privée, alors qu'elle avait à peu près 13 ans. C'était une petite confiserie employant une vingtaine de personnes. Les journées de travail étaient longues, il y avait des saisons basses et hautes; dans les périodes de pics d'activité il était courant de finir à huit ou neuf heures du soir en ayant commencé la journée le matin à huit heures. Les tâches en amont de la production étaient réservées aux hommes, celles en aval aux femmes ; les premiers touchaient un salaire mensuel fixe, les secondes étaient payées à la pièce, comme journalières, et ne pouvant espérer atteindre les niveaux de rémunération des premiers, cela même dans les périodes les plus « chaudes ». Xieli travaillait donc sur les tâches en aval. Elle se décrit comme « une petite fille d'une dizaine d'années, travaillant sur la chaîne comme une machine… ». Elle dit que même dans ces conditions de travail pénibles, elle

---

59 A partir de 1957, période du Grand Bond en Avant, c'est l'Etat Chinois par le biais des Unités de quartier notamment à Shanghai, qui affecte les chômeurs, dont de nombreuses femmes en inactivité, dans des emplois publics.

était contente d'avoir un travail, et « ne savait pas ce qu'était la fatigue.. ».

D'autre part, sans avoir fait d'études avant de travailler, elle avait une grande soif de connaissances. Depuis le début des années 1950, elle a suivi les cours du soir gratuits pour les illettrés organisés par le Parti communiste. Ce n'était pas facile de faire des études après le travail, de plus l'école était loin de chez elle. Mais, elle était très heureuse et depuis lors, elle voue une grande reconnaissance au Parti communiste. Ses études ont duré plusieurs années par intermittence, sans être sanctionnées par un diplôme, au niveau débutant de l'école secondaire.

En 1958, la fabrique a été rattachée, avec d'autres entreprises nationalisées, à Aban, entreprise leader du secteur. Les conditions de travail se sont progressivement améliorées avec la rationalisation de l'organisation et la journée de travail est rapidement passée à huit heures. Les grandes entreprises nationales comme Aban jouissaient d'un grand prestige et Xieli était heureuse de travailler dans l'une d'entre elles, avec ses quatre étages et « des toilettes presque aussi grandes que la fabrique précédente ».

Elle commence par travailler à la chaîne. Le travail est très tendu :

« On n'a qu'une demie heure pour déjeuner... Après le « Grand Bond en avant », les réunions se sont multipliées : chaque semaine au moins deux réunions pour les ouvriers, hors du temps de travail. »

Mais, elle ajoute:

« Nous étions toujours de très bonne humeur.... parce que les cadres à cette époque-là se souciaient beaucoup des travailleurs et ouvriers, ils partageaient vraiment les joies et peines avec les masses... pendant le 'Grand Bond en avant', les ouvriers travaillaient jour et nuit, les cadres aussi, ils participaient au travail dans les usines chaque jeudi pour faire un grand nettoyage. »

Manifestant un grand enthousiasme au travail, elle est très vite affectée à un poste technique, toujours avec un statut d'ouvrier, mais avec un meilleur salaire et de meilleures chances de promotion. En 1961, elle est admise au parti communiste. La même année, elle a une chance de « se former » (« Duanlian »)[60]: elle travaille au commissariat. Elle est heureuse d'avoir eu cette chance.

Mais, un an plus tard, elle adresse une demande pour réintégrer Aban. Elle en explique les raisons par deux difficultés: d'une part, elle éprouve des difficultés à maîtriser son travail au commissariat qui nécessite beaucoup de lecture et d'écriture. Elle sent alors que ses connaissances fragmentaires sont insuffisantes pour bien accomplir son travail. Mais la difficulté la plus

---

60 C'est à dire de se mettre à l'épreuve avant une promotion professionnelle.

importante concerne sa situation familiale. Elle s'est mariée en 1962 et son premier enfant est venu au monde rapidement. Son deuxième enfant est né en 1963. Après ce second enfant, elle n'a pas envie d'en avoir une troisième parce que « *l'argent et l'énergie étaient insuffisants* ». Sans crèche, ni sécurité sociale pour les enfants dans le commissariat où elle travaille, elle n'arrive pas à trouver d'autre solution que de rentrer à Aban qui dispose d'une crèche pour ses nombreuses travailleuses féminines, puisqu'elle n'a plus de parents disponibles pour s'occuper des enfants.

Son mari, également originaire d'une famille pauvre, dont les parents habitent toujours à la campagne dans une autre province, est aussi plein d'allant au travail. Ayant commencé son travail dans une usine, il est admis au parti communiste dès l'âge de 22 ans, et est promu à un poste dans le bureau d'industrie légère d'Etat ; en tant que cadre dans un organisme d'Etat, il est très occupé. En continuant à travailler au commissariat, Xieli serait très occupée aussi. Donc, pour soutenir le travail de son mari, elle ne peut que renoncer à ses chances de carrière. Elle explique donc qu'elle décide de renoncer à sa carrière pour soutenir son mari dans la sienne.

Rentrée à Aban, elle continue à travailler comme ouvrière technique dans une unité fabriquant des moteurs, unité composée de quelques dizaines d'ouvriers, parmi lesquels quatre ou cinq femmes.

Après son mariage, elle habite avec son mari et ses enfants dans un logement alloué par l'unité de travail de son mari : 12 mètres carrés, ce qui était beaucoup mieux que la plupart des ouvrières. Chaque jour, elle change deux fois de bus pour aller à Aban, serrant ses enfants dans ses bras. Les deux enfants sont confiés à la crèche d'Aban qui accueille les enfants de 56 jours à 18 mois. Elle dit que sur ce point, le service pour les ouvrières était très correct à l'époque du communisme, en raison du statut de « l'ouvrier, grand frère », slogan qui exprime le statut élevé des ouvriers à l'ère de Mao!

Depuis son retour chez Aban, autrement dit, depuis qu'elle a des enfants à élever, sa famille devient sa préoccupation principale.

Son mari est de plus en plus occupé. Après avoir commencé en suivant les cours du soir dans la même classe que sa femme, il a continué les cours du soir. Ayant de nombreuses réunions et missions de travail, il était souvent absent de la maison. Pendant la révolution culturelle, il est envoyé à la campagne pour diriger les « jeunes instruits » pendant deux ans. Xieli s'occupe de ses deux enfants, sans bénéficier d'aucun aide de la part de ses parents. Ses beaux-parents sont à la campagne et ses propres parents ont d'autres petits enfants à charge.

Elle a été affectée à un emploi dans «le département des affaires générales » en 1968, pour distribuer les articles nécessaires au travail : vêtements, chapeaux, gants... Elle explique que ce n'est pas un travail qui bénéficie du statut de cadre, mais l'un de ceux que l'on confie principalement aux personnes honnêtes et rigoureusement respectueuses des principes de l'entreprise. On ne distribue pas n'importe quoi à n'importe qui à n'importe quelle heure. Elle a obtenu ce poste parce qu'elle est membre du parti communiste. Elle s'est satisfaite de ce travail. Ayant une heure pour déjeuner, elle en profite pour étudier les documents politiques. Elle peut ainsi rentrer chez elle tôt le soir, sans avoir besoin comme les autres ouvriers de rester encore un moment après huit heures de travail pour étudier ces documents. D'autre part, c'est un travail relativement léger qui lui permet d'avoir encore des forces pour s'occuper de sa famille.

De toute façon, quand elle se compare avec la plupart des ouvrières d'Aban, elle se juge très chanceuse. Son logement est plus confortable que celui des autres ouvrières qui ont des logements très étroits et bruyants. Il est aussi bien équipé : le gaz est installé, il y a un water-closet et une salle de bains. L'immense majorité des travailleurs doivent quand ils rentrent chez eux préparer le poêle à charbon, un mode de cuisson qui prend beaucoup de temps à Shanghai avant que les gens aient pu bénéficier de l'installation du gaz.

Elle a accompli ce travail jusqu'à sa retraite en 1989.

Ses deux enfants, une fille et un fils, n'ont pas été envoyés à la campagne pendant la Révolution Culturelle. Aujourd'hui, l'un est diplômé d'université, l'autre a un master. Son fils a fait ses études au Japon et travaille dans une grande entreprise très renommée au Japon. Il est marié et a un fils. Sa fille, mariée et sans enfant, vit aux Etats-Unis.

Elle est très fière de ses deux enfants. Depuis son départ à la retraite, elle s'occupe de son petit fils. Son mari, qui a soixante-dix ans aujourd'hui travaille encore dans l'organisme d'Etat. Depuis la réforme économique, il travaille pour des entreprises et fait des affaires avec l'étranger.

Je lui ai demandé ce que le travail signifiait pour elle :

« C'est le plus grand bonheur dans la vie. Les femmes sont libérées parce qu'elles ont un statut économique. Quand j'étais jeune, que j'avais une vingtaine d'années, je faisais toujours le cauchemar que je ne trouvais pas de travail à faire, et je me réveillais de peur. Depuis mon enfance, j'ai toujours voulu être indépendante, je ne veux pas dépendre des autres. Je pense toujours à l'époque où mes parents n'avaient pas de travail, et nous, les enfants étions très malheureux. Maintenant, j'ai une bonne famille et j'ai beaucoup de bonheur. »

Yilin : femme du Grand-Bond en avant

Yilin a 67 ans ; ancienne ouvrière d'Aban, elle a pris sa retraite il y a 17 ans.

Les deux entretiens ont été réalisés dans la ruelle où elle habite qui est tout près d'Aban. C'est une dame robuste à la peau foncée et rude, qui a l'air en bonne santé mais pas très gaie. Elle jette des regards difficiles à interpréter, avec quelque chose de douloureux. Bien qu'elle soit sur ses gardes et ait parfois l'air indifférent, elle témoigne assez vite du désir de s'exprimer. Pendant l'entretien, elle parle relativement brièvement, tout en demeurant souvent longtemps muette sur certains sujets douloureux pour elle.

Originaire de Shanghai, Yilin, ses deux soeurs et ses parents habitent toujours dans ce quartier, occupé par des champs avant les années 50. Sa mère, selon Yilin, est une « femme au foyer », qui cultivait son petit terrain avec son mari à l'époque pré-maoïste. Après que le terrain fut nationalisé dans les années 50, le père de Yilin a obtenu un travail comme ouvrier de construction dans une autre ville : Lanzhou, de la province de Xi'an, très éloignée de Shanghai. Sa mère est restée dans la famille pour faire le ménage et fait quelques petits travaux de temps en temps dans le Lilong[61].

Yilin a fait deux ans d'école primaire à partir de 12 ans en 1952. Deux ans après, l'école réclame des frais d'inscription et elle doit arrêter ses études. Ensuite, elle cherche elle-même des cours du soir gratuits, et parvient à suivre des cours pendant quelques années. Sa soeur aînée est dans la même situation qu'elle. Par contre, sa petite soeur a fait des études jusqu'au niveau de l'école technique.

Elle commence à travailler en 1958, à 18 ans :

« Je suis sortie (du foyer) pour aller travailler[62] pendant le 'Grand Bond en avant'. C'était un travail de fabrication de l'acier, parce que les usines d'acier avaient besoin des jeunes. »

Elle bat le fer et fabrique de l'acier. Ce travail était très dur, « comme frapper un tigre a mort ». Elle déclare :

« A cette époque-là, nous étions très fortes, on aurait même pu frapper un tigre à mort ».

Elle fait ce travail intermittent pendant 3 ans. Puis l'usine où elle travaillait déménage. Elle trouve alors un emploi dans une usine de production de

---

61 Unité autant spatiale que sociale, le Lilong de Shanghai est un habitat collectif desservi par un réseau de ruelles.

62 L'expression chinoise « sortir du foyer » ne s'applique qu'aux femmes et est révélatrice de l'assignation domestique, pour ne pas dire l'enfermement dont elles sont victimes. Le travail, à cet égard, est vécu comme doublement libérateur : il permet de « sortir de chez soi» en même temps qu'il assure une relative indépendance économique.

machines textiles, comme tourneuse. En 1962, elle perd son travail de nouveau, parce que « l'Etat était en difficulté, nous assumions de lourdes responsabilités », comme l'exprimait un slogan de l'époque qui signifiait en fait que l'Etat comptait sur les femmes pour assumer les « responsabilités » de la crise économique.

La même année, en 1962, elle se marie. Son mari était ouvrier dans une entreprise de fil électrique. Son premier fils naît en 1963, le deuxième en 1964. Elle s'occupe elle-même de ses enfants puisqu'elle n'a pas de travail à ce moment. Elle n'a pas voulu avoir de troisième enfant, parce qu' « avoir deux enfants, c'est déjà très dur et pénible… Trois… Je pourrais mourir ».

En 1966, Aban a besoin de main-d'oeuvre. Le Lilong de ce quartier d'habitants embauche des gens pour Aban. Elle s'inscrit au Lilong et passe l'évaluation. L'évaluation était fondée sur le critère du niveau de vie : on divisait le salaire de l'homme par le nombre de membres de la famille et si le quotient était inférieur à 15 Yuan par mois, les « femmes au foyer » qui demandaient un travail pouvaient obtenir un emploi. Son mari gagnait 57 yuan par mois pour les quatre. Elle a donc pu être embauchée à Aban.

Elle était contente d'avoir cette possibilité d'emploi puisque les femmes qui se trouvaient au-dessus du seuil n'ont pu être embauchées même si elles en avaient la volonté. Dans son quartier d'habitation, trois promotions de femmes ont été envoyées par le Lilong dans les usines en 1966, la plus âgée ayant 37 ans. Les femmes plus âgées ou ayant beaucoup d'enfants à charge n'ont pu faire leur entrée sur le marché du travail.

Mais avant de prendre cet emploi, elle se querelle durement avec son mari qui essaye de la persuader de s'occuper de la famille au lieu d'aller à l'usine. Son salaire à Aban serait très bas et les deux enfants ont besoin d'elle puisque la crèche d'Aban n'a pas assez de places pour les enfants des ouvrières externes. De toutes façons, elle prend son courage à deux mains pour travailler parce que « J'en avais assez de rester au foyer ! On n'avait que 57 yuan par mois dont 7 yuan étaient reversés à ma belle-mère, je n'arrivais pas à entretenir ma famille avec 50 yuan par mois. »

Elle finit par entrer chez Aban et est affectée à un travail très pénible puisqu'il consiste à "battre le fer et fabriquer l'acier" : charger et décharger des caisses, remplies de plusieurs bouteilles en verre et pesant 25 kilos chacune. Elle était dans une équipe de travail, de 10 personnes au total, dont 9 étaient des « femmes au foyer » et qui étaient entrées à Aban dans les mêmes conditions que Yilin.

« Le travail était très lourd, c'était comme un aller-retour de Shanghai à

Suzhou[63] plusieurs fois par jour, j'étais toujours trempée de sueur » déclare-t-elle. Par contre, les ouvrières fixes[64] (formelles) effectuaient des travaux moins pénibles : envelopper les bonbons et d'autres types de travail à la chaîne.

Si son travail est beaucoup plus pénible que celui des ouvriers formels, Yilin touche aussi un salaire dérisoire, beaucoup plus bas là encore que celui des ouvriers formels et jouit d'un statut totalement différent.

Au début, elle était embauchée comme « ouvrière d'apprentissage » et touchait 0.5 yuan par jour, soit moins de 15 yuan par mois. Six mois plus tard, elle change de statut et devient « ouvrière externe ». « Ouvrière externe » signifie qu'elle n'était pas embauchée directement par Aban mais par l'intermédiaire du Lilong, dont elle est "externalisée", et que la durée de son contrat n'est pas précisée : elle peut être licenciée le jour où Aban n'aura plus besoin d'elle. Elle n'est pas la seule à éprouver la précarité de ce statut ; les femmes entrées dans l'entreprise en 1966, dont les huit autres femmes de son équipe, partagent avec elle le même statut. Ainsi, elle touche désormais 37 yuan par mois alors que les ouvrières formelles comme Li touchent 55 yuan par mois dès qu'elles sont intégrées à l'entreprise, les hommes aux tâches plus techniques et physiques, travaillant en amont de la chaîne de production étant rémunérés davantage encore.

Lorsqu'elle recommence à travailler en 1966, ses enfants ont 2 et 3 ans. Elle demande à sa mère de s'en occuper quand elle fait les trois huit. Quand sa mère n'est pas disponible, elle n'a pas d'autre solution que d'enfermer à clef ses enfants dans la chambre pendant les nuits où elle travaille.

Pendant la révolution culturelle, au cours des années 70, Aban veut mettre un terme à l'emploi de ces quelques centaines de « travailleuses externes». Elles se révoltent pour faire valoir leurs droits au travail à Aban et parviennent finalement à y rester, bien que toujours avec le statut de « travailleurs externes ». Yilin a participé à cet événement.

En 1970, son mari est envoyé dans la province de Guizhou pour « soutenir le développement des régions de l'intérieur du pays ». Il y restera 16 ans.

Pendant une dizaine d'années, de 1966 à 1977, Yilin accomplit le même travail de chargement et de déchargement de caisses de bouteilles de verre.

---

63 Une ville au sud de Shanghai.

64 Il existait des ouvrières intérimaires et des ouvrières salariées, titulaires de leur poste dans l'entreprise. Les premières qui avaient quitté leurs emplois pendant les années 60, moment où il y avait un surplus de main-d'oeuvre en Chine et chez Aban, sont embauchées par l'intérim du Lilong, quartier résidentiel, pendant le « Grand-Bond en avant», puis en 1966 lorsqu' Aban de nouveau besoin de main-d'oeuvre. Les deuxièmes sont les ouvrières qui travaillaient déjà avant la nationalisation.

En 1978, elle trouve un poste sur la chaîne de fabrication de petites bouteilles d'eau gazeuse. On ne fabrique plus de grandes bouteilles de boissons pour les ouvriers des usines de production d'acier, puisque beaucoup d'entre elles sont fermées à ce moment-là.

Elle travaille à la chaîne jusqu'à sa retraite en 1990.

Pendant sa vie de travail, elle n'éprouve pas le même sentiment de joie et de reconnaissance envers le Parti Communiste que Xieli. Elle a ressenti du mépris chez Aban :

« Nous étions ouvrières externes chez Aban et étions méprisées par les ouvriers internes. »

En tant qu'ouvrière externe, elle n'avait aucune chance de faire carrière. Alors qu'une petite proportion des femmes devenait cadre, elle, comme les autres ouvrières externes, est toujours restée ouvrière.

Son mari était cadre à Guizhou. Il est rentré à Shanghai en 1985 et meurt deux ans après.

Après sa retraite en 1990, comme beaucoup de mes enquêtées qui ont encore assez d'énergie et de volonté pour travailler après 50 ans, âge officiel de la retraite pour les ouvrières (55 ans pour les femmes cadres, 60 ans pour les hommes), Yilin ne cesse de chercher du travail. Depuis 1990, elle a eu plusieurs emplois temporaires : gardienne, femme de ménage dans une université et dans une crèche, manutentionnaire pour approvisionner des marchandises pour les étalages.

Il y a 3 ans, Yilin arrête de travailler. Touchant une pension de retraite de moins de 900 Yuan par mois, elle en reverse une partie de temps en temps à ses deux fils qui n'ont pas de ressources régulières. Les deux, âgés de 46 ans et 45 ans aujourd'hui n'ont pas été envoyés à la campagne pendant la Révolution culturelle, mais étaient ouvriers dans des usines qui ont été fermées dans les années 90. Ils ont donc perdu leur travail et ont toujours travaillé depuis comme « ouvriers temporaires » chez des patrons privés. Actuellement, le fils aîné distribue des papiers peints pour un patron privé, le cadet est en train de chercher un emploi, après avoir perdu son dernier travail temporaire. La situation familiale de ses fils n'est pas bonne non plus. L'aîné a un fils de 14 ans qui a des mauvaises notes à l'école.

Son fils cadet, célibataire, vit avec elle aujourd'hui et habite de temps à autre avec une femme mariée de vingt ans plus âgée qui a un enfant. Tous les voisins dans le quartier le savent et se moquent de ce couple. Yilin en éprouve de la honte avec le sentiment de perdre la face.

Quoi qu'il en soit, elle se réjouit de sa décision d'avoir commencé à travailler en 1966, car son ancienneté lui permet aujourd'hui de percevoir une pension de retraite. Elle m'a signalé plusieurs femmes de ce quartier qui ne touchent aucune pension de retraite. Une dame habitant en face de chez elle, ayant travaillé, à titre de travailleuse temporaire, dans quatre usines mais ayant cessé de travailler avant l'âge de la retraite, touche aujourd'hui 460 yuans de secours social par mois[65]. Cette comparaison semble être la seule raison pour laquelle Yilin se considère comme ayant eu de la chance. Ses deux soeurs perçoivent elles aussi une pension de retraite. L'aînée était aussi ouvrière externe dans une autre entreprise, la cadette était ouvrière formelle, toutes les deux ont pris leur retraite. Elles se réunissent de temps en temps. Voici un extrait de ma conversation avec Yili

XiaoJing	- A quelle période de votre vie avez-vous été la plus heureuse ?
Yili :	- (*Long silence*) Je ne trouve pas que je sois heureuse. J'ai eu beaucoup de soucis dans ma vie depuis toujours. Sans argent, je ne peux pas non plus faire des voyages.
XiaoJing	- Et quel a été le moment le plus malheureux ?
Yili	- Quand les enfants étaient petits, mon mari était dans la province de Guizhou, le travail était pénible, et il y n'avait personne pour m'aider à m'occuper de mes enfants... Comment pouvais-je ne pas avoir de soucis ? Quand les enfants ont grandi, les soucis n'ont pas diminué, je dois les aider de temps en temps... Ca m'ennuie aussi, je n'ai pas de joie. Quand j'étais encore jeune, même si la vie était très difficile, j'avais de l'espoir. Je dormais une nuit, je reprenais de l'énergie et les soucis disparaissaient. Mais maintenant, je suis vieille, je n'ai plus aucun espoir. Même si je dors comme une souche, les soucis ne disparaissent pas.
XiaoJing	- Quel est votre sentiment concernant la libération des femmes ?
Yili	- (*L'air indifférent*) Je ne vois pas l'égalité. Nous travaillons beaucoup plus et plus durement mais nous touchons moins. Les paroles sont belles, mais ça ne sert à rien. Quand les cadres venaient chaque jeudi travailler à l'usine, ils avaient peur de notre travail. Ils choisissaient des travaux faciles à faire.

---

65 Depuis 2006, le gouvernement de Shanghai donne une pension aux femmes âgées de 70 ans et plus qui n'ont pas de pension de retraite ou d'autre ressources.

Jiesheng : enthousiasme révolutionnaire

Jiesheng, 56 ans, est entrée chez Aban à 16 ans et y restée jusqu'à aujourd'hui. Elle est l'actuelle vice-PDG de la branche chinoise d'Aban.

Elle est toujours pleine d'énergie, marche souvent vite et parle d'une voix forte. Elle jouit d'une grande popularité chez Aban. Dans la branche chinoise, les immigrants exceptés, tout le monde l'appelle « grande sœur », soit « Lao ajie » en dialecte shanghaien.

Née à Shanghai, elle est l'aînée d'une famille de cinq enfants. Sa mère, née dans une famille de lettrés, a fait des études secondaires (deuxième cycle d'école secondaire, équivalent du lycée). Après son diplôme, elle est devenue enseignante dans une école primaire. Son père, né dans une famille relativement riche (le grand-père de Jiesheng était patron d'une boucherie), accepte la proposition du parti communiste et y adhère très tôt. Au début des années 50, il suit des cours du soir de niveau universitaire et travaille comme cadre moyen dans une entreprise nationale à Shanghai. En 1958, au moment de la mise en place des « communes populaires » (en régions rurales), il va travailler dans un autre district, loin du sien, Chongmin (une île), comme secrétaire de cellule du Parti communiste d'une commune populaire. Sa femme l'y rejoindra plus tard.

Jiesheng, après que sa mère soit partie, demeurera avec ses deux frères et ses deux soeurs et leur grand-mère de santé fragile. Ses parents rentraient de temps en temps, mais ne rentrèrent définitivement qu'après avoir pris leur retraite. Elle dit qu'elle a très tôt ressenti le poids de la vie sur ses épaules du fait qu'elle s'occupait de ses frères et soeurs.

Les parents de Jiesheng étaient particulièrement exigeants envers elle et l'aîné de ses frères, tel qu'elle le décrit :

« Même si ma mère n'était pas membre du Parti, elle le voyait mener le peuple chinois vers son émancipation, elle était comme mon père, tous les deux étaient très… Révolutionnaires, radicaux... Et exigeants envers mon frère et moi. »

Cependant :

« Ma mère avait aussi quelques « pensées incorrectes », comme le sentiment « féodal » d'avoir perdu la face en mettant successivement au monde trois filles si bien qu'elle accorda une grande importance au quatrième, son premier fils, enfin. »

Tous les espoirs de la famille reposaient sur Jiesheng et son premier frère. Jiesheng, en tant que fille aînée, est intelligente et douée pour les études : elle entre à l'école primaire à 7 ans sur dérogation exceptionnelle, avec un an d'avance sur l'age normal. Elle se montre particulièrement douée pour la langue à l'oral comme à l'écrit, reçoit les honneurs de l'école et l'admiration de ses parents. Une fois, elle a entendu sa mère dire à son père :

« Jiesheng écrit bien, elle a de l'avenir. Ma fille aînée et mon fils aîné doivent aller à l'université. »

Elle reçoit le même type d'éducation à l'école et dans la « société au sens large ». Ses modèles étaient les héros révolutionnaires :

« Nous, les « laosanjie »[66] avons des points en commun : une grande aspiration à faire des études afin de construire notre pays… Nous sommes très patriotes du fait de l'éducation que nous avons reçue… J'étais idéaliste et altruiste…Et très…Révolutionnaire…Oui, révolutionnaire ! Je ne me souviens pas, depuis ma plus tendre enfance, avoir eu quelque idée égoïste ou considération d'ordre personnel. Je me souviens d'avoir, quand j'étais à l'école, découpé un morceau de tissu de mon sac à dos pour nettoyer les tables de la classe… J'ai toujours été comme ça, je suis attachée à ma patrie, à mon école, et maintenant à mon entreprise.»

Ainsi, forte de ses puissantes aspirations et de son désir de progresser, elle a toujours fait partie des meilleurs étudiants de sa classe comme de son école. Elle passe avec succès l'examen d'entrée dans la meilleure école secondaire de son secteur.

La révolution culturelle commence alors qu'elle se trouve en deuxième année de premier cycle d'école secondaire. Les cours s'arrêtent. Elle ne participa pas à la rébellion, parce que, dit-elle, elle était « trop mouton » et aussi parce que son propre père en subissait les conséquences : elle resta chez elle.

Deux ans plus tard, en 1968, elle apprend que les cours allaient recommencer et retourne à l'école. Mais, elle ne s'attendait pas à ce que son enseignant déclare dans la classe : « les promotions de 66 et 67 vont avoir l'honneur de choisir de servir le pays selon « quatre directions » : au Heilongjiang, dans les terres intérieures, en grande banlieue ou à l'usine ». Elle pleure en entendant ces mots et dit à son professeur qu'elle doit aller à l'université. Jiesheng ne s'attendait pas devoir partir à l'usine et encore moins à

---

66 Pendant la révolution culturelle, on envoie d'abord les «Trois promotions » de 66, 67 et 68 qui étaient en dernière année du secondaire. La mesure est ensuite étendue aux « Six promotions » (les deux cycles de l'enseignement secondaire), qu'on appellera les « laosanjie », qui formeront un groupe distinct parmi les zhiqing. Les circonstances de leur départ et sa dimension massive (et souvent brutale), participeront à la formation d'une forte conscience collective. Ils formeront en quelque sorte le « cœur » de la population zhiqing. Sur ce point, voir Michel Bonnin, 2004, *Génération perdue, Le mouvement d'envoi des jeunes instruits à la campagne en Chine, 1968-1980*, Paris, Editions de l'Ecole des hautes études en science sociales, 491 p.

la campagne. Comme Michel Bonnin l'a noté :

« La Révolution culturelle et le xiaxiang ont crée une cassure brutale dans les projets d'avenir de la plupart des jeunes citadins. Pour comprendre cette cassure, il faut savoir qu'en 1965, 45,6% des diplômés du deuxième cycle du secondaire ont pu entrer dans le supérieur. Dans les « bons » lycées des grandes villes, les taux de 80-90% n'étaient pas rares. C'est pourquoi une bonne partie des élèves du second cycle espéraient fermement entrer à l'université, les études supérieurs étant fortement valorisées dans la population.».[67]

Son enseignant lui tapa sur l'épaule en disant : « On n'y peut rien...A l'avenir tu auras d'autres occasions de faire des études. » Dans son malheur, elle sera privilégiée du fait de sa charge familiale et des sacrifices pour le pays déjà engagés par ses parents, en étant affectée à l'usine.

« C'est comme ça que je suis entrée chez Aban » dit-elle. Il y avait plus de cent personnes de la même promotion qu'elle. Pendant le premier mois, ils épluchèrent des mandarines en attendant qu'on leur assigne un poste de travail.

Un mois après, 13 personnes, dont elle-même, ont été affectées à la cantine. Elle déclare :

« La cantine, n'avait rien à voir avec celle d'aujourd'hui, à l'époque, personne ne voulait faire ce travail, c'était « perdre la face »... Le mieux était ouvrier technique, puis ouvrier à la chaîne, le service était méprisé de tous, personne ne voulait accomplir ce travail de service. »

Elle a des souvenirs précis :

« Sachant que c'était le jour de l'affectation des postes, mon frère m'attendait au coin de la rue. Lorsqu'il a appris que j'avais été affectée à la cantine, il s'est indigné en disant : « de quoi j'ai l'air maintenant ? ». »

Jiesheng était extrêmement triste et perdit une seconde fois la face. Elle était depuis toujours l'idole de ses frères et soeurs, et depuis ce jour-là, elle ne l'était plus. Sa mère lui dit qu'il fallait absolument qu'elle se dégage de ce statut de bas étage.

Elle mit toutes ses forces au travail et quelques mois seulement après être entrée à Aban, elle devint chef d'équipe à la cantine.

Trois ans plus tard, en 1971, elle fut libérée de la cantine et affectée à un travail de magasinier et d'intendance (distribution des fournitures nécessaires au travail). Elle « continue à faire des efforts... ». En 1974, l'Etat commençant à

---

67 Michel Bonnin, 2004, *Génération perdue, Le mouvement d'envoi des jeunes instruits à la campagne en Chine, 1968—1980*, Paris, Editions de l'Ecole des hautes études en science sociales, p.310.

attacher de l'importance à la « formation des jeunes cadres », elle est admise au Parti Communiste et devient secrétaire de cellule, avec un statut de cadre moyen. « C'était très difficile d'être admis au Parti communiste à cette époque » dit-elle avec le même air fier que tous ceux qui y étaient admis à cette époque. Elle était le manager du département de l'administration, qui comptait plus de deux cents personnes, l'entreprise en comptant 2000 au total.

Elle se marie en 1979 et leur fille naît en 1980. Quelques années auparavant, on lui avait présenté un bel homme en vue d'un mariage qu'elle refusa sur le champ car il n'était pas adhérant au Parti :

« Question mariage, à cette époque, nous accordions beaucoup d'importance au fait d'avoir un idéal et des aspirations communes. Je ne pouvais donc accepter quelqu'un qui ne soit pas membre du Parti. Quand j'ai rencontré mon mari, je pensais que nous partagions les mêmes aspirations, parce que nous étions tous deux membres du Parti communiste. »

Après la mort de Mao, l'arrivée de Deng Xiaoping signe le regain d'intérêt pour les disciplines intellectuelles et l'éducation. La « génération perdue » se voit proposé, pour certains d'entre eux du moins, de rattraper en partie le temps perdu en suivant des formations continues. Chez Aban, cette perspective leur est offerte dès le début des années 80. Le désir d'apprendre de Jiesheng, longtemps mis en veilleuse, est ranimé. Elle s'atèle à combler ses lacunes scolaires et passe avec succès, à l'instar de la plupart de ses collègues dans la même situation, le diplôme de fin d'études secondaires (équivalent du bac français). Elle prépare ensuite l'examen d'entrée à « l'université de télévisions » et y est reçue en 1983. La même année, sur les six cadres moyens qui préparèrent l'examen, seuls deux, dont Jiesheng, le réussirent. Elle se retrouve donc à mi-temps en formation continue, soit trois jours de travail pour trois jours d'école.

Sa fille fut prise en charge, dès ses 56 jours et jusqu'à ses deux ans, par la crèche d'entreprise d'Aban, puis, à 2 ans, entra à l'école maternelle de son quartier : « Lilong ».

Pendant que Jiesheng suivait sa formation, c'est son mari qui la plupart de temps se chargeait d'accompagner et de chercher leur fille à l'école et la gardait ensuite. Au moment où elle obtint son diplôme, en 1986, son mari commença à son tour à reprendre des études supérieures en formation continue. En tant que vice président du syndicat d'une grande entreprise de bateau, il avait aussi besoin d'avancer.

Jiesheng déclare n'avoir jamais apporté à leur fille tout le soin qu'ils auraient dû :

« Je dépensais presque toute mon énergie au travail, mon mari aussi. Par exemple, quand elle était à la maternelle, nous la laissions souvent manger toute seule à la maison une simple collation préparée d'avance... Pour notre génération, c'était comme ça. Parfois, je ne comprends pas pourquoi les jeunes d'aujourd'hui, dans l'entreprise, consacrent autant d'importance à leur petites affaires personnelles. J'essaye de les comprendre petit à petit et j'ai repris des études de psychologie à cet effet. Je comprends maintenant que la stabilité de la famille fait aussi partie de la stabilité de la société. Je ne peux pas demander aux autres de travailler comme moi, ce ne serait pas « correct ». Avec la place que j'occupe aujourd'hui, je dois considérer d'avantage les mérites de mes collègues, les regarder sous leur meilleur angle et cela pour la sérénité de tous... »

Après ce premier diplôme supérieur, elle a enchaîné les études passant différents certificats ainsi qu'un MBA. Elle dit :

« C'est pour réaliser mon rêve qui n'avait pu l'être à cause de la Révolution culturelle. Mais aussi, depuis la réforme économique, bien que l'expérience pratique reste utile, les connaissances, qui nous faisaient défaut, sont également très importantes. »

A cet égard, sa trajectoire et son ressenti sont représentatifs de ce qu'on a nommé la « génération sacrifiée », cette génération privée d'études et de perspectives intellectuelles du début des années 1960 à la fin des années 1970.

En 1988, il est prévu qu'elle soit promue Vice-directrice d'usine en tant que responsable des affaires de la vie. Mais, cette année, commence la réforme des personnels chez Aban : les postes de cadres sont mis en concurrence. Jiesheng déclare :

« J'ai perdu mon poste de manager dans le département administratif tout de suite, des collègues en concurrence avec moi. J'étais... Rigoureuse avec moi-même, mais souvent ma façon de gérer n'était pas assez rigoureuse. J'avais une bonne relation avec les subordonnées, mais les dirigeants trouvaient que je n'étais pas assez exigeante. »

Malgré tout, elle reste considérée comme une « bonne cadre » par ses supérieurs, en dépit de son manque de rigueur gestionnaire. C'est pourquoi elle est transférée dans un nouveau département qui a besoin de personnel pour le mettre en ordre : le département de l'hygiène. Elle recommence donc une nouvelle carrière. Dans les années 90, elle est sélectionnée comme présidente du syndicat d'Aban, et plus tard déléguée du peuple dans le district de Shanghai où se situe Aban.

En 2000, Aban collabore avec un groupe alimentaire français. En 2004, elle est promue comme Vice-PDG responsable des ressources humaines et comme secrétaire de cellule du Parti d'Aban. Son poste consiste à gérer à la baisse les conflits en aidant le PDG à développer la croissance chaque année, qui est le principal objectif aujourd'hui chez Aban. Elle aime beaucoup ce travail, même si elle se trouve souvent obligée de résoudre des conflits très aigus.

Elle se définit comme une incarnation de la bienveillance chez Aban. Elle déclare qu'elle est bouddhiste comme sa grande mère. Elle dit souvent :

« Je suis bouddhiste, je fais tout que je peux pour aider les gens, mais il y a des choses qui ne dépendent pas de moi . »

Sur la question concernant des femmes dirigeantes, elle dit que le premier fauteuil est souvent réservé aux hommes dans les entreprises :

« Si la branche française n'a pas délégué la PDG actuelle qui est une femme hongkongaise, il faut que ce soit un homme. La plupart des anciens PDG étaient des hommes, mais je me sens très à l'aise pour occuper le second fauteuil... Je suis une dirigeante douce, mais je peux aussi être à l'occasion très forte et dure...C'est parce que de toutes façons je suis à un poste élevé et il y a des situations dures... Auparavant j'étais encore plus douce que maintenant.»

En même temps, elle a une grande admiration pour les femmes qui occupent le « premier fauteuil » :

« Parce que je suis moi-même une femme, je sais que ce n'est pas facile pour une femme de faire carrière… Les barrières familiales et physiques… Etre aussi intelligente sur des décisions stratégiques… Ce n'est pas évident. »

L'âge officiel de retraite pour les femmes cadres en Chine est de 55 ans. Elle a déjà dépassé cet âge parce que « Aban est dans une situation spéciale, elle a besoin de moi ». Elle déclare :

« La retraite à 55 ans, ça va nous étouffer à mort … Je ne sais pas faire le ménage, j'ai travaillé toute ma vie et j'aime travailler, je pense pouvoir travailler au moins jusqu'à 65 ans… Quand j'ignorais qu'Aban m'emploierait encore après ma retraite, je comptais créer moi-même une entreprise après ma retraite. »

Sa fille, 27 ans, vient de terminer ses études de master en Australie. Jiesheng était très exigeante envers sa fille mais, elle a changé d'avis :

« J'espérais que ma fille serait peut-être plus capable que moi dans la carrière, qu'elle ferait honneur à ses ancêtres, garderait la face pour moi… Mais j'ai changé. A présent, je pense qu'il faut être réaliste… J'espère que ma fille trouvera une bonne belle-famille. J'espère qu'elle aura un travail stable de col blanc, mais l'important est aussi d'avoir un bon mari, et que sa belle-famille l'adore. »

Pendant les derniers jours de ma présence chez Aban, Jiesheng parle de temps en temps de sa fille avec « ses visiteurs » en demandant à ses amis de lui présenter des garçons dont les parents sont au moins du même niveau social qu'elle, pour les présenter à sa fille en vue d'un mariage. « Après 30 ans, ça sera difficile pour une fille de trouver un bon mari... Il faut donc se dépêcher maintenant.» déclare-t-elle.

Jiesheng avoue ne pas savoir ce qu'était la « tendresse » féminine :

« A l'époque, nous ne savions pas comment faire « fa dia » - terme qui désigne dans le dialecte Shanghaïen, un ton, une façon de parler très doucement et tendrement, d'être féminine - ; peut-être à cause de la Révolution, nous avons toujours reçu une éducation de héros qui peuvent mourir pour la Révolution, donner leur vie pour la libération du peuple chinois. On devait avoir un air digne qui inspire le respect... Tout ça c'était la face inflexible, inébranlable ou indomptable... J'ignorais donc que les femmes, par nature, possédaient une autre face de tendresse... Surtout dans la famille avec le mari. Mais pour moi c'est trop tard, je suis déjà comme ça. Si je change et commence à être tendre en face de mon mari, il va penser que je suis malade... A notre époque, les plus pauvres étaient les plus révolutionnaires, les plus révolutionnaires étaient les plus inébranlables... Il y avait quand même quelques filles pour parler avec le ton « dia », mais en général ce sont les filles des familles capitalistes. Donc, aujourd'hui, je dis souvent à ma fille qu'elle doit avoir de la tendresse.»

Avant notre entretien, Jiesheng a déjà entretenu des relations avec une femme dont le fils est célibataire et veut rencontrer sa fille :

« Ces derniers jours, j'ai rencontré une bonne famille, la mère est très bien. Elle propose que ma fille se marie avec son fils quand elle sera rentrée d'Australie, qu'elle fasse un enfant d'abord et cherche du travail plus tard. Je suis d'accord. J'espère que tous les deux s'aimeront, je dis à ma fille que le grand amour ne se rencontre que dans les romans, il faut être réaliste et construire l'amour entre deux personnes qui ont des situations familiales similaires, si les deux ont une bonne première impression ... »

Lorsque je lui ai demandé pourquoi est-ce qu'elle avait changé d'idée sur sa fille, elle répondit :

« Parce que, je vois qu'elles (quelques jeunes femmes chez Aban) touchent trois mille Yuan par mois et vivent bien. Une bonne partie des jeunes femmes qui travaillent chez Aban comme le faisaient auparavant leurs parents, ont une bonne relation avec les dirigeants. Assurées d'une vie de relativement bon niveau avec leur mari ou leur belle-famille, elles accordent plus d'importance aux carrières de leurs maris et ne se mettent pas la pression sur leurs propres carrières. J'aime mon travail, je consacre toutes mes forces au travail, je suis heureuse au travail, mais en même temps : je subis des pressions. J'espère que ma fille sera plus heureuse que moi. Je pense qu'elle doit avoir un travail, ce n'est pas bien d'être un parasite... Mais ça n'est pas la peine de travailler comme moi... Ma fille est plus belle que moi, elle est moderne aussi. Je souhaite qu'elle ait un bon mari, une bonne belle famille et qu'elle puisse apprécier la vie sans avoir ni pression ni soucis. »

Liulu : ouvrière migrante

Liulu a 36 ans, elle est originaire d'une région rurale de la province d'Anhui. C'est une femme mince, de taille moyenne, avec les cheveux tressés. Sa tenue est propre, mais souvent très usée et de style démodé. Elle a l'air plus vieille que son âge : une peau rêche et peu soignée, quelques rides déjà apparaissent sur son visage, ses cheveux sont grisonnants.

L'entretien est réalisé dans son logement : une chambre de 5m^2 louée dans un bidonville. Elle est très active et populaire parmi ses voisines de Shanghai qui viennent de la même province qu'elle. Chez Aban, au contraire, elle parle très peu :

« Je parle assez peu au travail, les shanghaïens nous appellent « campagnards ». Je ne sais pas de quoi parler avec eux, parfois une simple plaisanterie provoque des malentendus, donc je me limite à travailler... ».

Elle travaille chez Aban comme balayeuse.

Avant son arrivée à Shanghai en 1999, Liulu et son mari cultivaient leur centaine de mu (1mu=1/5 d'hectare) de rizières dans une région rurale de la province d'Anhui. Tous les deux sont peu instruits. Liulu a mis fin à ses études dès l'âge de 11 ans, quand son père est mort, pour aider sa mère à cultiver les terres, et afin de donner des chances à son frère et à sa soeur cadette d'étudier. Son mari a fait des études secondaires et n'a pas non plus continué à cause de la pauvreté.

Vu que les frères et soeurs de son mari sont partis dans d'autres provinces pour gagner leur vie, elle persuade son mari de faire de même, de quitter leur lieu d'origine et tenter leur chance :

« Je disais à mon mari que s'il ne partait pas, je partirais toute seule. C'est fatigant de cultiver les terres et ça nous rapporte peu d'argent. »

Ainsi, tous les trois : Liulu, son mari et leur fille de quatre ans sont arrivés à Shanghai en 1999.

Liulu et son mari commencent par chercher du travail auprès des agences d'intérim. Son mari trouve un travail comme ouvrier de construction dès son arrivée. Liulu a moins de chance. Elle trouve deux mois plus tard, en payant trois cents yuan à une agence d'intérim, un travail qui consiste à envelopper des bonbons dans une usine agro-alimentaire. Elle est contente de ce travail. « C'est un bon travail, le salaire est bon, je touche mille yuan par mois. » déclare-t-elle.

Elle y travaille pendant un an, durant lequel le gouvernement de sa région rurale lui demande plusieurs fois de rentrer pour faire « un examen de santé » afin de s'assurer qu'elle n'a pas fait un enfant en cachette à Shanghai :

« Ils ne me laissaient pas travailler tranquillement, je n'avais pas de vacances et chaque fois je devais prendre au moins trois jours de congé afin de rentrer pour « l'examen ». Dans ces conditions, autant faire un enfant.»

En 2000, Liulu est enceinte. En tant qu'ouvrière temporaire, elle n'a pas de congé maternité. Elle met fin à ce travail et rentre à Anhui avec sa fille. La même année, c'est la naissance de son fils. Liulu reste chez elle pendant plus d'un an à s'occuper de son fils et cultiver leur terrain.

Elle retourne à Shanghai en 2002 après avoir confié sa fille et son fils à sa belle-mère. Elle se remet à nouveau à des agences d'intérim pour chercher du travail. Une agence lui offre un travail de balayeuse dans une usine. En payant 200 yuan de frais de commission, elle entre dans cette usine et y travaille pendant la plus grande partie de cette année-la. L'usine ferme au printemps 2002 et Liulu perd de nouveau son travail.

L'été 2003, pendant « la saison chaude », elle entre à Aban par l'intermédiaire d'une agence d'intérim qui collabore avec Aban. Elle paye 200 yuan de frais de recommandation pour obtenir ce travail comme ouvrière saisonnière. En plus, cette agence d'intérim prélève automatiquement 2% de son salaire chaque mois puisque c'est à l'agence que son salaire est versé. Elle n'a pas de contrat. Elle touche le salaire minimum de Shanghai en 2003, soit 570 yuan par mois.

Quand la saison chaude est terminée, elle cherche un autre emploi par elle-même. Finalement, elle fait quelques mois de ménage chez un particulier.

Au cours de l'été 2004, quand Aban a de nouveau besoin de main-d'oeuvre, l'agence d'intérim l'appelle et la fait à nouveau entrer chez Aban. Liulu donne à cette agence d'intérim 300 cents yuans de frais de recommandation. 2% de son salaire est toujours prélevé chaque mois. Elle touche le salaire minimum de Shanghai qui a un peu augmenté : 630 yuan par mois.

Elle perd de nouveau son travail en hiver. Elle essaie de chercher un emploi par l'intermédiaire d'une autre agence d'intérim. Cette entreprise lui propose un emploi : huit heures par jour, un repas, deux jours de congé par semaine le week-end, 800 yuan par mois, avec la possibilité de prendre une douche dans l'entreprise. Elle l'accepte et paye 220 yuans de frais d'introduction. Mais, quand elle arrive dans cette entreprise, les conditions de travail décrites par le chef d'atelier sont différentes: pas de repas, pas de weekend, pas de douche. Elle refuse ce travail et demande à l'agence d'intérim de lui rembourser les frais payés. Mais l'entreprise refuse. Elle est indignée et fait venir la police. Finalement au terme d'une « conciliation », elle est remboursée de 100 yuan.

Plus tard, une autre agence d'intérim lui trouve un emploi dans une usine de verre. En touchant 600 yuan pour le premier mois (avec un repas dans l'entreprise) et 900 yuan à partir du deuxième mois (sans repas), elle y travaille pendant 6 mois, jusqu'à la fermeture de l'entreprise.

Au printemps 2006, elle trouve un travail comme gardienne de toilettes, en payant à l'agence d'intérim qui lui avait procuré l'emploi précédent 50 yuan de frais. Quelques mois plus tard, elle donne sa démission parce qu'une ancienne collègue, balayeuse chez Aban, lui propose à nouveau un travail chez Aban.

Ainsi, elle refait son entrée chez Aban pour la troisième fois. Son travail consiste à nettoyer les toilettes. Mais cette fois, elle est embauchée par une petite entreprise de nettoyage en sous-traitance: une ancienne travailleuse shanghaïenne a eu la chance de pouvoir créer sa propre entreprise de nettoyage avec des indemnités de licenciement et de signer un contrat avec Aban pour opérer des travaux de nettoyage. Cette dame shanghaïenne embauche 4 personnes, dont l'une était une ouvrière licenciée d'Aban qui avait un besoin urgent de trouver un emploi. Comme cette ouvrière ne voulait pas faire ce travail de balayage des toilettes, elle le faisait très mal. Elle postule à un emploi temporaire en usine et réussit finalement à en décrocher un. Liulu est donc embauchée pour la remplacer.

Liulu est pourtant satisfaite parce qu'elle bénéficie d'un contrat d'un an. « C'est mieux que les ouvrières saisonnières qui peuvent perdre leurs travail n'importe quand.» déclare-t-elle. Elle considère que ce travail est moins contraignant, car quand elle a fini le nettoyage, elle peut se reposer dans un vestiaire. Elle touche 800 Yuans, travaille huit heures par jour, avec une journée libre par semaine pendant le week-end.

En plus de son propre travail, elle travaille souvent le soir pour les ouvrières shanghaïennes de l'usine. Elle gagne 40 yuan que lui rétrocède l'ouvrière qu'elle remplace pendant huit heures. Les ouvrières shanghaïennes demandent souvent à ces immigrantes de les remplacer la nuit et leur donnent 8 yuan de l'heure, ce qui est moins que leur salaire horaire car, si elles prennent un congé, elles ne toucheront pas la prime de fin d'année.

Son mari travaille aussi comme temporaire. Après son premier emploi dans une entreprise de bâtiment, il travaille dans la même entreprise que Liulu comme manutentionnaire pendant un an. Plus tard il travaille dans une entreprise textile comme manutentionnaire pendant deux à trois ans. Après que cette entreprise ait déménagé, il trouve une entreprise de boisson où il travaille encore comme manutentionnaire, en gagnant à peu près 2 000 yuan pendant la saison chaude.

En dehors d'une journée de week-end par semaine, Liulu n'a pas d'autre congé. Chaque fois qu'elle veut rentrer en Anhui, elle doit négocier avec son patron et elle ne peut le faire qu'une ou deux fois par an. Ses enfants ne peuvent pas non plus venir souvent à Shanghai parce que le voyage coûte cher et que son mari et elle n'ont pas le temps de s'en occuper.

Sa fille est maintenant en cinquième année d'école primaire, son fils, qui a seulement cinq ans, est en première année d'école primaire. Puisque ses enfants n'aiment pas beaucoup leur grande-mère paternelle, il vaut mieux que son fils aille à l'école parce qu'il y a au moins les enseignants et les autres enfants.

Chaque fois qu'elle voit des enfants, elle pense à ses deux enfants et se sent triste. Ses enfants veulent leur mère, elle est déchirée, mais déclare :

« Je dois gagner de l'argent tant que je suis encore jeune. Nous avons beaucoup de charges. Deux enfants et mes beaux-parents : tous sont à notre charge. Il faut gagner de l'argent pour les études des deux enfants. Et je dois construire une maison pour mon fils. »

Pour cela, elle recherche toutes les occasions de travail. Aujourd'hui son travail est de huit heures par jour. En plus du travail de nuit qu'elle accepte de faire pour les ouvrières shanghaïennes, elle fait aussi deux fois par semaine des ménages à domicile après son travail. Elle dépense son salaire pour assurer la vie quotidienne à Shanghai et met de côté le salaire de son mari :

« Mes deux enfants ont besoin de moi... Je vais voir, quand je n'aurai plus de travail chez Aban, je rentrerai peut-être en Anhui pour élever mes enfants, en laissant mon mari travailler à Shanghai. Mais dans ce cas, mon mari payera le loyer pour la chambre et il nous laissera moins d'argent... »

Liulu est partagée.

Quand je la rencontre pour la dernière fois pendant mon stage chez Aban, elle me dit qu'elle a un problème gynécologique. Elle est en train de demander un congé pour rentrer en Anhui et consulter un médecin, puisque à Shanghai, les frais de médecins sont trop élevés. En même temps, elle souhaite profiter de l'occasion pour voir ses enfants.

Jian : une mère « moderne »

Agée de 37 ans, Jian travaille sur les tâches statistiques concernant les agents de la vente et les clients.

Jian est née dans dans une famille ouvrière. Aujourd'hui, ses parents sont tous les deux des ouvriers retraités. Le modèle de la répartition des tâches domestiques est très traditionnel : sa mère cumulait son travail salarié avec la totalité des tâches domestiques.

Chez Jian, on voit clairement se distinguer deux périodes dans son rapport au travail : avant et après le mariage qui est vécu comme un devoir.

Une recherche d'emploi pour valoriser ses études

Elle est diplômée après trois ans d'études supérieures (Bac+3) en 1990 en fabrication des mécanismes.

En 2001, elle a suivi des cours du soir à l'université pour obtenir le diplôme sanctionnant quatre ans d'université. Elle aurait dû être affectée à un emploi dans une entreprise étatique de turboalternateur. Mais pour avoir un salaire plus élevé, elle cherche elle même une entreprise mi-publique, mi privée dans le domaine alimentaire qui lui accorde un salaire beaucoup plus élevé. Deux ans plus tard, elle est mutée vers un emploi dans une entreprise privée d'un patron résidant à Singapour. Son salaire augmente. Elle est manager de la production.

La rupture : le mariage et la maternité

En 1996, au moment où cette entreprise se délocalise à Singapour, Jian qui a 27 ans, est en passe de se marier. « Mon mari pensait qu'une fois mariés, il valait mieux que je travaille près de chez nous pour que je puisse m'occuper de la famille.» déclare-t-elle. A cette époque, l'entreprise qui l'embauche est en déclin. Jian ne travaille plus qu'une journée par semaine car la société est sur le point de fermer :

« Je n'ai pas cherché d'autre emploi, parce que j'avais beaucoup de choses à préparer pour mon mariage, le logement, la décoration de logement, l'arrivée probable d'un enfant, etc. »

Quand l'entreprise ferme, en 1999, elle trouve un emploi chez Aban, tout près de chez elle. Le salaire n'est pas idéal. Mais, après le mariage, elle a déjà changé son rapport au travail. Elle déclare :

« Après le mariage... Oui, c'est pas la peine de travailler si fortement. J'ai un mari sur qui je peux m'appuyer (rire). »

Elle joue un rôle de soutien à la carrière de son mari : assurer une base économique à la vie familiale pour que son mari puisse se lancer dans l'aventure de créer sa propre entreprise. Elle est donc en charge des tâches domestiques.

Maternité : combiner le modèle étranger à la condition chinoise

Après plusieurs échecs, Jian a finalement réussi à avoir un enfant en 2002 à l'âge de 35 ans. Elle s'accroche de plus en plus à la vie familiale :

«Une fois que son mari bénéficie d'un emploi et d'une carrière rassurante, le plus important pour une femme est une vie stable parce que c'est extrêmement important pour une famille ».

Bien que Jian ait embauché une femme shanghaienne pour s'occuper de son enfant à temps plein, elle est très engagée dans son rôle de mère. Elle a cité plusieurs fois les modèles de mère étrangère pour justifier son rôle maternel :

« J'ai embauché une femme Shanghaienne juste pour m'aider. En fait, je ne me sens pas rassurée de confier mon fils à n'importe qui. Un enfant est une page blanche et il mémorise ce que tu lui enseignes. Je lui dis : "Mon chéri, la Terre est notre espace de vie et il faut la respecter." Et il va prendre l'habitude de ne pas jeter les ordures n'importe où. Nous n'avons pas été élevés par nos parents comme ça. Maintenant c'est différent : c'est à nous de lui apprendre tout... Des fois il voit que son grand père ne respecte pas le feu rouge. En fait si les enfants n'ont pas une bonne habitude, c'est parce que tu ne les as pas bien élevés. L'éducation à l'étranger est meilleure, parce que ce sont les mères qui élèvent leurs enfants. Parce que le niveau de l'éducation des mères à l'étranger est élevé. C'est pour ça que je tiens à éduquer moi-même mon enfant. La veille génération ne sait pas comment bien élever les enfants. Je pense que la meilleure éducation pour un enfant, est que sa mère l'élève. Par exemple, au Japon, les femmes ne travaillent plus après avoir donné naissance à leurs enfants.»

Mais, en même temps, elle souligne la spécificité chinoise et insiste sur la nécessité d'avoir un emploi:

« Après la naissance de mon fils, ma belle-mère et mon mari se sont opposés à ma rentrée chez Aban pour un travail salarié. Mais le système chinois est différent comparé aux pays étrangers. Au Japon, par exemple, les mères touchent l'assurance sociale. Ici, les femmes chinoises n'ont pas l'habitude de rester sans travail... J'ai des amies qui avaient une grande compétence professionnelle : après avoir eu un enfant, elles ont arrêté de travailler. C'était il y a 10 ans environ. L'une d'elle, que j'ai eu au téléphone, m'a raconté qu'elle avait fait plusieurs choses pendant 10 ans, mais rien de durable... Elle dispose d'une voiture personnelle parce qu'elle devait emmener son enfant à l'école mais aujourd'hui que l'enfant a grandi, elle m'envie. Une autre amie, également très proche de moi, a également arrêté son travail. Elle m'a dit qu'elle trouvait que j'avais fait un bon choix. Aujourd'hui, elle fait preuve de moins en moins de vitalité. C'est difficile de retrouver un travail correspondant à sa discipline quand on l'a abandonné il y a longtemps ».

Aban : lieu idéal pour concilier les deux rôles

Aban est considérée comme l'entreprise idéale pour concilier les deux rôles :

« J'avais plusieurs choix. J'avais envie de créer une entreprise moi-même, mais ça n'assurait pas la stabilité de la famille. La deuxième possibilité était que je reste dans la famille, et que ce soit mon mari qui me nourrisse. C'était une solution possible mais, en réalité, je ne me sentais pas plus stable...»

Eliminant de ces deux possibilités, elle trouve que son travail chez Aban est idéal pour assurer cette « vie stable » à laquelle elle aspire :

« En fait, j'ai beaucoup réfléchi. Si j'avais travaillé dans une entreprise étrangère, bien sûr mon salaire aurait augmenté mais ça aurait été un problème pendant les premiers mois de l'enfant. Le congé maternité existe mais il n'est pas flexible et tu ne peux pas dépasser ce congé. Par contre, en travaillant ici, je peux prendre quelques mois supplémentaires de congé, après la naissance de mon fils. Je tiens absolument à allaiter parce que c'est bon pour un enfant... Heureusement que j'habite tout près d'ici : je préviens mon directeur et je pars tout à la fin de la matinée pour allaiter mon fils. Quand mon enfant est malade, je quitte mon travail une heure et le manager ferme également les yeux. Tu vois c'est le côté humain. Les règles sont plus souples… On conserve l'atmosphère traditionnelle d'une entreprise étatique. »

Elle poursuit :

« En travaillant ici, je me sens stable. Mon enfant a une assurance-maladie[68] et mon salaire me sert à financer l'assurance-maladie et l'assurance de retraite pour mon mari. Comme tu le sais, mon mari a créé une petite entreprise, il paie beaucoup de taxes, et en plus la politique concernant les entreprises privées de petite taille change tout le temps. Mon mari a beaucoup de pression. Il doit assurer le salaire pour ses employés et payer les taxes, etc. De mon côté, j'ai un travail qui nous aide à assurer la vie pour les membres de la famille. Déjà, en travaillant, j'assure mon assurance maladie et mon assurance retraite ainsi qu'une assurance maladie pour mon fils. Puis, j'utilise mon salaire pour acheter

---

68 L'assurance maladie de l'enfant est souvent assurée par l'entreprise où la mère travaille.

l'assurance-maladie et l'assurance de retraite de mon mari. Ainsi, il se sent assuré et peut conduire ses affaires sans souci. »

Le travail de Jiang lui permet, entre autres, de consacrer beaucoup de temps à sa famille :

« Mon mari souhaite bien sûr que je n'exerce pas un travail soumis à un haut niveau de pression où je devrais investir beaucoup de temps. Parce que déjà lui, il rentre rarement à l'heure de dîner... Il est submergé par ses affaires... Donc, si je fais le même type de boulot que lui : qui s'occupera la famille ? Le rythme du travail n'est pas si rapide. La pression n'est pas si tendue comme dans les entreprises étrangères...»

Elle cite l'exemple de sa soeur qui travaillait dans une entreprise privée. Voici notre conversation :

Jiang	- Ma soeur travaillait dans une entreprise privée. Elle a dû arrêter de travailler dans les derniers mois de sa grossesse à cause d'un problème de santé. Du coup, l'entreprise a embauché quelqu'un d'autre pour la remplacer. Elle a donc perdu son travail. Ici, tu peux négocier avec les directeurs.
XiaoJing	- Est-ce que vous aimez votre travail ?
Jiang	- Comme-ci, comme-ça. Ce n'est pas un travail qui t'apporte tant de bonheur. Ce travail, je te le dis, n'importe qui peut le faire. Il ne demande pas d'intelligence particulière. Il ne faut pas avoir inventé la poudre pour le faire. C'est tellement simple...
XiaoJing	- Qu'est-ce que vous vouliez faire lorsque vous étiez plus jeune ?
Jiang	- Quand j'étais petite, j'avais beaucoup de respect envers les ingénieurs. Mes études supérieures étaient des études d'ingénieur. Dans mon précédent travail, j'avais l'impression d'avoir beaucoup appris. Maintenant, je me sens devenir de plus en plus émoussée, je rétrograde...
XiaoJing	- C'est à dire que vous avez perdu l'enthousiasme professionnel ?
Jiang	- Oui, c'est ça, depuis que j'ai fait la connaissance de mon mari, je deviens dépendante. J'ai des amies qui ont choisi de monter leur propre entreprise, mais elles sont très fatiguées. Une femme, son mari a émigré au Canada pour ses affaires, et elle est restée en Chine pour sa propre entreprise. Les deux vivent séparés. Elle n'a pas du tout de temps pour s'occuper de son enfant, sa vie est trop fatigante...

| XiaoJing | - Donc, vous, vous n'êtes pas fatiguée. |
| Jiang | - Non, pas souvent, je compte sur mon mari. Je pense que ça ne sert à rien d'être si fatiguée. |

Ces portraits de femmes peuvent apparaître comme une mosaïque du statut des femmes chinoises au cours de l'histoire contemporaine. En outre, ils posent un certain nombre de questions transversales.

1) En quoi l'appartenance à telle ou telle génération est-elle structurante d'une trajectoire sociale, familiale et professionnelle ?

Et, à l'intérieur de chaque génération : Quels sont les facteurs prépondérants ? L'éducation politique ? Les mouvements sociaux et les mouvements de masse ?

2) Nous avons concentré ici la focale sur des portraits de femmes en comparant succinctement les trajectoires de ces femmes avec celles de leurs maris. Partant de là, demeure une question centrale à laquelle il conviendra de donner une ou plusieurs réponses :

Comment le genre, compris comme différences socialement construites entre les sexes ainsi que comme un rapport de domination masculine et étatique implicite ou explicite, s'actualise-t-il dans les pratiques sociales au cours de l'histoire ?

Par exemple : Que signifie la « mise au travail » des femmes sous le grand bond en avant ? Qu'est-ce qui a motivé une telle décision politique ? Quels en ont été les effets sur les rapports de genre au travail et dans la famille ?

Et inversement : Comment le genre est-il mobilisé au cours de l'histoire de ces soixante dernières années en Chine comme vecteur idéologique d'égalité ? Que recouvre le discours égalitaire dans la pratique ?

Certains témoignages demeurent critiques ou amers face au choix du Parti et, comme toute histoire orale, restituent un point de vue singulier, loin de l'histoire officielle : Qu'est-ce que le genre construit concrètement dans la pratique ?

3) Qu'est-ce qui est assignable à la situation individuelle de ces femmes (travail du mari, situation familiale, capacités personnelles, etc.) ?

De manière symétrique, ces « itinéraires générationnels » sont le double reflet d'une histoire collective et d'une histoire singulière qu'il s'agira de démêler. En effet, le témoignage de ces femmes chinoises est traversé par une histoire subjective ainsi que par une réinterprétation subjective de l'histoire « objective », si une telle distinction nous est permise.

CHAPITRE 3.
REGARD STATISTIQUE SUR L'EVOLUTION DE L'EMPLOI FEMININ : ENTRE VARIABLE D'AJUSTEMENT ET VOLONTE POLITIQUE DE PARITE.

L'enquête que nous avons réalisée est en grande partie monographique. Le terrain d'observation est une entreprise de Shanghaï, une parmi cent mille autres. Loin d'avoir pu disposer des moyens nécessaires pour interroger la totalité du personnel employé dans cette entreprise à une époque récente et encore moins pour procéder à un suivi systématique des différentes générations s'y étant succédées depuis les années cinquante, nous avons privilégié l'approche ethnologique. Nous avons focalisé notre champ d'observation sur un certain nombre de femmes, employées dans cette entreprise, dont nous avons recueilli les récits afin de tenter de saisir comment leurs conditions de travail et d'emploi, leurs attitudes au travail, les valeurs qu'elles engageaient dans leur activité professionnelle, l'articulation entre leur vie professionnelle et leur vie familiale ont pu varier au cours des trois grandes conjonctures historiques et sociales qu'a traversées la Chine depuis les années cinquante : la prise du pouvoir par le parti communiste en 1949, la révolution culturelle des années 60—70 et la période contemporaine. L'énorme disproportion entre la base de données minuscule que nous avons constituée et une ambition théorique sans doute démesurée qui consiste à se demander comment s'est transformé le statut des femmes au travail au cours des soixante dernières années est un fait dont nous sommes conscients et que nous assumons. Nous ne représentons pas un cas isolé. La sociologie regorge de cas où les chercheurs ne disposaient pas des faits ou des données permettant de valider leurs hypothèses, au sens poppérien du terme. Ce qui ne les empêche pas de produire des analyses fort pertinentes sur les aspects de la réalité sociale qu'ils étudient. Nous préférons notre attitude à celle qui consiste à n'étudier que les phénomènes qui se trouvent strictement conformes aux faits et aux méthodes disponibles.

Cela dit, nous sommes très conscients des limites de notre travail et des difficultés de sa généralisation. La question de la représentativité de nos résultats n'a pas de sens : l'entreprise Aban est-elle ou non représentative de l'ensemble de la population des entreprises industrielles de Shanghaï ? Les femmes que nous avons interrogées, les jeunes comme les plus anciennes sont-elles représentatives de l'ensemble de la population féminine employées dans cette entreprise depuis sa fondation ? Non, évidemment.

Une chose est pourtant certaine : les écarts sensibles que nous observons dans les conditions d'emploi et de travail des femmes de ces trois générations que nous avons interrogées sont en grande partie les effets des gigantesques transformations intervenues dans la société chinoise au cours des trois grands moments de son histoire. Tel est le véritable objet de notre travail.

Il est dans ces conditions indispensable de chercher à articuler la petite histoire des femmes interrogées à la grande histoire. Non pas pour tenter de mesurer leur écart à une représentativité nationale abstraite, mais au contraire pour retracer le cadre historique général dans lequel s'inscrivent leurs trajectoires, leurs expériences et les fortes inflexions que leur ont imprimées les trois grandes ruptures historiques de la société chinoise.

Rien de tel que les statistiques pour dresser ce cadre. Encore faut-il savoir de quels chiffres on dispose et ce qu'ils valent. Les auteurs qui ont travaillé sur le thème de l'emploi féminin ont largement fait appel aux chiffres, mais souvent de manière fragmentée, par année ou par secteurs, ou en utilisant des critères trop hétérogènes pour permettre une réelle comparabilité, excluant toute vision synoptique de l'emploi féminin. C'est pour ces raisons qu'il nous semble absolument nécessaire de retravailler ces statistiques et de dégager des tendances claires d'évolution de l'emploi féminin, sur la base des catégories les plus simples.

I. L'HISTOIRE DU SYSTEME D'EMPLOI ET LES DONNEES STATISTIQUES DISPONIBLES

A / *L'histoire du système d'emploi*

Après quelques années au cours desquelles il s'efforce de restaurer l'économie ravagée par les guerres, le Parti communiste, qui a pris le pouvoir en 1949, s'engage à partir de 1952 à construire progressivement un système d'emploi planifié et centralisé.

Ainsi, une fois l'étatisation réalisée en 1956, et jusqu'au début des années 1980, il n'existe dans les villes que deux types d'« unités de travail »[69] : d'une part, les « unités étatiques » (guoyou danwei), appelées aussi « entreprises appartenant au peuple tout entier »(quanmin qiye), qui constituent la base de l'économie nationale et l'écrasante majorité des « unités de travail (elles employaient 88,2 % des travailleurs de la population active en 1956[70]) ; d'autre part, les « unités collectives » (jiti danwei), sont définies ainsi par *l'Annuaire statistique de Shangai* :

« Des entreprises ou d'autres unités dont les moyens de production appartiennent à une collectivité de citoyens . (...) Ce sont des entreprises gérées, dans les zones rurales, par des cantons ruraux ou des villages, et, dans les zones urbaines, par des municipalités de l'échelon du district, des districts ou des comités de quartiers»[71](11,8 % des travailleurs de la population active en 1956).[72]

Corine Eyraud explique bien que :

« L'expression "appartiennent à une collectivité de citoyens" a, dans un pays socialiste, une signification différente de celle qu'elle pourrait avoir en occident. Ainsi, il ne s'agit pas d'un type de copropriété entre un certain nombre d'individus, mais, comme la propriété d'Etat, d'une propriété socialisée, à la différence que la collectivité en question n'est plus le "peuple tout entier" mais une collectivité plus réduite. »[73]

François Lemoine le note aussi : les unités collectives, « [...] dont les méthodes de gestion ne sont guère différentes de celles des unités étatiques, [...]

---

69 Le terme d' « unité de travail » est à comprendre dans un sens plus large que celui d' « entreprise » : il englobe toutes les organisations professionnelles (entreprises, hôpitaux, instituts gouvernementaux, etc.).

70 *L'annuaire statistique de Shanghai, 2000*, tableau 20—6.

71 *Zhongguo Tongji Nianjian (l'Annuaire Statistique Chinois)*, 1996, Beijing, Zhongguo Tongji Chubanshe (Editions des statistiques de la Chine), p.50 (définition en chinois) - p.53 (définition en anglais), cité et traduit par Corine Eyraud, 1999, *L'entreprise d'Etat chinoise : de « l'institution sociale totale » vers l'entité économique ?*, Paris, Editions L'Harmattan, p.150.

72 *L'Annuaire statistique de Shanghai, 2000*, tableau 20—6.

73 Corine Eyraud, 1999, *L'entreprise d'Etat chinoise, de "l'institution sociale totale" vers l'entité économique ?*, Paris, Editions L'Harmattan, p.150.

n'émargent [cependant] pas au budget de l'Etat et sont généralement de petite taille et placées sous la tutelle d'autorités locales. »[74].

En revanche, ces deux types d'unité de travail correspondent à des niveaux de rémunération différents : les travailleurs des unités Etatiques touchent un salaire plus élevé que ceux des unités collectives.[75]

Des réformes économiques sont lancées à partir des années 80 et deux autres formes de propriété voient le jour. D'un côté apparaissent dans les années 1980 les « unités relevant d'autres types de propriété » (qita suoyouzhi danwei), ou « économie mixte de coopération » : la coopération peut avoir lieu soit entre des « unités étatiques » et des « unités collectives », soit entre la Chine (« unités étatiques » ou « unités collectives ») et des capitaux étrangers. D'un autre côté, le secteur privé, dont l'existence légale est reconnue dans les années 90, se développe rapidement jusqu'à occuper une place importante dans l'économie.

Tableau : Effectifs d'emplois selon le régime de propriété (en 10 milliers d' individus)

	unités étatiques	unités collectives	unités relevant d'autres types de propriété	entreprises privées ou individuelles
1985	8 990.5	3 325.4	43.7	450.1
1990	10 346.4	3 549.2	163.8	670.5
1995	10 955.0	3 076.0	877.0	2 045.0
2000	8 111.3	1 499.5	2 011.8	3 404.0
2003	6 875.6	999.9	3 094.3	4 922.1
2006	6 430.5	763.6	4 519.1	6 966.8

Source : Annuaire statistique de la Chine, 1986—2007.

B / Les données statistiques disponibles

Les données statistiques représentent le talon d'Achille des études sur

---

74 François Lemoine, 2006, *L'économie de la Chine*, Paris, Editions La Découverte, p.6.

75 Sur ce point, voir Yi Chen, Sylvie Démurger et Martin Fournier, Avril 2007, « Différentiels salariaux, segmentation et discrimination à l'égard des femmes sur le marché du travail chinois », Documents de travail, version 2, en ligne : http://209.85.135.132/search?q=cache:8oFyGaHnOxsJ:ftp://ftp.gate.cnrs.fr/RePEc/2007/0713.pdf+le+salaire+des+unit%C3%A9s+etatiques+entreprise+collectives+en+chine&cd=12&hl=zh-CN&ct=clnk&gl=fr

la Chine depuis plusieurs décennies. Il convient ici d'en retracer un bref historique. Le 1er novembre 1954, le gouvernement publie les résultats du premier recensement national de 1953 ; la qualité des résultats a pendant longtemps été mise en cause en raison des mauvaises conditions dans lesquelles a été réalisé ce recensement : absence d'ordinateurs et de personnels compétents en nombre suffisant (Pierre Trolliet et Jean-Philippe Béjà, 1986). Ce premier recensement comportait six questions: relation avec le chef de famille (huzhu), nom et prénom, sexe, âge, ethnie, adresse de la famille (benhu dizhi). Comme l'a noté Xie·kang·keladaiweiqi, le recensement de la population organisé par le gouvernement chinois en 1953, est un recensement simplifié : le niveau d'éducation, la profession, l'origine de classe ne figurent pas dans le questionnaire. La question sur le niveau d'éducation n'a pas été posée parce qu'il était difficile de mesurer le niveau d'instruction des chinois à cette époque. La question relative à la profession exercée a été éludée afin d'éviter d'éveiller la sensibilité de la population et de provoquer des rumeurs sur l'utilisation politique éventuelle de ce recensement. Lors du deuxième recensement de la population qui a lieu en 1964, trois questions ont été ajoutées dans le questionnaire : position de classe (chengfen), niveau d'éducation et profession. Mais deux des nouvelles questions sur trois - « position de classe » (chengfen) et « profession » - « ont été seulement enregistrées sans avoir été comptabilisées ». [76]

Ainsi, comme le notent Pierre Trolliet et Jean-Philippe Béjà :

«Il aura fallu patienter pendant une trentaine d'années pour disposer enfin de substantielles données scientifiques sur la démographie du pays le plus peuplé de la terre...»[77]

puisque la Révolution culturelle instaure le vide statistique à la suite de décisions politiques marquant un coup d'arrêt. Depuis les années 80, en revanche, les données sont à la fois beaucoup plus nombreuses et plus fiables. Pour deux raisons : la production de chiffres et leur publication se développent, mais les données « internes » relatives aux périodes précédentes deviennent aussi plus accessibles.

Parmi ces données plus objectives, le recensement de 1982 est un recensement «sans précédent » par les moyens techniques et scientifiques mis

---

76 Xie·kang·keladaiweiqi [C'est le pinyin de la traduction chinoise du nom d'un Russe, il n'y a pas de nom en caractères russes sur le livre], 1956, traduit par le bureau des spécialistes à l'office des statistiques nationales de RP Chine, *Le recensement de la population en 1953 en Chine (Zhongguo 1953nian quanguo renkou diaocha)*, Pékin, Maison d'édition des statistiques (tongji chubanshe), p.16.

77 Pierre Trolliet et Jean-Philippe Béjà, 1986, *L'empire du Milliard, Population et Société en Chine,* Paris, Éditions Armand Colin, Collection U, p.77.

en œuvre (Pierre Trolliet et Jean-Philippe Béjà, 1986). Il a été soigneusement préparé. Les données portent sur de nombreux aspects socio-économiques à l'échelle nationale (villes et campagnes) ou à l'échelle régionale (une ville). Les données détaillent notamment l'emploi des individus interrogés, leur branche d'activité, leur profession, leur âge, leur niveau d'éducation, etc. En 1987, le gouvernement réalise une enquête substantielle à partir d'un échantillon de 1% de la population. Lors du quatrième recensement de la population en 1990, l'Etat décide d'effectuer un recensement de la population tous les 10 ans et de réaliser une enquête portant sur un échantillon de 1% de la population tous les cinq ans.

D'un autre côté, comme le note Tania Angeloff :

« Dans les années 80, les enquêtes chinoises se sont développées comme jamais auparavant et [...] constituent une source d'information sur la société chinoise. »[78]

C'est ainsi que la Fédération des femmes chinoises, premier acteur qui engage une étude sur les femmes chinoises, en coopération avec le bureau statistique national, a réalisé deux enquêtes sur le statut social des femmes chinoises en 1990 et en 2000. D'autre part, les fédérations à l'échelle régionale ont également réalisé un certain nombre d'enquêtes. Ces enquêtes constituent une partie de nos sources de référence.

On peut reprendre la note de Stanley Rosen, traduite par Tania Angeloff, sur les conditions sociales favorables au développement de ces enquêtes, d'une part, « une renaissance des sciences sociales autrefois considérées comme un travail "petit bourgeois" [...] » et d'autre part, le fait que « [...] les autorités chinoises acceptent, voire encouragent, les différences sociales parmi le peuple».[79]Comme le rappelle Tania Angeloff, dans les années 90, le contexte est favorable au développement de ces enquêtes du fait de la renaissance des sciences sociales en Chine. Cela suppose que le gouvernement chinois reconnaisse les différences sociales au lieu de tenter de les nier ou de les supprimer comme ce fut le cas jusqu'à la disparition de Mao Zedong. (Stanley Rosen, 1989)

On assiste également à la publication de données portant sur l'époque maoïste. Cette accessibilité est liée aux conditions favorables que nous venons

---

78 Stanly Rosen, 1989, « Value change Among Post-Mao Youth » in *Unofficial China, Popular Culture and Thought in the People's Republic*, Boulder- San Francisco- London, West view Press, pp.193—216, cité par Tania Angeloff, 1996, *Les incidences de la modernisation chinoise sur le statut des femmes en milieu urbain depuis la fin des années 1980 : Etat des lieux des recherches*, Mémoire de DEA sous la direction de Marianne Bastid-Bruguiere, ENS-EHESS, p.30.

79 *Ibid.*, p.30.

d'évoquer, mais aussi au fait que la statistique est remise au goût du jour. Le bureau national de statistique est rétabli en 1978 après avoir été supprimé pendant la Révolution culturelle (1966—1976).

Depuis 1981, le Bureau national de la statistique publie en version bilingue chinois-anglais *L'Annuaire statistique de la Chine (China statistical yearbook)*[80]. En publiant les données annuelles à partir des années 80, il publie en même temps les statistiques portant sur l'emploi pendant les années 50 et 60. Pour les données sur Shanghai, en 2000, *L'Annuaire statistique de Shanghai (Shanghai statistical yearbook)*[81] a publié des données relatives aux cinquante années précédentes. Une bonne source de synthèse portant sur les femmes est constituée par *Les données statistiques des femmes chinoises 1949—1989*, ouvrage publié par le bureau d'étude de la Fédération des femmes de la Chine et de la province de Shanxi, en 1991. Ces publications fournissent des chiffres sur l'ensemble de l'emploi, par sexe, par secteur et par branche d'activité, mais pas de chiffres sur les différentes professions.

En 1999, sont publiée par le Département d'organisation et du personnel (*zuzhibu renshibu*) les *Statistiques sur les cadres pendant cinquante ans-la collection des données statistiques sur les ganbus(cadre) 1949—1998*[82]. Ces fascicules fournissent une donnée officielle sur la catégorie de « ganbu» (cadres), par sexe, âge et niveau d'éducation. Ganbu est une catégorie priviligiée à l'époque maoïste où tous les travailleurs urbains ont été catégorisés en deux groupes: ouvriers et ganbu (cadres). Cette simplification extrême et réductrice des catégories socioprofessionnelles explique également le vide des données sur les catégories socioprofessionnelles avant les années 80.

En outre, depuis la fin des années 80, de plus en plus de dossiers et d'archives, auparavant réservés au Parti, sont devenues accessibles, comme *Les données statistiques synthétiques de Shanghai en 1949 (1949 nian Shanghai shi zonghe tongji)* - source qui a été beaucoup citée dans les travaux académiques récents sur l'histoire de Shanghai. Ces données ont été recueillies par le gouvernement de Shanghai dès son arrivée au pouvoir. Ils portent sur les aspects sociaux : population, emploi, syndicat, et sur les aspects économiques et financiers. Si ces données recueillies en 1949 ne sont probablement pas

---

80 Il s'agit de l'annuaire statistique officiel de référence en Chine. Publié chaque année depuis 1981 par le bureau national de la statistique en version bilingue chinois-anglais, il fournit les principaux indicateurs socio-économiques à l'échelle nationale et parfois à l'échelle provinciale.
81 Publié depuis 1984 chaque année par le bureau de la statistique à Shanghai.
82 On reparlera plus en détail dans le chapitre suivant de la formation de la catégorie de cadre (ganbu).

complètement exactes car le Parti vient d'arriver au pouvoir et n'a pas encore
étendu son contrôle à la société toute entière, elles constituent néanmoins une
référence intéressante.

Les données publiées dans *L'Annuaire statistique de la Chine (China
statistical yearbook)* et *L'Annuaire statistique de Shanghai,* portant sur les
années 50 et 60, peuvent être considérées comme plus fiables du fait d'un
contrôle strict de l'emploi par le Parti au cours de ces trente ans. Les bureaux
officiels qui publient ces données sont en effet des rouages décisifs de la
planification centralisée.

Pour les années 80, l'annuaire statistique de la Chine et de Shanghai
continue de fournir les données sur l'emploi dans le secteur étatique et collectif,
ainsi que dans le nouveau secteur semi étatique ou collectif (appelé « autres
unités de travail »). Depuis 1989, alors qu'avec la réforme la situation de l'emploi
devient plus complexe (nouvelles formes de propriété, chômage, licenciements,
augmentation des écarts entre les salaires, conflits autour de la relation d'emploi,
etc.) ; *l'annuaire statistique du travail de la Chine (Yearbook of labour statistics
of China)*[83] est publié régulièrement, fournissant des données plus détaillées,
plus riches tout en prenant en compte davantage d'aspects sociaux[84]. Dans le
même temps, il convient de noter que les statistiques sexuées font encore trop
souvent défaut dans les enquêtes statistiques disponibles évoquées, rendant
difficiles les comparaisons entre les hommes et les femmes dans l'emploi.

2. QUATRE MOMENTS DE L'EMPLOI FEMININ

L'état des lieux des sources disponibles que nous venons de dresser incite à
la prudence dans leur exploitation puisque nous ne disposons pas des moyens
nécessaires pour contrôler leur qualité et leur homogénéité à des niveaux fins
à travers le temps. Elles nous semblent pourtant assez robustes pour pouvoir
retracer, à grands traits, l'histoire de l'emploi féminin depuis 1949 en Chine
dans ses rapports avec l'évolution des politiques d'emploi et de la situation
économique. En limitant le champ à l'emploi urbain et en retenant les deux
grands indicateurs classiques que sont les effectifs de femmes employées et la
proportion de femmes parmi la population employée, quatre grandes périodes
se distinguent clairement.

---

83 *L'annuaire statistique du travail en Chine,* publié chaque année depuis 1989 par le Bureau national de la statistique
et le Ministère du travail et de la sécurité, il fournit les données sur l'emploi et du travail.
84 Il est néanmoins regrettable qu'aucune de ces deux sources ne rend compte de l'emploi féminin dans le secteur privé.

A / Le premier moment : 1949—1957

Comme nous l'avons noté plus haut, 1949—1957 est la période où se construit le système d'emploi planifié et où se pose et se résout le problème du chômage. Jiangyongping, caractérise ce moment comme celui d'un « système d'emploi planifié incomplet » où « la volonté d'emploi des femmes ne pouvait pas totalement être satisfaite ».[85]

Au cours de cette période, selon les chiffres disponibles sur l'emploi féminin dans le secteur étatique, les deux indicateurs classiques sont à la hausse: le nombre absolu des femmes employées augmente, la part des femmes occupées dans le secteur aussi : alors que le nombre de travailleurs occupés dans l'unité étatique s'élève de 8 000 000 en 1949 à 24 510 000 personnes en 1957, l'effectif de femmes occupées passe de 600 000 à 3 286 000 personnes. Ces chiffres ont été beaucoup cités dans les rapports gouvernementaux et les articles académiques. Néanmoins, la forte féminisation mise en évidence par les chiffres est un peu en trompe l'œil. Elle ne représente pas vraiment des cohortes de nouvelles venues sur le marché du travail car une partie de ces femmes travaillaient déjà dans les entreprises autrefois privées qui ont été étatisées entre 1953 et 1956.[86]

Ainsi, à cause d'une absence de chiffres plus détaillés sur l'emploi féminin dans les entreprises étatisées au cours de 1949 à 1956, on ne peut pas connaître avec exactitude le nombre exact de nouvelles venues dans l'emploi. Mais, du fait, d'une part, qu'un bon nombre de femmes travaillaient dans les usines privées avant 1949 et, d'autre part, que de 1949 à 1957, l'accès à l'emploi était *a priori* réservé aux hommes[87], on peut estimer que la progression de l'emploi féminin pendant cette période n'a pas été considérable.

B / Le deuxième moment : de 1958 aux années 60

Les graphiques suivants montrent l'évolution de l'emploi masculin et féminin dans le secteur étatique et le secteur collectif pour la Chine et à

---

85 JIANG Yongping, 2003, « Liangzhong tizhi xia de zhongguo chengshi funü jiuye » (« L'emploi féminin des femmes chinoises sous deux régimes ») in Funü yanjiu luncong (Etudes féminines), N°1, p. 6.

86 Avant l'Etatisation en 1956, trois types d'entreprise (étatiques, collectives et privées) existent en Chine urbaine. Selon les Annales du mouvement des ouvriers à Shanghai (p. 346.), « au début de l'établissement de la République populaire de Chine, les premières entreprises étatiques sont les entreprises du capitalisme bureaucratique prises en main par l'Etat communiste. En 1950, une enquête réalisée par le syndicat général à Shanghai montre que parmi les 972 600 travailleurs, 205 600 (21,14 %) travaillaient dans une entreprise étatique, les travailleurs des entreprises privées étant au nombre de 681 500 (70.07 %). » A partir 1953, l'Etat commence à étatiser les entreprises privées. En 1956, toutes les unités privées sont Etatisées.

87 Sur ce point, voir le chapitre 5.

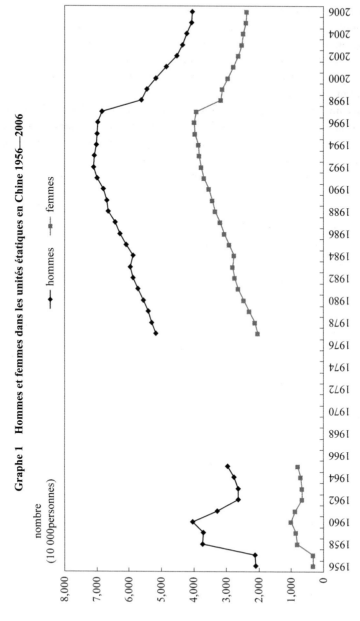

Graphe 1   Hommes et femmes dans les unités étatiques en Chine 1956—2006

Source : Graphique élaboré à partir des données de *L'annuaire statistique de la Chine 1981* (Zhongguo tongji nianjian 1981) et des *Données statistiques pour les femmes chinoises 1949—1989* (Zhongguo funü tongji ziliao 1949—1989).

Graphe 2   La part de femmes dans les unité étatiques en Chine 1956—2006

année

%

Source : Graphique élaboré à partir des données de L'Annuaire statistique de la Chine 1981 (Zhongguo tongji nianjian 1981) et des Données statistiques pour les femmes chinoises 1949-1989 (Zhongguo funü tongji ziliao 1949-1989).

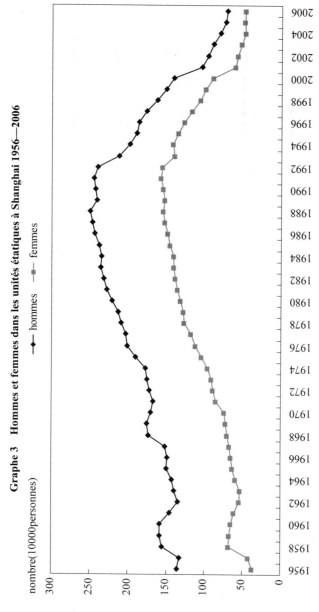

Graphe 3   Hommes et femmes dans les unités étatiques à Shanghai 1956—2006

nombre(10000personnes)

hommes   femmes

Source: graphique élaboré à partir des données de l'annuaire statistique de Shanghai 2000 (*Shanghai Tongji nianjian2000*); *Les annales du travail à Shanghai (Shanghai laodongzhi*), p.138.

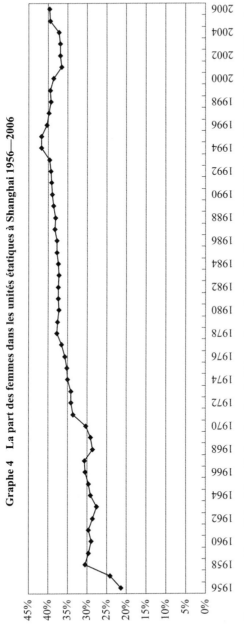

Graphe 4 La part des femmes dans les unités étatiques à Shanghai 1956—2006

Source : graphique élaboré à partir des données de *L'Annuaire statistique de Shanghai 2000 (Shanghai Tongji nianjian2000)* et *Les annales du travail à Shanghai (Shanghai laodongzhi)*, p.138.

Graphe 5　Hommes et femmes dans les unités collectives urbaines en Chine 1978—2006

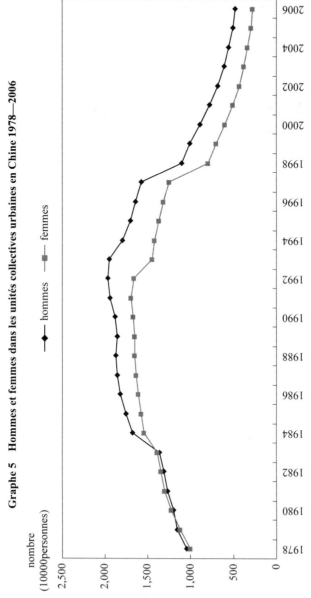

Source : graphique élaboré à partir des données de *L'Annuaire statistique de la Chine 1981* (*Zhongguo tongji nianjian 1981*) et des *Données statistiques pour les femmes chinoises 1949—1989* (*Zhongguo funü tongji ziliao 1949—1989*).

Graphe 6   La part des femmes dans les unités collectives urbaines en Chine 1978—2006

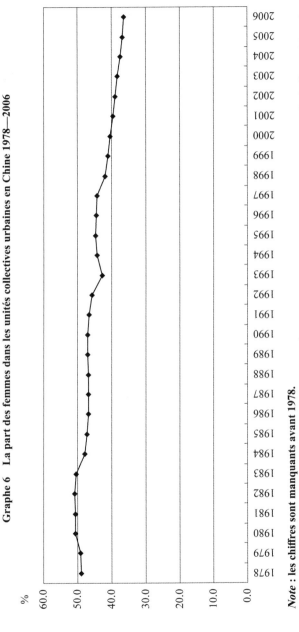

Note **: les chiffres sont manquants avant 1978.**

Source : graphique élaboré à partir des données de *L'Annuaire statistique de la Chine 1981* (*Zhongguo tongji nianjian 1981*) et des *Données statistiques pour les femmes chinoises 1949—1989* (*Zhongguo funü tongji ziliao 1949—1989*).

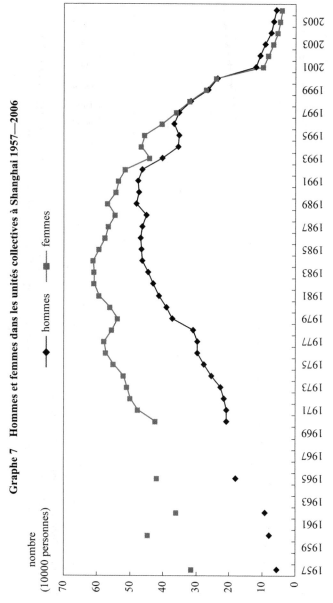

Graphe 7   Hommes et femmes dans les unités collectives à Shanghai 1957—2006

Source: graphique élaboré à partir des données de *L'Annuaire statistique de Shanghai 2000 (Shanghai tongji nianjian 2000)* et *Les annales du travail à Shanghai (Shanghai laodongzhi)*, p.138.

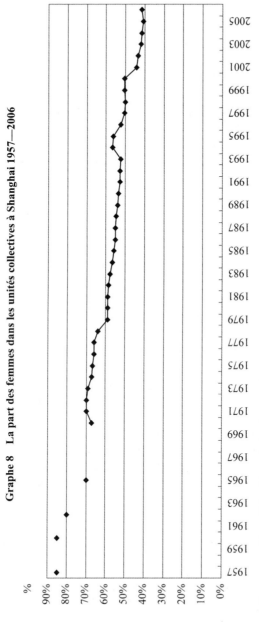

Graphe 8   La part des femmes dans les unités collectives à Shanghai 1957—2006

Source : graphique élaboré à partir des données de *L'Annuaire statistique de Shanghai 2000 (Shanghai tongji nianjian 2000)* et *Les annales du travail à Shanghai (Shanghai laodongzhi)*, p.138.

Shanghai depuis 1957 jusqu'aux années 2000.

Les courbes des graphiques 1, 2, 3 et 4, dont les tendances sont comparables, mettent en évidence, dans les unités étatiques à l'échelle de la Chine entière comme à Shanghai, un essor de l'emploi féminin et masculin sur la période 1956-1961, particulièrement important pendant l'année 1957—1958. Au cours de la même période, la part des femmes dans l'emploi a augmenté.

Il s'agit du premier effet, positif, du Grand Bond en avant. Après une rapide progression de l'activité économique surtout dans les industries lourdes pendant le premier plan quinquennal (1953—1957), le développement se trouve dans une impasse. En mai 1958, le huitième Congrès du Parti officialise les ambitions du Grand Bond en avant (« rattraper l'Angleterre en quinze ans»). Comme le note Françoise Lemoine :

« Au cours de l'année 1958, l'explosion volontariste tient lieu de politique économique. Une fièvre de l'acier s'empare du pays et à la fin de l'année, 20 millions de paysans travaillent aux petites aciéries rurales ; dans l'industrie urbaine, les cadences effrénées sont de rigueur et la planification, au sens d'une mise en cohérence au niveau national des objectifs et des ressources, disparaît.»[88]

Ainsi, les femmes urbaines et les paysans[89](hommes et femmes) constituent deux nouvelles forces de main-d'œuvre, largement mobilisées dans les villes de 1958 à 1961 ; elles viennent s'ajouter aux hommes urbains, déjà en poste.

En fait, la mobilisation des femmes au travail est plus forte dans le secteur collectif urbain que dans le secteur étatique. Selon une enquête statistique effectuée sur 22 provinces et villes en Chine, plus de 730 000 entreprises collectives sont créées pendant l'année 1958, et les femmes y occupent plus de 85% des postes[90]. Le graphique 8 indique une proportion particulièrement élevée de femmes dans l'emploi du secteur collectif à Shanghai : fin 1957, la part de femmes dans le secteur collectivisé atteint 85%. Ces entreprises collectives, qui surgissent pendant le Grand Bond en avant, comme le note Elisabeth · Croll, sont essentiellement de petites fabriques créées dans les

---

88 François Lemoine, 2006, *L'économie de la Chine,* Paris, Editions La Découverte, 4e édition, p. 9.

89 Pendant 1958 à 1960, le pic d'urbanisation provoqué par l'exode rural est atteint en 1959 (15 millions) et le taux d'urbanisation se stabilise à son plus haut niveau pour la période maoïste (19,7%), Kam Wang Chan, 1994, *Cities with Invisible Walls,* p.38., cité par Tania Angeloff, Christian Baudelot, Tang Xiaojing et Zhao Yeqin, 2008, *La dimension genrée des trajectoires d'accès au travail à Shanghai,* Rapport CEFC.

90 CHEN Yan, mai 2005, « 'le grand bond en avant' et le développement des carrières des femmes urbaines en Chine dans les années 1950» (« 'da yuejin'yu1950 niandai zhongguo chengshi funü de zhiye fazhan »), *Shanghai funü* (*Femmes à Shanghai*), en ligne :
http://www.modern-family.com/shanghaiwomen/article.asp?id=1050

quartiers d'habitation, fondées sur de faibles investissements de capitaux, mais disposant d'une mains-d'œuvre très nombreuse qui n'était pas spécialisée.[91]

L'anarchie de l'activité économique pendant le Grand Bond en avant produit très vite un second effet, négatif celui-là, qui se traduit par une chute des récoltes et par la famine. Ainsi, comme le note François Lemoine, « une nouvelle politique économique prudente et modérée, émerge du désastre des "années noire" (1959—1961) »[92]. Cette période allant de 1961 à 1963 est appelée la « période difficile ».

Pendant cette « période difficile » de l'économie, on observe clairement sur les graphiques 1, 2, 3 et 4, le repli du nombre d'emplois masculins et féminins et le recul de la part des femmes dans l'ensemble de la population employée entre 1961 et 1963. Les femmes, essentiellement les nouvelles entrantes sur le marché du travail, et les paysans[93], subissent de plein fouet et en première ligne les effets de cette crise. Par ailleurs, cet effet est plus important pour les travailleuses des entreprises collectives, comme le montrent les graphiques 7 et 8.

Avec le rétablissement de l'économie à partir de 1964, les femmes accèdent à nouveau à l'emploi dans le secteur étatique et le secteur collectif, comme le montrent les graphiques 1, 3 et 7. Mais la part des femmes reste constante dans le secteur étatique à Shanghai et elle baisse dans le secteur collectif. Une partie des femmes licenciées pendant la période difficile n'ont pas été réembauchées.

La Révolution culturelle commence en 1966. Pendant la période de la Révolution culturelle (1966—1976), les chiffres recueillis dans la ville de Shanghai manifestent un constant développement de la féminisation de l'emploi. Malgré une absence de chiffres portant sur la Chine entière, on peut supposer la même tendance à l'œuvre qu'à Shanghai, la part des femmes dans l'emploi étant supérieure en 1977 à ce qu'elle était 10 ans plus tôt.

Françoise Lemoine note que la Révolution culturelle n'a pas provoqué une

---

91 Elisabeth Croll, 1983, *Chinese Women since Mao, Third World Book,* London, Third World Book, p. 47.

92 François Lemoine, *L'économie de la Chine, op.cit.,* p. 9.

93 Cité par Tania Angeloff : « 1961—1965 : c'est la période de décroissance urbaine et de renvoi à la campagne et, dans l'histoire chinoise, d'une grande hémorragie urbaine vers les campagnes : en effet, l'apport de main d'oeuvre dans et aux abords des villes industrielles entre 1958 et 1960 a contribué à une pénurie de main-d'oeuvre agricole, notamment dans la production agricole alimentaire qui, combinée aux catastrophes naturelles et à la mauvaise gestion économique a conduit le pays à une grande famine totale causant la mort de plus de 20 millions de chinois avec le plus lourd tribut à la campagne. 18 millions de travailleurs ruraux des villes et 6 millions de citadins sont renvoyés à la campagne, d'une part pour fournir une main d'oeuvre devenue indispensable dans leurs villages d'origine et d'autre part permettre de réduire le taux de chômage urbain qui a augmenté drastiquement du fait de la mauvaise gestion durant le Grand Bond en avant (Kam Wing Chan, 1994, p38-39)», dans le rapport de T.Angeloff, C.Baudelot, XJ.Tang et YQ.Zhao, *La dimension genrée des trajectoires d'accès au travail à Shanghai,* Rapport CEFC, 2008, pp.8—9.

crise économique comparable à celle qui a suivi l'échec du Grand Bond en avant. Des jeunes citadins ont été envoyés à la campagne mais parallèlement, de jeunes ruraux sont venus s'embaucher à la ville (Bonnin, 2004), équilibrant sans doute les flux d'emploi. Par ailleurs, une partie des femmes de la première génération ont été renvoyées à la campagne et dans les villes, mais une partie des femmes de la première génération qui ont été licenciées pendant la période difficile sont de nouveau recrutées jusqu'aux années 70. Par exemple, à Shanghai, à partir de 1963, une partie des « femmes de Lilong » licenciées sont à nouveau embauchées dans les entreprises tout en gardant la relation d'emploi, preuve qu'elles ont conservé, durant leur période d'inactivité, une relation d'emploi avec le lilong qui sait les faire réintégrer telle ou telle entreprise dès que la nécessité de cette dernière s'en fait sentir. De 1963 à 1973, 23 700 femmes ayant une relation d'emploi avec le Lilong entrent dans les unités étatiques et y travaillent. En 1975, leur nombre est passé à 37 200.[94]

C / Le troisième moment : des années 70 à fin des années 1980

De 1970 à 1978, les convulsions politiques perdent de leur violence. Depuis les années 70, l'emploi est globalement stabilisé. Malgré un développement de « l'emploi externe » (waibaogong) des femmes jusqu'en 1975, l'Etat interdit en 1971 d'employer la main-d'œuvre toute l'année sous le statut « d'emploi temporaire ».[95]

Les filles et les garçons de la nouvelle génération (celle de la Révolution culturelle) sortent de l'école[96] et sont embauchés dans les unités. L'Etat impose un quota par secteur pour l'emploi masculin et féminin. La croissance de l'emploi féminin dans le secteur étatique continue à se développer jusqu'aux années 90: jusqu'à 1997 pour l'ensemble de la Chine et jusqu'à 1992 pour Shanghai (graphiques Iet 3). Le graphique 2 montre une augmentation constante de la part des femmes qui ont un emploi dans l'ensemble de la population Chinoise, le graphique 4 une augmentation quasi constante pour la ville de Shangaï.

Cette nouvelle génération est employée dans le secteur collectif. Les départs

---

94 *Shanghai Laodongzhi* (*Les annales du travail à Shanghai*), Mars 1998, Shanghai shehuikexueyuan chubanshe (Editions de l'Académie des sciences sociales à Shanghai), p.177.
95 Le 30 janvier, 1971, le Conseil des affaires d'Etat (guowuyuan) interdit l'usage de l' « emploi temporaire » pour les postes fixes ou toute l'année, ceux qui sont dans cette situation peuvent être transformés en emploi stable. (« Guanyu gaige linshigong, lunhuangong zhidu de tongzhi»)(« L'annonce sur la réforme des emplois temporaires »)).
96 Le pourcentage des filles à l'école secondaire atteint les 40 % dans les années 1950 : en 1958, 47,4 % de filles parmi les élèves d'école primaire, 42,9% parmi les élèves d'école secondaire. Voir : *Les Annales des femmes à Shanghai*, (*Shanghai fünü zhi*), le chapitre sur l'éducation des filles ; source disponible sur internet : http://www. shtong.gov.cn/node2/node2245/node64804/node64818/node64926/node64934/userobject1ai59221.html

en retraite dans les années 1980 et 1990 d'une première génération de femmes représentant une part écrasante des effectifs des unités collectives, explique la baisse, que l'on constate sur les graphiques 6 et 8 pendant cette période, de la part des femmes dans l'ensemble de la population ayant un emploi.

D'autre part, depuis les années 80, comme nous l'avons mentionné plus haut, les unités étatiques et les unités collectives commencent à coopérer avec les capitaux privés ou étrangers, ce qui se traduit par la formation d'un secteur « d'autres types d'unités ». Dans ce secteur, en 1984, les femmes occupent 49% des emplois en Chine et 47% à Shanghai – elles y sont plus nombreuses que dans le secteur étatique. Jusqu'à 1992, malgré une légère fluctuation, la part des femmes dans l'emploi chinois reste constante avec une légère augmentation. Pour Shanghai, avec une légère fluctuation, la part des femmes a légèrement baissé de 1984 au début des années 1990.

Malgré un manque cruel de données sur l'emploi féminin dans le secteur privé pour les années 80, toutes les données, y compris celles du graphique 12 et du graphique 13, montrent un développement de l'emploi féminin relativement constant en Chine et à Shanghai pendant cette période. Notons que le problème de l'emploi féminin émerge à la fin des années 80 dans les villes (Angeloff, 1996 ; Liu, 2007)[97], ce qui explique le léger déclin de la part des femmes au cours des années 1982-1990 (graphique 13).

D / Le quatrième moment : des années 90 à aujourd'hui

Le paysage se transforme nettement au cours des années 90, après le renforcement de la politique des réformes. Les statistiques s'améliorent et surtout, les définitions des concepts et des catégories deviennent explicites. Dans le recensement de 1982, il était précisé que la population active occupée désignait « les personnes qui s'engagent dans le travail social et touchent un salaire ou un profit économique de gestion ». Il y a en gros trois moyens de trouver un emploi en Chine : placé sous la direction de l'Etat, le département du travail est pourvoyeur d'emplois ; il existe aussi des individus qui s'inscrivent dans une structure d'emploi, qu'elle soit semi-privée ou privée ; enfin les entrepreneurs privés embauchent des salariés.

---

97 En 1988, de grands débats sur la question de la place et du rôle des femmes sont organisés en République populaire de Chine. Ils coïncident avec les réductions de personnel par les entreprises : les femmes sont les premières touchées par ces licenciements. Voir Tania Angeloff, 1996, *Les incidences de la modernisation chinoise sur le statut des femmes en milieu urbain depuis la fin des années 1980 : Etat des lieux des recherches*, Mémoire de DEA sous la direction de Marianne Bastid-Bruguiere, ENS-EHESS.

Graphe 9 Hommes et femmes dans les autres types des unités en Chine 1984—2006

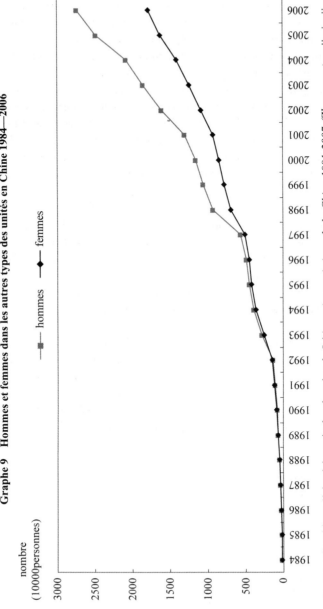

Source : Graphique élaboré à partir des données de *L'Annuaire statistique de la Chine 1981-2007 (Zhongguo tongji nianjian 1981—2007).*

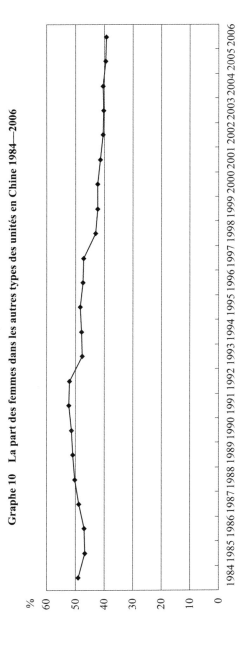

Graphe 10   La part des femmes dans les autres types des unités en Chine 1984—2006

Graphe 11　hommes et femmes dans les autres types des unités à Shanghai 1984—2006

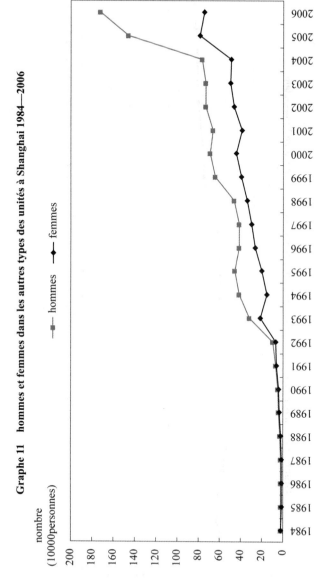

nombre
(10000personnes)

—■— hommes　　—◆— femmes

Source : graphique élaboré à partir des données de *L'Annuaire statistique de Shanghai 2000-2007 (Shanghai tongji nianjian 2000—2007)*.

Graphe 12   La part de femmes dans les autres types des unités à Shanghai 1984—2006

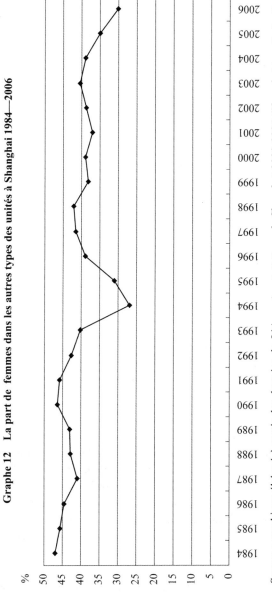

Source : graphique élaboré à partir des données de *L'Annuaire statistique de Shanghai 2000-2007 (Shanghai tongji nianjian 2000—2007)*.

Ainsi, ces trois modes d'accès à l'emploi, qu'il s'agisse du secteur étatique, du secteur collectif ou du travail indépendant, que l'emploi soit stable ou temporaire, définissent l'ensemble de la population active occupée. Cette dernière comprend 1) les personnes ayant un emploi stable au moment du recensement ; 2) les personnes sans emploi stable, mais ayant un emploi temporaire le 30 juin 1982 et ayant travaillé totalement au moins 16 jours pendant le mois du juin.

La catégorie française « Population active occupée » est l'objet de plusieurs appellations en chinois selon les sources et la période : travailleur public (Shehui laodongzhe), population en poste (zaiye renkou) et population en activité (jiuye renkou).

La définition de l' « Annuaire statistique de la Chine » et des « statistiques de labeur » est beaucoup plus claire ; il s'agit du « nombre total de personnes de plus de 16 ans exerçant une activité professionnelle rémunérée. » Il comprend : 1) les ouvriers et travailleurs (Zhigong); 2) les retraités ayant repris une activité (Zaijiuye de lituixiu renyuan) ; 3) les propriétaires d'entreprise du secteur privé (Siying yezhu); 4) les propriétaires d'entreprise individuelle/unipersonnelle (Geti huzhu); 5) les employés d'entreprise privée ou individuelle (Siying qiye he geti jiuye renyuan); 6) les employés d'entreprises rurales (Xiangzhen qiye jiuye renyuan) 7) les ouvriers agricoles (Nongcun jiuye renyuan) ; 8) les autres actifs (Qita jiuye renyuan).

Le déclin d'emploi féminin dans la région urbaine

Les graphiques 1 et 3 indiquent un déclin significatif des effectifs masculins et féminins en Chine à partir de l'année 1997-1998 et à Shanghai dès 1992-1993. Cette rétraction de l'emploi correspond à des licenciements massifs intervenus dans le secteur étatique, suite au voyage symbolique de Deng Xiaoping dans le sud du pays pour relancer et renforcer le développement économique parallèlement à la ligne politique socialiste. Si ces deux graphiques font état d'une baisse plus accentuée des effectifs masculins que féminins, les femmes sont en réalité les principales perdantes de la politique de la réforme: ce sont elles en effet qui sont les premières victimes du licenciement. La baisse des effectifs masculins est l'effet de la conjonction de deux forces : les licenciements d'un côté, qui affectent beaucoup moins les hommes que les femmes ; mais, d'un autre côté, les transferts des effectifs masculins du secteur étatique au profit des secteurs les plus dynamiques, en particulier le secteur semi-privé ou privé, en plein essor. Très nombreux sont en effet depuis les années 90, surtout dans quelques branches particulières comme le textile, l'agro-alimentaire, les cadres et techniciens du secteur d'Etat qui ont changé d'emploi. La force de ce courant se lit dans la montée significative des hommes dans le secteur « des autres types d'unités » (graphiques 9 et 11): 1997-1998 pour la Chine et 1992-1993 à Shanghai.

Les graphiques 13 et 14 montrent la répartition des hommes et des femmes dans la population active occupée en 1982, 1990, 1995, 2000 et 2005. Selon le graphique 13, depuis les années 80, la tendance de la part des femmes dans la population chinoise active occupée est à l'augmentation. Un pic (45,7%) est atteint en 1995, le niveau semblant se stabiliser au cours des années suivantes. Les chiffres originaires de la même source pour Shanghai accusent, eux, après le même pic de 1995, un déclin relativement constant et prononcé.

Graphe 13   La part des femmes dans la population active occupée en Chine (%)

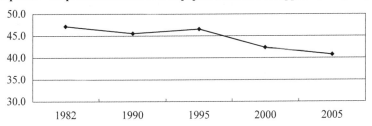

Source : Graphique élaboré à partir des données de trois recensements de la population Chinoise en 1982,1990 et 2000 et de l'enquête portant sur un échantillon de 1%de la population chinoise en 1995 et en 2005.

Graphe 14   La part des femmes dans la population active occuppée à Shanghai (%)

Source : Graphique élaboré à partir des données de trois recensements de la population à Shanghai en 1982,1990 et 2000 et de l'enquête portant sur un échantillon de 1%de la population à Shanghai en 1995 et en 2005.

L'écart enregistré entre la tendance nationale (Chine entière) et celle de Shanghai renvoie à une différence entre la ville et la campagne. C'est en tous cas l'explication que suggère la comparaison des taux d'emploi masculin et féminin tels qu'ils sont donnés par l'enquête sur le statut des femmes Chinoises[98].

Selon ces chiffres portant sur la décennie 1990-2000, le taux d'emploi des femmes baisse plus que celui des hommes en milieu urbain. Au contraire, le taux d'emploi des femmes s'élève en milieu rural alors même que celui des hommes baisse légèrement. L'inflexion contrastée des courbes renvoie donc à la conjonction de deux tendances contraires : la féminisation de l'emploi rural s'accompagne pendant la même période d'une masculinisation relative de l'emploi urbain.

Les chiffres concernant Shanghai cités plus haut nous semblent témoigner de cette même tendance.

Deux classes d'âges sont principalement touchées chez les femmes pendant la réforme économique.

Parmi les femmes, lesquelles sont les plus touchées ? Lesquelles contribuent le plus à faire régresser la proportion des femmes dans l'emploi ?

Les courbes de 2005 (graphique19) pointent clairement l'influence du mariage et de la maternité sur l'emploi des femmes, celles en particulier qui ont entre 20 et 29 ans. La tendance est encore plus prononcée en ville où elle se prolonge par ailleurs, quoique de manière moins significative, pour la classe d'âge 30-34 ans, l'âge au mariage pouvant y être plus tardif qu'à la campagne.

C'est à partir de 45-49 ans (en dessous de l'âge légal de la retraite), qu'on observe la deuxième baisse significative qui s'explique, dans le contexte de la réforme économique, par les licenciements massifs (xiagang) qui, on l'a vu, touchent plus particulièrement les femmes.

Ensuite, c'est entre 50 et 60 ans que la part de femmes actives occupées atteint son plus bas niveau relatif. Ce phénomène trouve son explication logique dans le différentiel d'âge légal de départ à la retraite. De 60 ans pour les hommes non-ouvriers, il tombe à 55 ans pour les femmes cadres et même à 50 ans pour les ouvrières, tout en restant fixé à 55 ans pour les hommes ouvriers.

Deux phénomènes mériteraient de plus amples investigations : le fait que la part

---

98 La fédération des femmes Chinoises en co-opération avec le Bureau national de la statistique de la Chine a réalisé en 1990 et en 2000 deux enquêtes par échantillon sur « le statut des femmes chinoises ». L'enquête de 2000 a été réalisée le 1er décembre 2000, et portait sur 19 392 hommes et femmes, âgés de 18 à 64 ans, dispersés dans 30 provinces, quartiers autonomes et villes, en zone rurale et en zone urbaine. L'enquête aborde le statut économique, politique, éducatif, familial, et le mode de vie, etc. En même temps, 22 provinces ont réalisé leur propre enquête, chacune sur un échantillon de 2 112 individus.

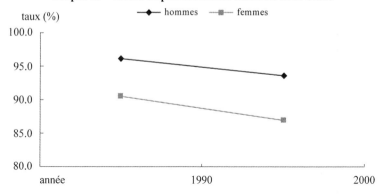

Graphe 15   Taux d'emploi de femmes-ensemble de la Chine

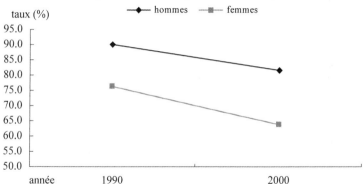

Graphe 16   Taux d'emploi de femmes-urbain

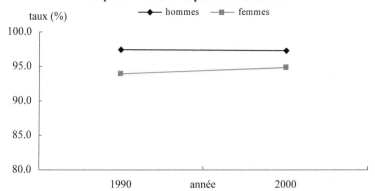

Graphe 17   Taux d'emploi de femmes-rural

Source : Graphique élaboré à partir des données de *« La deuxième enquête sur le statut des femmes Chinoises»*, 2000.

103

Graphe 19 La part des femmes au sein de la population active occupée en Chine,en urbane et à Shanghai par l'âge en 2005

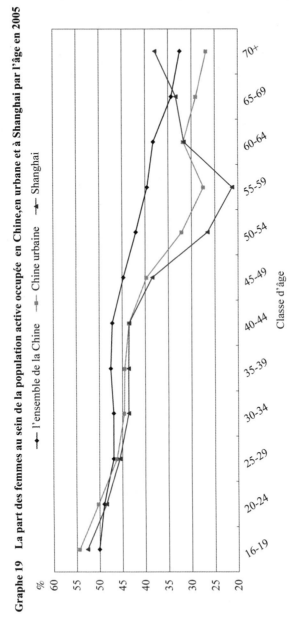

Source : Graphique élaboré à partir des données de l'enquête portant sur un échantillon de 1%de la population chinoise et en 2005.

Graphe 20   La part de femmes au sein de la population active occupées dans chaque échelle d'âge à Shanghai

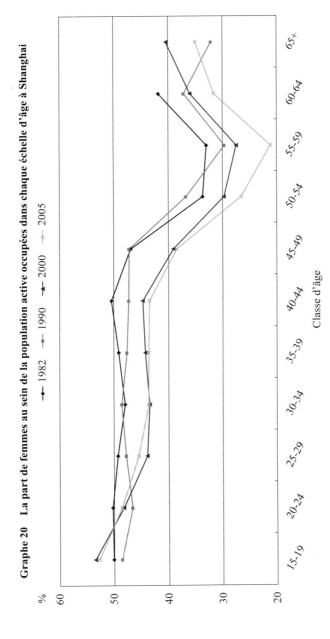

Source : graphique élaboré à partir des données de trois recensements de la population Chinoise en 1982,1990 et 2000 ; et de l'enquête portant sur un échantillon de 1% de la population chinoise en 2005

de jeunes femmes dépasse celle des hommes dans la classe d'âge la plus jeune (15-19 ans) ; ce phénomène, essentiellement urbain, est paradoxal parce qu'à la campagne la moindre scolarisation des filles devrait au contraire l'accentuer. Plus délicat à expliquer est la remontée de l'activité à Shanghaï des femmes âgées de plus de 55 ans. S'agit-il de femmes pauvres, expulsées de la sphère de la production à la suite du Grand Bond en avant et ne percevant pas de pension de retraite ? Mais alors pourquoi seulement Shanghaï ?

Le graphique 20 montre très clairement que jusqu'en 1990 – début des réformes économiques – à Shanghai, mariage et maternité exercent peu d'effets sur l'emploi des femmes, ce qui n'est plus le cas depuis. Il s'agit là d'un phénomène très important que la statistique est la seule à pouvoir objectiver de façon aussi claire et dont les conséquences sont considérables dans la vie des femmes. Désormais vie familiale et vie professionnelle entrent en contradiction pour les femmes, ce qui n'était pas le cas auparavant. On verra, en interrogeant les femmes de la dernière génération comment s'effectue chez elles l'arbitrage entre les deux contraintes. Il est vécu sous des modalités entièrement nouvelles.

A l'autre extrémité du cycle de vie, la période d'activité est également raccourcie. Entre 1982 et 1990 d'une part et 2000 et 2005 de l'autre, le moment de l'inflexion vers le bas de la courbe est avancé de cinq ans, effet évident des licenciements massifs induits par la réforme. Pour 1982, l'interprétation est différente : il s'agit sans doute de la fraction de femmes qui avaient 20 ans au moment du « Grand Bond en avant » (1957) et qui ne bénéficièrent pas, après son échec, de la garantie de l'emploi généralisée. Parallèlement un certain nombre de femmes dont les enfants avaient été envoyés à la campagne durant la « Révolution Culturelle » leur cédèrent leur place à leur retour massif en 1979 (des dérogations furent accordées pour des départs anticipés à la retraite contre transmission de la garantie de l'emploi à leurs enfants).[99]

3. LA PART DES FEMMES DANS LES BRANCHES D'ACTIVITES

Une fois dressé ce panorama d'ensemble qui permet de dégager de grandes tendances dont la plus spectaculaire met en évidence le caractère très défavorable à l'emploi féminin du contexte économique et social engendré par

---

99 Noté également par Elisabeth Croll, 1983, *Chinese Women since Mao*, London, Third World Book, p.43..

Graphe 21   Hommes et femmes dans les branches d'activité à Shanghai enquête réalisé le 15 janvier en 1950

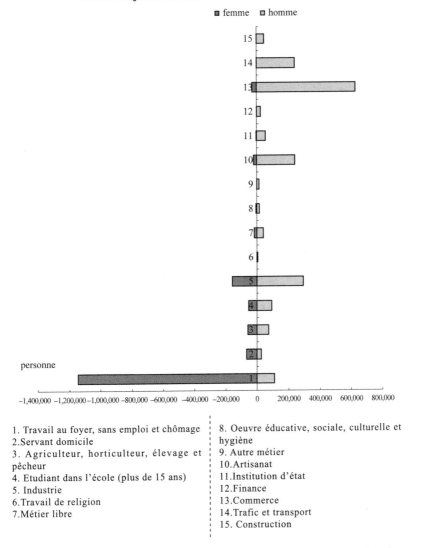

1. Travail au foyer, sans emploi et chômage
2.Servant domicile
3. Agriculteur, horticulteur, élevage et pêcheur
4. Etudiant dans l'école (plus de 15 ans)
5. Industrie
6.Travail de religion
7.Métier libre

8. Oeuvre éducative, sociale, culturelle et hygiène
9. Autre métier
10.Artisanat
11.Institution d'état
12.Finance
13.Commerce
14.Trafic et transport
15. Construction

Source : graphique élaboré à partir des *Données de statistiques synthétiques de Shanghai en 1949* (Shanghai *shi zonghe tongji*), p. 14.

les réformes, les données disponibles nous permettent de descendre dans un détail plus fin, en ventilant les effectifs féminins selon les branches d'activité. Une chose est en effet de connaître leurs taux d'activité, une autre de savoir ce qu'elles font.

Le graphique 21 reconstitue la part de l'emploi féminin dans la structure par branches d'activité telle qu'elle se présentait en 1950 à Shanghai au moment où le Parti communiste arrive au pouvoir. Ces données sont recueillies par le nouveau gouvernement au moment où il commence à restaurer l'économie et l'emploi.

À Shanghai, en 1950, les femmes sont majoritaires dans la catégorie fourre-tout : « femme au foyer, sans travail et chômage ». La seule catégorie d'activité salariée où les femmes soient majoritaires est celle des « services domestiques » (91 % de l'ensemble de la catégorie). Puis suivent les catégories « agriculteur, horticulteur, élevage et pêcheur » (44,7 % de femmes) ; « industrie » (34,8 %) ; puis les « religieux » (31,4 %). Les femmes représentent 24,8 % de la catégorie « éducation, culture, santé et social ». Dans les autres catégories, la proportion des femmes est très faible.

Le graphique 22 est diachronique ; il vise à mesurer l'évolution de l'emploi féminin dans les différentes branches d'activité de 1952 à 1979. Une tendance est attestée avec clarté : la féminisation de la quasi-totalité des branches dans le secteur étatique en Chine depuis le Grand Bond en avant (1958-1961) jusqu'à la fin des années 1970, avec un blanc statistique au cours de la révolution culturelle. Une exception toutefois, la branche « organismes d'Etat, organismes politiques et organisations sociales », branche dont le statut social était le plus élevé qui a même subi une légère baisse avant la Révolution culturelle. Malgré l'absence de données pour la période de la Révolution culturelle, on peut supposer, en reconstituant la pente entre 1966 et 1977, que la tendance de la féminisation est demeurée constante dans chaque branche d'activité.

En 1979, dans aucune des branches d'activité, la part des femmes ne dépasse 40 %. Cette année-là, c'est dans les départements de « recherches scientifiques, d'éducation, d'hygiène et des services de bien-être », que la part des femmes (peu influencée par la « période difficile ») est la plus élevée. Viennent ensuite les départements des « commerces, restaurations, services, offres et ventes) et ceux des « services publics urbains ». Trois autres branches ont également connu une féminisation dynamique pendant la période couverte par le graphique, les départements « agricoles, sylviculturels, hydrauliques et météorologique », les départements des « finances et des assurances », et dans une moindre mesure les départements « industriels ».

Graphe 22   Part de femmes dans les unités étatiques dans les branches d'activité de 1952 à 1979 pour l'ensemble de la Chine

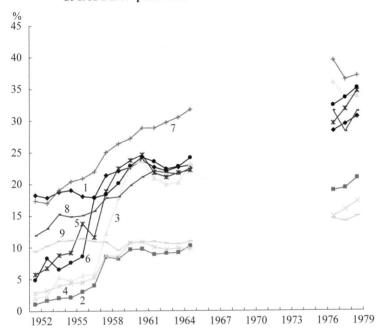

—◆— 1. Départements industriels
—■— 2. Départements de la construction et de la prospection des ressources
⋯ 3. Départements agricoles,sylviculturels,hydrauliques et météorologiques
—×— 4. Département des transports et des télécommunications
—✳— 5. Départements des commerces;des restaurations;des services et des offres et vendres
—●— 6. Départements des services publiques urbains
—+— 7. Départements des recherches sciencifiques, d'éducation;hygiène et des services de bien-etre
—— 8. Département des fiances et d'assurance
⋯ 9. Organismes d'Etat et organisations sociales

Source : Graphique élaboré à partir des données de *L'Annuaire statistique de la Chine* de 1983 à 1980.

Pendant cette période de forte croissance industrielle urbaine, le nombre absolu des hommes et des femmes travaillant dans le secteur industriel urbain est le plus important. En revanche, la part des femmes est relativement plus élevée dans le secteur des services.

Les graphiques 23 et 24, fournissant des données pour les années 1982, 1990, 2000 et 2005, ont été élaborés à partir des données des recensements pour 1982 à 2000 et à partir d'un échantillon d'1 % de la population pour 2005.

On remarque en premier lieu que la part des femmes est relativement élevée dans le secteur « Agriculture, sylviculture, élevage, pêche et département des eaux »: 49.7 % en 2005 pour la Chine et 52.2 % pour Shanghai. Notons cependant qu'entre 1982 et 2005, ce secteur connaît une féminisation pour l'ensemble du pays, mais une « déféminisation » pour la ville de Shangaï. Cela peut s'interpréter, d'une part, par une féminisation de la main d'œuvre dans les régions rurales, et, d'autre part, par une urbanisation de Shanghai.

En second lieu, les deux graphiques montrent une féminisation dans la plupart des branches du secteur tertiaire (courbes numérotées 6, 8 et 9), qui peut s'expliquer par l'essor de ce secteur depuis les années 80. Ces trois branches d'activités tertiaires sont, depuis 2000, les plus féminisées après le secteur rural. Parmi elles, celle de la « culture, de l'enseignement, de la santé humaine, de l'assurance sociale et des services de bien-être », correspondant au secteur le plus féminisé pendant la période 1952-1979. C'est aussi celle qui a connu la féminisation la plus rapide, jusqu'à devenir le secteur le plus féminin depuis l'an 2000 : plus de 55% de femmes à Shanghai et plus de 50% pour la Chine. Dans une seule branche du secteur tertiaire, celle des « gestions immobilières, services publics, services aux habitants et services consultatifs », la part des femmes a diminué entre 1982 et 2005 – ce déclin étant plus évident pour la Chine entière qu'à Shanghai. On peut supposer, en guise d'explication, que cette branche absorbe beaucoup d'hommes licenciés et d'hommes immigrants.

La part des femmes, en revanche, décroît dans le secteur secondaire (courbes numérotées 2 et 4), ce secteur lui-même étant la principale cible des licenciements massifs précédemment évoqués.

Par ailleurs, tous les secteurs – à l'exception de celui de la « construction» – présentent un taux de féminisation plus important pour la ville de Shangaï que pour la Chine entière.

Graphe 23   Part des femmes par branche d'activité dans la population actives occupés en Chine 1982—2005

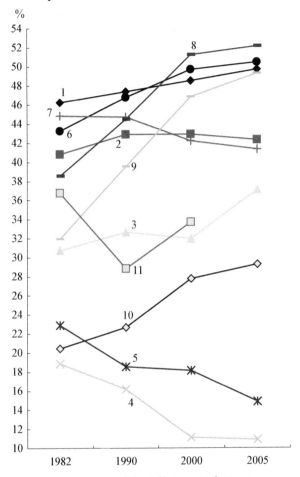

1. Agriculture, sylviculture, élevage, pêche et département des eaux
2. Industries extractives, manufacturière, production et distribution d'électricité, de gaz, de vapeur, Construction
3. Recherches scientifiques, services techniques et prospection géologique
4. Construction
5. Transports, service des postes et communication
6. Commerce, restauration, offre et vendre et entreposage
7. Gestions immobilières, services publics, services aux habitants et services consultatifs
8. Culture, enseignement, santé humaine, assurance sociale et service de bien-être
9. Activités financières et d'assurance

10. Organismes d'Etat, organismes politiques et organisations sociales
11. D'autres branches

Source : Graphique élaboré à partir des données de trois recensements de la population Chinoise en 1982, 1990 et 2000 et de l'enquête portant sur un échantillon de 1% de la population chinoise en 2005.

Graphe 24   Part des femmes par branche d'activité dans la population active occupée à Shanghai 1982—2005

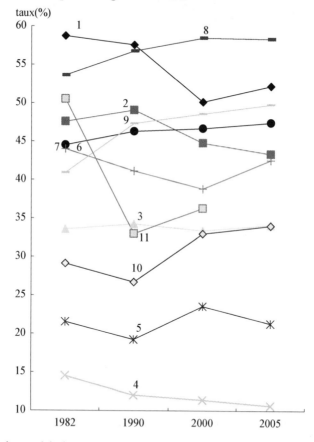

1. Agriculture, sylviculture, élevage, pêche et département des eaux
2. Industries extractives, manufacturière, production et distribution d'électricité, de gaz, de vapeur, Construction
3. Recherches scientifiques, services techniques et prospection géologique
4. Construction
5. Transports, service des postes et communication

6. Commerce, restauration, offre et vendre et entreposage
7. Gestions immobilières, services publics, services aux habitants et services consultatifs
8. Culture. enseignement. santé humaine, assurance sociale et service de bien-être
9. Activités financières et d'assurance
10. Organismes d'Etat, organismes politiques et organisations sociales
11. D'autres branches

Source : graphique élaboré à partir des données de trois recensements de la population à Shanghai en 1982,1990 et 2000 et de l'enquête portant sur un échantillon de 1% de la population à Shanghai en 2005.

4. LA PART DE FEMMES DANS LES CATEGORIES SOCIO-PROFESSIONNELLES

Outre les branches d'activités, les données disponibles recèlent également quelques informations sur les diverses professions exercées par les femmes au cours de la période. Le graphique 25 est ainsi élaboré à partir des Données statistiques synthétiques de Shanghai en 1949, recueillies par le gouvernement

Graphe 25 " Position de classe (Chengfen) de la population active occupée à Shanghai" le 15 janvier en 1950

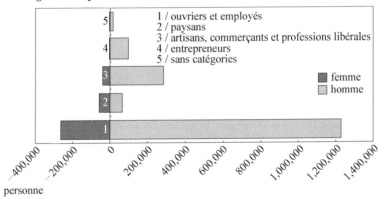

personne

Source : graphique élaboré à partir des Données statistiques synthétiques de Shanghai en 1949 (Shanghai shi zonghe tongji nian 1949), p. 17.
Note : la catégorie «ouvriers » comprends les salariés employés par les entreprises, les organismes d'Etat ou les groupes du peuple, et les individus. « employés » tous les travailleurs exerçant un travail intellectuel employés dans les entreprises, les groupes du peuple ou les organismes d'Etat. La catégorie « Artisans » comprend les travailleurs indépendants du secteur artisanal, de la construction et des transports. Celle d' «Entrepreneurs » comprend les propriétaires de tous types d'entreprises.

communiste dès son arrivée à Shanghai en 1949. Plutôt que la profession, telle que nous l'entendons aujourd'hui en France, grâce aux nomenclatures de l'Insee, il s'agit plutôt, pour les dirigeants d'hier de la « Position de classe » (Chengfen) qui constituait une référence cruciale dans le projet révolutionnaire de reconstruction de la société. Même si les nomenclatures et les données sont frustes, il nous semble intéressant de faire figurer ici cette information.

La catégorie la plus nombreuse est évidemment celle des « ouvriers et employés ». C'est dans la catégorie « paysans » que la part des femmes est la plus élevée.

Dans les années 50, le gouvernement communiste engage une refonte de la nomenclature des catégories sociales. Les cadres représentent une catégorie particulière qui occupe un statut privilégié en Chine[100].

Selon les données officielles présentées dans les graphiques 26 et 27, la part des femmes parmi les cadres a connu une forte augmentation depuis le début des années 50 jusqu'aux années 90, avec un recul manifeste entre 1952 et 1958 en Chine et entre 1954 et 1956 à Shanghai. Ce repli, qui recouvre la période d'étatisation (1953—1956), est un indicateur clair de la surreprésentation des effectifs masculins dans ces fonctions et de leur position dominante dans les entreprises avant l'étatisation. De plus, on voit qu'à partir du Grand Bond en avant, la proportion de femmes parmi les cadres augmente régulièrement. Cette tendance se développe en Chine jusqu'en 1992, date à partir de laquelle les données ne sont plus comparables du fait d'une réforme de la définition des cadres et de leur fonction.[101] A Shanghai, on observe au début des années 80, une baisse du nombre de cadres, hommes et femmes, et la part des femmes connaît au sein de cette catégorie une légère diminution, entre 1981 et 1982. Bien que les définitions ne soient pas comparables, il est clair que la part de femmes parmi les cadres et surtout, le rythme de son évolution, se trouvent en Chine à un niveau très supérieur à celui qui prévaut, à la même époque dans les pays occidentaux et notamment en France. La parité semble presque atteinte à Shanghaï à la fin des années 90.

En dehors de ces deux sources, ô combien précieuses, on ne dispose pas de données sur les catégories socio-professionnelles avant les années 1980.

S'appuyant sur les données du recensement de la population de 1982, 1990, 2000 et sur l'enquête portant sur un échantillon de 1% de la population en 2005, les graphiques 30 et 31 mettent au jour des tendances parallèles pour

---

100 Sur ce point, voir le chapitre 5.
101 Sur ce point, voir le chapitre 5.

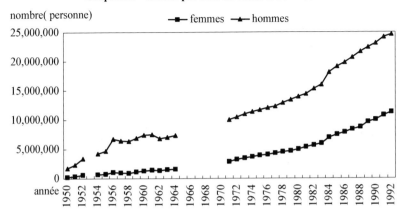

Graphe 26   Cadres par sexe en Chine 1950—1992

Source: Département de l'Organisation du Comité Central (CC) du Parti communiste chinois (Zhonggongzhongyang zuzhibu), ministère du Affaires du personnel (renshibu), septembre 1999, *Zhongguo ganbu tongji wushinian : 1949—1998nian ganbutongji ziliao huibian, : 1949—1998 (Le recensement des cadres chinoises pendant 50 ans : collection des données statistiques sur les cadres 1949—1998)*, Dangjian duwu chubanshe, (Editions des lectures sur la construction du Parti).

Graphe 27   La part de femmes au sein des cadres en Chine 1950—1992

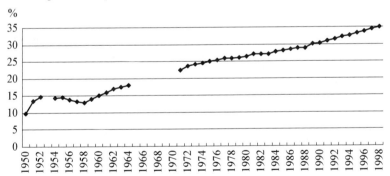

Source: Département de l'Organisation du Comité Central (CC) du Parti communiste chinois (Zhonggongzhongyang zuzhibu), ministère du Affaires du personnel (renshibu), septembre 1999, *Zhongguo ganbu tongji wushinian : 1949—1998nian ganbutongji ziliao huibian, : 1949—1998 (Le recensement des cadres chinoises pendant 50 ans : collection des données statistiques sur les cadres 1949—1998)*, Dangjian duwu chubanshe, (Editions des lectures sur la construction du Parti).

Graphe 28   Cadres par sexe à Shanghai 1952—1992

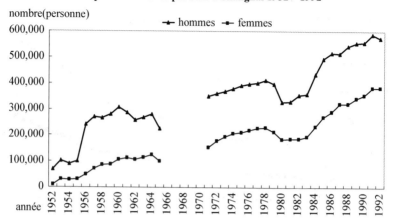

Source: Département de l'Organisation du Comité Central (CC) du Parti communiste chinois (Zhonggongzhongyang zuzhibu), ministère du Affaires du personnel (renshibu), septembre 1999, *Zhongguo ganbu tongji wushinian : 1949—1998nian ganbutongji ziliao huibian, : 1949—1998 (Le recensement des cadres chinoises pendant 50 ans : collection des données statistiques sur les cadres 1949—1998)*, Dangjian duwu chubanshe, (Editions des lectures sur la construction du Parti).

Graphe 29   La part de femmes au sein des cadres à Shanghai 1950—1992

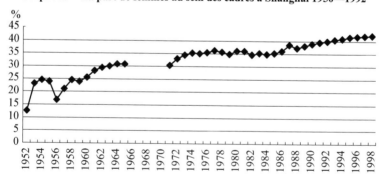

Source: Département de l'Organisation du Comité Central (CC) du Parti communiste chinois (Zhonggongzhongyang zuzhibu), ministère du Affaires du personnel (renshibu), septembre 1999, *Zhongguo ganbu tongji wushinian : 1949—1998nian ganbutongji ziliao huibian, : 1949—1998 (Le recensement des cadres chinoises pendant 50 ans : collection des données statistiques sur les cadres 1949—1998)*, Dangjian duwu chubanshe, (Editions des lectures sur la construction du Parti).

la Chine et pour Shanghai. Quelques observations s'imposent.

En premier lieu, depuis 1982 et pour la Chine toute entière, à part deux exceptions, la proportion de femmes n'a jamais dépassé celle des hommes dans aucune profession. La part de femmes du secteur « personnels travaillant dans le secteur des services et du commerce» a légèrement dépassé 50% en 1990 (en 2000 et 2005, cette catégorie est regroupée avec « personnels du commerce » («working staff for commerce »), où la part des femmes est au-dessous de 50%). Mais cette légère suprématie d'ensemble ne doit pas faire illusion. Il suffit d'en examiner les sous-branches pour mesurer le haut degré de la segmentation sexuelle au travail en vigueur dans la branche. C'est ainsi que les professions les plus féminines en 1990 sont les suivantes : garde d'enfant (99,75%), services domestiques (98,77%) , personnel soignant (95,66%) , service d'hôtellerie et restauration (85,19%), ouvrièr-e-s du textile, de tricotage et de teinture (78,42%), personnel de bibliothèque (77,91%), personnel des archives (74,64 %), personnel de télécommunication (72,77%), balayeur(se)s (67,26%), personnel financier et expert-comptable (59,18%).

C'est aussi parmi la catégorie « personnels scientifiques et techniques » que la part de de femmes atteint 51,7% – pour diminuer ensuite légèrement de 2000 à 2005. A Shanghai, par ailleurs, la proportion des femmes dans presque toutes les professions est supérieure à celle de la Chine entière.

En second lieu, jusqu'à 1982, à Shanghai comme dans l'ensemble de la Chine, la part des femmes est relativement élevée dans les professions semi-intellectuelles du secteur tertiaire (courbes numérotées 4 et 5) et dans l'agriculture (courbe 6). Notons qu'elle est plus élevée pour la catégorie « working staff for service trade » que pour la catégorie « personnel du commerce », ce qui prouve qu'au sein du secteur commercial, les femmes sont plus représentées dans les postes de service que dans les postes spécialisés. Ces deux catégories, représentées par les courbes 4 et 5, sont elles-mêmes encore légèrement plus féminisées que la catégorie « ouvriers de l'industrie » (courbe 7: 35,4 % des femmes pour la Chine entière et 43,3% pour Shanghai).

Examinons maintenant les professions intellectuelles, représentées par les courbes 1, 2 et 3. La proportion de femmes dans la catégorie « personnel scientifique et technique » (staff of various kinds of scientific and technical work), (courbe 1 : 38,3% de femmes pour la Chine entière et 45,9% pour Shanghai) est relativement élevée par comparaison aux catégories «dirigeants du gouvernement, du parti, d'ONG» (« head of government agencies, party committees, people's organizations, entreprises and institutions » et «office workers and the related staff ») (courbes 2 et 3). La tendance est donc manifeste de faire occuper aux femmes des postes spécialisés et aux hommes des positions de pouvoir.

Enfin, de 1982 à 2005, les trois catégories correspondant aux professions intellectuelles (courbes 1, 2 et 3) se sont féminisées, si l'on omet une légère masculinisation de la catégorie « personnel scientifique et technique » de 2000 à 2005, en Chine comme à Shanghai. Cette tendance peut s'expliquer par la féminisation des universités.

Mais, en tout état de cause, la féminisation de ces professions intellectuelles touche davantage les postes de service, moins techniques et moins élevés dans la hiérarchie. Les chiffres montrent que dans la catégorie « personnel scientifique et technique », la part des femmes a considérablement augmenté de 1982 à 1990, passant de 38.3 % à 45.3%. En revanche, dans les sous-branches, les femmes ne représentent que 30% des personnels de recherche scientifique et 21.3% de l'ensemble du personnel technique : la proportion élevée des femmes dans la catégorie est due à leur forte surreprésentation dans les postes d'assistant, d'agent administratif ou de gestion technique de bas niveau[102]. Ce même rapport indique également que malgré leur surreprésentation dans les catégories «dirigeants du gouvernement, du parti, d'ONG» et «personnel scientifique et technique», les femmes touchent un salaire moyen inférieur à celui des hommes (respectivement 57.9 % et 68,3 % du salaire moyen des hommes pour chacune des deux catégories).

D'autre part, les études montrent aussi que dans une même branche professionnelle, les femmes sont plus diplômées que les hommes. C'est à dire, qu'elles sont surdiplômées eu égard aux postes qu'elles occupent et au niveau de qualification des hommes à poste équivalent (TAN Lin et BO Wenbo, 1995).

Enfin, la proportion de femmes pour l'ensemble de la Chine chez les ouvriers de l'industrie (courbe 7) a visiblement diminué, tandis que dans les professions manuelles de l'agriculture (courbe 6) elle a légèrement augmenté. Ces deux tendances correspondent à la tendance plus générale déjà mise au jour. A Shanghai, la part des femmes chez les ouvriers de l'industrie (courbe 7) et dans les professions manuelles de l'agriculture (courbe 6) ont considérablement diminué depuis 1990. Pour l'industrie, cela peut s'expliquer par la diminution de l'emploi dans le secteur : les licenciements touchent plus les femmes que les hommes. Dans l'agriculture, on peut l'expliquer par l'expansion de la ville depuis 1990 et la diminution du secteur agricole à Shanghai: encore une fois,

---

102 *Les données statistiques sur les femmes chinoises,* Maison d'édition des statistiques de la Chine, 1991.

les femmes sont plus souvent licenciées que les hommes.

La part des femmes dans les catégories « personnel du commerce» et « personnel du service» (courbes 4 et 5), au-delà des légères hausses ou baisses de ses composantes au fil des ans, parait avoir conservé une valeur constante proche de la parité (48,9% en 2005, pour la Chine et 49,7% pour Shanghai).

Voir les graphiques pages suivantes →

Graphe 30   La part de femmes dans les catégories socioprofessionnelles en Chine 1982—2005

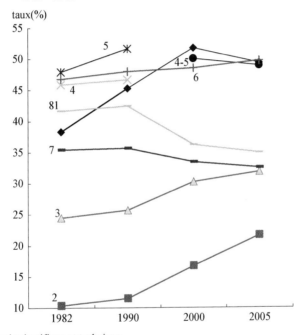

1. Personnel scientifique et technique
2. Dirigeants du gouvernement, du parti, d'ONG
3. Bureaux
4. Commerce
5. Services(working staff for service trade)
4-5. Commerce et services
6. Agriculture, sylviculture, élevage, pisciculture
7. Manufactures, transports
8. Autres

Source : Graphique élaboré à partir des données de trois recensements de la population Chinoise en 1982,1990 et 2000 et de l'enquête portant sur un échantillon de 1% de la population chinoise en 2005.

Graphe 31　La part de femmes dans les catégories socioprofessionnelles à Shanghai 1982—2005

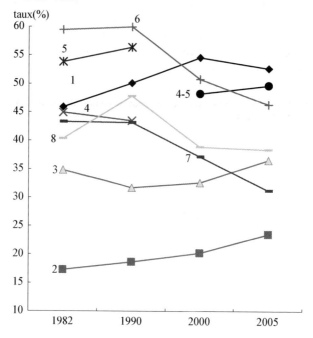

1 Personnel scientifique et technique
2 Dirigeants du gouvernement, du parti, d'ONG
3 Bureaux
4 Commerce
5 Services
4-5 Commerce et services
6 Agriculture, sylviculture, élevage, pisciculture
7 Manufactures, transports
8 Autres

Source : Graphique élaboré à partir des données de trois recensements de la population à Shanghai en 1982,1990 et 2000 et de l'enquête portant sur un échantillon de 1% de la population à Shanghai en 2005.

CONCLUSIONS

Ce chapitre qui fait la part belle aux statistiques avait pour objet de dessiner le contexte économique et social au sein duquel se sont inscrites les trajectoires individuelles des femmes de l'entreprise Aban que nous avons interrogées. Celles de la génération la plus ancienne, commençant à travailler dès les années cinquante, ont donc vécu chacune de ces quatre phases, dont chacune représente un bouleversement de grande ampleur par rapport à la précédente. Celles qui sont entrées sur le marché du travail plus tard, soit à l'occasion du grand bond en avant , de la révolution culturelle ou de la période des réformes ont vécu ces bouleversements à des âges différents des travailleuses de la première génération. La dimension de l'âge est importante car, comme l'a montré Manheim, un même événement historique, par exemple la révolution culturelle, n'a pas le même sens selon qu'on le rencontre à vingt, à trente ou cinquante ans. Il faudra s'en souvenir lorsque nous étudierons les trajectoires des femmes de ces trois générations.

Pour en rester au niveau de l'évolution du contexte d'ensemble que nous avons cherché à dessiner dans ce chapitre, il est clair que l'évolution de l'emploi féminin, de sa structure et des mouvements à la hausse comme à la baisse qui le caractérisent, dépend directement de la conjoncture et des politiques économiques menées par les dirigeants du pays. Cette évolution a été directement marquée par les contradictions, les changements brutaux de caps de la politique économique et sociale. Il semble très difficile, au vu de ces données statistiques, de considérer que tout au long de la période la question de l'emploi féminin ait constitué, en soi, l'objet d'une politique délibérée de la part du pouvoir. Les phases d'expansion et de rétraction de l'emploi féminin que l'on peut observer au fil du temps expriment moins les résultats conscients d'une volonté politique associant des valeurs de progrès ou d'émancipation à l'irruption des femmes sur le marché du travail que les effets, la plupart du temps négatifs, d'une politique économique. Servant à renforcer la main d'œuvre (grand bond en avant) ou à remplacer dans les usines des travailleurs envoyés à la campagne (révolution culturelle) avant de se faire licencier dans le cadre d'une restructuration destinée à rentabiliser davantage les entreprises (période des réformes), la main d'œuvre féminine semble bien avoir joué tout au long de la deuxième moitié du vingtième siècle le rôle d'une variable d'ajustement.

Chacun des quatre moments distingués dans l'évolution de l'emploi féminin constitue, à sa manière et dans une conjoncture donnée, toute une réponse à des problèmes d'emploi qui se posent au niveau de la société tout entière.

Le premier, qui va de 1949 à 1957, ne se traduit par aucun développement significatif de la féminisation de l'emploi. Le deuxième, qui s'étend de 1958 au milieu des années 60, enregistre une féminisation importante de l'emploi, mais connaît des fluctuations dans le temps qui reflètent la grande précarité d'emploi d'une partie de la première génération des femmes travaillant à la ville (les nouvelles arrivantes). Le troisième moment qui débute dans les années 70 et s'étend jusqu'à la fin des années 1980 est différent des autres. L'emploi féminin se stabilise, puis augmente régulièrement jusqu'aux années 90 ; ce sont les femmes de la deuxième génération qui bénéficient le plus de ce développement. Enfin, depuis les années 90 jusqu'à nos jours, c'est surtout l'emploi des femmes des zones urbaines qui fait les frais de la réforme économique. C'est du moins dans cette catégorie que la rétraction de l'emploi est la plus visible. Celles de la campagne souffrent aussi beaucoup puisqu'elles migrent en nombre croissant d'année en année. La misère rurale est immense, mais elle est plus visible en ville du fait du démantèlement des unités de travail. Parmi les femmes urbaines, deux groupes d'âge sont particulièrement touchés : celles qui ont plus de 45 ans subissent de plein fouet la vague de licenciements, et les plus jeunes réalisent qu'activité professionnelle et maternité ne vont plus nécessairement de paire. Nombreuses sont celles qui doivent quitter la sphère professionnelle quand elles attendent et/ou élèvent un enfant.

La structure de l'emploi est aussi marquée par une ségrégation entre les sexes, frappante, certes, mais toujours moins accusée que dans certains pays occidentaux, comme la France en particulier. Qu'il s'agisse des branches d'activité ou des professions, cette ségrégation a varié selon les périodes retenues. Pendant les trente premières années, de 1949 au début des années 80, la féminisation croît dans toutes les branches d'activités à des rythmes comparables, le secteur tertiaire étant celui où elle est la plus élevée. Depuis les années 80, la tendance à la masculinisation des secteurs industriels et à la féminisation des secteurs agricole et tertiaire est plus nette.

Fait nouveau, on constate depuis les années 80, une féminisation des professions intellectuelles, phénomène qui doit être mis en relation avec l'augmentation de la part des étudiantes dans l'enseignement supérieur. En revanche, leurs diplômes sont moins valorisés que ceux des hommes. Malgré une augmentation de la part des femmes dans la catégorie « dirigeants du gouvernement, du parti, d'ONG», celle-ci reste basse (en 2005, 21.7% en Chine et 23.6% à Shanghai). D'autre part, la masculinisation des ouvriers pourrait être corrélative de la féminisation du secteur des services, secteur dont l'essor en Chine s'accompagne d'une précarisation et d'une chute des salaires, se rapprochant de ce qu'on appelle le « secteur informel ». Ainsi, la main d'œuvre féminine est l'objet d'une bipolarisation : les femmes diplômées se dirigent préférentiellement vers les professions intellectuelles et spécialisées, alors que les femmes sans diplômes sont reléguées dans le secteur des services, qui subit une précarisation croissante.

L'inégale répartition des hommes et des femmes dans la division verticale du travail entraîne des écarts de salaire qui ne cessent de s'amplifier depuis les années 90. Plusieurs rapports et articles ont déjà mis cette tendance en évidence. Par exemple, *Le deuxième rapport d'enquête sur le statut social des femmes chinoises* montre que, si le revenu annuel moyen des femmes actives occupées en zone urbaine s'élève en 1999 à 7409.7 yuan — soit un salaire 4.1 fois supérieur à celui de 1990 - il ne représente cependant que 70.1% de celui des hommes en 1999. Ici encore, les écarts semblent égaux ou inférieurs à ceux qu'on peut observer en France.

Beaucoup des tendances que nous avons dégagées grâce aux sources statistiques ne sont pas propres à la Chine. Les pays occidentaux sont riches des mêmes inégalités et ségrégations dans ce domaine. Dans beaucoup de sociétés et pendant très longtemps la main d'œuvre féminine a aussi joué le rôle d'une variable d'ajustement. Trois traits méritent pourtant d'être soulignés que l'on ne retrouve aujourd'hui dans aucun autre pays occidental. C'est d'abord la rétraction de l'emploi féminin qu'on observe en Chine depuis les années 1990. C'est aussi l'effet négatif du mariage et de la maternité sur l'emploi féminin, tendance qui a en grande partie disparu dans les pays développés au moins pour le premier enfant. En France en particulier, le nombre des femmes occupant un emploi à l'âge du mariage et de la maternité ne cesse de croître[103]. Il en va tout autrement en Chine, alors même que le modèle de l'enfant unique reste dominant dans les villes. Enfin, contrairement à ce qui se passe dans la plupart des pays occidentaux, il n'existe pas de grande branche d'activité où les femmes sont largement majoritaires, comme le sont en France par exemple les secteurs de l'éducation, de la santé et du travail social : les femmes apparaissent dans toutes les branches d'activité, et jamais dans des proportions qui en feraient une fraction ultra minoritaire de la force de travail de la branche. Cette singularité est évidemment un effet de la politique des quotas d'hommes et de femmes que l'Etat imposait dans chaque secteur dans l'ère d'économie du plan.

---

103 Margaret Maruani et Emmanuèle Reynaud, 2001, *Sociologie de l'emploi*, Paris, Edition La Découverte, p. 21.

CHAPITRE 4.
PREMIERE GENERATION :
LES « FEMMES DE LA LIBERATION ».

A la question que nous posions – les mouvements à la hausse et à la baisse de l'emploi féminin servent-ils de variable économique d'ajustement ou sont-ils l'expression d'une volonté politique ? -, le chapitre précédent n'a pu apporter de réponse claire. La mise en relation statistique des mouvements successifs d'expansion et de rétraction de la main d'œuvre féminine avec les quatre grandes phases de la vie économique, sociale et politique de la Chine plaide plutôt en faveur de l'hypothèse de la variable d'ajustement mais divers traits très originaux de la structure de l'emploi chinois, comparée à celles de pays occidentaux, manifestent clairement l'existence d'une volonté politique visant sinon à l'égalité des sexes dans l'activité économique et les conditions de travail, du moins au souci d'une parité dans l'emploi. Les tableaux disponibles n'offrent pas d'exemple de branches où les hommes ou les femmes seraient soit ultra-majoritaires, soit ultra-minoritaires, comme c'est le cas dans les pays capitalistes occidentaux.

Il faut donc approfondir la question et déployer pour y répondre d'autres formes d'investigation. Ce que nous ferons dans ce chapitre et les suivants. Chacun de ces chapitres est consacré à une génération de femmes : ils relatent, chacun à sa manière, ce que fut, pour quelques femmes employées dans l'entreprise Aban, l'expérience concrète du travail et de l'emploi, dans leur vie personnelle et dans leur famille, tout au long de leur cycle de vie. Au télescope mis à contribution au chapitre précédent succède le microscope, avec ses limites mais aussi le grossissement des détails qui permet de mieux comprendre comment peuvent s'articuler les grands mouvements objectifs dessinés par la statistique et les perceptions et engagements subjectifs des individus, leur rapport au travail dans ces conjonctures politiques et économiques si particulières. Sans négliger les données statistiques disponibles à des niveaux plus fins que dans le chapitre précédent – celui de l'entreprise en particulier –, nous nous appuierons sur ces expériences de femmes mais aussi sur tous les discours officiels censés donner un sens – ou non – à ces grands mouvements de la main d'œuvre féminine. Sans être dupes bien sûr des formules, ni des slogans, sans non plus a priori disqualifier la sincérité des volontés de leurs auteurs.

Le chapitre présent et le suivant, centrés sur la première génération de femmes, celles de la Révolution de 1949 et du Grand Bond en avant (1958—1961), analysent les carrières d'emploi et de travail des femmes qui ont commencé à travailler à cette époque. On distinguera deux profils professionnels, celui, le plus nombreux, des ouvrières stables ou instables, qualifiées ou non qualifiées (chapitre 4) mais aussi celui, très rare mais hautement significatif des cadres (chapitre 5). Loin de constituer un tout unifié, la main d'œuvre féminine chinoise est aussi divisée. Mais, pour mieux saisir les ruptures, les transitions et les continuités au fil du temps, il est nécessaire d'aborder, fut-ce brièvement, la période antérieure à 1949. L'histoire de « la libération des femmes » au cours des années 1950 n'est en effet souvent abordée que superficiellement en citant les chiffres de l'irruption des femmes dans le monde salarial ; en fait on connaît très peu ce qui s'est passé auparavant, et encore moins les trajectoires de longue durée des femmes de cette génération. Nos entretiens nous permettent d'opérer une plongée dans cet univers pré-révolutionnaire, puisqu'une grande partie des femmes de cette génération travaillait déjà ou avait travaillé, avant la Révolution communiste.

I. LA PERIODE ANTERIEURE A 1949

Comme dans les pays occidentaux, l'industrialisation moderne de la Chine a débuté dans les années 1870 dans un contexte de pénétration étrangère ; c'est elle qui a engendré la première vague d'emploi féminin en Chine. Nous allons, pour y voir plus clair, confronter deux sources : l'enquête historique menée par Emily Honig[104] et les témoignages que nous avons recueillis auprès des plus anciennes des salariées d'Aban, qui nous renvoient aux années 1920 et 1940.

---

104 Emily Honig, 1986, *Sisters and Strangers. Women in the Shanghai Cotton Mills, 1919—1949*, Stanford, Stanford University Press, 297 p.

En 1842, à l'issue de la guerre de l'opium, l'Angleterre a imposé à la Chine le Traité de Nankin. Selon ce Traité, cinq ports sont ouverts au commerce étranger (Canton, Shanghai, Ningbo, Amoy, Fuzhou) où très vite de nombreux capitalistes étrangers fondent leurs usines. A leur suite, les usines gouvernementales et les usines privées se sont également multipliées. Ces usines ont nécessairement besoin d'une importante main-d'oeuvre.

En même temps, les deux principaux secteurs d'activité traditionnels, l'agriculture et l'artisanat, sont fortement touchés. Pour survivre, beaucoup de femmes et de jeunes filles des couches sociales défavorisées qui travaillaient dans les champs ou dans l'artisanat ont perdu leurs moyens de vivre et ont été contraintes de venir chercher en ville un emploi.

C'est bien sous ces deux conditions que la première vague d'emploi féminin est devenue possible. Des années 1870 à la veille de la première guerre sino-japonaise, la main-d'oeuvre a brutalement augmenté : elle passe de 10 000 à environ 100 000. Pendant cette même période, on estime que la main-d'oeuvre féminine est passée de quantité négligeable avant 1870 à près de 35 000 personnes, occupant 35% de la main-d'œuvre totale en 1894. À la veille de la première guerre mondiale (1914), le nombre des ouvrières s'élève à plus de 230 000, soit 37% de l'ensemble (Zheng yongfu, 1992).

Shanghai, l'un des ports les plus importants parmi les cinq, regroupe un grand nombre d'usines et de main-d'oeuvre féminine. En 1894, la main-d'oeuvre féminine à Shanghai s'élève à 15.000 personnes, constituant environ 43% de la main-d'oeuvre féminine de l'ensemble de la Chine. La main-d'oeuvre féminine occupe une place importante dans l'ensemble de la main-d'oeuvre à Shanghai. En 1933, selon une enquête réalisée par *le Bureau des affaires sociales* de Shanghai (Shanghaishi ShehuiJu) sur 985 usines, les femmes représentent 51.6% des travailleurs. En 1936, le nombre d'ouvrières est de 136 665, soit 60.28% du total.[105] Par la suite, la part des femmes dans la main-d'oeuvre ouvrière connaît une certaine diminution. En 1948, une enquête réalisée sur 860 usines dans 51 secteurs par *le Comité d'arbitrage entre travailleurs et patrons* (Laozi pingduan weiyuanhui) montre que sur 104 600 travailleurs, la main-d'oeuvre féminine occupe 47% du total.

La situation d'emploi de Linqun et de son frère s'inscrit dans ce contexte.

---

105 *Shanghai Laodongzhi (Annales du travail à Shanghai),* sous la direction du comité de la rédaction des *Annales du travail à Shanghai,* 1998, Shanghai shehuikexueyuan chubanshe (Editions de l'académie des sciences sociales à Shanghai), p.309.

Lin qun[106], 79 ans en 2007, commence à travailler dans les années 1930. Ses parents sont morts pendant la guerre sino-japonaise alors qu'elle avait 8 ans. Elle et son frère sont donc venus habiter à Shanghai chez leur grand-mère quand elle avait 10 ans. Dès 11 ans, elle travaille comme ouvrière dans une petite usine privée de bonbons. C'est un travail journalier précaire, sans assurance. Elle a fréquemment changé de lieu de travail et arrêté de travailler à chacune de ses grossesses en 1950 et en 1952. Elle a ensuite repris le travail dans une usine de bonbons, tandis que son frère commençait comme « apprenti » dans une autre entreprise. Après trois ans d'apprentissage, comme la plupart des hommes à cette époque, il est devenu un « ouvrier à long terme » et a continué à travailler dans la même entreprise.

Les femmes et les jeunes filles entrent en majorité dans quelques secteurs en plein développement pendant l'industrialisation : l'industrie textile (filature de la soie), les usines de cigarettes et d'allumettes, etc. Selon *Les annales des femmes à Shanghai*, en 1923, dans 117 usines textiles à Shanghai, il y avait 89 543 ouvrières sur 139 159 personnes soit 64.3% de l'ensemble de la main-d'oeuvre ouvrière. En 1930, 1935 et 1949, l'effectif féminin dans l'industrie textile s'élève à 141 518, puis à 124 752 et 127 433 personnes, représentant respectivement 72.8%, 71.7% et 59.33% de l'effectif total. Dans l'industrie des cigarettes, en 1924, dans une grande usine, sur 21.505 ouvriers, les femmes sont 12 617, soit 58.67% de l'ensemble. En 1937 et en 1948, la main-d'œuvre féminine dans cette industrie représente 14 747 et 12 967 personnes, soit 80.44% et 71.12% de l'ensemble des ouvriers. Dans l'industrie de la filature de la soie, en 1878, 95% de la main-d'œuvre est féminine. En 1923, dans ce secteur, à part le département financier, les postes de contremaître, et les postes des affaires diverses et du transport, tous les autres postes sont occupés par des femmes et des jeunes filles. Elles occupent 93.5% du total de ce secteur. En 1939, parmi les ouvriers d'usine de filature de la soie, la main-d'œuvre masculine ne représentait qu'à peu près 5%.

Outre ces trois industries les plus féminisées, l'industrie alimentaire bénéficiait d'un statut « mixte » : la main-d'œuvre féminine représente entre 50% et 60% du total des salariés en 1933.

En revanche certaines industries font obstacle à la main-d'oeuvre féminine « [...] dans l'industrie de production de farine, d'électricité, de grains, d'huile et

---

106 Voir le chapitre 5, l'encadré de la trajectoire de Linqun.

dans l'industrie de moulage, on ne compte presque pas de femmes. »[107]

Bien connue des historiens et des sociologues du travail des 19ème et 20ème siècle dans les pays capitalistes occidentaux, cette concentration des femmes dans un certain nombre de branches d'activités rend encore plus remarquable le relatif équilibre observé en Chine plusieurs décennies plus tard.

Parallèlement à cette inégale concentration des hommes et des femmes dans les branches industrielles, les ouvrières et les ouvriers sont loin d'occuper les mêmes postes dans les usines textiles. Emily Honig l'a bien montré[108].

Nous retrouvons également ce phénomène dans notre enquête dans le secteur agro-alimentaire qui est apparemment « mixte».

L'entreprise Aban[109] à ses débuts, fabriquant de l'eau gazeuse, ne compte presque pas de femmes. Les tâches n'y étaient pas encore mécanisées. Les enquêtés rapportent qu' « il n' y avait que cinq machine qu'il fallait manipuler à la main…à part les tâches qualifiées, ce sont des tâches manuelles qui demandent une certaine force physique, il faut appuyer du pied pour fermer les capsules de bouteille d'eau gazeuse, puis, mettre les bouteilles dans les caisses en bois et les ranger dans l'entrepôt. En hiver, quand on ne produit pas, les ouvriers réparent les caisses....» (Chen, 76 ans ; Jixiu, 57ans). On voit que ces tâches nécessitent surtout de la force et de la technique. Il y avait une cinquantaine d'hommes, « travailleurs stables ». Pendant les pics de production, l'été, ils embauchaient des saisonnières. Sur ce point, on ne dispose pas d'information.

Dans les fabriques de bonbons, la division des tâches entre hommes et femmes sur la chaîne de production est nette. Tous nos enquêtés rapportent la même situation :

« Il y a des tâches en amont de la production et celles en aval, les premières étaient réservées aux hommes et les secondes aux femmes ».

Les tâches en amont consistent en la préparation du matériel et des fournitures. Il s'agit à la fois de tâches techniques et de gestes qui réclament de la force :

107　HUANG Sha, MENG Yankun, 2000, *Shanghai funüzhi* (*Annales des femmes à Shanghai*) [sous la direction du comité de rédaction des *Annales des femmes à Shanghai*], Shanghai shehuikexueyuan Chubanshe (Editions de l'académie des Sciences sociales à Shanghai), p.309.

108　Emily Honig a noté que dans les usines textiles, « In the roving department, for instance, men moved the cans of yarn and women tended the machines…In general the division of labor reflected estimations of the strength, dexterity, and skill required for each job, weighed against the availability and price of three kinds of laborers: men, women, and children. », 1986, *Sisters and Strangers. Women in the Shanghai Cotton Mills 1919—1949*, Stanford, Stanford University Press, chapitre 2.

109　Après avoir fusionné avec les autres petites entreprises avant 1956, Aban conserve la même enseigne qu'à ses origines.

« Les tâches en amont, il s'agit de la technologie de production, il faut connaître la recette du bonbon, en outre, souvent le travail est dur, il faut apporter une cuve de bonbon liquide très lourd...». (Li, 68 ans)

Les tâches en aval consistent dans l'emballage des bonbons, ce qui demande de la vitesse, et des doigts agiles. Comme le décrit Xieli :

« Une petite fille d'une dizaine d'années, travaillait sur la chaîne comme une machine... ».

Beaucoup de jeunes filles et de femmes exécutaient ces tâches.

Ces informations confirment les observations d'Emily Honig. Comme dans les usines textiles de son enquête, le clivage entre le travail masculin et le travail féminin dans les usines de bonbons se fonde également sur les critères de force, de technique d'une part, de répétitivité, de dextérité et de vitesse d'autre part. Le premier groupe de qualification est considéré comme masculin et le deuxième comme féminin.

Cette différence est hiérarchisée en termes de salaire. Les salaires masculins et féminins ne sont pas régis par les mêmes règles et n'atteignent pas les mêmes montants :

« Les hommes touchent un salaire mensuel fixe et les femmes sont payées à la pièce, ne pouvant espérer atteindre les niveaux de rémunération des premiers, cela même dans les périodes des grands pics de production. » (Xieli, 68 ans en 2007)

Dans les années 1940, Chen qui exécutait les tâches en amont dans une fabrique de bonbons touchait 65.3 yuan par mois tandis que sa femme n'en touchait que 50 en saison chaude. En fait, la rémunération des femmes dépendait de leur vitesse.

Pour les hommes ouvriers chez Aban, usine dont la main d'œuvre est exclusivement composée d'hommes et dont la réputation est bonne, le salaire est encore plus élevé :

« C'est une entreprise avec une bonne réputation et qui marchait très bien, c'était aussi l'une des entreprises où les ouvriers touchaient la meilleure rémunération... Les gens gagnaient vraiment bien ! Le salaire de base est de 95 yuan dont la valeur n'était pas équivalente dans les années 1940 à celle d'aujourd'hui... Ils touchaient leur salaire le 18 de chaque mois, les prostituées attendaient devant la porte de Aban. Il y avait aussi des logements pour les ouvriers. Auparavant, il y avait 38 familles qui habitaient dans ces logements, y compris ma famille... Quand j'étais jeune, j'avais très envie de travailler chez Aban... » (Fengeng, 58 ans en 2007)

Un vieux manager des ressources humaines dans une fabrique de bonbons justifie le salaire des ouvrières :

« Leur travail demande moins de force ; il fallait seulement qu'il soit rapide et soigné, les doigts agiles…envelopper les bonbons. »

Même dans des *Annales de l'industrie légère,* la dévaluation de la qualification féminine est présentée d'une manière naturelle :

« Les "travailleurs temporaires" faisaient les travaux simples ou les travaux d'assistants mais très physiques...».[110]

D'autre part, la division du travail entre hommes et femmes s'articule avec les origines ethniques des salariées comme le montre Emily Honig. Quand le travail de force est accompli par les femmes du Subei, ce travail est considéré comme « un sale boulot »[111] et elles étaient mal payées. Les femmes du Subei étaient stigmatisées. En revanche, le poste le plus élevé pour les ouvrières du Sunan peut être celui de contremaître ou de secrétaire. Le travail technique, en tout cas, n'offre aucune possibilité de promotion pour les femmes.[112]

Les hommes et les femmes ne se distinguaient pas seulement par la nature de leur travail, La division du travail s'articule avec une division marquée des formes d'emploi.

Un article bien connu de Xiayan[113] décrit une relation d'emploi imposée aux jeunes filles dans une usine japonaise de coton, où elles sont fortement exploitées : le « baoshengong » (ouvrière-esclave, traduit en anglais chez Emily Honig par « contract labor »). Dans le secteur textile, ce type d'emploi est beaucoup utilisé. Ces jeunes filles de familles pauvres étaient vendues aux « baogongtou » (intérim) à bon marché. Pendant une durée de 2 à 3 ans, elles travaillaient comme des esclaves sans avoir de liberté personnelle : les journées de travail étaient longues (12 heures), elles étaient souvent obligées d'aider aux tâches domestiques des « baogongtou » après leur propre journée de travail. Leur logement était fourni par le « baogongtou » à l'écart du monde extérieur. « Elles étaient exploitées à la fois par le baogongtou et par le patron ».[114]

---

110 *Shanghai gongyunzhi (Annales du mouvement des ouvriers à Shanghai),* sous la direction du comité de rédaction des *Annales du mouvement des ouvriers à Shanghai,* Septembre 1997, Shanghai shehuikexueyuan chubanshe (Editions de l'académie des sciences sociales à Shanghai), p.522.

111 Au sens interactionniste du terme, (Hughes, 1958).

112 Le monopole des hommes sur la technologie, comme le note Judy Wajeman, est « le facteur explicatif de la définition du travail qualifié comme travail masculin. », Voir Judy Wajeman, « Le travail du genre » in Jaqueline Laufer, Catherine Marry et Margaret Maruani(sous la direction de), 2003, *Le travail du genre. Les sciences sociales du travail à l'épreuve des différences de sexe,* Paris, La découverte, p.154.

113 Xiayan, écrivain de gauche.

114 *Les Annales du travail à Shanghai, p. 167.*

131

Malgré un manque de données sur l'origine de ces femmes, l'auteur suppose qu'une grande proportion venait du Subei[115]. Elles exécutaient les travaux les plus pénibles et les plus lourds.

Dans notre enquête, les enquêtés qui travaillaient dans les fabriques de bonbons font état d'une autre division sexuée des formes d'emploi. En fait, les hommes en amont sur la chaîne et les femmes/jeunes filles en aval sur la chaîne, ne bénéficiaient pas des mêmes formes d'emploi. Les premiers commençaient souvent leur carrière par le statut d' « apprenti » comme le frère de Linqun. Quelques années plus tard, ils devenaient « ouvriers à long terme » (Chang gong). Les secondes, comme Linqun, étaient embauchées dans un « emploi de courte durée » (duangong) dit « emploi temporaire » (linshigong).

Ces deux formes d'emploi sont attestées dans *Les annales du travail à Shanghai* :

« L'emploi à long terme ne correspond à aucune garantie précisée sur un contrat, en réalité les entreprises peuvent licencier les ouvriers selon la situation et leurs préférences. Les travailleurs étaient souvent menacés de chômage. »[116]

« Avant la naissance de la Chine nouvelle, les entreprises utilisaient dans les postes temporaires ou saisonniers les "ouvriers temporaires" (linshigong ou "ouvriers de courte durée" duangong), une fois le travail terminé, les ouvriers étaient licenciés. En même temps, beaucoup d'entreprises utilisaient les ouvriers temporaires dans les postes de long terme parce qu'ils constituaient une main-d'oeuvre bon marché (salaire bas, sans promotion, sans bonus) du fait de la flexibilité d'embauche et de licenciement. »[117]

Selon ces annales, ni le « changgong » ni le « linshigong » ne sont véritablement institutionnalisés. En tout cas, si « l'emploi de long terme » n'offrait aucune garantie d'emploi, « l'emploi temporaire » ou « saisonnier» mettaient leurs salariés dans une situation beaucoup plus précaire.

Selon nos enquêtes, les femmes qui ont travaillé comme « ouvrières temporaires » ont occupé plusieurs types d'emploi : journalier, saisonnier ou sur un poste de longue durée (un an ou plus). Elles déclarent :

« C'était très instable, ça dépendait du soleil, dans les journées où il n'y pas de soleil, il n'y pas de travail à faire, s'il y a du soleil et qu'il y a beaucoup de clients, nous faisions des journées de plus de 12 heures. » (Linqun, 78 ans en

---

115 Emily Honig, 1986, *Sisters and Strangers. Women in the Shanghai Cotton Mills, 1919—1949*, Stanford, Stanford University Press, p. 97
116 *Les Annales du travail à Shanghai*, p. 165.
117 *Ibid.*, p. 173.

2007)

« Quand il y avait du travail, nous travaillions sans horaires, quand il n'y avait pas de travail, je venais, on me disait : non, et je rentrais... » (Lin, 78 ans en 2007)

Le mari de Jieqing, qui était dans la même fabrique mais sur un poste stable se souvient :

« J'avais un poste stable, quand il y avait du travail, je l'appelais (sa femme), sinon elle n'y allait pas. Elle habitait près de l'usine. » (Jieqing, en 1942, travaillait depuis 9 ans en aval des tâches comme «ouvrier temporaire» dans une fabrique.)

D'autres ouvrières déclarent :

« Quand il faisait chaud, l'été, nous rentrions ; après la fête nationale (le premier octobre), nous redemandions s'ils avaient besoin de nous.Il y avait des saisons basses et hautes; dans les périodes de pics d'activité, il était courant de finir à huit ou neuf heures du soir en ayant commencé la journée le matin à huit heures. » (Xieli, 68 ans en 2007)

En revanche, selon *Les annales du travail à Shanghai,* la main-d'oeuvre masculine commence souvent sa carrière par l'apprentissage. Il était utilisé à l'origine dans l'artisanat, et avec l'industrialisation il est beaucoup utilisé dans les usines :

« Les apprentis étaient aussi l'objet d'une forte exploitation de la part des patrons. Après la première guerre sino-japonaise (1884), les entreprises industrielles et commerciales embauchent largement les apprentis, surtout les industries qui nécessitent une relative technicité, par exemple dans la production de machines, de bateaux... L'utilisation importante des apprentis est une caractéristique de ces industries. »[118]

Dans ce type d'emploi, le patron signe un contrat d'apprentissage d'une durée de quelques années avec le travailleur. La durée de contrat varie selon le niveau de technique, souvent 3 ans, parfois 4-5 ans. Pendant ce temps, les apprentis touchent un petit salaire et apprennent avec un maître la technique liée à la production.

Comme le frère de Linqun et plusieurs autres enquêtés, Chen a commencé comme apprenti dans une fabrique de bonbons. Il a perdu ses parents à 5 ans, est arrivé à Shanghai pour gagner sa vie et est entré à 16 ans par recommandation dans une petite confiserie en 1945. Cette fabrique de bonbons

---

118 *Les Annales du travail à Shanghai,* p. 169.

qui emploie à peu près 70 personnes dans la saison chaude en salarie une soixantaine comme emplois temporaire et une dizaine d'ouvriers à long terme. Normalement, l'apprentissage dure 3 ans, pendant lesquelles, on touche très peu. Mais il apprend pendant trois ans les tâches en amont, les techniques de la fabrication des bonbons. Le patron lui confie aussi les affaires financières.

Après trois ans d'apprentissage, Chen obtient un « emploi stable » dans les tâches en amont. Il devient un « changgong » (ouvrier à long terme).

On le voit, les femmes et les hommes ne relevaient pas du même système d'emploi. Malgré un manque de garantie d'emploi dans une époque de désordre social et de guerre, les hommes qui occupaient un emploi de longue durée jouissaient d'une vie professionnelle plus stable que les femmes. Ils avaient également une perspective de carrière. Les femmes assignées aux tâches en aval étaient beaucoup plus précaires. Elles ne bénéficiaient pas de congé de maternité. Comme le note Emily Honig, les entreprises n'acceptaient pas les femmes enceintes. Elles étaient donc obligées de se retirer du marché du travail dès qu'elles étaient enceintes. Alors, certaines femmes dissimulaient leur grossesse et continuaient à travailler dans les usines, ce qui provoquait des maladies et des décès.[119]

La situation précaire et temporaire de l'emploi féminin s'accompagnait, dans la sphère domestique, d'une division elle aussi très inégale du travail familial

Comme le montre Emily Honig, les jeunes filles constituaient une main-d'oeuvre dont profitait leur famille de naissance. Qu'elle soit élevée à la campagne ou à Shanghai, avant qu'une fille n'entre dans les usines de coton, elle avait déjà travaillé depuis ses cinq ou six ans dans la sphère familiale à des tâches domestiques, agricoles ou artisanales. Le travail domestique des filles permettait à leur mère de sortir pour aller travailler. Souvent les familles s'efforçaient de retarder le moment du mariage afin que les filles puissent plus longtemps contribuer au niveau de vie de la famille par leur petit salaire. Les filles commençaient à travailler dans les usines beaucoup plus jeunes que leurs frères. Elles entraient dans les usines alors qu'elles étaient âgées d'une dizaine d'années et leur salaire permettait souvent de financer la famille et les études de leurs frères.

Quand elles se mariaient, leur salaire était mis à disposition de leur belle

---

119 Voir Emily Honig, 1986, *Sisters and Strangers, Women in the Shanghai Cotton Mills, 1919—1949*, Stanford University Press, p. 192.

famille. Les femmes mariées habitaient en effet essentiellement dans la famille de leurs maris où on assignait à la belle fille la charge du travail domestique.

Les travailleuses ont ainsi une double charge quand elles reprennent le travail après un court arrêt pour le mariage. Emily Honig note qu'après avoir eu un enfant, une femme ne retourne pas immédiatement au travail, mais reste souvent à la maison pour s'occuper de l'enfant un certain temps. Une partie des femmes reprend le travail quelques années plus tard. D'autres reprennent le travail lorsqu'elles atteignent une trentaine d'années ou au début de la quarantaine. Cependant un certain nombre de femmes quittaient probablement leur travail lorsqu'elles étaient enceintes, rentraient dans leur village et ne revenaient plus à Shanghai. De plus celles qui reprenaient le travail après la naissance de leur enfant, interrompaient fréquemment à nouveau leur activité professionnelle quand l'un de leurs enfants était suffisamment âgé pour aller travailler et contribuer au revenu de la famille.[120]

En résumé, en Chine, comme ailleurs, les femmes ont toujours travaillé, mais l'histoire de l'emploi féminin a débuté avec l'industrialisation. Leur accès à l'emploi s'est accompagné de multiples formes d'inégalités entre hommes et femmes. Travail masculin et travail féminin sont strictement divisés. Le clivage entre « qualification féminine » et « qualification masculine » se fonde sur une naturalisation et une hiérarchisation des qualifications prétendues féminines. Comme l'a montré Madeleine Guilbert[121] pour les ouvrières françaises, l'industrie utilise les compétences apprises par les femmes dans la sphère domestique tout en les dévalorisant. Dans un contexte de forte immigration à Shanghai pendant les années 1920-1930, le facteur ethnique vient redoubler les inégalités de genre, comme le montre la stigmatisation dont sont victimes les femmes du Subei[122].

Par ailleurs, les femmes comme les jeunes filles et les hommes ne relèvent pas du même système d'emploi. Si tous travaillaient dans un contexte dit « semi-féodal, semi-colonisé » et si les ouvriers étaient tous exploités, la condition des ouvrières était bien pire. Elles étaient plus précaires, moins

---

120 « It is more difficult to generalize about women's patterns of work after they married and began having children. Some [...] did not retire but rather kept on working except when childbearing forced them to stay home for a period of time. Others did not work during their child-mills when they were in their late thirties or early forties... », Emily Honig, 1986, *Sisters and Strangers, Women in the Shanghai Cotton Mills, 1919—1949*, Stanford, Stanford University Press, p. 194.

121 Madeleine Guilbert, 1966, *Les fonctions des femmes dans l'industrie*, Paris et La Haye, Ed.Mouton, 393 p.

122 Honig Emily, 1989, "The Politics of Prejudice: Subei People in Republican-Era Shanghai" in *Modern China*, Vol. 15, No. 3, pp. 243-274.

rémunérées et dépourvues de congé maternité. Finalement, elles adoptaient souvent un modèle d'alternance entre le travail productif et le travail reproductif.

L'organisation du travail est sexuée et reflète, comme Tania Angeloff le note, le poids des traditions socio-culturelles :

« [...]il y a l'avant 1949, fondé sur une société pétrie de confucianisme, dont les normes et les attitudes reflètent une forte hiérarchie, à l'intérieur·et à l'extérieur de la famille, hiérarchie reposant sur la différence des sexes et des âges dans un souci d'ordre et d'organisation parfaite de la société. Dans cette société, les femmes sont subordonnées aux hommes et les jeunes femmes occupent les plus basses strates dans l'échelle des valeurs sociales. »[123]

2. LA CONSTRUCTION D'UN SYSTEME D'EMPLOI INEGAL : TRAJECTOIRES D'EMPLOI ET DE TRAVAIL DES « FEMMES DU GRAND BOND EN AVANT » (1958—1961)

En 1949, la Chine devient communiste. L'égalité entre hommes et femmes est une des promesses du Parti communiste. Il se propose de mettre fin à l'oppression séculaire des femmes et de construire une société égalitaire. En 1949, une fois adopté le « programme commun de la Conférence politique consultative populaire chinoise », le droit des femmes à un travail égal à celui des hommes est proclamé. Le système d'emploi de « baoshenggong » (ouvrière contractuelle), défini comme « un système d'emploi demi-colonisé et demi-féodal », et qui a notamment opprimé les femmes, est supprimé[124]. Depuis les années 1950, l'utilisation des « enfant ouvriers » est elle aussi interdite.

En 1953, le gouvernement s'engage à construire un système d'emploi planifié, qui tient une place centrale dans l'idéologie égalitaire communiste. Le marché du travail n'existe plus. Toutes les institutions du travail sont appelées « unités de travail ».

L'emploi féminin, selon les chiffres de l'unité étatique enregistre une augmentation sensible de 1949 à 1961, mais cet essor de l'emploi féminin s'est effectué pour l'essentiel entre 1958 et 1961, au cours du « Grand Bond en avant », qui a marqué une période cruciale dans l'histoire des femmes chinoises.

Au cours de ce mouvement, de nombreuses « femmes au foyer», que nous

---

123 Tania Angeloff, 1996, *Les incidences de la modernisation chinoise sur le statut des femmes en milieu urbain depuis la fin des années 1980 : Etat des lieux des recherches, op. cit.,* p.1.
124 Voir *Les Annales du travail à Shanghai,* p. 169.

appelons ici les « femmes du Grand Bond en avant » parce qu'elles entrent dans l'emploi à l'occasion du lancement de cette politique, ont été mobilisées par l'Etat pour participer au travail salarié. Pour la Chine entière, de 1957 à 1960, le nombre des travailleuses dans les unités étatiques passe de 3 286 000 à 10 087 000, soit une augmentation de plus de 200 %. À Shanghai, pendant la même période, le nombre de travailleuses dans les unités étatiques passe de 422 700 à 645 700. A part la mise au travail dans les unités étatiques, la plupart des « femmes au foyer» ont été employées par l'Etat par le biais des quartiers d'habitation (lilong) et des Comités d'habitation (juweihui) qui leur procurent des emplois suivant la demande des entreprises du quartier.

Les autorités communistes ont beaucoup célébré cet acte politique sans précédent. Ils ont insisté sur l'importance de cet accomplissement inédit de l'émancipation des « femmes au foyer » qui a constitué un tournant dans la politique d'égalité entre les hommes et les femmes en Chine. C'est sans doute pour cette raison que cet « accomplissement » a été peu questionné par l'historiographie.

Il importe de faire la part dans cette image d'émancipation entre la réalité et la propagande. Par le biais d'une étude sur l'histoire de la politique d'emploi dans les années 50-60 et les entretiens approfondis réalisés auprès de 15 « femmes du Grand Bond en avant » qui travaillaient chez Aban, nous découvrons que la catégorie même de ces « femmes au foyer » est en grande partie une construction idéologique. La réalité est plus sombre puisqu'il s'agit en fait de la mise en place d'un système d'emploi très inégal. Ces fameuses « femmes au foyer » ont ainsi été condamnées à subir tout au long de leur vie professionnelle un système d'emploi précaire, mal payé, sans possibilité de carrière, et sans protection sociale, qui a par ailleurs contribué à renforcer à l'époque maoïste le système d'emploi stable.

Examinons les faits. Chez Aban, la féminisation est brutale entre 1957 et 1958 : le nombre d'ouvrières a presque doublé. En 1959, il y avait 366 femmes, soit 40% des effectifs totaux (916).

Ces femmes sont entrées dans l'emploi à Shanghai pendant cette période par le biais des « Lilong » (quartier d'habitation). Parmi les dizaines de femmes de la première génération travaillant à Aban, nous avons interrogé sept femmes du Grand Bond en avant. Si leurs trajectoires antérieures à 1958 (au début du Grand Bond en avant) sont différentes, leurs destins ont convergé dès le début du mouvement.

Juhua représente un cas exemplaire.

> **Encadré 1 : Trajectoire de Juhua**
>
> Juhua est une femme illettrée originaire de la province de Zhejiang. Elle a 74 ans en 2007. Je l'interview chez elle, tout près d'Aban.
>
> Elle travaillait depuis l'âge de 8 ans aux champs dans la campagne de Zhejiang. En 1949, à l'âge de 16 ans, un parent l'a conduit à Shanghai pour échapper à la famine qui sévissait à la campagne. Juhua habite chez lui en participant aux tâches domestiques : faire la cuisine, s'occuper des enfants, laver les vêtements, etc.
>
> Elle rencontre son mari en 1952 et se marie en 1953. Depuis qu'elle est mariée, elle ne travaille plus dans la famille de son parent. En effet, après avoir eu plusieurs enfants, la femme de son parent décide d'arrêter de travailler et choisit de s'occuper elle-même des tâches domestiques.
>
> Le premier fils de Juhua est né en 1956. Elle accède à l'emploi en 1958, au début du Grand Bond en avant. Elle entre chez Aban, entreprise qui se situe tout près de son quartier d'habitation comme « ouvrière temporaire ». Elle a été affectée à un poste sur la chaîne. A ce moment, son premier fils avait 2 ans. Elle l'a confié à la crèche de son quartier d'habitation.
>
> En 1962, elle est licenciée. En 1966, elle a été réembauchée par Aban comme « ouvrière externe » sur un poste de nettoyage des bouteilles.
>
> Elle travaille sur cette tâche jusqu'à sa retraite anticipée en 1981, à l'âge de 48 ans.

L'itinéraire de Juhua soulève plusieurs questions. Le fait qu'un grand nombre de femmes entrent sur le marché du travail est incontestable. Mais pourquoi est-ce précisément pendant le Grand Bond en avant qu'elles accèdent à l'emploi alors que le droit au travail des femmes est garanti par la loi dès 1949 ? Par ailleurs, pourquoi ces femmes sont-elles appelées et se définissent elles-mêmes comme « femmes au foyer » ? Sur ce point, le discours de Juhua est contradictoire. Quand je lui demande pourquoi elle n'a pas travaillé avant 1958, elle répond :

« Parce que les femmes au foyer à l'époque ne travaillent pas…C'est notre mari qui travaille. C'est plus tard que les femmes au foyer sortent (du foyer) ».

Elle se définit comme « femme au foyer » avant 1958 et utilise ce statut pour expliquer pourquoi elle n'a pas travaillé « dehors ». A quoi renvoie cette catégorie ? S'agit-il d'un statut « choisi » ou d'une catégorie imposée ?

Enfin, pourquoi la trajectoire de Juhua (ainsi que Yilin-portrait) est-elle précaire, ce qui n'est pas le cas des travailleuses dans le système d'emploi stable ? Qu'est-ce que l'«emploi temporaire » et l' « emploi externe » à l'époque socialiste ?

1949—1957 : l'emploi féminin dans un contexte de chômage

Pour répondre à ces questions, il est nécessaire de remonter à la période 1949—1957.

En fait, chez les couples enquêtés, on observe souvent pour les femmes un accès plus tardif à l'emploi. Le mari de Juhua, son aîné de 5 ans, accède lui, à son premier emploi en 1952 ; ils ont donc respectivement 25 et 24 ans lorsqu'ils entrent sur le marché du travail pour la première fois. Elle explique:

« Mon mari était ouvrier au chômage, il a eu un emploi plus tôt que moi. Bon, il est plus âgé que moi aussi. Il a fait ce qu'on appelle aujourd'hui des "petits boulots" avant 1949, puis il s'est enregistré au bureau du travail de notre arrondissement et un travail dans une entreprise lui a été assigné. »

Dans un autre couple également, le mari commence à travailler en 1951 par le biais du bureau du travail et sa femme travaille seulement en 1958.

Pourquoi cette différence ? Comment fonctionne l'enregistrement du chômage ?

Dans un contexte de guerre et de désordre social, un chômage élevé sévit depuis les années 1920-1930. Les femmes y sont de loin les plus nombreuses. Selon le bureau des statistiques de Shanghai, en 1950, la catégorie « au foyer, sans emploi ou au chômage » compte, parmi la population âgée de plus de 15 ans, 76.5% des femmes (1 199 363) et seulement 10.7% des hommes (203 133)[125].

Ainsi, une fois mis en place, une des premières tâches du gouvernement communiste est de mettre en œuvre une restructuration économique et de favoriser l'accès à l'emploi. Comme on le lit dans *Les Annales du travail à Shanghai* :

« Après l'installation de la Chine nouvelle, de 1949 à 1957, les nouveaux arrivants sur le marché du travail n'étant pas nombreux, la tâche principale est de régler la situation des 670 000 travailleurs déjà chômeurs. »[126]

Les mesures gouvernementales entrent en application dès 1949. En août

---

125 *1949 nian Shanghaishi zonghe tongji (Données de statistiques synthétiques de Shanghai en 1949),* sous la direction du Secrétariat du gouvernement populaire de Shanghai (Shanghaishi renmin zhengfu mishuchu), 471 p.

126 *Les Annales du travail à Shanghai,* p.70.

1949, *le Syndicat général de Shanghai* organise un comité de travail pour les chômeurs. Ce comité commence à enquêter et enregistrer les chômeurs. A partir de ce moment et jusqu'en octobre 1952, 206 536 chômeurs ont été enregistrés.

Pendant cette période, le gouvernement fonctionne comme une agence d'intérim. Le premier août 1950, le Bureau du travail de Shanghai fonde un Institut qui permet aux entreprises d'embaucher par son intermédiaire. La possibilité d'embaucher directement les travailleurs est toutefois maintenue.

A partir de 1952, une fois proclamée la volonté d'instaurer un système d'emploi planifié, le gouvernement commence à jouer un rôle dominant dans l'organisation de l'emploi[127]. L'autorité des entreprises est limitée. En août 1952, le Conseil d'Administration du Gouvernement (Zhongyang renmin zhengfu zhengwuyuan) promulgue des « mesures unifiées d'enregistrement des chômeurs» et indique en même temps :

« Quand les unités d'Etat et les unités privées ont besoin d'embaucher les travailleurs, il faut que le département du travail présente les travailleurs aux entreprises ; sans avis favorable du département du travail, les publicités pour le recrutement ne sont pas autorisées. »[128]

A partir de 1953, les contraintes gouvernementales diminuent. Néanmoins, l'« enregistrement » reste une procédure d'emploi importante. En août, le rapport concernant l'emploi rédigé par le gouvernement central prescrit :

« Quand chaque unité embauche une quantité d'ouvriers ou employés relativement importante, il faut formuler une demande auprès du département du travail, responsable de recommander, de choisir et de recruter des travailleurs. Quand le nombre d'embauches est limité, on peut recruter soi-même des travailleurs parmi les chômeurs ».

En 1954, à Shanghai, « face aux besoins de développement industriel, on élargit opportunément les possibilités d'embauche directe par les entreprises.»[129] et « En juin 1954, le gouvernement de Shanghai promulgue "les mesures provisoires sur l'emploi temporaire des entreprises privées à Shanghai" et "les mesures provisoires d'emploi des entreprises étatiques et privées". (...) Si les entreprises embauchent moins de trois travailleurs stables ou moins de cinq travailleurs temporaires (ou encore plus de cinq travailleurs temporaires pour une durée de moins que 15 jours), elles peuvent embaucher

---

127 Dans une des « décisions sur les questions d'emploi et du travail », l'autorité déclare qu'il faut passer à une système unifié d'assignation de la main-d'œuvre.
128 *Les Annales du travail à Shanghai*, p.34.
129 *Les Annales du travail à Shanghai*, p.105.

les chômeurs enregistrés librement, sans avoir besoin de passer par le biais du gouvernement.»[130]

Par ces réglementations, le gouvernement joue donc un rôle important dans l'emploi depuis 1949, et surtout à partir de 1952, avec la construction du système de gestion unifiée de l'emploi. Même si les annales du travail parlent d'une « certaine liberté d'embauche et de recherche d'emploi », on constate, en lisant ces lois, que les mesures d'enregistrement des chômeurs et le recrutement par le biais du gouvernement jouent un rôle crucial et très efficace pour les demandeurs d'emploi.

Selon les chiffres, « de juin 1949 à la fin de l'année 1957[...] sur les 672 000 personnes enregistrées, à peu près 516 000 retrouvent un emploi. 88 000 personnes ont annulé leur enregistrement parce qu'elles ont vieilli, sont malades, ont perdu leur capacité à travailler, poursuivent leurs études ou ont quitté Shanghai, etc. 37.000 personnes sont empêchées d'exercer un emploi à cause de contraintes domestiques. »[131]

L'invention de la catégorie de « femme au foyer» et l'exclusion de l'emploi

Selon les *Annales du travail de Shanghai*, « dans la période qui suivit la Libération de Shanghai, quand on a commencé à enregistrer les personnes au chômage, les "femmes au foyer", c'est-à-dire celles qui n'ont jamais occupé un travail rémunéré, n'ont pas été enregistrées comme chômeuses[132].»

A partir de 1952, le besoin de main d'œuvre augmente. En août 1952, le Conseil d'Administration du Gouvernement (Zhongyang renmin zhengfu zhengwuyuan) promulgue des « mesures unifiées d'enregistrement des chômeurs», qui indiquent que les personnes qui « n'ont pas d'emploi stable depuis longtemps mais disposent d'un niveau de vie grâce à d'autres ressources ou grâce à leur famille ne sont pas considérées comme chômeuses ». Le sexe n'est pas mentionné, mais il est évident que la population visée est essentiellement constituée de femmes.

En novembre 1952, le « règlement détaillé d'application sur les mesures unifiées d'enregistrement des chômeurs » (« guanyu zhiye renyuan tongyi dengji banfa shixing xize ») est promulgué par le Comité d'emploi et du travail du gouvernement populaire de Shanghai (Shanghaishi renmin zhengfu laodong jiuye weiyuanhui). Il définit trois grandes catégories de « chômeurs » : personnes enregistrées, personnes enregistrées par l'assistance sociale, et « armée

---

130 *Ibid.,* p.157.
131 *Ibid.,* p.100.
132 *Les Annales du travail à Shanghai,* p. 78.

de réserve ». Les personnes enregistrées dans la première catégorie sont à traiter en priorité ; la troisième catégorie est traitée en second. La deuxième catégorie réunit des personnes frappées d'incapacité de travail qui demandent l'assistance sociale.

Tableau statistique sur les chômeurs de 21 arrondissements à Shanghai en mars 1953

		Nombre de personnes enregistrées	Hommes	Femmes	% de femmes
	total	130 039	94 591	35 448	27.3
Personnes «enregistrées»	a) Ouvriers et travailleurs (zhigong)	104 294	71 678	32 616	31.3
	b) Intellectuels	5 568	3 458	2 110	37.9
	c) Petits entrepreneurs et détaillants	15 343	14 872	471	3.1
	d) Fonctionnaires du Guomindang	1 733	1 723	10	0.6
	e) Moines, bonzes et prêtres taoistes, etc.	3101	2 860	241	7.8
Personnes enregistrées pour l'assistance sociale	f) Pauvres en incapacité de travail	12 708	7 477	5 231	41.2
« Armée de réserve »	e) Jeunes diplômés cherchant un emploi et femmes au foyer	65 279	14 759	50 520	77.4

Source: Les *Annales du travail à Shanghai,* pp.101-102.

La première catégorie comprend « ouvriers et travailleurs », « intellectuels », « petits entrepreneurs et détaillants », « fonctionnaires du Guomindang et moines », « bonzes et prêtres taoistes », etc. La catégorie « ouvriers et travailleurs » désigne ceux « qui ont travaillé pendant une longue période et sont devenus chômeurs pendant une courte période ». La catégorie « intellectuels » renvoie aux « intellectuels qui ont exercé depuis longtemps les métiers de la culture, de l'éducation, de la science, de la technologie, du journalisme, de l'édition ou des professions libérales, etc. »[133]. Les femmes occupent à peu près un tiers des catégories « ouvriers et travailleurs » et « intellectuels ».

La catégorie « femmes au foyer », inscrite dans l'« armée de réserve » ne fait l'objet d'aucune définition précise. Cette catégorie semble aller de soi, pourtant les expressions « n'a pas d'emploi stable depuis longtemps » ou « dépend de membres de leur famille » sont ambiguës.

Comme nous l'avons montré plus haut, avant 1949, beaucoup de femmes ont été obligées de s'arrêter de travailler du fait de leur mariage, de leur maternité ou d'une maladie... Ces femmes sont-elles devenues « femmes au foyer » ?

Les femmes ayant le droit de s'enregistrer comme chômeuses ne constituent qu'une petite partie des « femmes au foyer » : les femmes « ayant un diplôme supérieur au premier cycle de l'école secondaire » et celles qui ont travaillé « pendant une période courte mais qui ont arrêté le travail depuis une longue période » figurent dans la colonne « armée de réserve ».

En fait, la catégorie « femmes au foyer » est une construction statistique et politique. Elle exclut institutionnellement une partie des femmes du marché du travail : les « sans diplôme » et les femmes qui n'ont pas d'expérience professionnelle sont les moins légitimes dans le marché du travail au cours de cette période où les demandeurs d'emploi sont plus nombreux que les emplois.

A la même époque, l'objet central du troisième Congrès des Femmes Chinoises est d'affirmer, de légitimer et de renforcer les responsabilités domestiques des femmes :

« La tâche principale de ce congrès est d'unir et de mobiliser les femmes pour travailler d'arrache-pied à construire la patrie socialiste. Le parti communiste chinois énonce à tout le peuple chinois un principe fondamental : édifier le pays avec diligence et économie, tenir la maison avec soin et économie. Pour édifier le pays avec diligence et économie, les femmes sont concernées, mais pour tenir la maison avec soin et économie, les femmes ont une responsabilité particulièrement importante, parce que ce sont les femmes qui président aux

---

133 Être diplômé(e) de l'enseignement secondaire suffit pour faire partie de la catégorie « intellectuels », ce qui explique la forte présence des femmes.

tâches domestiques.»[134]

Partout en Chine, commence alors une grande campagne de concours pour « tenir la maison avec soin et économie ».

3. LE GRAND BOND EN AVANT (1958—1961) : IRRUPTION DES FEMMES DANS L'INDUSTRIE PAR LE BIAIS DE L'« EMPLOI TEMPORAIRE »

En 1958, comme nous l'avons montré au début de ce chapitre, de nombreuses femmes sont entrées comme salariées dans les entreprises.

A partir de 1958, « les femmes au foyer» vivent et travaillent dans des Lilong - un habitat collectif desservi par un réseau de ruelles, unité autant spatiale que sociale - par le biais des comités d'habitation. Les comités d'habitation organisent eux-mêmes des unités productives (ou collectives) : petites fabriques, unités de crèches pour aider les « femmes au foyer » à « sortir du domestique », scolarité, bibliothèque, groupes d'études. Mais les comités d'habitation ont aussi le pouvoir de choisir les « femmes au foyer » qu'ils vont envoyer travailler dans les usines qui ont besoin de main-d'oeuvre.

Comme le montre Jin Yihong[135], l'accès des femmes à l'emploi pendant le Grand Bond en avant est d'abord et avant tout un produit de la politique économique du gouvernement. Le recours à la main d'œuvre féminine apparaît plus « raisonnable» que le risque d'exode rural et l'accroissement de la pression démographique urbaine qu'il produirait.

Parmi nos enquêtées, les « femmes au foyer » mobilisées par le comité d'habitation sont de trois types. On trouve :

- des femmes qui n'ont jamais participé au travail salarié,
- des femmes qui ont travaillé temporairement et qui se trouvent sans emploi en 1958,
- des jeunes femmes célibataires sans diplôme et sans emploi (voir Yilin, portrait 2).

Ces femmes qui étaient dans des situations diverses ont été réduites à une seule réalité : celle de femmes contraintes par les tâches domestiques.

L'emploi féminin apparaît ainsi comme un moyen de libérer les femmes des

---

134 *Le Quotidien du peuple*, 09/09/1957.
135 JIN Yihong, 2006, « Tie guniang zai sikao-zhongguo wenhua da geming qijian de shehui xingbie yu laodong » (Répenser 'fille de fer' : le genre et le travail pendant la révolution culturelle de la Chine), *Shehuixue yanjiu (Études sociologiques)*, n°1, pp.169-193.

contraintes domestiques et d'en finir avec la « famille féodale ». Le ministre du travail de l'époque proclame : « il y a encore des milliers de femmes contraintes par de lourdes tâches. (…) Ce qui est en train d'être détruit, c'est la veille famille féodale. »

Leur accès à l'emploi est désormais doté d'une signification politique qui s'inscrit aux antipodes de la précédente, comme l'indiquent les expressions « pensée collective », « conscience socialiste », « nouvelles femmes », « avancée dans la pensée». Les « femmes au foyer » ne sont plus chargées de contribuer à l'édification de la patrie socialiste en tenant la maison avec soin et économie ; elles sont désormais stigmatisées comme soumises à « des pensées pas encore libérées » et associées à des « mentalités arriérées ».

En Juin 1958, le *Quotidien du peuple* publie le discours de la secrétaire générale de la Fédération des femmes chinoises :

« Faire un pas en avant dans la libération de la main d'œuvre féminine pour servir la construction du socialisme d'une manière rapide et économique ».[136]

Dans ce texte, le président Mao est cité en référence:

« Les femmes chinoises sont une grande source de force humaine, il faut partir à la recherche de cette source pour réaliser la construction d'une société communiste».[137]

Pour mobiliser cette source, l'article du *Quotidien du peuple* précise :

«... il faut guider et promouvoir la libération de la pensée des femmes… il faut conduire la libération de la pensée des femmes, élever leurs conscience communiste... la libération de la main d'œuvre féminine ne peut pas être achevée pacifiquement. Elle se fera par la lutte entre deux voies, celle de la pensée progressiste et celle de la pensée archaïque... pour libérer la pensée des femmes, outre la poursuite du combat contre l'individualisme, le libéralisme, les particularismes, etc., tous ces vestiges du passé, il faut également les aider à se libérer des contraintes des tâches domestiques ».[138]

Cette politisation exige que les femmes « s'oublient elles-mêmes » :

« Les responsables des comités d'habitation disent que les femmes qui, chaque semaine, assistent aux cours politiques, manquent d'enthousiasme patriotique.... Lors d'une inspection, une femme cadre dit sincèrement et

---

136 CAO Guanqun (secrétaire du secrétariat de la Fédération des femmes de l'ensemble de la Chine) « libérer de plus la main d'oeuvre féminine afin de construire le communisme d'une façon de faire plus, mieux, plus rapide, plus économique. » (« Jinyibu jiefang funü laodongli wei duokuaihaosheng di jianshe shehuizhuyi fuwu ») in *Le Quotien du Peuple*, 02/06/1958, p.2.

137 *Ibid.*

138 *Ibid.*

sérieusement : «les femmes ont déjà compris qu'il faut mettre en priorité la politique, qu'il faut penser seulement à l'intérêt collectif et le placer avant l'intérêt individuel, s'oublier soi-même.»[139]

Le travail remplace tous les autres aspects. La valeur de leur travail sur le plan économique est niée. L'expression « s'oublier soi-même», implique que les femmes se sacrifient pour le pays, comme elles étaient censées l'avoir fait quelques années plus tôt pour la famille. Le mot d'ordre est clair :

« Faire un pas en avant dans la libération de la main-d'oeuvre féminine pour servir la construction du socialisme d'une manière rapide et économique. »[140]

Les femmes construisent donc le socialisme d'une manière « économique ». En fait, leur valeur économique en tant que travailleuses est niée, leur subjectivité aussi. L'idée que le travail des femmes dans la sphère familiale est gratuit -conception culturelle- est transférée au monde salarié, au nom de: « l'avancée dans la pensée» et « de la conscience socialiste». De bout en bout, l'argumentation est politique.

Dans le même texte du *Quotidien du peuple,* on lit :

« La première fois que le parti décide de donner un salaire aux femmes des Lilong qui ont participé au travail, elles disent toutes qu'elles n'en ont pas besoin. Après discussion en réunion, on adopte la méthode suivante sur laquelle elles sont tombées d'accord : "chacune évalue son propre travail et puis tout le monde évalue le travail des autres". Après avoir touché leur salaire, elles sont tellement contentes que la plupart achètent le portrait de Mao et le drapeau national, et les accrochent au mur de la salle de vie, comme pour la préparation d'un événement heureux. »[141] (...)

L'emploi temporaire entre 1949 et 1957

Après l'arrivée des communistes chinois au pouvoir, le gouvernement essaye de limiter l'emploi temporaire. L'emploi temporaire n'est pas un phénomène nouveau. Il est largement utilisé avant 1949 surtout pour l'emploi féminin. Cette forme d'emploi continue à être pratiquée à grande échelle, entre 1949 et

---

139 « Faire un pas en avant pour organiser le peuple dans les villes, faire un pas en avant pour libérer les femmes au foyers, le représentant Zhao Zukang parle des nouveaux phénomènes dans le lilong de Zhangjiazhai à Shanghai » (« Ba chengshi renmin jinyibu zuzhi qilai ba jiatingfunü jinyibu jiefang chulai-ZHAO zukang daibiao tan Shanghai Zhangjiazhai lilong de xinqixiang ») in *Le Quotidien du Peuple,* 10/04/1960, p.11.

140 « Faire un pas en avant pour organiser le peuple dans les villes, faire un pas en avant pour libérer les femmes au foyers, le représentant Zhao Zukang parle des nouveaux phénomènes dans le lilong de Zhangjiazhai à Shanghai » (« Ba chengshi renmin jinyibu zuzhi qilai ba jiatingfunü jinyibu jiefang chulai-ZHAO zukang daibiao tan Shanghai Zhangjiazhai lilong de xinqixiang ») in *Le Quotidien du Peuple,* 10/04/1960, p.11.

141 *Ibid.*

1957.

Mais en l'absence de définition précise de l'emploi stable et de l'emploi temporaire, beaucoup de travailleurs, embauchés à l'année, sont considérés comme occupant des emplois temporaires. Les Annales du travail à Shangai précisent :

« En 1950, le Comité du contrôle militaire (Junshi guanzhi weiyuanhui) de Shanghai stipule dans les "Mesures provisoires sur l'embauche à titre temporaire des entreprises ' que 'les usines en raison des besoins de production ou du travail et pour une courte durée peuvent embaucher les travailleurs temporaires". » […]

« Mais à cause du manque de règles précises, les entreprises à Shanghai utilisent des ouvriers temporaires, même sur les postes de longue durée tout au long de l'année, » […]

« En 1952, le Conseil d'Administration du Gouvernement central présente dans les "Mesures pour réguler le chômage", l'interdiction stricte d'abuser de l'emploi temporaire : les travailleurs embauchés à titre temporaire et travaillant sur des postes à long terme doivent être titularisés. »[142]

En tout cas, l'attitude du gouvernement est ambiguë :

« En juin 1954, le gouvernement de Shanghai a révisé ces mesures en précisant qu'il ne faut pas appliquer mécaniquement ces "mesures" de transformation de l'emploi stable après 6 mois, mais qu'il ne faut pas utiliser non plus l'emploi temporaire pour le travail de long terme.»

Cette attitude ambiguë est en fait un indicateur de la régulation du nombre d'emplois stables. Bien qu'à Shanghai, « ce ne soit qu'en 1956 qu'un grand nombre de "travailleurs temporaires" sont transformés en "travailleurs stables" »[143], en tout cas, à partir de 1957, le gouvernement commence à contrôler et à limiter le nombre des travailleurs stables. Selon une enquête réalisée en mars 1957, les ouvriers temporaires sont plus de 50 000 dans les usines. 60% ont travaillé moins de six mois, 10 à 15% ont travaillé plus d'un an. Le 12 Janvier, le Conseil des Affaires d'Etat promulgue une « directive concernant le contrôle efficace de l'effectif dans les unités de travail en entreprise et les unités de travail administratives, interdisant l'embauche aveugle des ouvriers et des employés ». Dans cette directive, on stipule que les travailleurs temporaires, soit déjà présents dans les entreprises, soit nouveaux arrivants ne peuvent pas changer de statut pour devenir stables.

---

142 *Les Annales du travail à Shanghai.* P. 173.
143 *Les Annales du travail à Shanghai,* p.6

Le 5 décembre, le Comité du Peuple de Shanghai promulgue la directive concernant « le traitement des travailleurs temporaires embauchés avant 1956 par les entreprises et les usines de notre ville ». Cette directive précise que les travailleurs temporaires embauchés avant la fin de l'année 1956 ne peuvent être transformés en travailleurs stables. Si la production le nécessite, il faut prolonger leur contrat de travail. Les travailleurs temporaires embauchés après 1957, doivent l'être sous contrat sans exception, et licenciés quand le contrat expire.

Reviviscence de l'emploi temporaire dès 1958

1) L'emploi temporaire continue donc à être pratiqué au cours de la période 1949-1957, l'attitude du gouvernement passant par différentes étapes : d'abord la limitation de cette forme d'emploi, puis une position ambiguë et finalement un frein à la transformation du statut.

Mais, c'est pendant le Grand bond en avant que le recours à cette forme d'emploi a pris de l'ampleur. En fait, le gouvernement propose de développer « l'emploi temporaire ». En février 1957, on relève dans les Annales du travail à Shangai :

« Parce que les travailleurs stables peuvent être embauchés mais pas débauchés, il est difficile de s'adapter au développement et au changement économique. Liushaoqi conseille d' 'utiliser plus d'emploi temporaire et moins d'emploi stable'. Il avance que l'emploi temporaire ou l'emploi à contrat n'est pas différent de l'emploi stable : tous sont des" travailleurs formels". Il faut encourager les deux systèmes d'emploi. Pour les nouveaux ouvriers on utilise l'emploi temporaire, l'emploi à contrat, pour les ouvriers embauchés en région rurale, on fait l'expérience de l'emploi tantôt paysan, tantôt ouvrier : quand il y a du travail dans les usines, ils y vont, quand il n'y pas de travail dans les usines, ils cultivent les terres.»[144]

Ainsi, les « femmes au foyer » et les paysans sont condamnés à occuper un statut instable d'emploi.

En fait, il n'existe aucune définition de l'emploi temporaire pendant la période 1958-1961. Il semble que cette forme d'emploi non-défini avant 1949 et pendant les années 1949-1957, se soit beaucoup développée à partir de 1958, sans être davantage formalisée ou précisée.

Le 14 Octobre 1962, « Le Conseil des Affaires d'Etat sur les mesures provisoires sur l'emploi temporaire des entreprises étatiques » décide :

---

144 Les *Annales du travail à Shanghai*, p. 165.

« Pour tous les travaux temporaires, tels que par exemple, la manutention non régulière, les activités temporaires du bâtiment, la production temporaire de marchandises, le tournage et séchage au soleil, les diverses tâches temporaires et une partie du travail de force et des tâches spécialisées, il faut utiliser les travailleurs temporaires. Concernant le travail saisonnier tel que : faire sécher le sel au soleil, fabriquer le sucre, fabriquer le thé, chauffer les chaudières, etc, sauf les postes de gestion et les chevilles ouvrières dont les entreprises ont besoin année après année, il faut utiliser les travailleurs temporaires. Les travailleurs temporaires doivent être embauchés quand il y a du travail et licenciés quand il n'y en a pas. Tous les postes ne peuvent pas accéder au statut d'emploi stable. »

Le texte précise bien que « l'emploi temporaire » concerne deux types de travaux : les tâches ponctuelles et les tâches saisonnières. Mais la définition reste assez ambiguë. A quelle durée les tâches ponctuelles renvoient-elles ? Par ailleurs, ce sont la plupart du temps des tâches difficiles.

D'ailleurs, on voit bien que pour légitimer « l'emploi temporaire », les autorités ont modifié l'appellation du secteur où l'on garantit l'emploi à vie. Avant 1964, dans les documents gouvernementaux, il est désigné sous le terme d'«emploi formel » ou d'« emploi de longue durée ». Le 23 Juillet 1964, Liushaoqi rédige un rapport sur « les deux systèmes du travail et les deux systèmes d'éducation » où il refuse d'opposer « l'emploi temporaire » à l'«emploi formel » tout en affirmant que « l'emploi temporaire » est aussi un « emploi formel ». La formule « emploi stable » se substitue désormais aux expressions anciennes : « emploi formel » ou « emploi à longue durée ».[145]

Dans la pratique, les « ouvrières temporaires » entrées chez Aban en 1958 sont embauchées pour accomplir des tâches diverses : ou bien elles travaillent à des tâches ponctuelles ou saisonnières, ou bien elles sont considérées comme des « travailleurs temporaires de longue durée ». Elles témoignent :

« Je travaillais quelques temps ici, quelques temps là-bas. Quand les entreprises n'avaient pas besoin de moi, elles me licenciaient et me renvoyaient au Lilong et le comité d'habitation me présentait d'autres possibilités d'emploi... » (Wang, 83 ans en 2007)

« Nous travaillions juste une saison, et nous attendions la prochaine saison chaude en cherchant d'autres emplois à côté. » (Shi, 78 ans en 2007)

« Dans notre promotion, il y avait une cinquantaine d'ouvrières temporaires. Certaines étaient licenciées après la "saison chaude", d'autres, qui

---

145 Les *Annales du travail à Shanghai*, p.170.

travaillaient de toutes leurs forces, étaient choisies par l'entreprise pour rester chez Aban et continuer à travailler.» (Liu, 69 ans en 2007, entrée chez Aban en 1962 et y travaillant toujours au titre d'employée temporaire)

L' « emploi temporaire » se caractérise tout d'abord par l'instabilité, sans garantie d'emploi. Notons que le travail n'est pas forcément « temporaire ». Par exemple, Yilin travaille plusieurs années dans une même entreprise à la même tâche. Mais, quand l'entreprise diminue le nombre des emplois, ces femmes, considérées comme les moins légitimes, sont les premières à être renvoyées à la maison.

Leur instabilité est forcée. Elle dépend des besoins de l'usine où elles travaillent - c'est-à-dire de l'équilibre micro-économique entre les tâches et la quantité de main-d'oeuvre nécessaire; mais cette instabilité dépend aussi de la macroéconomie et des évolutions structurelles de l'économie.

Par exemple surviennent, après le Grand Bond en avant, trois années de catastrophes naturelles et d'austérité économique. Pendant cette période, la progression économique est ralentie, il y a pénurie d'emploi. Chez Aban, presque toutes les ouvrières temporaires ont été licenciées. Les femmes enquêtées racontent d'une seule voix: «à ce moment-là, l'Etat était en difficulté, nous en assumions la responsabilité...». Elles ont perdu leur emploi et « rentrent chez elles», reprendre le statut de femme au foyer.

Si les ouvrières stables ont quand même quelques chances de promotion, elles n'ont aucune chance de faire carrière. Chez Aban, elles n'ont pas de possibilité d'adhérer au Parti communiste, condition primordiale pour devenir cadre. Elles étaient hors du système de l'ascenseur professionnel et constituaient seulement un vivier de main-d'oeuvre.

Elles ne bénéficient pas de congé maternité, ne disposent pas de crèche pour garder leurs enfants. Quand elles sont enceintes, elles arrêtent donc de travailler.

Celles qui travaillaient de manière temporaire et ont cessé le travail avant la Révolution culturelle, ne bénéficient pas non plus de pension de retraite. L'une d'elle témoigne :

« J'ai arrêté de travailler en 1958. Plus tard je suis rentrée et j'ai donné naissance à un enfant. Le congé maternité ? Non, parce que nous sommes travailleurs temporaires, pour les travailleurs temporaires où y aurait-il place pour le congé maternité ? Même quand on a un enfant, la crèche d'entreprise n'est pas pour nous, je le mettais dans la crèche du Lilong...Plus tard, j'ai demandé à mes parents qu'ils s'en occupent.» (Juhua, 68 ans)

De plus, l'assurance maladie des enfants étant liée à celle de leur mère, ils n'avaient donc pas d'assurance maladie non plus.

Les conditions du travail

Mes enquêtées témoignent toutes de la différence fondamentale du travail demandé aux ouvrières stables et aux ouvrières temporaires. Ces dernières effectuaient souvent des tâches nécessitant de la force physique et une grande endurance ainsi que les tâches les plus pénibles voire les plus dangereuses pour un salaire minimum qui en faisaient dans la réalité des quasi-bénévoles.

C'est ainsi que Yilin contribue directement à la fabrication de l'acier. Wang, elle, était porteuse de pierres :

« Je portais les pierres dans une station de chargement et de déchargement des bateaux. Nous, les femmes, portions des paniers de pierres aux bateaux. J'ai fait ce travail pendant plusieurs années jusqu'à ce que je tombe malade. Je crachais du sang. Le médecin m'a dit que j'étais abîmée par ce travail de force, je ne pouvais m'empêcher de cracher des caillots de sang. J'ai craché beaucoup de sang, c'était terrible... » (Wangbei, 83 ans en 2007)

Juhua, elle, travaillait en usine à la chaîne :

« Le travail le plus pénible nous était affecté. Nous travaillions de toutes nos forces.... Je travaillais sur la chaîne : je tenais les bouteilles pendant que la machine collait l'étiquette sur les bouteilles d'eau gazeuse. Une minute pour 38 bouteilles…Et c'était dangereux ! Les bouteilles étaient en verre, parfois elles explosaient. Il y a des gens qui ont été blessés au visage. Moi heureusement j'ai été une fois blessée à la jambe, j'ai été envoyée à l'hôpital tout de suite. A présent, beaucoup d'années sont passées, la cicatrice devient invisible.» (Juhua, 68 ans en 2007)

A l'inverse, le travail des femmes stables demande moins de force physique : vérifier les étiquettes, envelopper les bonbons etc.

Malgré la pénibilité du travail, le salaire était bas. Au début du Grand Bond en avant, le travail était même bénévole :

« Au début, le travail en entreprise des travailleurs des Lilong était du travail bénévole ou du travail volontaire et temporaire.»[146]

Yinlin précise :

« La première année, on ne touchait presque rien, juste assez pour manger...une années plus tard, une partie des femmes qui travaillaient bien, sont

---

146 Les *Annales du travail à Shanghai*, p.177.

151

restées dans l'entreprise, ainsi j'ai touché 25 yuans par mois ».

Juhua rappelle qu'elle a quelques amies qui n'arrivaient pas à « sortir pour travailler » :

« Elles avaient plusieurs enfants... Leur salaire n'était pas suffisant pour les mettre à la crèche... Donc elles ne pouvaient pas aller travailler....»

4. LES ANNEES 60 ET LA REINTEGRATION DES FEMMES AU FOYER DANS L'EMPLOI

Après les trois années « de difficultés », le marché du travail a de nouveau besoin, dans le cadre de la reconstruction économique, d'une certaine quantité de main d'œuvre. *Les Annales du travail à Shanghai* en témoignent :

« Après 1964, par suite de l'amélioration de l'économie nationale, beaucoup de femmes au foyer demandent que l'État leur fournisse de l'emploi. »[147]

Mais une partie seulement des femmes sont réembauchées. Yilin est entrée de nouveau chez Aban en 1966. « Heureusement, notre situation économique correspondait aux critères... » déclare-t-elle.

En fait, dans cette période, l'emploi est appelé « l'emploi des membres de la famille en difficulté ». *Les Annales du travail à Shanghai* précisent :

« Le département de chaque région choisit les femmes qui ont été licenciées et qui sont en difficulté pour trouver un emploi. Jusqu'à la fin 1963, parmi les personnes sans emploi, celles dont le niveau de vie est faible (moins de 12 yuans par personne) et qui sont à la recherche d'emploi sont au nombre de 138 000.»[148]

Dans notre enquête, Yilin et ses voisines précisent que le revenu mensuel est calculé en divisant le revenu total de la famille par le nombre de personnes. Si le quotient ainsi obtenu est inférieur à 16 yuans (le seuil de revenu s'est peut-être élevé avec l'amélioration économique), la femme peut se voir offrir un emploi.

La situation de Yilin correspond justement à ce critère. Son mari gagne 57 yuans par mois. Ils ont deux enfants. Leur quotient familial de 14,25 les situe en dessous du seuil de 16 yuans.

La situation de Juhua répond aussi à ce critère : son mari gagne 65 yuans, ils ont deux enfants. Cela n'est pas suffisant pour les faire passer sous le seuil de revenu (16,25). Mais sa belle-mère, qui vit à la campagne, est veuve et sans

---

147 *Les Annales du travail à Shanghai*, p.79.
148 *Ibid.*

ressources et elle dépend aussi du mari. Heureusement, Juhua a gardé tous les bulletins certifiant les envois d'argent à sa belle-mère. Elle les apporte pour justifier leur situation économique.

La sous-traitance (Waibaogong), une autre forme d' « emploi temporaire » et d'utilisation des « femmes au foyer »

On relève aussi dans *Les Annales du travail à Shanghai,* avant et après 1970, la phrase suivante :

« Organiser le travail productif pour les différents membres de la famille... Ce sont principalement les femmes retournées dans leur famille pendant la période 1961—1962 qui retournent dans les usines en gardant la relation d'emploi avec les Lilong mais de manière détournée ».[149]

Il s'agit en fait d'une forme d'emploi qui relève de la sous-traitance (waibaogong). Il y en avait deux formes. D'un côté, les unités de travail réembauchent une partie des « femmes au foyer » licenciées au début des années 1960. De l'autre côté, les « groupes de services » ont été organisés par les Lilong pour les tâches temporaires d'urgence des diverses entreprises à Shanghai :

« Au début de 1964, pour s'adapter aux besoins de production de la ville et du service de vie des habitants, pour régler le problème d'emploi des personnes inoccupées et des membres des familles des ouvriers en situation difficile, chaque quartier résidentiel établit graduellement des groupes de service. Ces gens travaillent à remettre en état les objets usés et à utiliser les déchets par transformation de la matière première ou sont utilisés par les usines pour des tâches temporaires d'urgence en appliquant le principe : "quand il y a du travail, travailler, quand il n'y pas de travail, se dissoudre". »[150]

En octobre 1964, le département du travail lance une réunion de réflexion sur la région de l'Est de la Chine : comment reconnaître ces « groupes de service ». Dès lors, les groupes de service à Shanghai connaissent un grand développement : de 6 000 personnes dans la première moitié de l'année à 47 000 personnes dans la deuxième moitié. De plus, ils développent la formule suivante : « entreprendre des travaux à l'extérieur, mais accueillir ces travailleurs d'extérieur dans l'entreprise. »

---

149 Les *Annales du travail à Shanghai,* p. 177.
150 Les *Annales du travail à Shanghai,* p. 176.

En 1966, le nombre de personnes affiliées à des « groupes de service » s'élève à plus de cent mille.

« En 1967, est lancé un principe : "ne pas augmenter le nombre de personnes, ne pas élargir la sphère, réduire graduellement l'ampleur du phénomène". Ainsi, en août 1967, le nombre de personnes dans les groupes de service est réduit à 75 000, parmi lesquels les travailleurs accueillis dans les entreprises constituent 79% du total, soit 59 000 personnes. En 1971, le nombre est réduit à 35 000 personnes, et la part des "travailleurs accueillis dans l'entreprise", selon l'enquête réalisée par le bureau du travail à Shanghai, atteint alors 80% du total. »[151]

En fait, la plupart des travailleurs sont déjà occupés à des tâches permanentes :

« Parmi ces gens qui travaillent dans les entreprises, la plupart sont déjà sur des tâches permanentes, soit sur des emplois de travailleurs stables, soit en réponse à la demande de la production permanente. Une partie des gens travaillent encore ensemble à l'extérieur, d'autres sont mélangés avec les travailleurs stables, occupés au même type du travail. »[152]

Parmi ces travailleurs externes dans les entreprises, la plupart sont des femmes licenciées au cours de la période 1961-1963 :

« 70 % des gens dans les groupes de services sont des 'travailleurs de lilong' qui ont perdu leur travail en 1962 ou des membres de familles d'ouvriers en situation difficile ».[153]

La sous-traitance (*Waibaogong*) a tous les caractères de l'emploi temporaire. En fait, elle constitue une nouvelle forme d' « emploi temporaire ».

Les employées sont toujours dans une relation d'emploi instable et dans une situation précaire. Elles travaillent à des tâches ponctuelles, comme saisonnières, ou dans des occupations de long terme. Elles n'ont pas de possibilité de promotion dans l'usine, principalement par adhésion au parti communiste. Juhua en témoigne :

XiaoJing - Est-ce que parmi vos collègues, les femmes travailleuses externes, il y a des femmes parvenant à adhérer au parti communiste ?

Juhua - Les travailleurs externes, au parti communiste ? Ce n'est pas possible, je ne connais personne dans ce cas.

---

151 *Ibid.*
152 *Ibid.*
153 Les *Annales du travail à Shanghai*, p.177.

La différence entre «travailleurs externes » et « travailleurs temporaires » est que leur employeur est le Lilong tandis que les « travailleurs temporaires » gardent une relation d'emploi directe avec les entreprises.

Quand ces « ouvrières externes » sont entrées chez Aban, les ouvrières temporaires qui ont dû rester dans l'usine sont déjà stabilisées et beaucoup exécutent les mêmes tâches que les ouvrières stables. Ainsi, ces femmes « externes » sont affectées aux travaux de force, les plus pénibles, les plus lourds et les plus dangereux, travaux que « les autres ne veulent pas faire ».

Yilin pousse une charrette pleine de bouteilles jusqu'à l'endroit où les camions viennent les chercher. Le travail de nettoyage de ces bouteilles en verre est principalement réalisé par les ouvrières externes. Juhua raconte :

« Les bouteilles en verre sont de grande taille. Ça demande de la force de les laver. Une fois, alors qu'une collègue est en train de laver une bouteille, elle tombe, elle se coupe une veine..... Nous, les travailleurs externes étions vraiment très pauvres... Nettoyer les bouteilles, c'est un travail pour nous, les travailleurs externes... Les ouvrières formelles ne font pas ce travail, elles travaillent en amont de la chaîne... Elles font un travail moins dur que nous...» (Juhua, 74 ans en 2007)

Liu rappelle :

« Les sacs de bonbons pèsent plus d'une centaine de "Jin" (unité de poids chinoise égale à 500 g), les externes portaient ces sacs jusqu'aux camions... Nous enveloppions les bonbons sur la chaîne.» (Liu, ouvrière temporaire, 69 ans en 2007)

Les « ouvrières externes » exécutaient aussi des tâches en amont comme dissoudre le sirop. Avant, il s'agissait d'une tâche pour les hommes qui était plus valorisée et donnait aussi l'occasion d'apprendre une technique. Mais, quand ces tâches sont confiées aux femmes, du fait par exemple du passage des hommes des industries légères aux industries lourdes, elles sont cantonnées seulement aux dimensions les plus physiques du travail.

Le salaire des ouvrières externes était particulièrement bas, encore plus bas que celui des travailleurs temporaires. Ces dernières, grâce à l'ancienneté et la stabilisation de leur emploi, percevaient une prime et d'autres rémunérations de ce type. Les travailleurs externes touchent seulement un salaire de base très faible. Elles touchent 0.6 yuans par jour pendant les trois premiers mois, ce qui donne moins de 15 yuans par mois (les week-end ne sont pas payés), trois mois plus tard, ils perçoivent 37 yuans par mois.

5. ENTRE LA FAMILLE ET L'ENTREPRISE

Les femmes, également en charge du travail domestique, sont donc condamnées au double fardeau, particulièrement lourd du fait du nombre insuffisant de crèches et de leur mauvaise qualité. Le fait d'avoir plusieurs enfants rend le fardeau plus lourd encore, surtout après la guerre, lorsque Mao propose aux femmes d'avoir plusieurs enfants. A l'époque, le travail domestique se faisait à la main, aucun équipement ne le rendait plus facile. Dans le meilleur des cas, les hommes participaient au travail domestique *comme des assistants à temps partiel*. Yilin rappelle qu'il existait entre elle et ses amies une expression populaire qui décrivait bien leur vie : « luzi, erzi » (le fourneau, le fils).

Nancy E. Riley a noté que les hommes paysans, en maintenant vivantes les normes confucéennes ont contrecarré l'effort du Parti Communiste qui visaient à l'égalisation des statuts et des rôles entre hommes et femmes pendant l'ère maoïste. Notre enquête met aussi en évidence l'existence de ces forces qui viennent entraver le processus : les maris et les belles mères lorsque la femme réside dans sa belle famille ont fortement contrecarré les mouvements vers l'égalité promus par le parti.

Ce phénomène a plus d'une fois été mentionné par les femmes de cette génération que nous avons interrogées, comme par celles de la génération suivante, qui en ont été les témoins.

Zhumao vit chez sa belle famille. Le logement est habité par son mari, sa belle mère et par elle-même ; son beau-père est mort. Sa belle-mère n'a jamais travaillé comme salariée dans aucune entreprise. Elle avait épousé un homme issu d'une famille « capitaliste » qui possédait une boucherie. Après l'étatisation, son père a été affecté à un emploi sur un marché où il gagnait un salaire relativement élevé. En 1958, Zhumao est mobilisée par le comité d'habitation de son Lilong. Mais sa belle mère s'y oppose fermement :

« Ma belle mère a des pensées rétrogrades, elle n'était pas d'accord pour que je sorte de la famille, elle pensait que les femmes ne doivent pas travailler et ne doivent pas aller dans la société. Quand elle a appris que j'allais travailler, elle a quitté la maison pour aller à Tianjing où habitait sa fille. Elle dressait par là intentionnellement un obstacle pour moi en pensant que si il n'y avait personne pour m'aider à m'occuper de mes enfants, je n'aurais aucun moyen de sortir... Mais elle n'avait pas prévu qu'à ce moment-là, le Lilong commençait à créer les crèches, les cantines aussi. Les membres du comité de quartier persuadaient tous les jours les femmes d'aller dans la société, mais le problème était « comment faire pour les enfants ? » Ainsi, le lilong décida de créer des crèches gratuites et je suis allée travailler. Quand ma belle-mère est rentrée, j'avais déjà commencé à travailler... Elle était méchante avec moi. Après son retour, le matin avant d'aller au travail, je lavais les légumes et préparais la cuisine, Elle ne cessait de me donner des choses à faire. Quand j'avais fini le travail, je courais à l'usine, déjà en retard ...»

Si la belle-mère de Zhumao a mobilisé le discours confucéen considéré à l'époque comme « démodé », beaucoup de membres de la parentèle ont réduit l'emploi féminin à un simple fait économique, soit un salaire pour compenser la dépense familiale.

Quand Yilin a voulu retourner travailler en 1966, son mari s'y est opposé et a déclaré :

« A quoi ça sert que je travaille pour un salaire si bas en laissant toute la famille en désordre et nos deux fils sans soin ! »

L'extrême modicité des salaires perçus a renforcé cette logique. D'autant que chez Aban la crèche n'accueillait pas les enfants des « travailleurs temporaires » ou « travailleurs externes ». Ainsi, devaient-elles confier leur enfant aux crèches du Lilong. Mais, en tant qu'une unité au statut d'économie faible, le Lilong réclamait parfois des frais.

Plusieurs femmes habitant des Lilong proches d'Aban rapportent que leur salaire ne suffisait pas à payer les frais de crèche du Lilong, d'autant moins qu'elles avaient souvent plusieurs enfants :

« En fait, le frais n'est pas élevé, mais tu te rends compte, nous gagnions si peu…»

« Le salaire ne couvre pas les frais de crèche, j'ai deux fils, un avait 3 ans, l'autre 4 ans. Je n'avais pas de parents pour m'aider à m'en occuper. » (Shifenzi)

« J'ai deux enfants, mon salaire ne suffit pas pour payer les frais des deux, il faut ajouter l'argent également pour leurs vie...» (Yilin)

D'ailleurs, les crèches de Lilong connaissent souvent des conditions précaires :

« Une pièce unique pour beaucoup d'enfants, quelques bancs pour asseoir les enfants ; mon fils pleurait tout de temps...».

6. IDENTITES ET RESISTANCES

A leur arrivée chez Aban, les femmes du Grand Bond se confrontèrent à la critique, la discrimination et la stigmatisation des ouvrières plus anciennes qui

157

voyaient peut-être là une menace de leur statut plus stable.

Les ouvrières stables étaient très attachées à leur statut d'aristocrates de la classe ouvrière qu'elles avaient conquis comme des « maîtres du pays » dans les années 50. Il leur arrivait d'adopter une attitude de rejet face à ces « nouvelles arrivantes ». Elles se considéraient comme « plus prolétariennes » qu'elles, en se rappelant collectivement leur passé de misère d'avant 1949 :

«Nous sommes d'origine misérable (ku chushen), des pauvres, le prolétariat...Nous avons subi de rudes épreuves (chiku), c'est le Parti Comuniste qui nous a émancipées ! Par contre, elles, (les « femmes du Grand Bond en avant») n'ont pas travaillé avant 1949...En général leur niveau de vie économique était meilleur que le nôtre...tu vois ? Leurs maris gagnaient plus avant 1949 que les nôtres, elles étaient plus à l'aise.». (Xieli, 68 ans en 2007)

Quand Xieli prononce la dernière phrase, elle a un regard significatif. Elle justifie l'affectation de ces femmes à des travaux pénibles par « le fait » qu'elles ont gardé leur force :

« Leur état de santé était meilleur que le nôtre, parce qu'elles n'avaient pas travaillé aussi tôt que nous... Nous, les enfants ouvriers.».

En même temps, les femmes du Grand Bond en avant étaient considérées comme moins disciplinées et aussi moins avancées du point de vue de la « mentalité politique » :

« Au travail, nous ne pouvions pas les supporter... Il y a toujours une distance à la limite, leur qualité n'est pas aussi bonne que la nôtre...Vous ne savez pas leur qualité (suzhi), il y a des gens qui n'acceptent pas les tâches lourdes. » (Linqun, 78ans)

La discrimination dont ces « femmes du Grand Bond en avant » ont été l'objet, s'est poursuivie tout au long de leur vie de travail. Quand les travailleurs de la deuxième génération sont entrés chez Aban, ils ont inventé pour elles un surnom : « *Grands-mères* » ou « *vieilles tantes* » (lao ayi). « Ces anciennes femmes au foyers ont vraiment l'air très vieilles (rétro ?) » déclare Dongma (52 ans en 2007). Le terme de « Grand-mère » renvoie davantage à une image sociale démodée qu'elle ne désigne l'apparence physique. Cette discrimination est très forte puisqu'elle se transmet également aux enfants de ces femmes[154].

Ainsi, le travail ne leur attribue aucun identité positive : ni une identité professionnelle valorisée ni une identité de classe. Elles ne sont pas considérées

---

154 Par le biais de la politique Dingti, beaucoup de jeunes entrent chez Aban en remplaçant un quotas de leurs parents qui prennent leur retraite chez Aban.

comme appartenant à la classe ouvrière. Cette stigmatisation les a profondément marquées au point que beaucoup des femmes du « Grand bond en avant » à qui je proposais de faire un entretien avec « les ouvriers à l'époque maoïste », m'ont répondu :

« Nous ne somme pas travailleurs, nous sommes ouvriers externes…».

Même aujourd'hui, quand je rends visite à ces enquêtées, ouvrières stables et temporaires, chez elles dans leur Lilong, même dans le cas où ces deux groupes de femmes habitent des logements proches, elles n'entretiennent aucun contact entre elles. « Nous n'avions aucun contact avec elles lorsqu'on travaillait, alors aujourd'hui !! » déclare Juhua (74 ans en 2007).

Malgré cette absence d'identité au travail positive et en dépit des nombreux obstacles dressés par leur mari ou leur belle-mère et de la difficulté de garder leurs enfants, beaucoup des femmes du Grand bond tiennent absolument à aller au travail.

Dans beaucoup de cas, la nécessité économique est pressante.

Pendant les années 1950, ce sont principalement les femmes qui gèrent la vie familiale[155]. Beaucoup de travailleuses chez Aban vivent dans le cadre d'une famille nucléaire : le couple et leurs enfants. Leur belle famille est demeurée à la campagne, ou a disparu pendant la guerre ou la famine. Ce sont les femmes qui gèrent le salaire de leur mari pour élever les enfants, tenir, envoyer l'argent à leurs beaux-parents à la campagne. En même temps leur mari reste le chef de famille dépositaire de l'autorité absolue. Les femmes exécutent ses ordres comme des subordonnées. Ainsi, les femmes souffrent souvent plus que leur mari de la pression économique. Puisque la meilleure nourriture ou même la seule nourriture est pour leur mari qui a le rôle du « Monsieur Gagne-Pain » de la famille, puis pour les enfants. Les femmes mangent le plus souvent les restes.

Ces femmes éprouvent un fort sentiment d'exclusion de la société socialiste et sont rongées par l'inquiétude d'un avenir sans protection ni assurance sociale : maladie, vieillesse, en cas de décès du mari, etc. Ainsi, beaucoup d'enquêtées tiennent absolument à travailler bien que leur salaire ne suffise pas à couvrir les frais de crèche. :

« 0.6 yuan par jour, cela ne suffit même pas pour que mes enfants puissent aller à la crèche. Mais, sinon comment faire ? Parce que je veux travailler, je veux travailler dans l'avenir… Si je s'occupe de mes enfants chez moi… Il n'y aura

---

[155] Par rapport à l'avant 1949, Emily Honig a montré que pendant les années 40, une fois mariées, les ouvrières habitent dans leur belle-famille. Elles donnent leur salaire à leur belle famille.

plus de sortie après... Mon seul espoir est que je puisse me stabiliser et obtenir l'assurance sociale, voire une pension de retraite. En ce moment, nous parlons tous de ça : "si nous avions une assurance sociale".» (Shi fenzi, 74 ans en 2007)

L'expression, qui revient souvent dans la bouche des enquêtées et notamment de Yilin, « sortir (du foyer) au travail » le dit bien, le travail est aussi vécu comme doublement libérateur : il permet de « sortir de chez soi » au même titre qu'il apporte une indépendance économique.

Le travail est associé à la sortie de l'enfermement familial et au fait de pouvoir accéder à une vie sociale. Yilin, après quelques querelles avec son mari, insiste pour aller au travail :

« J'en ai assez moi dans la famille, pendant les deux ans que j'étais dans la famille, je m'occupe de mes deux enfants... C'est ennuyeux, je préfère aller travailler, c'est plus agréable de gagner de l'argent par soi-même, travailler dans l'usine avec les connaissances dans notre lilong, c'est agréable. »

Elle met également l'accent sur le fait de « gagner l'argent soi-même ». Le travail salarié est aussi pour elle, comme pour beaucoup d'autres femmes, la recherche d'une reconnaissance individuelle que ne fournit pas le travail domestique.

Le fait d'avoir un salaire leur confère également le pouvoir de s'exprimer et de négocier au sein de la famille avec leur mari en tant que personne indépendante bien que l'essentiel des tâches domestiques repose encore sur elles. Plusieurs femmes ont noté que la « libération » pour elles, consiste à pouvoir s'exprimer et discuter des affaires familiales en tant que personne indépendante. Wangbei témoigne :

« On était les inférieures de notre mari. Oui, c'était comme ça, si on ne gagnait pas d'argent, on devait exécuter ses ordres... Donc plus tard quand je gagne mon propre salaire, ça devient à peu près égal...On dit que les femmes ont l'émancipation, c'est dans ce sens : on peut également parler (de notre point de vue)... On est les égales des hommes...»

« Auparavant (avant la libération), les femmes étaient méprisées par les hommes, la société. Si nous, les femmes, parlons : ils se moquent de nous. Les femmes sont des inférieures, des moins que rien... Après l'arrivée de Mao, il l'a dit lui-même : "les femmes occupent la moitié du ciel, nous sommes tous égaux !" Ils (les hommes) se moquent de nous : " Vous (les femmes) ? obtenir le pouvoir ?!" La libération des femmes, oui, auparavant, nous ne pouvions rien dire, après, nous pouvons parler.... Avant, nous les femmes, restions muettes dans la famille... Notre mari faisait ce qu'il voulait et en plus la belle-mère favorisait son fils.»

Il existe néanmoins, de ci, de là, quelques cas exceptionnels, comme Guoli (79 ans en 2007). Sa belle mère est morte au moment de leur mariage en 1950. Elle gère et dépense elle-même l'argent qu'elle gagne :

« En tout cas, c'est déjà une libération, Si sa mère était vivante, elle ne pourrait pas me contraindre. Je gagne ma propre vie, je ne les écoute pas (son mari et sa belle-mère) ».

Elle gère son salaire, son mari le sien, ils partagent les frais pour la maison et les enfants.

Les résistances des « femmes du Grand Bond en avant »

Yilin accède donc à un emploi après une négociation tendue et une querelle avec son mari. Elle demande à sa mère de s'occuper de ses enfants quand elle travaille le soir. Juhua, elle, confie ses enfants à une famille dont la mère reste au foyer et s'occupe de ses propres enfants. Juhua lui donne un peu d'argent.

Leur désir de travailler est fort. Ainsi, quand commence la Révolution culturelle et que la lutte révolutionnaire contre l'autorité devient populaire, elles s'organisent pour revendiquer leur statut d'emploi. Les *Annales du travail à Shangai* précisent :

« L'hiver 1966 et le printemps 1967, une partie des "travailleurs temporaires' et des ' travailleurs externes" ont mis en place ' le quartier général des ouvriers révolutionnaires rouges à Shanghaï' (Shanghai hongse gongren gemin zaofan silingbu) ; quelques centaines de travailleurs se sont emparés du bâtiment de Bureau du travail et ont exprimé leur volonté de transformer leur statut en celui de travailleur stable. »[156]

Chez Aban, tous les travailleurs externes se sont arrêtés de travailler. Xieli se souvient :

« Les travailleurs du département du travail et du salaire ont organisé une réunion. A ce moment là, il n' y avait plus que 500 ouvrières externes à vouloir entrer dans la salle. Elles se révoltent. Elles luttent contre les travailleurs du département du travail et du salaire, les empêchent de manger et de se rendre aux toilettes... Ces 500 femmes étaient très remontées !»

Les ouvrières externes ont mobilisé l'idéologie de l'égalitarisme:

« Nous travaillons de la même façon qu'eux dans l'usine, pourquoi devrions-nous rentrer à la maison ? » (Yilin, 67 ans en 2007)

---

156 Les *Annales du travail à Shanghai*, p. 174.

Le 2 janvier 1967, « la troupe générale des travailleurs rouges de toute la Chine » (« quanguo hongse laodongzhe zaofan zongtuan »), le département du travail et le syndicat général de l'ensemble de la Chine annoncent que les unités du travail ne peuvent pas licencier ni les ouvriers temporaires ni les ouvriers externes.

Mais très vite, l'attitude gouvernementale se met à changer. Le 17 février, l'autorité centrale et le Conseil des Affaires d'Etat annoncent que « la troupe générale des travailleurs rouges de toute la Chine » (quanguo hongse laodongzhe zaofan zongtuan) est illégale. Le 18 juillet, le comité de la révolution à Shanghai annonce que ni les ouvrières temporaires ni les ouvriers externes ne peuvent passer au statut d'ouvriers formels. Le 18 janvier 1968, l'autorité centrale confirme cette décision au nom de la lutte « contre les anti-révolutionnaires et les activités des spéculateurs », réaffirmant le statut de « travailleurs temporaires et travailleurs externes».

Suite du processus, en 1971, le Conseil des Affaires d'Etat interdit désormais qu'on arrête d'embaucher des travailleurs temporaires sur les postes permanents, tout en autorisant ceux qui sont déjà sur ces postes à bénéficier du statut de travailleurs formels. C'est ainsi, qu'à Shanghai entre 1971 et 1975, 144 500 travailleurs temporaires sont devenus des travailleurs formels.

Jusqu'en 1973, l'emploi des « travailleurs externes » est stabilisé. « Leur niveau de rémunération est relativement meilleur grâce aux prestations sociales ». Finalement, Yilin peut toucher une pension de retraite. En fait, le montant des pensions de retraite qui leur sont versées est moins élevé que pour les autres.

Pour cela, beaucoup d'entre elles demeurent assignées toute leur vie à ce statut de « travailleuses externes » : « Nous somme travailleurs externes toute la vie... » dit Juhua en me montrant son bulletin de retraite où figure le terme «waibaogong».

Il faut noter que les tâches en amont n'ont pas toujours été réservées aux hommes. Chen l'indique bien, depuis les années 60, quand les « ouvrières externes » sont entrées chez Aban, une partie des femmes ont été affectées aux tâches en amont.

Les femmes au foyer sont affectées aux tâches en amont :

« Les tâches en amont demandent de la force, une marmite de bonbons fait de trente à quarante kilos, deux personnes l'apportent dans le refroidisseur... Ainsi ces emplois sont-ils occupés essentiellement par les hommes, mais quand les travailleuses externes arrivent, elles ont une bonne santé, et sont donc affectées aux tâches en amont... Mais sans femmes chef d'équipe sur ces tâches.»

(Chen, 76 ans en 2007)

On le voit, ouvriers et ouvrières ne sont pas dans le même système de carrière. L'organisation du travail est fondée sur une différence culturelle des sexes et les femmes sont exclues de la technique et du pouvoir.

7. LES « FEMMES AU FOYERS » DANS UN SYSTEME D'EMPLOI INEGAL

Parmi les femmes au travail, les « femmes au foyer » forment un groupe instrumentalisé. Leur rôle a été défini et redéfini en fonction des besoins de l'économie. Tout les aspects de leur vie professionnelle (trajectoire d'emploi et du travail, salaire, etc.) sont structurés par une identité institutionnellement construite : celle de « femme au foyer ».

La catégorie a été élaborée et construite au cours des années 1949—1956 dans un contexte de chômage élevé. Mais une fois qu'elles sont définies par la catégorie il leur est très difficile d'en sortir. Elle fonctionne comme un stigmate frappant de précarité toute leur vie professionnelle ultérieure.

Cette identité s'inscrit dans un système d'emploi foncièrement inégal. Elles sont entrées dans l'emploi par le biais de l'économie collective (Lilong), où l'on utilise la qualification des femmes dans l'artisanat pour le travail répétitif ou pour le travail simple[157]. L'«emploi temporaire » et l' « emploi externe » sont les deux formes d'un système d'emploi inégal qui concernent principalement ces « femmes au foyer ». C'est un système d'emploi à part entière. Il se caractérise par l' « instabilité » : « sans garantie d'emploi », « sans carrière », « sans assurance sociale », exécutant des tâches lourdes et percevant de bas salaires. Le terme d' « armée de réserve » ne suffit pas à définir leur situation d'emploi. Certes, les femmes peuvent être retirées de l'emploi en fonction des besoins de l'économie, mais en réalité, une partie de ces « femmes au foyer » continuent de travailler, à plein temps, dans la même entreprise. Elles constituent donc, dans les faits, non seulement une armée de réserve, mais aussi une quantité de main-d'oeuvre bon marché et flexible. Ainsi, à côté d'un système d'emploi stable et formel bénéficiant de plein droit d'un Etat-providence, se constitue un autre système d'emploi qui renvoie à la précarité, l'informalité, la marginalité, l'absence de protection sociale et l'invisibilité, et qui contribue par là à renforcer le système d'emploi stable.

---

157 Elisabeth Croll, 1983, *Chinese Women since Mao*, London, Third World Book, p.47.

Il est intéressant de noter que plusieurs de nos enquêtées ont comparé ce statut de « femmes au foyer » à celui des « paysans-ouvriers » migrants d'aujourd'hui :

« Elles étaient comme les "nongmingong"(paysan-ouvrier) d'aujourd'hui : le travail le plus pénible que personne ne veut faire leur était affecté.» (le mari de Shi)

Ou encore :

« Elles étaient comme les "nongminggong" d'aujourd'hui, elles étaient les saisonnières à qui les tâches techniques ou les tâches de précision ne pouvaient être confiées. » (Chang, 59 ans en 2007).

Graphe :
Double système d'emploi et double formes d'unité de travail : formes et hiérarchie

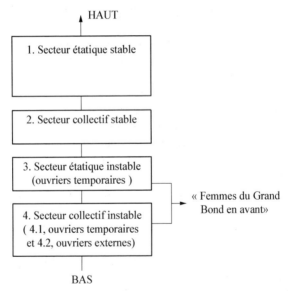

Note 1 : « HAUT » et « BAS » renvoient à l'axe hiérarchique des statuts et des prestiges.
Note 2 : 1 et 3 constituent le secteur étatique, 2 et 4 constituent le secteur collectif.
Note 3 : 4. le « secteur collectif instable » comprend :
    - 4.1, les ouvriers temporaires travaillant dans les unités collectives
    - 4.2, les ouvriers externes : les ouvriers temporaires envoyés dans les usines Etatiques comme Aban.

CHAPITRE 5.
PREMIERE GENERATION :
LES CADRES (GANBU) AU REGARD DU GENRE.

Pour les travailleurs bénéficiant d'un emploi stable (Gu dinggong), l'emploi est assuré à vie : le licenciement est interdit et la durée du contrat de travail est illimitée. Dans ce système d'emploi, la majorité des travailleurs travaillent toute leur vie dans une même unité de travail. Les travailleurs profitent par ailleurs d'un système complet et efficace de protection sociale : assurance médicale, logement, pension de retraite, etc. Ce système d'emploi est appelé: « bol de fer ».

Ce secteur stable comprend les emplois stables dans les unités étatiques et dans les unités collectives. Si les unités collectives comptent une majorité d'emplois instables comme on l'a évoqué plus haut, dans les entreprises étatiques la plupart des emplois sont stables. Néanmoins, les femmes représentent une proportion beaucoup moins importante de emplois stables que les hommes. En 1956, les femmes n'occupent que 13.5% de l'effectif total des entreprises d'Etat en Chine : 24 230 000 personnes au total, dont 3 266 000 sont des femmes.[158] La même année, à Shanghai, parmi 1 728 000 travailleurs employés dans le secteur étatique, les femmes n'en représentent que 21.3%.[159] Dans les années 60 et 70, une partie des ouvrières temporaires travaillent dans les unités étatiques pendant longtemps (employées pendant le Grand-bond en avant) et à ce titre sont stabilisées. Malgré cela, la part des femmes dans le secteur stable reste bas :

---

158 *Annuaire statistique de la Chine* 1981, p.107.
159 *Annuaire statistique de Shanghai*, 2001, en ligne : http://www.stats-sh.gov.cn/2004shtj/tjnj/tjnj2001.html

21.0% en 1965 et 28.3 % en 1977 pour l'ensemble de la Chine[160] ; 34.1 % en 1973 à Shanghai.

Chez Aban, en 1956, une fois opéré le regroupement avec 39 entreprises de tailles petites ou moyennes et le processus d'étatisation terminé, tous les salariés de ces entreprises (constitués d'hommes « travailleurs à longue terme » comme Chen, et de femmes « travailleuses à court terme» comme Xieli) sont devenus des travailleurs stables. Ainsi, on compte à peu près 2 000 personnes bénéficiant d'un statut stable chez Aban, qui jouissent alors d'un grand prestige en tant que travailleurs employés dans une grande entreprise étatique.

Cadre (ganbu) : formation d'une catégorie privilégiée

Parmi les emplois stables dont l'immense majorité sont des ouvriers, les « cadres » (ganbu) jouissent d'un statut privilégié.

On connaît peu de choses sur l'origine du mot « ganbu» (cadre). Mao a noté dans *Contre les formalismes du Parti* (fandui dangbagu) :

« Aujourd'hui, nous tenons cette réunion pour les ganbus, ces deux mots "ganbu" sont introduits de l'étranger ».[161]

Mais, il n'a pas précisé l'origine du mot. Selon quelques auteurs, c'est un mot probablement introduit en Chine à la fin de la dynastie des Qing (1644—1911) et au début de Min autrement dit de la période qui va des dernières années du 19ème siècle à la Chine nationaliste de Chang Kaishek (1927—1949) et qui englobe l'invasion japonaise (1937—1949). Le terme viendrait d'ailleurs du japonais (hezhi riyu) où il constituait déjà une traduction du français « cadre ».[162] Comme le note Sun Liping, le terme de « cadre » renvoie initialement aux « cadres révolutionnaires » (geming ganbu) c'est-à-dire les dirigeants de l'armée pendant la révolution communiste.

Une fois l'étatisation réalisée, une classe ouvrière est reconstituée. Tous les citadins travaillant dans les unités de travail, quelle que soit leur profession et leur position hiérarchique, font partie de la classe ouvrière. Au sein de la classe ouvrière, il y des « cadres » et des ouvriers au sens strict. Comme l'a

---

160 *Annuaire statistique de la Chine*, 1981, p.107.
161 Mao Zedong, 1942, *Contre les formalismes du Parti*, Rapport de la conférence pour les cadres à Yan'an.
162 Noté par CHEN Guisheng, 2007, dans la préface de son oeuvre *L'éducation des cadres chinois (1927—1949)* (*Zhongguo ganbu jiaoyu 1927—1949*), Edition de l'école normale de la chine de l'est, et par LI Shuangbi, 2000, *Rushizhitu : zhongwai xuanguanzhidu bijiao yanjiu (Le chemin pour entrer dans la carrière officielle : comparaison des régimes de sélections des fonctionnaires en Chine et à l'étranger)*, Edition de la province de Guizhou, ainsi que par l'écrivain ZHANG Ping, dans son roman *Guojia ganbu (Les cadres de l'Etat)*, publié successivement dans une revue de littérature : *Zhuomoniao (Pic)*, 2004.

commenté SUN Liping, cette division binaire a beaucoup simplifié la gestion administrative dans les villes (Sun Liping, 2004). Ainsi, la profession politique de cadre s'applique à une catégorie sociale, qui renvoie à deux types de cadres :

« Le terme de cadre comprend les "cadres administratifs" (xingzheng ganbu) et les "cadres techniques" (jishu ganbu). Les cadres techniques possèdent en général un diplôme d'école secondaire spécialisée, mais ne participent pas à la direction administrative. Les cadres administratifs assument les responsabilités de direction aux divers échelons. Après 1949, les cadres administratifs sont des cadres de l'armée et des cadres du Parti communiste clandestin, qui comprend également les ouvriers et les intellectuels promus cadres administratif. »[163]

Les cadres représentent un statut très privilégié dans la société. Dans son ouvrage, Jean-Louis Rocca précise que « Si la "danwei" est le produit d'un mythe, celui de l'appropriation des moyens de production par les travailleurs, le pouvoir réel est dans les mains des cadres... »[164].

L'essentiel des cadres, particulièrement les cadres administratifs sont des membres du Parti communiste. Les cadres et les ouvriers, ne sont pas dans le même système de gestion planifiée. Ils ont également des niveaux différents de salaire[165], de rémunération, d'allocation de logement, etc. Le salaire pour les cadres est supérieur à celui des ouvriers.[166]

Une fois devenu cadre, on garde ce statut toute la vie. Cadre n'est pas un statut transmissible à la descendance. Mais, grâce au pouvoir politique de leurs parents, les enfants des cadres bénéficient de plus de chances : par exemple, les jeunes instruits renvoyés à la campagne dont les parents sont cadres ont plus de chances de rentrer dans leur ville d'origine.[167]

A l'échelle d'une entreprise (unité économique), comme nous l'avons déjà cité, SUN Liping a noté que les ouvriers ont des opportunités de promotions

---

163 SUN Liping, 2004, *Zhuanxing yu duanlie : Gaige yilai Zhongguo shehuijiegou de bianqian (Transformations et ruptures : l'évolution des structures sociales en Chine depuis la réforme)*, Qinghuadaxue chubanshe (Editions de l'Université Qinghua), Pékin, p. 18.

164 Jean-Louis Rocca, 2005, *La Condition chinoise : Capitalisme, mise au travail et résistances dans la Chine des réformes*, Paris, Travail présenté en vue de l'obtention du diplôme national d'habilitation à diriger des recherches en science politique, p.50.

165 Comme Jean-Louis Rocca l'a noté, le revenu est déterminé par une fonction et un grade. Voir Jean-Louis Rocca, *La condition chinoise : Capitalisme, mise au travail et résistances dans la Chine des réformes, op.cit.*, p.51.

166 Par exemple, en 1956, à Shanghai, le salaire des ouvriers a huit échelons : le plus bas est celui des ouvriers de grade 1 dans les usines textiles (38 yuan par mois), le plus haut est celui des ouvriers de grade 8 dans les usines d'acier ou de la fabrication des machines (soit 123 yuan par mois). La même année, le salaire le plus élevé pour les cadres est de 231 yuan, le plus bas de 44 yuan (voir *Les Annales du travail à Shanghai*, pp. 274-285.)

167 Voir Michel Bonnin, 2004, *Génération perdue, Le mouvement d'envoi des jeunes instruits à la campagne en Chine, 1968—1980*, Paris, Editions de l'Ecole des hautes études en science sociales, pp.193-197.

à des postes de cadre administratif. Ils ont également des possibilités de promotion à des postes de cadre technique. En général, les postes de bureau bénéficient du statut de cadre. Mais en même temps, les postes de statut cadre varient selon les entreprises. Par exemple, les chefs d'équipe d'ouvriers (gongduanzhang) peuvent être cadres dans les grandes entreprises, mais ceux qui occupent le même poste dans les entreprises de taille moyenne ou petite ont un statut d'ouvrier.

Chez Aban, comme s'en souviennent plusieurs enquêtés, les cadres supérieurs qui ont été affectés par le bureau gouvernemental de l'industrie légère sont soit des anciens officiers de l'armée révolutionnaire, soit des diplômés. Les autres cadres sont des ouvriers promus.

Cadre : construction d'une catégorie sexuée

Depuis les années 50, le mot d'ordre « former les femmes cadres » est, dans le discours et dans les faits, une mesure pour obtenir l'égalité sexuelle. On le voit sur les statistiques, le nombre de femmes cadres a augmenté dans les années 50 et 60, mais l'augmentation est beaucoup moins significative que pour les hommes. Parmi les cadres, la part des femmes de cette génération n'a jamais dépassé 20% pour l'ensemble de la Chine, et à peu près 30% à Shanghai.[168]

Chez Aban, selon ce qu'ont rapporté les enquêtes, l'essentiel des cadres supérieurs sont des hommes. Linqun est l'une des quelques femmes cadres. Elle est secrétaire de la cellule du parti communiste, en cumulant la vice présidence du syndicat et la présidence du comité des ouvrières.

A part elle, il y a une secrétaire, deux syndicalistes, et une cadre dans le département qui gère les membres du Parti et les cadres (zuzhike), une femme comptable, une autre responsable de la propagande. Linqun témoigne :

« Il y avait très peu de femmes cadres, il y avait trois...quatre femmes cadres ... Et il y avait des postes qui n'ont jamais été occupés par les femmes, par exemple, celui de chef d'usine ». (Linqun, 78 ans en 2007).

Deux formes patentes d'inégalités, donc. Les femmes accèdent beaucoup moins souvent que les hommes au statut de cadre et quand elles en bénéficient, les postes qu'elles occupent sont très limités : principalement des postes de communication.

Il y a quelques processus qui font la différence des opportunités de carrière entre les ouvriers et les ouvrières. Les divisions sexuelles des tâches persistent :

---

168 Voir le chapitre statistique.

les hommes aux tâches en amont qui demande la maîtrise technique de la fabrication, les femmes aux tâches en aval qui demande de la rapidité. Xieli témoigne :

« Après l'étatisation ?... C'était la même chose... La plupart des femmes travaillent en aval sur la chaîne et les hommes en amont. Il y a aussi des hommes en aval, mais très peu nombreux. La plupart des réparateurs de machines sont des hommes.» (Xieli, 68 ans en 2007).

En fait, beaucoup d'ouvrières sont devenues chefs d'équipe des tâches en aval ou chefs de la chaîne et les hommes sont devenus chefs d'équipe des tâches en amont. Mais ces postes correspondent à des qualifications distinctes et ne donnent pas accès aux mêmes carrières.

Encadré 2 : Trajectoire de Chen, 76 ans en 2007.

Chen, a perdu ses parents à 5 ans ; il est arrivé à Shanghai et entre dans une petite confiserie par recommandation à 16 ans en 1945. Il commence comme apprenti. Malgré un salaire assez bas, il peut apprendre les techniques de fabrication des bonbons.

En 1948, il bénéficie d'un contrat d'emploi stable (ouvrier à long terme) aux tâches en amont. Le patron lui confie aussi les affaires financières.

Depuis 1953 (il a 24 ans), il commence à suivre les cours du soir, jusqu'au niveau du lycée (deuxième cycle d'étude secondaire) en 1965.

En 1956, la fabrique où il est employé est rattachée à Aban et il travaille comme ouvrier sur les tâches en amont, en touchant 65.3 yuan par mois.

Il se marie en 1957 avec Jieqing.

En 1958, il est autorisé à adhérer au Parti communiste. La même année, il devient chef d'équipe des tâches en amont en touchant le même salaire.

En 1960, il devient chef de la chaîne en touchant le même salaire.

En 1971, en passant l'examen d'Aban, il accède au personnel technique, avec un statut de cadre. Il touche 74 Yuan.

En 1975, il est promu au poste d'assistant d'ingénieur, touchant 97 Yuan.

En 1987, il est chef d'usine, touchant 130 Yuan.

Depuis 1999, il cumule le secrétariat de la cellule du parti de l'usine (chejian zhubu shuji) et le poste de chef de l'usine (Chejian zhuren)

A l'âge de retraite, 60 ans, Aban lui demande de travailler encore 2 deux ans dans un laboratoire du centre de recherche. Dans ce centre, il écrit un livre sur les technologies de fabrication des bonbons. Mais il n'a pas arrêté de travailler. Il est invité par une entreprise privée avec un haut salaire (3000 Yuan par mois, sa pension de retraite est de 500 yuan). Il y travaille jusqu'à 65 ans. Mais il reste invité de temps à autres pour rechercher les recettes de nouveau produit alimentaire.

Il est retraité à ses 60 ans en 1994.

Les tâches en amont n'ont pas changé par rapport aux années antérieures à 1949. Chen explique que le travail en amont réclame toujours de la force et de la technique. Ainsi, les ouvriers de l'amont promus comme contremaîtres sont des travailleurs très qualifiés.

Comme Chen l'explique lui-même, son travail lui a fait apprendre la technique. Dans les années 40, il était déjà contremaître. Il connaît bien les équipements de cette petite fabrique. Après l'étatisation, il commence comme ouvrier sur les tâches en amont. Très vite, ses compétences techniques sont reconnues et il est promu contremaître en 1958.

« Les chefs de production doivent tout savoir. Les tâches en amont sont les plus importantes....je vous donne un exemple, dans la cuisine du restaurant, il y a toutes sortes de tâches, mais le chef de cuisine doit savoir comment assembler les plats... Dans la même logique, les hommes aux tâches en amont connaissent les principes et les techniques de fabrication, donc, souvent ce sont les hommes travaillant sur les tâches en amont qui ont été promus aux postes de responsables de la production parce qu'ils connaissent la technique et savent comment fonctionne toute la chaîne. » (Chen, 76 ans en 2007)

En 1971, une fois sccumulées les connaissances apprises sur le tas, il a passé l'examen pour devenir technicien. A cette époque, il est également titulaire d'un diplôme du deuxième cycle d'école secondaire. Ainsi, bien que la réussite à un examen soit nécessaire pour devenir technicien, il ajoute :

« Je n'ai pas suivi de cours technique comme les étudiants d'université .J'ai l'expérience de la pratique. Mes connaissances sont venues de mes pratiques dans le travail. Toutes les questions de l'examen concernent la production, son processus et le principe de base. Je connaissais presque toutes les réponses »

Il est devenu technicien avec un certificat professionnel.

Puis, il poursuit sa promotion dans la filière technique et il devient directeur de l'usine en 1987.

En revanche, les femmes chef de la chaîne sont dans des situations différentes. Jieqing en est un bon exemple. Jieqing, l'épouse et collègue de Chen, travaillait sur les tâches en aval : elle est devenue chef d'équipe de la chaîne dans les années 50. Et elle occupera cette fonction toute sa vie. Sa qualification n'a pas été acquise, comme pour son mari, dans le cadre d'un travail technique. Elle a seulement mis en œuvre des savoirs et des expériences acquis pour l'essentiel dans le cadre du travail domestique.

Dongma, une femme de la deuxième génération qui remplissait les mêmes fonctions dans les années 1980 offre une très bonne description du même phénomène :

« J'entre dans l'atelier une demie heure en avance. Il faut d'abord évaluer si les matériaux nécessaires se trouvent là et en quantité suffisante, sinon il faut les demander. Il faut relier une à une tous les étapes de la production. Il y a un chef d'équipe pour chaque tâche, qui assure la technique et la production. Moi, j'assure les travailleurs, et surtout j'assure le passage d'une tâche à l'autre. S'il y a moins de production à l'étape de saccharification, il faut laisser le gaz d'abord dans une pompe à vide. En fait, c'est comme faire la cuisine, si on n'arrive pas à faire les plats, il faut laisser le riz étouffer plus longtemps dans la casserole. Je parle avec ma fille depuis qu'elle est petite. Mon travail, c'est comme les tâches familiales : aux changements de saisons, il faut sortir les manteaux et ranger les vêtements de l'été. Se pose alors la question de savoir où on va mettre les manteaux de l'hiver et où on va mettre les vêtements de l'été ? Il ne faut surtout pas se presser : je sors d'abord tous les vêtements de l'hiver et les mets sur le lit. Puis je range bien les vêtements de l'été et finalement je mets les manteaux d'hiver dans l'espace qui reste. Il y avait beaucoup de gens dans notre unité du travail qui ne savaient pas comment le faire. A chaque période, chaque année, il y avait des disputes. Des fois, il y a des femmes qui se fâchent et disent à leur mari, toi, tu n'aides à rien ? » (Dongma, 52 ans en 2007)

Encadré 3 : Trajectoire de Jieqing (épouse de Chen, 74 ans en 2007)

Née en 1935 à Shanghai, son père est mort quand elle avait 3 ans.

Elle commence à travailler à 9 ans en 1944. Elle travaille en aval des tâches comme « ouvrière temporaire » et est payée à la pièce dans la même

---

fabrique que son futur mari (Chen).

Elle commence à suivre les cours du soir en 1952 (un an avant son mari) quand elle a 17 ans. Elle termine ses études en 1957, et est diplômée du premier cycle d'étude secondaire.

En 1956, la fabrique est rattachée à Aban. Elle est affectée à un travail dans l'usine de papier comme secrétaire du directeur de l'usine parce qu'elle a certain niveau d'étude. Elle est devenue ouvrière stable et cadre.

Elle s'est mariée avec Chen en 1957 et leur première fille naît la même année. Deux autres filles sont venues au monde dans les années suivantes, la dernière en 1966.

Elle donne sa démission parce que, dit-elle, « c'est trop difficile pour moi, mon niveau d'éducation n'est pas bon, le chef d'usine veut me former, mais je suis déjà mariée et j'ai des enfants... Je n'ai pas le temps, je dois élever mes enfants ».

Une autre difficulté vient du fait qu'il n'y a pas beaucoup de femmes dans cette nouvelle entreprise de papier ; il n'y a donc pas de crèche. Chen l'a fait entrer alors chez Aban grâce à ses bonnes relations avec les cadres d'Aban.

En 1962, elle arrive donc chez Aban et travaille comme ouvrière dans la chaîne des tâches en aval (elle enveloppe les bonbons).

En 1964, elle devient chef de la chaîne (125 ouvrières externes) et touche 60 yuan. Elle touche le même salaire et fait le même travail jusqu'à sa retraite en 1985.

Après sa retraite, elle travaille pour une petite fabrique pendant deux ans. Chen a déclaré : « elle travaille comme moi après sa retraite, mais son salaire est très bas parce qu'elle n'a pas de technique.»

Au cours de l'enquête, comme plusieurs autres ouvrières, Jieqing préfère à plusieurs reprises que ce soit son mari qui réponde à sa place parce que, dit-elle, « sa mémoire est meilleure que la mienne ». Il arrive aussi au mari de prendre la parole de son propre chef.

Jieqing et Chen travaillaient donc dans la même fabrique de bonbons dans les années 40. Après l'étatisation elle est affectée à un emploi de secrétaire parce qu'elle a fait les études secondaires par le biais des cours du soir. Mais, arrivée chez Aban, elle travaille à nouveau comme ouvrière dans les tâches en aval à cause de la contradiction entre le travail de secrétaire et les tâches domestiques.

Chen décrit ainsi le travail de Jieqing :

« Elle devait gérer à la fois des tâches en amont et des tâches en aval, son travail ne dépend pas de la technique, mais de la capacité d'arrangement de la production et de l'arrangement des personnels dans la production quotidienne... Il faut bien affecter la main d'oeuvre pour assurer la bonne quantité de production. Il faut être familier avec les ouvriers, savoir qui possède les compétences sur quoi. Si quelqu'un doit prendre un congé de maladie, il faut aussitôt affecter un remplaçant sur le poste. Pour accomplir ce travail, il faut posséder une bonne base de technique sur toutes les tâches (en aval et en amont), sinon comment pourrait-elle assurer la bonne quantité de production ? Quand les matériaux manquent, il faut demander. »

Chen ajoute :

« Elle travaille sans ménager ses forces... Les dirigeants l'ont choisie elle comme chef parce qu'elle ose critiquer ceux qui ne travaillent pas bien. L'entreprise avait besoin de ce genre de personne pour gérer les ouvrières. »

On le voit, cette tâche de gestion, qui n'est pas considérée comme technique exige en fait une compétence dans la gestion de la ressource humaine et de la production. Jieqing déclare :

« J'avais une équipe de 125 personnes sous ma responsabilité. Ces gens... La plupart étaient des ouvrières externes... Leur qualité n'était pas très bonne, mon travail n'était pas si facile...».

Mais, en dépit de ces difficultés, ce poste ne donnait accès ni au statut de cadre, ni à la possibilité d'une promotion. Selon Jieqing, beaucoup de femmes chef d'équipe travaillaient comme elle :

« Les chefs de la chaîne dans notre usine, la plupart sont les femmes... Nous n'avions pas de culture, pas de technique. On savait seulement travailler de toute nos forces, sans compter notre quantité de travail ni le salaire.»

Leur travail est un travail relationnel d'encadrement, de communication, d'organisation du travail et nécessite une certaine autorité sur les ouvrières. Mais cette compétence n'est pas reconnue économiquement et ne leur offre guère d'opportunité de promotion. C'est un travail « sans technique » dont elle a intériorisé l'infériorité et la dévalorisation de ses compétences.

En matière de salaire, on observe, au niveau des contremaîtres, une certaine égalité entre les femmes et les hommes. Chez Aban, les contremaîtres, qu'ils soient en charge de tâches en amont ou des tâches en aval, ne bénéficient pas d'une augmentation de salaire : la différence tient donc aux possibilités de promotion. La plupart des femmes ayant eu accès au grade de contremaîtres travaillent pendant toute leur carrière sur ce poste.

Une autre division sexuelle des tâches s'observe parmi les réparateurs. Si avant 1949, selon l'enquête d'Emily Honig et la nôtre, les femmes n'ont aucune possibilité d'exécuter un travail technique, comme technicien, réparateur, etc., après 1949, au contraire, le « travail technique » n'est plus interdit aux femmes.

Xieli est autorisée à adhérer au Parti communiste en 1961. En cette même année, elle est promue ouvrière technique : réparateur. Elle déclare :

« Les femmes prennent un certain nombre de postes parmi les ouvriers techniques, puisque les femmes constituent la majorité des travailleurs dans notre entreprise.»

Mais, elle complète très vite :

« Les ouvrières techniques travaillaient plutôt sur les petites machines, ou les moins compliquées.».

Elles n'ont pas la possibilité d'apprendre à réparer les machines compliquées. En fait la trajectoire de Xieli indique qu'une opportunité de promotion lui est offerte, mais pas dans la filière du travail technique, mais dans une filière administrative dans un commissariat. (Voir le portrait de Xieli)

Bref, la division traditionnelle des tâches entre les femmes et les hommes, l'aval et l'amont, la gestion du personnel et la technique, l'existence ou non de promotions se retrouvent pour les femmes de la première génération des constantes professionnelles après comme avant la révolution. Le travail d'Emily Honig nous montre même que dans les années 20 et 30, les ouvrières originaires du sud de Jiangsu ont la possibilité d'être promues comme les contremaîtres qui représentaient pour les ouvrières les postes les plus élevés dans l'usine.

Les contraintes temporelles

Pour devenir cadre et travailler en tant que cadre, il faut investir beaucoup de son temps. Et d'abord, comme le montre la trajectoire de Chen et de Jieqing, faire des études jusqu'à un certain niveau selon les fonctions exercées.

Dans la Chine d'avant 1949, plus de 80 % de la population était illettrée, ce qui était le cas de plus de 90% des femmes[169]. En reconstruisant le système d'éducation et pour élever le niveau de culture des Chinois, le parti communiste a organisé trois grandes vagues d'alphabétisation en 1952 ,1956 et 1958 sous forme de cours du soir gratuits. Ainsi, pour les ouvriers illettrés ou ceux qui

---

169 Le bureau statistique de la Chine, 1995, « Zhongguo Shehui zhong de nanren yu nüren : shishi yu shuju», (« Les femmes et les hommes dans la société chinoise : les faits et les données statistiques »), référence en ligne : http://www.stats.gov.cn/tjsj/qtsj/men&women/men&women.pdf

n'avaient suivi que quelques années d'école, une condition préalable pour devenir cadre est de suivre ces cours du soir.

Depuis les années 50, le travail des cadres implique une grande disponibilité et de longs horaires de travail. Chen déclare :

« En tant que cadre, on doit arriver plus tôt que les autres et rentrer plus tard. En tant que technicien, je ne faisais que la journée de travail. J'arrivais à 7 heures du matin et je ne rentrais jamais à la maison avant 19 heures et souvent beaucoup plus tard.» (Chen, 76 ans en 2007)

Linqun précise :

«Je travaille souvent jusque minuit..., je n'ai pas de temps....» (Linqun, 78 ans en 2007)

Depuis les années 50, les unités de travail, ne sont plus seulement des unités économiques, mais également des unités d'organisation politique. Depuis l'étatisation, pendant le Grand Bond en avant, le rythme de production s'est accéléré et les réunions économiques se sont multipliées. D'un autre côté, les réunions politiques se sont aussi multipliées. Linqun se souvient :

« Les réunions politiques se sont multipliées depuis 1958, je devais diffuser les directives de Mao, à cette époque, Mao donnait beaucoup de directives et c'est moi qui les transmettais aux ouvriers dans l'usine. Il fallait apprendre « les citations de Mao » et il fallait former l'esprit (zhua dangyuan sixiang) des membres du Parti communiste, diffuser la propagande des politiques d'Etat... Je rentrais souvent vers minuit parce que dans l'atelier d'usine, il y avait trois équipes (les trois huit). Après avoir mené la réunion avec les équipes de midi, je devais travailler en attendant les équipes de nuit. Elles arrivaient à 22 heures, on se réunissait pendant une heure, et quand j'avais fini et je rentrais chez moi, il était déjà à peu près minuit.» (Linqun, 78 ans en 2007)

Ainsi, quand Xieli travaillait dans le commissariat, il fallait apprendre les cultures et l'idéologie trois jours par semaine. Après 18 heures - l'heure de fin du travail-il fallait attendre une heure et commencer les études à partir de19 heures jusqu'à 21 heures.

Cette génération des femmes, rappelons-le, assume un double rôle : travailleuse et mère. Comme les « femmes du Grand Bond en avant », elles avaient souvent plusieurs enfants et l'électroménager n'était pas encore automatisé. Ainsi l'inégale répartition des tâches entre les couples est évoquée par presque tous les couples enquêtés.

Xieli, jeune et célibataire, a fait quelques années d'études. Mais une fois qu'elle a eu un enfant en 1962, son emploi du temps s'est beaucoup chargé. Elle ne disposait d'aucun moment pour faire autre chose :

« Je suivais les cours après une journée de travail...C'était fatigant, mais je suis arrivée à suivre quelques années... En 1962, quand j'ai eu un enfant, le temps qui me restait était très limité. Je ne pouvais plus suivre les cours.»

Xieli demande alors à démissionner du commissariat où elle aurait pu faire carrière (ce qui aurait nécessité 3 soirées d'étude par semaine) :

« Le travail se termine à 18 heures, le cours commence à 19 heures, deux heures de réunions, après je prends le bus pour rentrer, il est dix heures quand je rentre. Comment faire avec les enfants ? Je n'ai pas de parents pour m'aider. Donc je rentre à Aban : chez Aban, d'un côté il y a une crèche, de l'autre côté, je n'ai plus de réunion si fréquentes ».

Jieqing souffre des mêmes contraintes :

«je n'ai pas de solution, personne ne peut m'aider à m'occuper de mes enfants. Ma mère n'était pas en bonne santé, je dois m'occuper également de ma mère de temps en temps. Mon mari fait seulement la journée et il rentre tard, si je reste travailler comme secrétaire je fais la journée aussi et je dois également rester tard, qui fait le repas pour les enfants ? C'est pour ça que j'ai donné ma démission.»

Chen se plaint également du frein qu'a constitué sa participation au travail domestique dans sa carrière :

« Si j'avais eu un diplôme d'enseignement supérieur, j'aurais pu participer à l'examen d'ingénieur, mais à cette époque, j'avais seulement le niveau bac (deuxième cycle d'études secondaires), ainsi j'ai pu seulement devenir technicien et puis plus tard je suis devenu assistant d'ingénieur. »

Mais, sa participation au travail domestique se limite à un rôle d'appoint. Jieqing a arrêté ses études beaucoup plus tôt que lui.

En fait, presque toutes les personnes enquêtées de cette génération ont l'expérience des cours du soir. La différence est que les ouvriers suivent ces cours plus longtemps et sans interruption, tandis que les ouvrières arrêtent les études quand elles ont un enfant.

Liu témoigne ainsi :

«J'ai des tâches domestiques....je ne peux pas faire d'études...à cette époque, chaque famille a beaucoup de tâches domestiques...plusieurs enfants... les célibataires ou les femmes ont des parents à charge ; leurs enfants font des études, nous ce n'est pas possible... » (Liu, 67 ans, son mari participe au travail en 1956 quand il finit ses études secondaires)

Juan déclare :

« Avant la révolution culturelle, il y avait des cours du soir, mais une heure après le travail de huit heures, j'oublie rapidement ce que j'ai appris...ça sert à quoi ? Beaucoup de femmes n'arrivent pas à retarder encore d'une heure le moment de rentrer chez elles, le travail était fatigant, en plus il y a beaucoup de tâches domestiques et notre enfant...nous attend dans la famille. En plus, il faut parfois travailler plus de 8 heures aux saisons chaudes et pendant le Grand Bond en avant...» (Juan, 79 ans, illettrée)

Parmi les enquêtées plusieurs couples se trouvent dans le même cas de figure : la femme est ouvrière et le mari cadre.

Femmes cadres : courroies de transmission

Le carrière de Linqun : un cas significatif

Linqun est la seule femme cadre d'Aban que nous avons réussi à contacter et à interroger.

Elle était secrétaire de la cellule du parti communiste, et cumulait la vice-présidence du syndicat et la présidence du comité des ouvrières. A part elle, il y avait une secrétaire, une cadre dans le département qui gérait les membres du Parti et les cadres (zuzhike), une femme comptable, une autre qui diffusait la propagande, une syndicaliste.

Encadré 4 : Le trajectoire de Linqun

Linqun, née en 1929 (78 ans en 2007), est originaire de la province de Guangdong. Ses parents sont morts pendant la guerre sino-japonaise quand elle avait 8 ans. Elle est venue habiter à Shanghai chez sa grand-mère avec son frère quand elle avait 10 ans. Dès 11 ans, elle travaille comme ouvrière dans une petite usine privée de bonbons sur les tâches en aval (envelopper les bonbons).

Elle s'est mariée en 1949, à la veille de la « nouvelle Chine ». Elle arrête de travailler pendant deux ans. Ses deux fils sont nés en 1950 et 1952. Elle retrouve du travail dans la même fabrique après la naissance de son deuxième fils et y travaille jusqu'à 1956, où la nationalisation la fait fusionner avec d'autres établissements en une seule grande entreprise : Aban.

Elle est devenue travailleur stable et est promue contremaître des tâches en aval au bout de 15 jours. Responsabilité qu'elle cumule avec la fonction de vice directeur du syndicat de l'usine de bonbons. Elle est également

---

choisie pour être la directrice des membres du comité des ouvrières (nugong weiyuanhui zhuren), qui font un travail de promotion de l'emploi féminin.

Elle adhère au parti communiste en 1958.

En 1960, elle est promue secrétaire de cellule du Parti dans cette usine.

En fait, la plupart des ouvrières dans cette usine de bonbons sont des femmes. Parce que l'usine de bonbons regroupe plus de la moitié des ouvriers d'Aban, le comité du Parti communiste décide de la nommer comme membre du comité. Parmi les huit membres du comité du Parti, Lin est la seule femme.

Elle cumule ces postes jusqu'à sa retraite en 1979 quand elle atteint 50 ans. L'âge de la retraite pour les femmes est de 55 ans. Elle prend sa retraite anticipée pour donner sa place à son fils, qui, en tant que jeune instruit rentre de la campagne.

Bien qu'elle ait occupé un poste de cadre, Linqun affirme que son salaire a été augmenté de seulement 6 yuan pendant toute sa carrière.

Elle abordait volontiers le sujet du salaire et s'avérait très remontée : « Tang, je touchais un salaire très bas ! Je n'ai jamais été augmentée pendant ma carrière ! C'est vraiment pitoyable. Je travaillais tellement...Vraiment... J'ai épuisé toute mon énergie, mais je n'en ai pas bénéficié ! Pendant toute ma carrière, jusqu'à ma retraite mon salaire n'a eu qu'une seule augmentation de 6 yuan ! ».

Les tâches de responsabilité politiques ne sont pas payées. Sa deuxième promotion la bombarde au poste de secrétaire de cellule du Parti dans son usine. Puis elle devient membre du comité du Parti (dangweiweiyuan) tout en conservant ses autres responsabilités.

Elle refuse au début ces fonctions à cause de son manque de culture. Elle a fait seulement deux ou trois années d'études avant la naissance de ses fils :

« Je n'ai pas eu le temps de faire des études après avoir eu des enfants et plus tard mon travail était très prenant, donc ce n'était pas possible...» (…) « Je n'ai pas ce niveau. Je suis une "enfant ouvrière" (tonggong), je n'ai jamais fait d'études générales. J'ai fait des cours du soir mais très peu. Je suis directeur des membres du comité des ouvrières ; je sais comment faire ce travail, parce que c'est seulement communiquer avec les ouvrières, les affaires familiales, etc. ; ça je sais faire, mais si vous me demandez d'écrire des rapports, je ne peux pas le faire Tu sais, il y avait beaucoup de rapports à écrire à l'époque de Mao..»

Elle sait écrire les mots pour formuler les grandes lignes de l'ordre du jour des réunions, mais pas plus. Les cadres supérieurs finissent par la convaincre d'accepter ce poste :

« Ils m'ont dit que j'avais une bonne base au sein des masses ce qui est très important pour ce travail. »

Elle accepte finalement ce travail qui lui donne accès au statut de cadre (cadre au niveau de l'usine). Plus tard, une jeune fille diplômée qui savait écrire est affectée en tant que vice secrétaire de cellule du Parti pour l'aider à mener à bien ses tâches.

Le rôle de secrétaire de cellule du Parti fait de Linqun la responsable du travail idéologique dans son usine. Elle transmet les mots d'ordre et la ligne de Mao aux ouvrières. En même temps, elle est toujours la directrice des membres du comité des ouvrières :

« Je réunis régulièrement les membres du comité des ouvrières de chaque atelier pour faire connaître les consignes de Mao, tel ou tel point à réaliser.... Et détecter par comparaison les meilleures ouvrières qui serviront de modèles pour les autres, les "avant-gardes"».

Toutes les femmes membres du comité des ouvrières, qu'elles aient ou non le statut de cadre, font ce travail.

En outre, une partie importante de son emploi du temps consiste à collaborer avec les autres membre du comité des ouvrières (nugong weiyuan) et les syndicalistes (2 femmes) pour résoudre les problèmes de la vie des ouvrières. Souvent, il s'agit de régler des conflits familiaux :

« Les différents familiaux, la mauvaise relation dans le couple ou entre la belle-mère et nos ouvrières... Il y a beaucoup d'ouvrières dans notre usine qui étaient maltraitées par leur mari et leurs beaux parents. Par exemple : ne pas les laisser dormir, leur demander de faire beaucoup de tâches domestiques, les obliger à servir leur mari après le retour de l'usine... Nous, les membres du comité des ouvrières allions donc discuter avec leurs maris et leurs belles mères et leur disions : "tu travailles, elle travaille également, pourquoi la traites-tu comme ça ? Maintenant, les hommes et les femmes sont égaux ! Le travail chez Aban est très lourd, si elle ne se repose pas bien, c'est dangereux, elle risque d'avoir un doigt coupé ... Vous devez la comprendre, vous pouvez également partager les tâches domestiques". Par exemple, une autre façon de procéder est de dire : "votre belle fille dit souvent dans l'usine que vous la soutenez beaucoup dans son travail, nous appelons aussitôt les autres familles à apprendre avec vous..." Ce genre de différents était fréquent. (...)

Il y avait aussi des femmes qui ne parvenaient pas à être enceintes. Par exemple, une ouvrière n'arrive pas à avoir d'enfant. Sa belle-mère lui dit que même un poulet sait donner naissance, et qu'elle ne sait même pas ! Cette ouvrière n'arrive pas à se concentrer au travail. Nous parvenons finalement à accompagner le couple à l'hôpital. Il s'agit bien d'un problème médical. Le traitement réussit, elle a un enfant. Ainsi, c'est réglé... »

La trajectoire de Linqun reflète en fait une carrière typique des femmes cadres. Beaucoup de femmes cadres à l'époque militent en faveur de l'emploi féminin (funü gongzuo), activité qu'elles étaient encouragées à entreprendre.

Comme Michel Bonnin l'a évoqué, dans l'histoire communiste en Chine, chaque mouvement lancé par le PCC avait souvent une double fonction : la transformation objective de la réalité sur le plan économique, institutionnel, écologique, mais aussi la transformation subjective des mentalités et des attitudes.[170]

Ce travail idéologique auprès et en faveur des femmes (funü gongzuo) a pour fonction d'assurer une évolution de leurs mentalités.

En janvier 1949, avant la tenue de la première réunion de la délégation des femmes venues de toute la Chine, les comités préparatoires de chaque « région libérée » préparent les réunions régionales. Deng Yingchao, qui était depuis 1947 membre du comité du travail pendant la période de guerre et ensuite secrétaire représentante du comité des femmes de l'autorité centrale, et qui sera élue en mars 1949 vice présidente de l'alliance des femmes de Chine, s'adresse le 26 janvier aux comités.

Elle insiste sur la nécessité de « vaincre des schémas de pensée privilégiant essentiellement les intérêts personnels, la carrière professionnelle. Il ne faut pas craindre les peines et les difficultés que suppose une action en faveur du travail des femmes. Les femmes cadres ne veulent pas s'engager dans cette tâche, voire la méprisent et ne se soucient pas de la pensée des masses féminines. Il faut élever leur conscience pour se mettre au service de ces masses féminines... »[171]

Le 6 mars 1957, PENG Zhen, le premier secrétaire du comité du Parti de Pékin, s'adresse aux femmes cadres de l'Etat central et du gouvernement de Pékin et encourage ces femmes à fournir les efforts nécessaires pour devenir de bonnes activistes socialistes. Plus de 7000 femmes cadres au niveau du

---

170 Michel Bonnin, 2004, *Génération perdue le mouvement d'envoi des jeunes instruits à la campagne en Chine, 1968—1980, op.cit.,* p. 39.
171 DENG Yingchao, 26/01/1949, «Duiyu ge jiefangqu funü daibiaohuiyi de jidian xiwang » (« Quelques espoirs pour la réunion de la délégation des femmes dans chaque région libérée »)in *Le Quotidien du peuple,* page I.

gouvernement central et du gouvernement de Pékin ont participé à cette réunion.

Cette réunion est évoquée le lendemain dans *Le Quotidien du peuple* qui rapporte les paroles le PENG Zhen :

« PENG Zhen analyse tout d'abord la situation internationale et nationale. Il poursuit en disant que les femmes doivent continuer à participer à l'évolution des mentalités et s'élever elles-mêmes pour devenir des activistes en mesure de construire le socialisme. (…)

Il dit que les femmes doivent être réalistes et faire de leur mieux en fonction de leur situation personnelle ; ainsi, si elles ont des enfants, elles doivent veiller à leur bonne éducation, si elles sont en mesure de mener des activités professionnelles, elles doivent les mener à bien. Qu'est-ce que le progrès des mentalités? C'est la capacité à être utile à son pays et à son peuple, voila en quoi réside le progrès de la pensée.

PENG Zhen constate qu'il y a aujourd'hui des gens qui ne veulent pas s'engager en faveur du travail des femmes, considérant que ce travail est insignifiant. C'est faux. Comment peut-on nier la force de travail que représentent 300 millions de personnes ? Il espère que les femmes agissent activement. Les cadres qui se penchent sur la question du travail des femmes doivent d'abord œuvrer pour l'évolution des mentalités féminines. Il faut pouvoir comprendre et analyser des cas typiques, faire des recherches systématiques et résoudre les problèmes des femmes. En même temps, il faut attentivement mobiliser les femmes cadres dans la résolution de ces problèmes. Le parti de ce pays va soutenir ces femmes cadres et les aider à régler les difficultés qu'elles rencontrent dans leur travail. »[172]

Dévalorisation du travail de femmelette

Ces réunions et ces appels à l'intention des femmes cadres manifestent clairement la volonté de l'Etat et de la Fédération des femmes, organisme émanant du PCC, pour construire une catégorie de « femmes cadres ».

En tant que femmes, elles ne sont pas encouragées à développer une carrière technique qui est la plus valorisante dans l'usine. Comme l'a dit Deng Yingchao :

---

172 Xinhuashe (Agence Xinhua), 07/03/1957, « PENG Zhen xiang zhongyang he beijingshi jiguan nüganbu zuo baogao. Haozhao funü zhenqu zuo shehuizhuyi jiji fenzi» (« PENG Zhen s'adresse aux femmes cadres de l'Etat central et du gouvernement de Pékin, encourage ces femmes à fournir les efforts nécessaires pour devenir de bonnes activistes socialistes ») in *Le Quotidien du peuple*, p.1.

« ...vaincre des schémas de pensée privilégiant essentiellement les intérêts personnels, la carrière professionnelle ».

Autrement dit, la volonté et les intérêts professionnels des femmes cadres ne sont par respectés. Elles ont été politisées dans l'intérêt politique et économique de l'Etat.

Contrairement aux hommes cadres, ces femmes cadres peuvent n'avoir pas de diplôme. Leur compétence professionnelle n'a jamais été certifiée, comme un travail « technique ». D'autre part, ces femmes en contact direct avec les « masses » ne sont pas situées, comme les cadres administratifs, à un niveau supérieur qui les gratifierait d'un statut plus élevé en termes économique et politique.

Elles sont mobilisées par l'Etat pour assurer une évolution de la mentalité de la masse des femmes, et intervenir dans la sphère familiale quand c'est nécessaire. Autrement dit, ces femmes cadres sont politisées dans le but de politiser les autres femmes qui font la majorité. Elles servent de pont entre le Parti communiste et la masse des femmes qui n'ont pas de connaissance sur la théorie du communisme, les idéologies et la politique.

Leur travail consiste à assurer une organisation efficace du travail selon les objectifs économiques fixés par l'Etat. « Tout ce que nous avons fait aide le travail de production et ainsi aide notre entreprise... » dit Linqun. Elles deviennent alors un rouage de l'Etat, rouage mobilisé pour renforcer le pouvoir étatique et affaiblir le pouvoir familial, déjà diminué par la loi sur le mariage.

La raison pour laquelle ces femmes sont mobilisées pour cet objectif est, selon le titre d'un article publié dans *Le Quotidien du peuple* en 1964 «Cultiver les femmes cadres est une tâche importante, un grand nombre de femmes cadres se développent dans la commune de Zhengyang » :

« Elles étaient largement originaires de la classe des paysans pauvres. Entraînées par le mouvement de masse, elles ont une position de classe ferme et ont un enthousiasme au travail. Elles peuvent solidariser les masses et aider la production collective. »[173]

D'un autre côté, ce travail est adapté aux femmes puisqu'il constitue un prolongement de ce qu'on leur a appris, en tant que filles, dans la famille : communication, connaissance des affaires familiales, etc.

Mais, si utiles politiquement qu'on prétend qu'elles soient, ces tâches

---

173 Xinhuashe (Agence Xinhua), 20/08/1964, « Ba peiyang funü ganbu zuowei yixiang zhongyao renwu » (« Accroître le nombre des femmes cadres est une tâche importante, le nombre des femmes cadres s'est accru dans le commune Zhengyang ») in *Le Quotidien du peuple*, page 2.

ne sont finalement pas très valorisées. Le cas de Linqun le montre bien qui a souffert toute sa vie de son absence de carrière véritable. S'agit-il d'une exception ? Une réponse satisfaisante nécessite une enquête plus approfondie. Ce qui est sûr, c'est que leur travail n'est jamais valorisé au même niveau qu'un travail « technique ». Comme le note le discours de Pengzhen, ce travail est méprisé dans la société, y compris par les femmes elles-mêmes. Le fils de Linqun et les enquêtées de deuxième génération parlent de « travail de femmelette » (de radotage et d'imprécision). En fait, le fils de Linqun a été affecté à la propagande dans un comité d'habitation en 1979 puis promu vice-secrétaire de la jeunesse communiste. Il ne parvient pas à venir à bout de ces activités et, au bout d'un an, persuade sa mère, Linqun de prendre sa retraite anticipée afin de lui assurer une place d'ouvrier dans son entreprise selon le système des quotas.

Le refus du fils de Linqun de travailler dans le comité d'habitation a une autre raison. Le comité d'habitation jouit d'un statut moins élevé que les unités d'Etat. C'est également un lieu qui regroupe beaucoup de femmes cadres engagées dans le travail idéologique destiné aux femmes («les femmes au foyer ») qui travaillent gratuitement. Le texte de Wangzheng montre qu'elles sont promues parmi « les femmes au foyer» et travaillent gratuitement pour l'Etat.

Délégation des tâches domestiques et compromis familial

Comme nous l'avons montré plus haut, une partie des femmes ouvrières qui avaient déjà travaillé dans les usines avant 1949 ont été stabilisées et intégrées dans le système d'emploi stable. Elles se considèrent désormais comme appartenant à part entière et de plein droit au prolétariat. Alors qu'avant 1949, leur statut de travailleuse leur apportait la honte, du fait qu'en tant qu'ouvrières, elles occupaient un statut social très inférieur dans la société et qu'elles étaient de surcroît numériquement et hiérarchiquement dominées par les hommes dans les usines, la table des valeurs s'est officiellement inversée. Le sens du terme « libération » ne vient pas du fait qu'elles ont désormais la possibilité de travailler mais que la nouvelle catégorie de classe à laquelle elles appartiennent transforme le sens du travail de « honte » en « gloire » selon l'enquête de Lisa Rofel et les discours du « maître du monde »[174].

L'identité professionnelle d'une grande partie de ces femmes se construit à partir de la loyauté au Parti. Bien que les deux rôles qu'elles remplissent, - rôle

---

174 Lisa Rofel, 1999, *Other Modernities : Gendered Yearnings in China after Socialism,* Berkeley, Los Angeles and London, University of California Press, p. 79.

professionnel pour la cause communiste et rôle familial pour encadrer la famille — aient été tous les deux encouragés par l'Etat, lorsqu'il y a conflit entre les deux rôles, certaines femmes déploient tous leurs efforts pour donner la priorité à l'activité professionnelle.

Pour Linqun, il s'agit d'un compromis familial. Vivant avec son mari et sa belle-mère, son engagement professionnel lui laisse peu de temps pour les tâches domestiques. Elle a confié ses deux fils à sa belle-mère ainsi que les tâches domestiques. Pour compenser, elle renonce à gérer les aspects économiques de la vie familiale qu'elle confie à sa belle-mère :

« Le comité d'habitation m'a demandé de parler des expériences de bonne entente avec la belle-mère parce que ma famille a la réputation de vivre sur un mode harmonieux, ce qui est rare... J'ai dit que je n'ai pas de secret, parce que je me suis rendue compte que ma belle-mère vivait encore avec les idées de la veille société. Mais elle m'aide à m'occuper de mes fils... Ainsi, elle m'aide moi-même. Je me fiche de l'économie de la famille. Mon mari gagnait beaucoup, son argent est dans le tiroir qui est à la disposition de ma belle mère. Je ne demande jamais combien il reste d'argent. A partir du moment où je ne gère pas l'économie familiale il y a moins de conflit... En fait, c'est une méthode que j'ai mise au point après quelques années de co-habitation...à l'époque où mon premier enfant était petit. Quand je voulais le gronder...ma belle-mère s'y opposait... Elle se fâchait et nous nous disputions. Le lendemain elle est allée chez sa fille. Tu sais... C'était juste après la libération en 1949, j'étais dans une situation difficile après son départ à cause de tout le commérage autour de moi. En tout cas, je suis la belle-fille et elle est la belle-mère... À la fin, je suis allée la chercher chez sa fille. Depuis ce moment-là, je ne me suis plus jamais disputée avec elle. Je la laisse décider pour moi, ainsi, toute ma vie est pour le travail ! » (Linqun, 78 ans en 2007)

Pour cette première génération de femmes, les obstacles au statut de cadre sont multiples. L'organisation sexuée du travail fondée sur le modèle d'avant l'étatisation affirme la supériorité des hommes en rendant par exemple très inégales les chances, pour les ouvriers et les ouvrières, d'avoir des promotions et des carrières, les femmes étant exclues des postes techniques, de loin les plus valorisés. La charge quasi exclusive du travail domestique interdit aux femmes de libérer le temps nécessaire pour suivre des cours et étudier, condition sine qua non de l'accès aux postes de cadres. Elles ont parfois plusieurs enfants et les tâches domestiques ne sont pas mécanisées. Par ailleurs, il y a un manque criant de crèches dans toutes les « unités du travail », comme dans le commissariat où travaillait Xieli et l'entreprise de papier où Jieqing avait un emploi. Autant d'obstacles qui se sont interposés entre leur volonté de devenir cadre et la possibilité matérielle de le devenir.

Quant à celles qui sont devenues cadres, leurs carrières ne sont guère plus valorisantes. Elles sont, en tant que femmes, encouragées à accomplir un travail idéologique envers les femmes. Effectuer le contrôle et la mobilisation du travail en fonction des objectifs fixés par le gouvernement avait beau être une tâche qui constituait une dimension importante du travail de l'Etat, il s'agissait d'un travail peu gratifiant qui valait beaucoup d'ennemies à celles qui le conduisaient.

Politisation et instrumentalisation des femmes du Grand bond en avant

Nous en savons désormais plus sur les conditions dans lesquelles les femmes ont accédé à l'emploi et au travail au cours de la période du Grand bond en avant. On y retrouve de nombreux traits communs à d'autres sociétés, en particulier la nécessité de mener de front dans des conditions peu favorables travail professionnel et travail domestique. Condamnées à des tâches d'exécution dans les usines, elles étaient toujours en matière d'emploi et de travail, les inférieures des hommes : statuts précaires et temporaires, salaires dérisoires et travail peu valorisé. Les rares parmi elles à avoir pu accéder au statut de cadre étaient surtout cantonnées à des fonctions de communication et de gestion. Bref, elles ont connu la vie dure, ce qui fait dire à Xieli :

« Aujourd'hui, les jeunes sont si heureux, beaucoup ne savent même pas comment laver les vêtements... Auparavant, la vie des femmes était si pénible... Malgré notre émancipation économique, notre charge était beaucoup plus lourde qu'auparavant. »

Particularité chinoise, à une époque de forte mobilisation politique de la société, cette première génération de femmes a été fortement politisée et instrumentalisée, qu'il s'agisse des « femmes du Grand bond en avant » ou des femmes cadres. Le pouvoir les a traitées comme des courroies de transmission, aussi bien dans la sphère publique et professionnelle où les cadres étaient en charge de la propagande idéologique que dans la sphère domestique, en tant qu'agents de l'Etat pour guider l'évolution des normes. Leurs capacités de résistance étaient faibles.

Il est aussi frappant d'observer la grande diversité des statuts et des conditions au sein même de l'emploi féminin. Loin de partager un statut unique face à l'emploi et au travail, l'univers des femmes était profondément divisé et morcelé. Certaines étaient stables, d'autres temporaires ; certaines étaient ouvrières, d'autres cadres. Certaines travaillaient tout en étant définies comme des femmes au foyer. L'inégalité fondamentale du système d'emploi ne séparait pas seulement les hommes des femmes mais aussi les femmes entre elles. Et pourtant à cette époque, l'emploi des femmes a bel et bien connu un grand bond en avant.

CHAPITRE 6.
DEUXIEME GENERATION : LE TRAVAIL ET LE GENRE

Cette génération a vécu une histoire riche en bouleversements. Dans leur enfance, ces hommes et ces femmes ont vécu la famine (1959—1961). Pendant la révolution culturelle, de 1968 à 1980, près de 17 millions de jeunes Chinois des villes, presque la moitié de leur génération, ont été envoyés autoritairement à la campagne à la fin de leurs études secondaires. Ceux qui ont échappé à la campagne ont également été profondément marqués par ce mouvement. La qualité de l'enseignement qui leur a été dispensé s'en est vivement ressenti. Les écoles, collèges, universités, bref toutes les institutions d'enseignement ont été fermées. L'université a entièrement cessé de fonctionner entre 1966 et 1969. Quand les inscriptions reprennent dans des universités fantômes, dont certaines ont été investies par l'armée, elles s'effectuent sur recommandation politique et requièrent une expérience professionnelle préalable (Michel Bonnin, 2004). La plupart des jeunes de cette génération ont dû commencer leur carrière comme ouvriers ; ils ont été forcés d'entrer dans les usines après l'école secondaire.

Le retour des jeunes instruits « Zhiqing » en ville s'effectue pour l'essentiel à partir de la fin des années 1970 avec la fin brutale de la Révolution Culturelle. Ce retour massif des jeunes instruits, auquel vient s'ajouter l'arrivée de cohortes très nombreuses de nouveaux entrants sur le marché du travail, provoque des problèmes d'emploi particulièrement aigus en ville. Comme le note Michel Bonnin :

« En 1979, la Chine connaît un problème d'emploi d'une ampleur jamais vue depuis 1949, puisqu'il y a, cette année-là, environ vingt millions

187

de demandeurs d'emplois à placer dans les villes, soit quelque 20% de la population active. »

Beaucoup de mesures gouvernementales ont été prises pour résoudre ce problème. Le gouvernement a développé l'industrie légère et les services, notamment sous forme d'entreprises collectives et individuelles capables d'employer plus de personnel pour un investissement financier limité. Des « compagnies de travail et de services » (laodong fuwu gongsi) ont été créées, pour fournir des travaux généralement temporaires et donner des cours de formation aux jeunes chômeurs, notamment aux « Zhiqing » récemment rentrés. Puis, la méthode de « dingti » a été adoptée qui s'est révélée très efficace.

Les « Zhiqing » (jeunes instruits) envoyés à la campagne ou dans les fermes pendant la révolution culturelle rencontrent donc beaucoup de difficultés pour trouver des emplois. Il existait en gros quatre filières légales : l'admission à l'université, l'embauche dans une unité de travail urbaine, le retour pour cause de maladie et le retour pour difficultés familiales. Parmi ces quatre possibilités, à part l'admission à l'université qui n'a jamais concerné qu'un petit nombre, l'entrée dans une unité de travail étatique était la solution de loin la plus prisée :

« Elle seule garantissait en effet, un véritable "avenir", c'est-à-dire une place dans le secteur d'Etat...»[175]

Mais, à cause de l'âge relativement élevé des « Zhiqing » (jeunes instruits), beaucoup ne pouvaient se faire embaucher dans le secteur d'Etat, où les limites d'âge étaient plus basses que dans le secteur collectif. Michel Bonnin le note :

« Certaines entreprises d'Etat, fortes de l'autonomie qui leur avait été accordée en 1979, avaient abaissé cette limite à 24 ans alors que, dans le secteur collectif, l'âge de l'embauche allait de 16 à 35 ans.»[176]

L'embauche dans le secteur d'Etat étant, de toute façon, largement insuffisante pour placer tous les demandeurs, de nombreux « Zhiqing » (jeunes instruits) ont dû se contenter d'emplois moins valorisés dans les secteurs collectif et individuel.

En 1979, commence la période des réformes. La Chine déclare entrer dans l'ère des quatre modernisations, dans l'agriculture, l'industrie, la science et la technologie, la défense. Un vif regain d'intérêt est porté à la technologie et à l'éducation. Depuis 1992, la réforme économique a été relancée. L'ancienne

---

175 Michel Bonnin, 2004, *Génération perdue, Le mouvement d'envoi des jeunes instruits à la campagne en Chine, 1968-1980*, Paris, Editions de l'Ecole des hautes études en science sociales, pp. 314-315.

176 Michel Bonnin, 2004, *Génération perdue, Le mouvement d'envoi des jeunes instruits à la campagne en Chine, 1968-1980*, Paris, Editions de l'Ecole des hautes études en science sociales, p. 314.

forme d'emploi permanent et à vie, « le bol de fer » a été abrogé. Un marché du travail reposant sur la compétition voit le jour.

Dans ce contexte, de nombreux licenciements se produisent dans les unités étatiques. Les statistiques montrent qu'en 1994, il y avait environ 300 000 entreprise d'Etat ; en 2003, il n'en restait plus que la moitié, soit un taux moyen de suppression de 5,6 % par an[177]. Ces fermetures, ventes ou restructurations d'entreprises, ou leur transformation en sociétés par actions, ont entraîné une diminution considérable du nombre d' ouvriers. Leur nombre total est passé de cent huit millions neuf cent mille à soixante-six millions vingt et un mille, soit une baisse de 40%, ce qui revient à un taux annuel de décroissance de 4,4%. Comme le note TANG Jun :

« Ces quarante-deux millions soixante-neuf mille "disparus" furent licenciés, réduits au chômage, ou durent opérer des reconversions et des choix douloureux aboutissant à une transformation profonde de leur mode de vie[178].»

En même temps, avec la vague migratoire, émerge progressivement une nouvelle classe ouvrière à deux pôles, constituée en fait de deux éléments : les anciens ouvriers et les « ouvriers-payans » (SHEN Yuan, 2000). A cause du fort déclassement du statut ouvrier, depuis le début les années 1990, bon nombre d'ouvriers sont entrés dans la résistance et l'action collective[179]. Un certain nombre d'études ont été réalisées sur ces actions collectives afin de mieux comprendre l'origine de leurs actions. Certains chercheurs ont montré que l'ancienne idéologie officielle servait de cadre idéologique à leurs revendications et leur permettait de structurer leur révolte collective (CHEN Feng, 2004 ; TONG Xin, 2006). D'autres chercheurs ont constaté que les ouvriers étaient également capables de mobiliser de nouveaux arguments en s'en prenant à « l'injustice de la société » (YOU Zhenglin, 2006)[180].

La réforme économique n'a pas affecté de la même manière tous les membres de cette génération. Certains ont eu plus de chances que d'autres et ont positivement profité de ces changements. Depuis le début des années 1980, une fièvre en faveur de la formation continue s'empare de cette génération.

---

177 Noté par TANG Jun, 2007, « En haut, il n'y a plus de ciel, en bas, plus de terre ! La logique de l'action collective ouvrière dans la Chine contemporaine » in *L'Homme et la société*, N° 163-164, p. 155.

178 Noté par TANG Jun, 2007, « En haut, il n'y a plus de ciel, en bas, plus de terre ! La logique de l'action collective ouvrière dans la Chine contemporaine » in *L'Homme et la société*, N° 163-164, p. 155.

179 En 1997, la situation semble s'être aggravée suite à l'annonce de l'accélération des réformes lors de l'été précédant le XVe Congrès.Voir, Jean-Louis Rocca, 2005, *La Condition chinoise Capitalisme, mise au travail et résistances dans la Chine des réformes*, Paris, Karthala, p. 113.

180 Résumé par TANG Jun, 2007, « En haut, il n'y a plus de ciel, en bas, plus de terre ! La logique de l'action collective ouvrière dans la Chine contemporaine », *L'Homme et la société*, N°1, p. 155.

Le concours d'accès aux universités a été réorganisé. De multiples institutions ont été créées afin de développer une formation continue adaptée à la nouvelle économie. C'est ainsi que nombreux ont été les anciens cadres qui sont devenus de nouveaux « managers », « PDG» ou « entrepreneurs ».

L'incidence de la Révolution culturelle sur la question du genre reste très controversée. Le premier effet, massif, reconnu par tous, a trait à l'égalité. Les femmes de cette génération ont bénéficié de la féminisation des études primaire et secondaire[181]. Effectivement, l'un des progrès apporté par le régime communiste a été la généralisation de l'éducation secondaire du premier cycle dans les villes et son développement dans les régions rurales. Ce progrès d'ensemble s'accompagne d'un fort accroissement de la proportion de filles à l'école secondaire marquée elle-même par une forte croissance pendant les années 1950 et 1960. Dans l'ensemble de la Chine, de 1951 à 1958, le nombre de filles scolarisées dans le secondaire est passé de 401 200 (25.6% de l'ensemble des élèves) à 2 663 300 (31.3% de l'ensemble des élèves). En 1976, les effectifs atteignent 23 571 000, soit 40.4% de l'ensemble des élèves. A Shanghai, le nombre de filles scolarisées en 1958 à l'école secondaire s'élevait à 152 131 (42.9% de l'ensemble des élèves). En 1980, les effectifs respectifs passent à 410 000 dans l'école primaire (48,7% de l'ensemble des élèves) et à 306 000 dans l'école secondaire (48,4% de l'ensemble des élèves).[182]

Second effet, des proportions égales de garçons et de filles ont été envoyées à la campagne à la sortie de l'école. Au travail, hommes et femmes ont partagé « naturellement » une même identité de statut : le « bol de fer ». C'est dans ces conditions que LI Xiaojiang[183] s'exclame à la fin des années 1980 :

« Dans les années soixante, tandis que les femmes occidentales se réveillaient d'une oppression masculine sur les femmes et levaient de nouveau le drapeau féministe, toute la société chinoise subissait une catastrophe sans précédent qui a entraîné tout le monde, y compris les femmes qui étaient intégrées dans la société. »[184]

Mais en même temps, la discrimination envers les femmes subsiste. Les femmes « Zhiqing » (jeunes instruites) à la campagne touchent moins de

---

181 Voir Tania Angeloff, 2010 (à paraître), *Histoire sociale de la Chine, 1949—2009,* Paris, La Découverte, collection Repères, p. 40.

182 Les *Annales des femmes à Shanghai,* chapitre 10, référence en ligne : http://www.shtong.gov.cn/node2/node2245/node64804/node64818/node64926/node64934/userobject1ai59221.html

183 LI Xiaojiang, le premier auteur conscient du danger de la réforme économique pour les femmes.

184 LI Xiaojiang, 1989, *Nüren de chulu-zhi 20 Shiji xiabanye zhongguo funü,* (*La solution pour les femmes : Les femmes Chinoise de la deuxième partie du 20ème siècle*), Editions du peule de la province de Liaoning, p. 3.

« points de travail » que les hommes qui font le même travail qu'elles. Le système des points de travail affecte toute la société rurale et l'ensemble des femmes est défavorisé dans ce système[185]. A leur retour dans les villes, beaucoup de portes leur sont fermées. Les unités de travail en ville pratiquent une politique d'embauche défavorable aux femmes. Elles préfèrent embaucher des hommes (LIU Xiaomeng, 2003). Dans les unités de travail, les femmes sont affectées à des postes en bas de l'échelle. En outre, elles demeurent en charge de l'essentiel des tâches domestiques. Enfin, les femmes de cette génération seront les premières victimes des vagues de licenciement (Liu Jieyu, 2007).

Pour Emily Honig :

« The assumption that the Cultural Revolution represented a time of relative gender equality, particularly in the context of work, not only is central to post-Mao Chinese political discourse, but also informs western analyses of the impact of economic reforms on women.»[186]

Elle pense néanmoins, que cette lecture « progressiste » de la relation entre les sexes pendant la Révolution culturelle pose question puisque la question du genre ne fait pas partie de l'agenda de la Révolution culturelle :

« It was in fact the first major political campaign sponsored by the Chinese Communist Party (CCP) that did not address gender issues. Class was its main concern.»[187]

Bien que la classe et la lutte entre classes sociales ait constitué l'enjeu principal de la Révolution culturelle, la question de l'égalité entre les sexes était pourtant invoquée fréquemment et avec force.

Les discours de Mao : « Les femmes portent la moitié du ciel » (Funü nengdingbanbiantian) et « L'époque est différente, les hommes et les femmes sont identiques. Ce que les hommes camarades peuvent faire, les femmes camarades peuvent aussi le faire » (Shidai butongle, nanü dou yiyang. Nantongzhi neng bandao de shiqing, nütongzhi ye neng bandedao)[188] ont étés

---

185 Tania Angeloff, « Travail et genre en République populaire en Chine à l'heure des réformes économiques (1980—2010) » in *Travail, Genre et Société*, à paraître en 2010.

186 Emily Honig, 2000, « Iron Girls Revisited: Gender and the Politics of Work in the Cultural Revolution » in *Redrawing Boundaries: work, households, and gender in China*, Barbara Entwistle and Gail E. Henderson, Berkeley, University of California Press, p.110.

187 *Ibid.*, p.110.

188 Comme le montre JIN Yihong, il s'agit d'une exclamation de Mao en 1964 dans un moment fortuit. En juin 1964, Mao zedong et LIU Shaoqi font de la natation dans le réservoir de shisanling. Mao voit quelques jeunes filles le dépasser et s'exclame: "L'époque est différente, les hommes et les femmes sont égaux. Ce que les hommes peuvent faire, les femmes peuvent aussi le faire.". La première citation de cette phrase date du 8 mars 1970, jour de la fête des femmes dans le *Quotidien du peuple*. JIN Yihong, 2006, « Tie guniang zai sikao-zhongguo wenhua da geming qijian de shehui xingbie yu laodong » (« Repenser les "filles de fer" : le genre et le travail pendant la Révolution Culturelle en Chine) in *Shehuixue yanjiu* (*Études sociologiques*), N°1, pp.169-193.

fréquemment cités et utilisés dans la propagande pour encourager les « filles de fer ».

Le prototype du « groupe des filles de fer », dont la moins âgée avait 14 ans et la plus âgée 24, est un groupe de jeunes filles qui ont participé activement aux secours lors d'une inondation en 1963, sans tenir compte des dangers qu'elles couraient. Elles ont été érigées en modèles honorés par l'Etat. Pendant la révolution culturelle, beaucoup de groupes semblables aux filles de fer sont apparus dans diverses industries : le groupe féminin d'extraction de l'huile (caiyou), le groupe féminin de creusement des puits (zuanjin), le groupe féminin de travaux sur fils électriques sous tension (daidian zuoye), le groupe féminin de construction de ponts (jiaqiao), le groupe féminin de manutention, le groupe féminin de la milice de LEI Feng[189](LEI Feng minbing), le groupe féminin de conductrices de tracteur (tuolaji), le groupe féminin de scieuses de bois (jumu).

En fait, la notion de « fille de fer », en tant que modèle de l'«égalité sexuelle » est très restrictif : les femmes ont été encouragées à se comporter comme les hommes. Autrement dit, le modèle masculin est considéré comme universel.

Mais, même dans ce modèle, comme l'a noté Emily Honig, les « filles de fer » ne représentent qu'un très petit nombre de filles et de femmes pendant la Révolution culturelle. JIN Yihong a noté également que, dans le même temps, le modèle masculin faisant des hommes les dépositaires légitimes des postes techniques n'a pas changé.

Cela dit, le discours étatique est beaucoup plus complexe que le laisseraient croire l'image de la « fille de fer » ou le discours affirmant que « l'époque est différente, les hommes et les femmes sont identiques» ou « ce que les hommes camarades peuvent faire, les femmes camarades le peuvent aussi ». Emily Honig en a souligné quelques points :

« First, il would be misleading to suggest that the Iron Girls, women who boldly crossed traditional gender boundaries in the division of labor, represented the predominant theme of state propaganda about women. It was far more common for the media to emphasize the mere fact of women's participation in the paid labor force, to stress their everincreasing numbers, to honor the achievements of a woman worker in an occupation, such as textiles, long dominated by women, or to extol an individual woman's creative

---

189 LEI Feng est un homme, membre du Parti communiste, qui a été honoré par l'Etat dans les années 1950 en raison de son esprit de sacrifice envers les peuples.

application of Mao Zedong thought for revolutionizing production (SCMP 1971 a, 1972a, b, 1973a)."

Deuxièmement, pendant la Révolution culturelle, la responsabilité exclusive des femmes dans le domaine des tâches domestiques n'a jamais été remise en question. Troisièmement, Emily Honig estime que sur les lieux de travail peu de choses ont changé concernant le rôle des femmes. Partant d'observations conduites sur des sites divers, Emily Honig considère que la Révolution culturelle est un moment marqué, du point de vue de la pensée officielle, par une grande ambivalence de l'image de la femme. (Emily Honig, 2000)

Mais, en raison des difficultés relatives à la collecte des données, à l'absence de statistiques et au contrôle de l'Etat, il n'était pas possible de faire les enquêtes pendant la Révolution culturelle. A part les autobiographies écrites par de jeunes instruites sur leur expérience à la campagne, peu de recherches ont été réalisées sur le travail des femmes pendant la révolution culturelle. C'est pour contribuer, à notre modeste niveau, à combler ce vide, que nous avons recueilli des témoignages auprès des femmes employées chez Aban sur leurs expériences de la Révolution culturelle.

L'histoire et l'expérience des jeunes instruits à la campagne est un sujet important à étudier, mais ce n'est pas exactement l'objet de notre étude, principalement centrée sur l'évolution du travail et de l'emploi féminin dans l'unité de travail. Nos questions portent d'abord sur le processus de la production de la division sexuelle du travail dans l'unité de travail. Quelles continuités et quelles ruptures observe-t-on entre cette génération et celle de leurs parents ? Le mot d'ordre « ce que les hommes peuvent faire, les femmes le peuvent également » s'est-il ou non traduit par des effets concrets sur la division sexuelle du travail dans l'unité de travail ? Comment, pourquoi ? Quelles ont été, pour les jeunes instruits, les conséquences sur leur carrière d'un séjour à la campagne qui a duré cinq ou six ans en moyenne, et pour certains jusqu'à dix ou onze ans, une fois rentrés en ville et entrés dans l'unité de travail ?

Dans les faits, beaucoup de jeunes instruits revenus dans les villes et les unités de travail ont été victimes des licenciements pendant les années 1990 (LIU Xiaomeng, 2004). Parmi les « jeunes instruits », hommes et femmes ont-ils été logés à la même enseigne ? Comment, au cours de la période et pour cette génération la division sexuelle du travail dans la famille a-t-elle évolué ?

La politique de l'enfant unique, appliquée à partir de 1980, a mécaniquement réduit le volume des tâches domestiques. De plus, les crèches dans les unités du travail sont ouvertes aux enfants à partir de 56 jours, ce qui facilite le travail des femmes. L'effet de ces deux dispositions de nature à faciliter les carrières professionnelles et le travail des femmes a-t-il modifié en profondeur et durablement leur situation ? Les campagnes incitant au cours des années 1980 à suivre des formations continues ont-elles été suivies également par les cadres et les ouvriers, les cadres et les ouvrières ?

De même, dans le domaine des actions revendicatives et des protestations, peu de recherches ont exploré les différentes formes d'action déployées par les ouvriers et les ouvrières face aux licenciements qui ont frappé beaucoup plus les femmes que les hommes.

Les réponses apportées à toutes ces questions permettront de mesurer les effets de la révolution culturelle sur le petit terrain que nous avons choisi d'étudier, comme un observatoire partiel de l'évolution de l'emploi féminin et des conditions de travail des femmes au cours de cette période.

I. TRAVAIL ET GENRE DANS L'UNITE DE TRAVAIL PENDANT CETTE PERIODE

Chez Aban, en 2007, année où j'y suis entrée comme stagiaire, les travailleurs qui avaient la quarantaine et la cinquantaine constituaient la majorité des salariés. 261 personnes avaient entre 45 et 59 ans, dont 72 femmes[190].

Ils sont entrés chez Aban pendant les années 70 et au début des années 80. Leurs origines sont diverses. Certains, ont été affectés à un travail chez Aban à la fin de leurs études secondaires et après un examen. D'autres, majoritairement des hommes, ont été embauchés à leur retour de l'armée. D'autres sont d'abord entrés à l'école technique d'Aban, créée en 1973, et ont été affectés à un poste après leur apprentissage dans cette école. Enfin, des jeunes instruits ont été embauchés à leur retour de la campagne et sont entrés chez Aban soit parce qu'il y ont été affectés, soit parce qu'ils ont remplacé un de leurs parents ayant décidé de prendre une retraite anticipée afin de leur donner une chance de trouver un emploi[191]. Cette procédure, appelée « Dingti », qui consiste à remplacer des retraités par un de leurs enfants, a été très efficace puisqu'elle a permis en trois mois, de novembre 1978 à janvier 1979, de placer cent mille jeunes à Shanghai et 110 000 à Tianjin en six mois. Le « Dingti » a joué un rôle décisif

---

190 Le fort déséquilibre entre les deux sexes est provoqué par les licenciements intervenus pendant les années 1990 et 2000.

191 Michel Bonnin, 2004, *Génération perdue, Le mouvement d'envoi des jeunes instruits à la campagne en Chine, 1968—1980,* Paris, Editions de l'Ecole des hautes études en science sociales, p.161, 194 et 195.

pour résoudre une partie des immenses problèmes d'emploi qui se posaient à Shanghai puisque dans la période allant d'octobre 1978 à décembre 1981, 279 000 jeunes instruits d'origine shangaïenne ont trouvé un emploi en ville par cette méthode. Beaucoup sont entrés ainsi chez Aban à la fin des années 1970, marquées par une grande vague de retour des jeunes instruits (Michel Bonnin, 2004). Il reste que chez Aban, les trois premières sources de recrutement ont alimenté la majorité des effectifs.

Quelles que soient les modalités d'accès chez Aban, la division du travail entre hommes et femmes s'impose dès leur entrée dans l'entreprise. Force est alors de constater que, dans la vie quotidienne du travail, les formes, les modalités et les principes de cette division diffèrent peu de ceux du régime qui a prévalu pour les travailleurs de la génération précédente.

A / La persistance de l'organisation sexuelle du travail

De fait, le régime d'organisation du travail dans l'unité de travail pendant la Révolution Culturelle s'inscrit dans une parfaite continuité avec celle qui régnait au cours des années 1950 et de la première moitié des années 1960.

Le seul changement a trait au fait que pendant le mouvement, les écoles techniques – institutions destinées à transformer les « chômeurs» en ouvriers techniques dans les années 1950 - ont été fermées. Ce système d'apprentissage interne à l'usine était le seul moyen de sélectionner et d'encadrer les ouvriers techniciens, bien que la qualité de la formation se soit, au fil des ans, fortement dégradée[192].

A partir de 1974, pour améliorer le niveau technique, des écoles techniques ont été créées au sein des unités de travail pour former les ouvriers techniciens. Chez Aban, une grande proportion de femmes sont entrées dans cette école professionnelle après leurs études secondaires. Mais, aux dires des dirigeants eux-mêmes, ce type d'école installée au sein de l'unité de travail, était plus un moyen de retarder l'entrée dans l'emploi qu'une véritable formation professionnelle. De fait, à leur sortie de l'école, les femmes qui avaient suivi cette formation ont été affectées soit sur des postes d'OS à la chaîne, soit à des emplois de faible technicité.

Reproduction de la division sexuée des systèmes de carrière

La trajectoire de Zhuquan, qui a 55 ans en 2007, représente le parcours professionnel le plus élevé pour un homme de la filière technique au cours des

---

192 Les *Annales du travail à Shanghai*, p. 209.

années 70 et du début des années 80, que ce soit dans l'atelier de bonbons ou dans l'atelier de l'eau gazeuse. Il faisait partie de la première promotion des « trois promotions » (laosanjie), fréquentant en 1966 la première année de l'école secondaire. Mais, il a pu échapper à la campagne parce que selon la directive politique, son frère et sa sœur y avaient déjà été envoyés. Il peut rester à Shanghai. Il devra attendre deux ans avant d'être affecté à un emploi chez Aban. D'abord affecté aux tâches en amont, puis promu chef d'équipe des mêmes tâches en amont, il devient réparateur, puis technicien, puis chef de l'atelier, avec un statut de cadre pour encadrer la production. Les trajectoires de Qinhan et de Junqiang, en revanche, représentent un itinéraire assez proche de la carrière moyenne d'une grande majorité d'hommes.

Qinhan, qui a 50 ans en 2007, termine ses études secondaires en 1977, par un examen. Il entre alors chez Aban où il est affecté à un travail sur les tâches en amont dans l'atelier de bonbons. Un an plus tard, en 1978, il devient apprenti ouvrier de soudage électrique (dianhan). Il a un maître (shifu) qui lui apprend ce travail. Il est apprenti pendant 3 ans. Il continue à accomplir ce travail jusqu'à la veille de la réforme économique.

Quant à Junqiang, 47 ans en 2007, lui aussi termine ses études en 1977. Echouant à l'examen d'accès à l'université, il entre chez Aban en 1978. Il commence à travailler sur les tâches en amont dans l'atelier de bonbons. Un an plus tard, en 1979, il devient chef d'équipe des tâches en amont. Deux ans plus tard, en 1981, il fait trois ans d'apprentissage à la réparation.

Pour les femmes, la situation est très différente. Peu de femmes chez Aban ont eu accès à l'apprentissage d'un travail technique. En revanche, la majorité des femmes ont été affectées aux tâches en aval sur la chaîne. Le travail sur les tâches en aval dans l'atelier de bonbons, comme celles dans l'atelier de l'eau gazeuse, était un travail semi mécanisé, semi manuel. Une ouvrière raconte :

« Chacun possède une petite machine à envelopper les bonbons. Il faut verser à la main l'eau des bonbons dans la machine, puis surveiller la machine pour envelopper les bonbons... Quand des bonbons tombent de la machine, il faut les en sortir et les envelopper à la main... »

Dans l'atelier de l'eau gazeuse, le travail des OS consiste à surveiller la machine qui pose automatiquement les couvertures et les étiquettes sur les bouteilles. Quand des erreurs se produisent, les ouvrières doivent sortir les bouteilles et refaire le travail à la main. Ces travaux provoquent beaucoup d'accidents, puisque avant les années 1990, les machines ont souvent des pannes ou des dysfonctionnements. Beaucoup d'ouvrières ont les doigts coupés ou blessés. La dernière tâche pour les femmes est de ranger les bouteilles vides dans la cuisine.

On le voit, les tâches réservées aux femmes réclament toujours de la patience, de l'attention, de l'agilité des doigts et de la rapidité. Comme les femmes de la génération précédente, les nouvelles assurent également l'encadrement de la production comme chef de la chaîne: la gestion des personnels et de la production, une tâche qui mobilise en fait les compétences acquises par les femmes dans l'exercice des tâches domestiques et leur capacité de communication.

Les femmes assurent également chez Aban les tâches de service : crèche, cantine, distribution des articles nécessaires au travail, gants, vêtements, etc.

Jiesheng a été affectée à un travail de cantinière, en 1968, l'année où elle est entrée chez Aban. Cet emploi de service est un emploi méprisé. Un mois plus tard, elle est devenue chef d'équipe à la cantine. En 1971, elle est affectée à un travail de distribution de petites fournitures nécessaires au travail. En 1974, elle est admise au Parti Communiste et devient à la fois secrétaire de cellule et manager du département de l'administration.

Quant à Dongma, elle est entrée chez Aban en 1973 à la fin de ses études du second cycle de l'école secondaire, et a été affectée dans l'atelier de glucose. Elle est devenue chef d'équipe au bout d'un an. 7 ans plus tard, en 1981, elle est devenue chef de la chaîne de production : un travail consistant à régulariser le travail de trois équipes.

On voit que les deux systèmes de carrières persistent. Les carrières des femmes et des hommes ne s'inscrivent pas dans les mêmes filières. Quand ils débutent sur les tâches en amont, les hommes ont de meilleures perspectives de carrière. Le bon démarrage d'une trajectoire typique de la promotion masculine consiste à commencer par être directement affecté à un travail d'apprentis dans l'atelier de la réparation. Comme le dit Junqiang :

« Souvent une partie importante des réparateurs est choisie parmi les chefs d'équipes des tâches en amont. Pendant la période où l'on est chef d'équipe, on apprend les connaissances de base sur les machines... Quand j'étais chef d'équipe des tâches en amont des bonbons, j'avais déjà démonté des machines et je possédais une bonne base de connaissance des machines.»

Lorsqu'elles sont promues au statut de cadre, les femmes affectées aux tâches en aval, sont chargées d'encadrer les ouvriers sur la chaîne, puis orientées soit vers des postes de propagande et de syndicaliste, soit vers les statistiques, la gestion des ressources humaines.

Cette division sexuée du travail a été reproduite par le biais du système d'encadrement des personnels. L'affectation aux postes de travail et les promotions ne s'effectuent pas sur la base de la compétition entre les candidats comme dans les entreprises, mais par la sélection opérée par des cadres et les «maîtres» (shifu), dont la plupart sont des hommes de la génération précédente. La sélection des hommes de la filière technique s'opère par l'encadrement d' « apprentis ». Tout cela, bien que la Révolution Culturelle ait beaucoup détruit la formation et la production dans les usines. Les Annales du travail à Shanghai précisent :

« Pendant la "Révolution culturelle", l'apprentissage a été sérieusement détruit, les dirigeants n'osent pas encadrer la formation, les "maîtres" n'osent pas encadrer les apprentis, les apprentis n'osent pas apprendre la technique, la qualité des jeunes ouvriers a beaucoup baissé. »[193]

Mais le système d'apprentissage persiste. Ainsi, la formation des « ouvriers techniques» s'effectue par l'affectation à un poste où l'on apprend sur le tas. Chenye (76 ans) dit que quand il était le directeur de l'usine, il promouvait aux postes de techniciens réparateurs les hommes travaillant sur les tâches en amont parce que d'abord, c'était essentiellement des hommes, que « le travail était dur, les femmes ne s'y adaptaient pas... ». Pour un autre réparateur de voitures et de chariots élévateurs :

« Il y a des limites pour les femmes, dans notre atelier il y a quelques filles de l'école technique, mais je les affecte souvent au travail le plus simple, le moins fatiguant. Vous voyez, des fois il faut aller au dessous de la voiture pour la réparer, je n'ai pas le coeur de laisser les filles faire ça. » (Chenyuan, 63 ans en 2007)

Ainsi, après comme avant la révolution culturelle, la vitesse et l'agilité des doigts, la communication, la comptabilité, la patience, sont considérées comme des qualifications féminines, et la technique comme une propriété masculine. Ces normes de genre sont reproduites par transmission d'une génération à l'autre par le système de l'apprentissage.

B / L'avantage de rentrer de l'armée sur la carrière des hommes

A part cette reproduction de la division du travail entre les sexes, les hommes disposent d'un autre moyen pour accélérer leurs carrières. S'engager

---

193 Les *Annales du travail à Shanghai*, p.214.

dans l'armée. Il s'agissait là d'une voie principalement réservée aux hommes[194]. Parmi nos enquêtés, plusieurs ont fait l'expérience de l'armée avant leur arrivée à Aban. Leur trajectoire manifeste clairement que le passage par l'armée constituait un net avantage pour leur carrière future. Yandan est un cas typique ; il a eu une promotion immédiate au rang de cadre après quelques mois de travail chez Aban après son retour de l'armée.

Yandan a 50 ans en 2007. Il a terminé ses études du deuxième cycle d'étude secondaire en 1975. Il n'y avait à l'époque pas d'accès à l'université. Il s'engage dans l'armée. 5 ans plus tard, en 1980, il entre chez Aban où il est affecté à un travail physique dans le dépôt. Quelques mois plus tard seulement, il est affecté à un poste avec un statut de cadre dans le département d'approvisionnement et vente.

En fait, l'armée est une source de formation politique qui peut favoriser les carrières personnelles. Comme le dit un responsable des ressources humaines :

« Normalement, les gens passés par l'armée ont une bonne « qualité politique » (zhengzhi suzhi), leur mentalité est bonne, ils sont très disciplinés. En plus il y a des postes techniques dans l'armée... Sinon, en tout cas, ils sont de meilleure qualité. » (Yaqing, 48 ans)

Yandan le confirme lui-même :

« En général, les gens passés par l'armée sont les potentiels à former ».

C / L'école technique : un moyen de retarder d'emploi sans changer la division sexuée du travail

L'école technique, comme système de formation des ouvriers techniques, a été abolie pendant la Révolution culturelle. A partir de 1972, à Shanghai, ces écoles ont été récréées au sein des unités du travail.

Aban réinstaure une école technique (*jigong xuexiao*) en 1973. Pendant huit ans, de 1973 à 1981, six promotions d'étudiants, soit 210 personnes au total y ont été formées. Parmi eux, 180 étudiants sont restés travailler chez Aban après leur études. Dans *Les Annales d'Aban,* on peut lire :

« La première année, c'est la spécialité de l'eau gazeuse qui est enseignée, 29 étudiants ont le diplôme en 1975 et travaillent chez Aban, 11 sont affectés dans d'autres unités de travail. A partir de 1975, la spécialité est technicien et elle est suivie chaque année par une trentaine d'étudiants, à l'exception de 1978,

---

194 JIN Yihong, 2006, « Tie guniang zai sikao-zhongguo wenhua da geming qijian de shehui xingbie yu laodong » (« Repenser la "fille de fer" : Genre et Travail pendant la révolution culturelle en Chine ») in *Shehuixue yanjiu* (*Études sociologiques*), N°1, pp.169-193.

où 49 étudiants ont été accueillis. La plupart travaillent pour Aban après leurs études. »[195]

L'école technique (jigong xiao) : d'avant 1949 à la révolution culturelle

En dehors de l'apprentissage proprement dit, un certain nombre d'entreprises avaient organisé, avant la libération, des cours complémentaires pour les ouvriers (gongren buxi xuexiao) ; des associations sociales ou des individus (shehui gefangmian) avaient aussi créé des écoles professionnelles. En 1934, le gouvernement de Shanghai a promulgué « les mesures pratiques pour l'éducation des travailleurs à Shanghai » d'où il résultait que les entreprises de plus de 50 travailleurs devaient obligatoirement mettre en place une école pour leurs travailleurs. Si l'entreprise comptait moins de 50 personnes, une école commune pouvait être mise en place avec d'autres entreprises proches géographiquement. En dépit de ces injonctions législatives, le nombre d'écoles destinées à la formation des travailleurs n'a jamais dépassé la trentaine à Shanghaï.

Après 1949, les cours techniques ont beaucoup aidé les « chômeurs» à retrouver un emploi. Pendant la période 1953—1957, la Chine a besoin d'un grand nombre de techniciens. Dans le but d'élever le niveau politique, culturel et technique de la main d'oeuvre, une partie des cours techniques destinés aux « chômeurs » est transformée en écoles techniques qui continuent à combiner la formation avec la pratique. A partir de 1958, sous le Grand bond en avant, les écoles techniques se développent rapidement. A partir de 1960, le bureau gouvernemental du travail et de l'éducation ainsi que les bureaux gouvernementaux chargés des différents secteurs des entreprises industrielles ont organisé, selon la directive de l'Etat central, des écoles secondaires industrielles, des écoles professionnelles et des cours de formation.

Quand commence la Révolution culturelle, la formation technique a été gravement perturbée. La plupart des écoles sont affectées aux usines.

A partir de 1972, pour former les ouvriers techniques, dont elles ont besoin, un certain nombre d'usines recommencent à ouvrir des écoles professionnelles. De 1972 à 1978, plus de 600 entreprises ouvrent ainsi des écoles à Shanghai.[196]

La proportion exacte de filles dans ces centres de formation n'a pas été précisée dans les *Annales d'Aban*, mais toutes les enquêtes indiquent que les filles représentent une proportion notable des travailleurs en formation. La

---

195 *Les Annales d'Aban,* document interne.
196 Les *Annales du travail à Shanghai,* p.217.

qualité médiocre de ces écoles techniques est probablement la raison pour laquelle la proportion des filles est si élevée. *Les Annales du travail à Shanghai* indiquent que « la plupart de entreprises n'ont pas les moyens de créer une école. Quand elles existent, le lien entre la formation et le travail qu'ils font n'est pas évident.»[197] En 1981, le bureau gouvernemental du travail à Shanghai présente un rapport intitulé « réajuster et réorganiser les écoles techniques » (« Guanyu tiaozheng, zhengdun jigong xuexiao de baogao »). En 1983, le bureau du travail élabore les critères de sélection des écoles. Ainsi, beaucoup d'écoles techniques sont fermées[198]. L'école technique d'Aban fait partie de ces écoles qui ont été fermées en 1981 en raison de sa non-conformité aux nouvelles normes.

En même temps, la formation technique des filles ne leur garantit pas un poste technique dans la filière masculine. En fait, à la question « Est-ce que l'école technique assure un emploi technique ? » un responsable des ressources humaines a répondu :

« A cette époque, l'école professionnelle dans notre entreprise est juste une façon de "retarder la prise d'emploi". Il n'y pas assez de postes, donc on les laisse étudier dans l'école professionnelle quelques années. Après, ils sont affectés dans l'usine... Mais le poste qui leur est attribué, l'est en fonction des besoins de travailleurs à ce moment là.» (Luxiang, 48 ans en 2007)

Cette stratégie mise en œuvre pour régler la question de la pénurie d'emplois a été également signalée dans *Les Annales d'Aban* :

« A partir de 1973, l'école technique (jigong xuexiao) est créée, d'un côté pour qu'il y ait des successeurs aux ouvriers techniques, d'un autre côté aussi pour résoudre le problème d'emplois des étudiants de l'école secondaire.»[199]

Wangyan est une femme de 48 ans en 2007 ; ayant échoué à l'examen d'entrée à l'université, elle a été prise comme étudiante à l'école professionnelle chez Aban dans promotion de 1977. A la sortie de l'école, elle est affectée à un travail sur les tâches en aval dans l'atelier de bonbons.

Si la formation qu'a reçue Wangyan à l'école technique n'a aucun rapport avec le poste de travail auquel elle a été affectée, d'autres filles sont devenues ouvrières techniques, intégrées aux équipes des trois-huit. Un homme qui travaillait dans l'équipe technique de la réparation de 1977 à 1991 se souvient :

« Les femmes qui travaillaient dans l'équipe technique ? Oui, il y en a, il y

---

197 Les *Annales du travail à Shanghai*, p.217.
198 *Ibid*, p.222.
199 Les *Annales d'Aban*, document interne.

en avait une dizaine parmi la cinquantaine de techniciens... Oui... La majorité sont sorties de l'école professionnelle... Mais elles étaient dans l'équipe qui répare surtout les petites machines de fabrication de bonbons. Elles étaient rattachées aux équipes qui faisaient les trois-huit... Nous étions dans l'équipe de techniciens autonomes assurant le soutien technique, hors trois-huit. Nous traitions les problèmes compliqués, ceux que n'arrivaient pas à résoudre les techniciens rattachés aux équipes des trois-huit. Dans notre équipe de techniciens hors des trois-huit, il n'y avait pas de femmes, du moins pendant que j'y étais... Si, il y avait deux femmes, toutes les deux étaient responsables des pièces de rechange... Si on avait besoin de ces pièces, elles les fournissaient, un peu comme un magasinier...» (Zongbao, 47 ans en 2007)

On se souvient que cette division du travail où les femmes « réparaient les machines simples » existait déjà pour les femmes la première génération.

2. DEPUIS 1980, LA FORMATION CONTINUE : REPRODUCTION ET ELARGISSEMENT DES HIERARCHIES

Dans ce nouveau contexte des « Quatre modernisations », la Chine fait face à la pénurie d'experts techniques et de personnels compétents correspondant aux besoins des nouvelles formes de l'économie. Se manifeste alors un regain d'intérêt pour l'éducation à la fois chez les étudiants dans l'école et chez les travailleurs en poste pour s'adapter à la nouvelle forme d'économie. Le gouvernement local et les unités de travail organisent des cours de rattrapage en matière de culture et de technique et des cours de management. Les inscriptions reprennent dans des universités à partir de 1979. Les « Wu dasheng » (« Cinq sortes d'universités »)[200] ont été créées pour la formation continue.

Cette vague de formation continue est organisée à la fois par le gouvernement /les unités de travail et par la volonté des travailleurs qui veulent récupérer leur «temps perdu». Bon nombre de jeunes travailleurs en poste, qui ont en général moins de 35 ans, appartenant à la génération de la Révolution Culturelle ont participé à la formation continue qui leur donne une nouvelle chance professionnelle et plus tard la possibilité d'une plus grande mobilité sur le marché du travail.

---

200 L'université du soir (ye daxue), l'université du temps libre (yeyu daxue), l'université de l'enseignement par correspondance (Hanshou daxue) et le diplôme en candidat libre – études en autodidacte - (zixue kaoshi), sont cinq formations continues de niveau supérieur.

A / Cours de rattrapage, formations continues et certifications organisés par l'Etat qui favorise les cadres et les ouvriers techniques

Les cours de rattrapage comprennent à la fois les cours de base de culture générale (lettres, sciences, etc.) au niveau de l'école secondaire et les cours techniques liés à la production. Ceux qui ont suivi et validé par un examen les cours de culture générale peuvent obtenir le diplôme de fin d'étude secondaire. La formation destinée aux ouvriers techniciens donne également accès à un certificat dont le contenu et les modalités ont été réorganisés par l'Etat à partir des années 1980.

Encadré N° 5: Consignes gouvernementales sur les cours de rattrapage et certification

En 1981, l'autorité centrale et le Conseil des Affaires d'Etat veillent à ce que « les cours de rattrapage dans les domaines de la culture générale et de la technique (double rattrapage) soient bien organisés pour des travailleurs jeunes et dans la force de l'âge » (« gaohao qingzhuangnian zhigong de wenhua, jishu buke »). L'un des devoirs des départements du travail est clarifié :

« Ils doivent élaborer et guider la formation technique des ouvriers et des apprentis, définir les critères distinguant les différents échelons de compétences techniques des ouvriers, organiser l'examen technique, fixer la politique salariale qui lui est associée et faire correspondre plus étroitement la formation reçue et le contenu du travail. »

Appliquant cette décision émanant de l'autorité centrale, le bureau gouvernemental du travail à Shanghai a élaboré un projet afin d'organiser la formation continue des travailleurs.

À partir de 1981, les grandes et moyennes entreprises de Shanghai ont progressivement mis au point un système d'évaluation technique pour les ouvriers. Avant un changement de salaire, une promotion ou un changement d'emploi, il fallait accepter d'aller en formation et de se soumettre à l'évaluation. Tous les ouvriers techniques doivent accepter d'être évalués strictement selon « le critère des grades de la technique des ouvriers ». En cas de résultats positifs à l'évaluation, ils décrochaient leur certificat.

En 1982, sur la base d'un rapport concernant le cours technique de rattrapage à Shanghai, le bureau du travail promulgue « l'avis sur certaines

---

questions concernant les cours de rattrapage technique des ouvriers jeunes et dans la force ». En août, une réunion a été organisée pour échanger les expériences du travail sur les cours de rattrapage des ouvriers techniques.

Chez Aban, comme dans les autres entreprises étatiques, la formation et la certification des ouvriers techniques allaient de pair avec l'introduction de nouveaux équipements. Au début des années 80, quelques chaînes importées d'Allemagne ont accru le rendement et le niveau de la mécanisation. Tous les ouvriers techniques ont suivi les cours de rattrapage et ont obtenu un certificat d'ajusteur, de soudeur électronique, de technicien, etc. Depuis les années 1990, beaucoup d'ouvriers techniciens ont suivi des cours pour obtenir des certificats de haut niveau bien reconnus sur le marché du travail.

En même temps, tous les cadres supérieurs et une partie des cadres moyens ont participé à la formation continue des cours de management (Malcolm Warner, 1987). A partir de 1983, Aban leur accorde un congé pour qu'ils prennent quelques années de cours en vue de l'obtention d'un diplôme professionnel ou supérieur. Ils ont acquis de nouvelles connaissances adaptées à l'économie de marché.

Parmi ces cadres, les hommes qui assuraient déjà des fonctions de responsabilité ont beaucoup plus de chances d'accéder à ces formations que les femmes cadres qui étaient sur des postes de syndicalistes, d'administratifs ou de propagande. Selon Jiesheng, en 1983, sur les six cadres moyens d'Aban qui ont participé à l'examen, seuls deux cadres, dont une seule femme ont réussi cet examen d'entrée. Les études qu'ils suivent les autorisent à être détachés de leurs fonction pendant la moitié de la semaine : soit, trois jours de travail, et trois jours d'études.

Il existe encore une autre possibilité pour faire des études supérieures ou de la formation technique de haut niveau, sans congé et par autofinancement, l'université télévisée ou le diplôme autodidacte. Dans ce cas, les cadres et les ouvriers techniques ont ici aussi plus de chances, parce qu'ils travaillent sur des postes où le temps de travail est plus flexible : s'ils lisent pendant les heures de travail ou s'ils s'absentent pendant quelques heures dans la journée, les autres ferment les yeux :

« Si des cadres suivent les cours de formation ou les cours préparatoires à l'examen d'entrée à l'université, on ' allume de temps en temps "le feu vert" pour eux». (Yandan, 50 ans en 2007).

Le manager le reconnaît lui-même :

« Ce sont des gens qui ont la possibilité de sortir... Le travail qui donne le plus de flexibilité était celui des cadres et des réparateurs, les techniciens. En plus, ils ne font pas les trois-huit. »

Encadré N°6 : un cas typique d'un cadre à carrière ascendante

Juquan obtint, en 1980, un diplôme d'« automatisation » quand il était technicien chez Aban.

Puis il a passé un autre diplôme de gestion étrangère, quand il était chef de l'usine.

Dans les années 90, quand le capital étranger entre chez Aban, il a fait un MBA, financé par Aban.

En 1994, quand un centre d'internet de commerce a été construit, il devient le vice directeur général de ce centre. Puis, en 2003 affecté par le bureau de l'industrie légère, il est directeur général dans une entreprise étatique de chocolat.

En 2004, il a été affecté comme directeur général dans une entreprise étatique de bière.

Puis en 2006, il est représentant général du côté chinois dans une grande entreprise américaine d'eau gazeuse. Il assure des fonctions de relations publiques et de gestion des affaires.

B / La difficulté de suivre les cours pour les OS sans qualification et les chefs de la chaîne

En revanche, pour les ouvriers qui font les trois-huit, et surtout pour les ouvrières à la chaîne, il très difficile de faire des études. Au total, les femmes représentent la majorité des salariés qui exercent les métiers les plus contraignants. En plus elles travaillent dans des conditions bruyantes, sont sans cesse en mouvement et subissent des horaires astreignants, les trois-huit.

Beaucoup d'ouvrières ont le désir de faire des études, surtout celles qui ont dû interrompre leurs études au moment de la révolution culturelle et ont été envoyées à la campagne :

« Dans toute la ville de Shanghai, puisque beaucoup de celles dont les études ont été interrompues sont rentrés de la campagne ou des fermes... L'enthousiasme à faire des études, cet enthousiasme était vraiment touchant ! »

(Yezi, 48 ans en 2007)

En effet, une part importante d'ouvrières a participé aux cours de rattrapage de culture générale. *Les Annales du travail chez Aban,* indiquent que de 1981 à 1985, parmi toutes les travailleuses des promotions de 1968 à 1979, 1005 ouvrières devaient suivre des cours de rattrapage[201] : parmi elles, 706 seulement ont suivi les cours de rattrapage, soit 70.5% du total de celles qui devaient les suivre et seules 563 ont réussi à obtenir le diplôme[202].

Les ouvrières ont beaucoup de difficultés à suivre les cours, notamment les cours de deuxième cycle d'étude secondaire, les cours préparatoires à l'examen d'entrée à l'université ainsi que les enseignements supérieurs. Ye raconte que quand elle a elle-même suivi ces cours de rattrapage d'études secondaires, dans son atelier, beaucoup de gens au début allaient à ces cours. Les cours sont adaptés aux trois-huit et se présentent sous la forme de cours télévisés. Elle ajoute :

« Bien qu'il y ait eu au départ beaucoup de monde qui voulait suivre les cours, très peu d'ouvrières qui faisaient les trois-huit ont persévéré jusqu'au bout. A la fin, il ne restait plus que moi en face de la télévision. En sortant du travail de nuit à 6 heures du matin, je mange dans le cadre de notre unité de travail, les cours télévisés commencent à partir de huit heures et demie. J'attends donc deux heures dans le bureau de l'éducation. Lorsque j'étais de l'après-midi, de 14 heures à 22 heures, j'arrivais à l'unité de travail avant midi, heure de début du cours » (…)

« C'était très fatigant, d'un côté, le travail était déjà très intense, de l'autre côté, beaucoup de gens ne disposaient pas de bonnes conditions de logement, ainsi on ne parvenait pas à bien dormir, notamment les ouvrières qui faisaient les trois-huit. A cette époque il y a quelques dortoirs chez Aban pour les ouvriers qui font les trois-huit et qui habitent loin de notre unité de travail. J'ai une grande volonté (l'âme de fer) de faire les études, comme tu le sais. Finalement, grâce aux relations de mon père qui est cadre chez Aban, j'ai eu un lit ; il y en a huit dans le dortoir. Moi, c'est pour faire les études. Après le travail de nuit, j'attends 2 heures et je fais quelques heures de cours, quand je rentre, il

---

201 Leur diplôme scolaire n'est pas reconnu dans les années 80. Le 18 novembre 1981, le bureau étatique du travail (Guojia laodong zongju), le syndicat étatique de la Chine (Zhonghua quanguo zonggonghui) et la ligue nationale de la jeunesse communiste (Gongqingtuan Zhongyang) promulguent la « recommandation pour les jeunes qui sont dans la force de l'âge de rattraper les cours de culture générale et de technique », indiquant que « les étudiants qui ont terminé leur premier ou deuxième cycle d'études secondaires de 1968 à 1980, mais n'ont pas le niveau de connaissances équivalent à ce diplôme doivent suivre des cours de rattrapage.»
202 Les *Annales d'Aban*, p.163.

est déjà 11heures. C'est très difficile de bien dormir. »

Qinfen, 47 ans raconte :

« Nous faisions les trois-huit... On n'avait pas de temps ! » (...) « Les cours préparatoires pour l'examen d'accès à l'université ... Il n'y pas de classes organisées dans notre unité du travail, il faut suivre ces cours au dehors et c'est très pénible. Il faut demander un congé quand je fais les trois-huit de l'aprèsmidi (Zhongban, 14h-22h), j'ai suivi pendant une période, et puis j'ai arrêté. »

Les ouvrières sur la chaînes sont très strictement contrôlées. Comme le dit le manager :

« faire des études... en fait ce sont les cadres qui peuvent faire des études...c'est très difficile pour les gens dans les postes opérationnels... même pour ceux qui font un travail facile, de le quitter pour un moment...»

En même temps, les OS reçoivent une formation sur leur poste pour réapprendre la manipulation des machines. Ces OS, dont la plupart sont des ouvrières, et les chefs de chaîne, dont la majorité sont des femmes, reçoivent une formation de base sur le management mais ne possèdent aucune qualification qui puisse être reconnue en dehors de la chaîne.

3. LES JEUNES INSTRUITS REVENUS EN VILLE : UNE CARRIERE DIFFICILE

Chez Aban, les jeunes instruits revenus en ville sont une minorité. Ils sont revenus à la fin des années 1970 en tant que remplaçants (dingti) de l'un de leur parent retraité chez Aban.

Bien que l'entrée dans le secteur d'Etat représente déjà pour eux « un véritable "avenir" » par rapport aux deux dernière filières, notre enquête montre que les jeunes instruits rencontrent bien des difficultés pour faire carrière.

Une fois entrés chez Aban, vu leur âge élevé et leur manque d' « expérience», aucun jeune instruit n'a été affecté sur les filières les plus valorisantes au début des années 80. En fait, leur long séjour à la campagne semble avoir eu pour effet de « retarder » leur carrière, puisque la plupart d'entre eux n'ont appris aucune technique utile pour leur carrière future.

Par exemple, Machang a été affecté, à son retour, sur un poste de comptable, profession essentiellement exercée par des femmes. Mais même dans les cas ou ils ont déjà acquis une expérience intéressante de travail à la campagne, comme Xuwen et Changhua, leur compétence semble mal valorisée chez Aban. Xuwen a adhéré au Parti communiste avant son retour et Changhua avait déjà atteint un statut de cadre à la campagne. Tous les deux commencent par travailler comme ouvrier(e)s sur les tâches en aval et le restent pendant longtemps. Changhua est elle-même consciente de cette discrimination :

« Par rapport aux nouveaux qui entrent dans notre unité de travail en sortant de l'école et qui sont prioritaires dans l'accès aux formations, (zhongdian peiyangduixiang), Nous qui sommes revenus de la ferme... En général, nous n'avons pas beaucoup de chance.».

Encadré N°7 : Trajectoires de Xuwen (homme, 56 ans en 2007) et Machang (homme, 55 ans en 2007)

Xuwen est un homme plein d'énergie et d'ambition pour sa carrière. Il est également très « avancé» dans sa mentalité politique. « J'étais toujours très actif et dans le rang des meilleurs étudiants dans l'école et je m'intéresse beaucoup à la politique.» déclare-t-il. Excellent élève dans l'école, il a été envoyé à l'âge de 18 ans à la ferme de la province du Heilongjiang en avril 1969 quand il était en deuxième cycle de l'école secondaire. Pendant 10 ans dans la ferme, il a fabriqué des briques, construit des logements, élevé des porcs, abattu des arbres, cassé des pierres... Pendant les saisons des grands travaux agricoles, il fauche les blés. En 1976, il adhère au Parti communiste. Il regrette aujourd'hui de n'avoir pas appris par lui-même les maths, la physique et la chimie, les sciences dures pendant cette période car elles lui ont fait gravement défaut quand il participe à l'examen d'entrée à l'université en 1978 où il échoue.

En 1979, à l'âge de 28 ans, il rentre à Shanghai et est employé chez Aban en prenant la place libérée par sa mère dans le cadre des quotas d'emploi. Il est affecté à un poste d'ouvrier qualifié dans l'atelier de la chaudière. Il a un certificat pour ce travail. « C'est non seulement un travail de type technique, mais aussi un travail à risque (teshu gongzhong). Il faut avoir un certificat de travail qualifié, parce que c'est également un travail dangereux.» dit-il. Il a fait ce travail jusqu'en 1985.

Machang, était dans la même situation que Xuwen. Il était moins motivé que Xuwen à l'école et ainsi n'a pas ressenti autant de douleur que Xuwen quand il a été envoyé à la ferme de la province de Heilongjiang en 1969. 10 ans plus tard, il remplace sa mère chez Aban en 1979 quand il a 27 ans. Il est affecté à un travail dans l'entrepôt. Il comptabilise les bouteilles d'eau gazeuse, un travail d'enregistrement des entrées et sorties des bouteilles d'eau gazeuse. Dans cet entrepôt, la plupart des salariés étaient des « veilles tantes » (lao ayi, expression péjorative qui sert à désigner les femmes temporaires et les femmes externes) qui travaillent sur les tâches lourdes de transport. Il travaille toujours sur ce type de travail comme comptable.

Encadré N°8 : Trajectoire de Changhua (femme, 52 ans en 2007)

Changhua, entrée chez Aban en 1979, a été envoyée elle aussi à la campagne en 1974. Elle était instructeur politique de compagnie (lianzhang zhidaoyuan) dans l'organisation de type militaire mise en place à l'époque à la ferme, avec un statut de cadre, ce qui est très rare. En tant que cadre, selon la politique du moment, il fallait s'installer définitivement à la campagne (dinggan). Elle ne le voulait pas. Elle voulait faire des études.

A la fin des années 70, compte tenu de possibilités de retourner à Shanghai, elle décide de ne pas adhérer au Parti communiste parce qu'une fois membre du parti communiste. « Je ne pouvais plus négocier... Je devais faire ce que le parti nous demande.» déclare-t-elle.

Cinq ans plus tard, en 1979, quand elle a 24 ans, il y a un grand retour à Shanghai (da fancheng). Elle revient à Shanghai et entre chez Aban, en remplaçant sa mère. Sa mère, une ouvrière externe, était une « mère de gloire » (guangrong mama) qui a donné naissance à huit enfants. Elle travaillait très sérieusement. Changhua reconnaît qu'elle a quand même eu de la chance parce qu'elle a rencontré une secrétaire de cellule dans son atelier qui a reconnu sa capacité. Quelques mois plus tard, Changhua a été promue comme chef d'équipe des tâches en aval dans l'atelier de bonbons.

Elle travaille sur cette tâche jusqu'en 1988, toujours en tant qu'ouvrière. Sa compétence professionnelle n'a pas été reconnue jusqu'en 1989 année de ses 34 ans. Quand Aban a eu besoin de personnels pour le bureau de propagande idéologique, elle a été choisie.

La situation est la même pour plusieurs hommes qui ont déjà accompli un travail « technique » dans la campagne ou dans la ferme avant de revenir à

Shanghai et chez Aban[203]. Mais nous ne relevons aucun cas de femmes, parmi nos enquêtées, ayant exercé des tâches « techniques » à la campagne ou dans la ferme.

Changwei est un homme âgé de 50 ans en 2007. Il a été envoyé à la ferme à 18 ans en 1975 et y est resté pendant 8 ans. Il répare les machines médicales. En 1983, il entre chez Aban et est affecté à un travail sur les tâches en amont de l'usine de bonbons. Un an plus tard, il est devenu le chef de la chaîne, poste souvent occupé par des femmes promues parmi les ouvrières. Deux ans plus tard, en 1986 les guides de l'usine ont appris qu'il avait déjà fait des travaux techniques dans la ferme et lui ont confié un travail de réparation dans le cadre des trois-huit. Pendant la restructuration d'Aban des années 90, il y a surplus de réparateurs, il a donc été affecté à un travail sur la chaîne d'emballage des bouteilles d'eau potable, un travail accompli par huit ouvriers dans chaque équipe, principalement réalisé par les femmes.

Kongwu a 50 ans en 2007 ; il a été envoyé à la ferme de Chongming après son deuxième cycle d'étude secondaire en 1976 quand il avait 19 ans. Dans la ferme de Chongmin, il était tractoriste. « J'avais un peu de connaissances sur la réparation » déclare-t-il. En 1986, à l'âge de 29 ans, il est revenu de la ferme pour entrer chez Aban et retrouver sa femme (qiaomin). Il a été affecté à un travail sur les tâches en amont. Un an plus tard, les directeurs ayant appris qu'il avait déjà une connaissance de base de la réparation, il est promu comme réparateur auprès des équipes de trois-huit. Pendant la restructuration d'Aban, il s'occupe des ventes (xiaoshou). Il se fait alors « rouler » par un client de 40 000 yuan. Pour améliorer sa compétence technique, il passe avec succès le grade 8 de l'examen d'ouvrier technique, ce qui représente un haut niveau dans les années 90. Aujourd'hui, il est chef d'équipe et réparateur.

Dans les deux cas, leur expérience acquise en matière de travail « technique» n'a été détectée que lorsque Aban manquait d'ouvriers techniques. D'ailleurs, Changwei et Kongwu n'ont pas été affectés à la filière la plus technique puisqu'ils travaillaient dans l'équipe de réparation détachée aux trois-huit. Comparée à celle des hommes qui n'avaient pas été envoyés à la campagne, leur

---

203 A l'époque de la Révolution Culturelle, le niveau de la mécanisation dans les régions rurales était faible. Le travail à la campagne et dans les fermes était essentiellement composé de tâches physiques. Mais pour les jeunes qui ont travaillé àla ferme jusque dans les années 1980, il y avait probablement, dans certaines régions, du travail technique. Comme le note Michel Bonnin, « Les emplois de tractoriste et de conducteur de camions étaient assez prisés, mais n'existaient guère que dans les fermes…». (Michel Bonnin, 2004, *Génération perdue, Le mouvement d'envoi des jeunes instruits à la campagne en Chine, 1968—1980*, Editions de l'Ecole des hautes études en science sociales, Paris, p.311.)

carrière pendant la réforme est marginale. On sait que le réseau de relations dans l'unité du travail est un facteur important pour toutes les opportunités professionnelles (Andrew G. Walder, 1986). Nous supposons que leur marginalisation provient en partie du fait qu'ils étaient extérieurs aux réseaux de relations qui ont pu se tisser entre les travailleurs déjà « établis ». En effet, tous les deux, pendant l'entretien, ne cessent de parler du passé et d'évoquer « le bon temps » dans la ferme : la relation « pure » et harmonieuse entre les gens, le bonheur du travail, etc., pour critiquer le système compliqué de relations (guanxi fuza) qui prévaut chez Aban et auquel ils ne s'adaptent pas.

Les « filles de fer » chez Aban

A leur retour de la campagne, les filles instruites ont été souvent affectées à des travaux très physiques. JIN Yihong montre dans son enquête que les jeunes femmes revenues instruites de la campagne du Nord de la province de Jiangsu ont été affectées à Nanjing à des tâches de manutention. Conformément aux principes de la « Politique de l'emploi planifié » (tongfen tongpei), le gouvernement de Nanjing a placé ces jeunes femmes instruites dans le quartier où habite leur famille.

Un cadre l'explique ainsi :

« L'administration du quartier a affecté ces jeunes dans la plus grande entreprise du quartier, soit l'unité des affaires du port (gangwuju). 300 jeunes instruits ont été affectés à cette unité de travail, dont plus de 200 sont des femmes. Il n'y avait pas tant de travail auxiliaire (dans la logistique) pour ces femmes. Il ne restait que la manutention. »

Jin Yihong montre que le régime de l'emploi planifié (tongfentongpei) avait lui-même provoqué de grandes difficultés empêchant de trouver des emplois adaptés à la main-d'oeuvre féminine dans certaines industries lourdes. Cette explication est séduisante mais elle réduit la forte présence des femmes dans le travail physique à une simple difficulté d'affectation des tâches. Il faut pousser plus loin l'analyse et prendre en compte la différence de traitement réservé aux femmes et aux hommes dans ce travail de manutention. En fait, JIN Yihong note plus bas dans le texte, le phénomène suivant :

« Dans le groupe de manutentionnaires, il y avait plus de femmes que d'hommes ; quand les ouvrières familiales (jiashugong) sont parties en retraite, au même moment les hommes sont partis progressivement ; il ne restait plus que les jeunes femmes instruites. Les gens ont vu que ces jeunes femme âgées de 28 ou 29 ans subissaient de rudes épreuves et étaient souvent citées comme modèles. On les appelait le groupe féminin des manutentionnaires.»[204]

Il ne restait que les femmes. Et ces femmes ont accompli ce travail jusqu'aux années 1992. On voit que si l'attribution du travail physique aux femmes est la conséquence des besoins de main-d'œuvre des entreprises, il reflète aussi une hiérarchie sexuée plutôt qu'un « non choix » dans l'attribution du travail aux femmes[205].

Certaines jeunes femmes instruites ont été affectées aux tâches les plus pénibles chez Aban. Si le travail physique que réalisent les hommes est lié à la technique, c'est le cas des tâches en amont, ce travail physique est plutôt pour les jeunes femmes instruites un « sale boulot » (Hughes, 1958) attribué seulement à une catégorie de sexe : les femmes.

En 1974, 30 jeunes instruits, dont 28 filles, sont rentrés à Shanghai et ont été affectés à Aban. Selon le manager des ressources humaines, plus de femmes que d'hommes ont été affectées chez Aban parce qu'il s'agit d'une entreprise d'industrie légère. Parmi ces 30 nouveaux arrivants, 13 filles qui jouissaient d'« une bonne santé et d'une bonne mentalité » ont été choisies pour travailler dans l'atelier de chaudières, sur les tâches physiquement pénibles : alimenter la chaudière avec du charbon, travail qui avait été assuré autrefois par les « travailleurs externes ». Les jeunes instruits ont donc succédé sur ces postes aux « femmes du Grand Bond en avant » qui ont pris leur retraite l'une après l'autre.

Dans le même atelier, à part les 13 nouvelles arrivantes, les autres sont tous des hommes, beaucoup plus âgés qu'elles. Mais, leurs activités, plus techniques, réclamaient moins d'effort physique : elles consistaient à surveiller des instruments de mesure de la température et de la pression.

Se dégageaient aussi à cette époque de nouveaux cadres. Xuwen, par exemple, 56 ans en 2007, commence à suivre des études lui-même en 1979 après son retour de la campagne : « en ce moment, pour être promu cadre, il faut avoir un diplôme, c'est indispensable ! » dit-il. Cette attitude a beaucoup incité une partie des ouvriers à suivre des études.

Wuping était l'une de ces 13 filles. Femme regorgeant d'énergie, elle avait déjà été promue chef de section dans la ferme et avait refusé d'être promue chef de compagnie par peur de rester toute sa vie à la campagne. Wuping est revenue à Shanghai et est entrée chez Aban au printemps 1974. Elle était très

---

204 JIN Yihong, 2006, « Tie guniang zai sikao-zhongguo wenhua da geming qijian de shehui xingbie yu laodong » (« Repenser les "filles de fer" : le genre et le travail pendant la Révolution Culturelle en Chine ») in *Shehuixue yanjiu* (*Études sociologiques*), N°1, pp.169-193.
205 *Ibid.*

contente de pouvoir revenir à Shanghai et rêvait d'avoir un bon travail. Mais elle a été affectée à un travail encore plus pénible que celui qu'elle accomplissait à la ferme :

« J'étais tellement contente de rentrer à Shanghai et je pensais que j'allais avoir un bon travail dans l'usine, puisque j'avais déjà fait des travaux très pénibles dans la ferme pendant 6 ans. Tout le monde le savait, à cette époque, le meilleur travail était celui de l'ouvrier technique, tourneur, ajusteur, raboteur. Je pensais à cette époque que même si je n'avais aucune chance d'avoir un bon travail technique, au moins je pourrais être affectée à un travail sur la chaîne, ça serait déjà beaucoup mieux qu'à la ferme. Mais, contrairement à ce que j'avais imaginé, je suis affectée à un travail dans l'atelier des chaudières ! »

Leur travail est très physique. Avant que les machines de chaudière aient été automatisées dans les années 1980, elles chargeaient le charbon manuellement. Wuping déclare :

« Et le travail était vraiment incroyablement pénible ! Vous ne pouvez pas imaginer, nous chargions le charbon dans la chaudière, la chaudière pesait 15 tonnes, une fois qu'elle était allumée, notre visage était tout rouge ! Les seaux pour les escarbilles étaient vraiment très sales ! Pendant le travail, il fallait toujours porter le masque protecteur, au retour dans la nuit, les narines sont noires, tous est noir... Toutes les femmes une fois entrées dans l'atelier devaient changer tous leurs vêtements, y compris les vêtements de dessous. »

Les conditions de travail étaient extrêmement dures si bien que plusieurs filles ont attrapé des trachéites. En fait, ce travail n'est pas seulement nuisible à la santé, il est aussi dangereux. Parmi les 13 filles, l'une est morte : une soupape a explosé et lui a sauté à la tête :

« Elle a eu la vie la plus misérable, elle était très sérieuse et responsable au travail. Son chef réparait une soupape qui fuyait. Il n'a pas respecté la procédure technique... Elle était à côté et regardait comment son maître réparait... Tout à coup, la soupape lui a sauté à la tête. Nous l'avons amenée à l'hôpital, mais ça ne servait déjà plus à rien. J'étais là lorsqu'elle a été emmenée à la morgue. Elle était la plus belle p de toutes les treize et allait bientôt se marier...».

Wuping, considérée par son directeur comme effectuant bien son travail, a été promue chef d'équipe quelques mois seulement après avoir été embauchée. Avec les deux autres chefs d'équipe, elles sont responsables de trois équipes de trois-huit, soit dix femmes en tout. En tant que chefs d'équipe, en sus de la responsabilité du travail de toute l'équipe elles effectuent elles-mêmes le travail :

« Mon travail est le plus pénible... Moi je suis chef de l'équipe, le travail que les autres ne peuvent pas faire par manque de force, je le fais. Les trois filles de mon équipe étaient toutes plus fragiles que moi et donc je devais en faire plus. A cette époque, les véhicules qui assuraient le transport du charbon étaient très fragiles ; dès qu'un véhicule était en panne, on manquait de main-d'œuvre. Ainsi, je travaillais souvent sans arrêt et après le travail de jour, je continuais à travailler la nuit. Il n'y avait pas de téléphone à l'époque. Mon père s'inquiétait souvent pour moi et il venait à l'usine me chercher la nuit... »

Mais, elle insiste sur le fait qu'elle avait une « bonne » mentalité et qu'elle avait l'habitude d'accepter de faire ce qu'on lui demandait de faire, y compris les travaux les plus lourds.

En même temps, pour s'assurer qu'elles travaillent sans problème, la direction a discrètement laissé entendre aux travailleuses qu'il existait des possibilités de promotion :

« Nous avons entendu que les directeurs en haut ont l'intention de promouvoir les meilleurs d'entre nous. Notre travail est temporaire, parce qu'ils manquent de travailleurs pour ce travail et que les autres filles n'ont pas encore été « formées » (duanlian) ou n'ont pas assez de force... En tout les cas, les meilleures vont être promues au bureau, on ne va pas nous laisser toujours travailler sur ces postes...»

Wuping se souvient :

« Notre secrétaire de cellule du parti communiste m'a dit : "tu travailles bien, mais ne te plains pas, sinon tout l'effort dépensé sera complètement perdu". »

Mais, après quelques années, cinq filles qui ne pouvaient plus supporter ce travail se sont faites muter dans d'autres unités de travail dans les années 80 grâce à leurs relations hors d'Aban :

« Il y avait deux filles qui étaient mariées dont les maris étaient dans d'autres entreprises... Par relation, elles ont été mutées dans l'unité de travail de leur mari. Deux sont devenues enseignantes dans les crèches, une est devenue médecin aux pieds nus (chijiao yisheng) ».

Début 1980, les machines de chaudière ont été automatisées. Wuping, et plusieurs autres femmes qui travaillent extrêmement dur et sont toujours animées par une forte volonté de faire carrière et d'adhérer au Parti communiste, ont une chance de promotion. Wuping comprise, cinq femmes sont affectées à un travail de bureau. En 1979, elle a été mutée au bureau de l'usine pour faire un travail statistique. Trois ans plus tard, en 1982, elle a été mutée dans le syndicat. Deux ans plus tard, en 1984, elle a été affectée au bureau des travailleurs et du salaire (laodong gongzi ke). Dans ce bureau, elle a été chargée de la comptabilité des salaires pendant quelques années. Des quatre autres femmes, l'une est chef du bureau d'organisation (zu zhike), une autre est vice-chef de l'usine, et une autre travaille dans le bureau du syndicat. La dernière est affectée à une autre entreprise comme cadre syndicaliste. Toutes sont insérées dans la filière de promotion réservée aux femmes. Les filles restantes ont été reconverties dans l'usine.

Encadré N°9 : Trajectoire de Wuping (59 ans en 2007)

Elle est allée à la ferme de la ville Chongming (près de Shanghai) en 1968 quand elle termine ses études du deuxième cycle de l'école secondaire, à l'âge de 20 ans. Pendant 6 ans dans la ferme, elle fait toujours un travail manuel qui est extrêmement lourd. « Je fais le travail qui est trop lourd pour les autres…Pour n'importe quel travail pénible ou lourd, je me porte volontaire… Ma constitution physique est bonne et je vais toujours au bout de mes forces…» dit-elle.

En 1974, elle a 26 ans et revient à Shanghai où elle est affectée à l'atelier des chaudières. « Puis, le directeur a vu que j'écrivais bien et que je savais bien parler aussi. » dit-elle. Ainsi, deux ans plus tard, en 1976, elle est nommée responsable de la diffusion de la propagande parmi la cinquantaine de travailleurs de cet atelier, et travaille seulement dans la journée au lieu des trois-huit. « Je suis responsable de la propagation de l'idéologie pour la cinquantaine de travailleurs de cet atelier. Quand il n'y a pas de propagande à donner, je travaille en même temps comme réparatrice, je fais les réparations des circuits électriques. » dit-elle.

En 1979, elle a 31 ans, elle se marie et accouche la même année d'une fille. Elle adhère au Parti communiste en 1982.

Outre l'atelier des chaudières, d'autres femmes sont chargées d'accomplir d'autres travaux physiques. C'est le cas de Xia, qui est allée à la ferme à 18 ans et est entrée chez Aban 7 ans plus tard en 1982 pour remplacer sa mère. Elle travaillait sur les tâches en amont :

« Quand j'entre chez Aban en 1982, je suis affectée aux tâches en amont : faire cuire les sirops pour les bonbons. C'est une tâche pour les hommes puisque très physique. Il faut porter la marmite qui est très lourde… J'étais de petite taille, mais le directeur a dit qu'arrivant de la ferme, j'étais forte, c'est à dire que je pouvais supporter la pénibilité... Parce que j'étais déjà comme "entraînée"... »

Elle ajoute :

« Malgré la pénibilité, cuire les sirops est un bon travail ».

Elle l'accepte volontairement et trouve que c'est un bon travail, parce que c'est un travail « technique » réservé aux hommes et qui offre des chances de promotion. Mais, elle n'a jamais eu la chance d'être promue. Elle a fait ce travail jusqu'au début des années 90.

Les femmes Zhiqing (jeunes instruits) : une vie retardée et des difficultés de carrière

En dehors des obstacles empêchant les ouvrières sur les chaînes de faire carrière, surtout celles qui font les trois-huit, les difficultés que rencontrent les femmes Zhiqing sont encore plus grandes. Le mariage constituait un problème très particulier pour les jeunes instruits envoyés à la campagne. Michel Bonnin le note :

« Dans une société où le concubinage était quasi inexistant, la question du mariage apparaissait évidemment comme essentielle pour chaque Zhiqing quand il envisageait son avenir. Plus les années passaient, plus elle devenait pressante. (Michel Bonnin, 2004) »[206]

A partir de 1974, les autorités ont encouragé les jeunes instruits à se marier, afin de manifester leur volonté de prendre racine à la campagne.[207]Or, les chiffres officiels indiquent que la proportion de jeunes instruits qui se sont mariés à la campagne est restée faible. Les jeunes instruits ne veulent pas se marier à la campagne parce qu'ils réduiraient fortement par là leurs chances de retour. (Michel Bonnin, 2004)

Le problème du mariage est d'autant plus sensible chez les femmes jeunes instruites que de retour dans les villes elles sont victimes dans les usines de discrimination dans le domaine de l'emploi. Ainsi, beaucoup de femmes jeunes instruites ne trouvant pas d'occasion d'être embauchées par les unités de travail en ville, sont contraintes de rester plus longtemps à la campagne. Dans certaines régions, ce phénomène est très net : les femmes constituent la majorité des jeunes instruits une fois les hommes repartis dans les villes. C'est pourquoi, le gouvernement encourage les mariages mixtes entre un/une jeune instruit et

---

206 Michel Bonnin, 2004, *Génération perdue, Le mouvement d'envoi des jeunes instruits à la campagne en Chine, 1968—1980*, Paris, Editions de l'Ecole des hautes études en science sociales, p.319.

207 Michel Bonnin, 2004, *Génération perdue, Le mouvement d'envoi des jeunes instruits à la campagne en Chine, 1968—1980*, op.cit., p.320.

un/une paysanne. Finalement, certaines femmes jeunes instruites finissent par épouser des paysans et prennent racine à la campagne (LIU Xiaomeng, 2003).

Quand s'offre pour elles l'occasion d'un retour à la ville, nombreuses sont les femmes qui ont déjà atteint un âge avancé. La question des « filles célibataires à l'âge avancé » (Dalingnüqingnian) devient un véritable problème social à la fin des années 1970 et au début des années 1980 (LIU Xiaomeng, 2003). A leur retour, une forte pression en faveur du mariage s'exerce sur elles de la part de leur famille.

Yujia et Qiaomin, sont toutes les deux revenues à Shanghai à l'âge de 30 et 34 ans. Toutes les deux ont un ami jeune instruit. Elles évitent sciemment de se marier à la campagne pour pouvoir retourner à Shanghai. Comme le dit Qiaomin :

« Je me suis mariée très tard…Tu sais pourquoi ? Je ne voulais pas rester toute ma vie à la campagne ! Je me suis tellement inquiétée. Ma mère, ouvrière externe, a demandé chaque année à prendre sa retraite anticipée pour me donner une chance de la remplacer selon la formule "dingti", mais, il a fallu attendre jusqu'en 1984, quand ma mère avait 50 ans, l'âge de la retraite, pour que je puisse profiter du "dingti". »

Qiaomin a été affectée à un poste dans l'atelier des papiers du riz glutineux. Yujia, grâce aux relations de son père, Chenye, 76 ans en 2007, qui était le chef de l'usine à ce moment, a mobilisé tout son pouvoir et tous ses réseaux pour trouver un « bon » travail à sa fille. Elle a été affectée à un travail pas trop pénible, la recette de l'essence, un emploi qui exige une bonne connaissance des recettes de l'essence, mais ne réclame pas beaucoup d'efforts physiques. Ce type de travail était essentiellement effectué par des femmes. Selon Chenye, cette tâche, plus « aisée » que le travail sur la chaîne, est réservée aux femmes discrètes avec une « bonne mentalité » afin de ne pas dévoiler les secrets des recettes. Yujia et Qiaomin ont chacune donné naissance à un fils, l'une avait 32 ans et l'autre 31.

Qiaomin et Yujia n'ont suivi aucun cours de rattrapage pendant la vague de la formation continue. Yujia, bien que disposant d'une bonne base culturelle par rapport aux moins âgés parce que ses études secondaires n'ont pas été interrompues par la Révolution Culturelle, n'a pas pu suivre la formation continue à cause de son double rôle, de mère et de travailleuse. En 1986, son directeur lui propose de faire des études sur le financement, mais son fils avait seulement un an à cette époque et elle a dû refuser. Se souvenant de cette expérience, elle s'exclame :

« Oui, je me suis vraiment sacrifiée pour ma famille...»

Qiaomin dit la même chose :

« Dans les années 1980..beaucoup de gens font des études... Mais pour nous, déjà le travail en trois-huit était très fatigant...et puis, en fait, nous étions déjà vieilles, avec un enfant...j'avais 34 ans...j'étais tellement occupée, d'un côté par mon travail pour gagner ma vie, de l'autre côté, par la responsabilité de devoir m'occuper de mes beaux-parents et d'élever mon enfant...» (Qiaomin)

A part les tâches inhérentes à leur propre famille, elles étaient aussi en charge de leurs beaux-parents si leur mari était l'aîné dans sa famille. Yujia, qui habite dans le logement de ses beaux-parents :

« Je dois également prendre en charge les parents de mon mari... Ma belle-mère est tombée malade en 1986, je passais à l'hôpital la plupart du temps où je n'étais pas à l'usine...».

Pour Qiaomin, le logement des beaux-parents, où habite la famille d'un beau frère de Qiaomin, n'est pas assez grand pour l'héberger avec son mari et leur fils. Elle habite donc avec son mari dans le logement de ses parents, où habite également la famille de son frère. Pour compenser le « trouble » ainsi occasionné à ses parents et à son frère, elle doit aussi s'occuper de ses deux neveux dont l'un est né en 1986 et l'autre en 1987.

Quand son deuxième frère a un enfant, il n'y a plus assez de place pour héberger Qiaomin, son mari et leur fils. Son fils continue donc à dormir avec sa grand-mère, tandis qu'elle et son mari habitent chez ses beaux-parents... Depuis lors, elle était tiraillée par les tâches domestiques des deux côtés :

« Après mon travail sur la chaîne sur les tâches en aval (équipe de jour), je rentre et j'arrive chez mes beaux-parents à 20-21 heures le soir. Le lendemain, je vais au boulot de chez mes beaux-parents, je finis le travail à 14 heures, avant de rentrer chez mes parents, j'achète les aliments, je cuisine et m'occupe de mon fils, de mes deux neveux et des tâches domestiques chez mes parents...Quand j'ai fini ces tâches, je rentre chez mes beaux parents pour dormir. Et je dois également participer aux tâches domestiques chez mes beaux parents... Souvent quand le temps est pressé, je cours ! »

Pendant que Qiaomin était en charge de toutes les tâches domestiques, son mari épuisait son énergie à faire des études. Il commence au niveau du deuxième cycle de l'école secondaire. Puis il suit les cours sur la technique et obtient un certificat de technicien supérieur. Qiaomin a très bien accepté cette répartition des rôles dans la famille :

« Dans une famille, je pense que c'est toujours la femme qui s'occupe des tâches domestiques, mon mari doit faire sa carrière ; il avait déjà accumulé un tel retard...»

Ce type de situation se retrouve chez plusieurs couples auprès desquels nous avons enquêté. La même répartition des rôles s'observe dans la famille de Xuwen, jeune instruit que nous avons présenté plus haut. Xuwen est animé du désir de « récupérer le temps perdu ». Pendant des années où il faisait ses études, sa femme, qui travaillait dans une entreprise textile, s'occupait de toutes les tâches domestiques et de leur fils né en 1983.

Encadré N°10 : Trajectoires de Yujia (52 ans) et Qiaomin (56 ans)

Yujia, 52 ans en 2007

A l'âge de 19 ans, en 1974, Yujia a été envoyée dans une ferme près de Shanghai.

En 1985, 11 ans plus tard, à 30 ans, elle revient à Shanghai et entre chez Aban en remplaçant sa mère, Jieqing, 74 ans en 2007, enquêtée présentée dans le chapitre 4. Elle a été affectée dans l'atelier de fourniture à un poste qui consiste à confectionner les essences de bonbons selon les recettes. C'est un travail qui offre plus de liberté que la chaîne.

Elle demeure à ce poste jusqu'en 1997 où elle est licenciée.

Son mari était dans la même ferme qu'elle. Ils ne se sont pas mariés à la campagne pour éviter le risque de s'y enraciner. Ils se sont mariés l'année de leur retour et leur fils est né l'année suivante.

Qiaomin, 56 ans en 2007

Elle est allée à la campagne à l'âge de 16 ans en 1968 à Anhui. Elle est rentrée à Shanghai à 33 ans en 1984. Elle a été affectée à un poste dans l'atelier des papiers du riz glutineux.

Elle se marie la même année. Sans logement, elle, son mari et leur fille sont hébergés par les parents de Qiaomin. Leur fils est né en 1985.

Elle travaille sur les tâches en aval jusqu'à 1993, année de ses 42 ans. Elle est ensuite reconvertie dans le département du marketing sur un poste de vente. A 45 ans, elle a « acheté ses années de travail ».

CONCLUSION

L'unité de travail est une institution de type paternaliste. Les postes de responsabilité et de pouvoir sont, avec les postes techniques, les plus valorisés, essentiellement occupés par des hommes.

La division du travail entre hommes et femmes y est « classique » : pouvoir et technique aux hommes, patience, communication et agilité des doigts aux femmes. Ces normes, imposées par l'entreprise, sont largement acceptées et adoptées par les hommes comme par les femmes comme des données naturelles. Chez Aban, les femmes qui se définissent comme « révolutionnaires » à cette époque, acceptent l' « arrangement» du travail avec docilité. Wuping déclare :

« A cette époque, nous étions très pures, nous n'étions pas dans la logique où je fais le travail pénible maintenant et je le fais bien, et un jour je pourrai aller travailler dans un bureau... Non, ce n'était pas comme ça, la mentalité... Il faut dire que nous avons accepté l'éducation orthodoxe. On se demande à soi-même de travailler sérieusement et avec diligence...ce n'est pas comme aujourd'hui où les gens ont beaucoup d'exigences... Nous avions une très bonne mentalité...».

Jiesheng, désirant à tout prix quitter son travail à la cantine, a déployé beaucoup d'efforts ; elle a accepté sans se poser de question d'être promue dans une filière considérée comme féminine. Quand je demande à Jiesheng pourquoi les femmes occupent plus souvent des postes de syndicalistes ou de propagandistes, etc. , elle trouve la question bizarre : elle me regarde avec perplexité comme si la question ne se posait pas, n'avait pas de sens pour elle. Après quelques secondes de silence, elle cherche la réponse et finit par me dire :

« C'est juste conventionnel. Nous faisions ce que les dirigeants nous demandaient de faire. A l'époque, nous étions très purs, nous écoutions le Parti...» (Jiesheng, 56 ans en 2007)

L'acceptation simple des tâches que les dirigeants leur imposent fait partie de la loyauté au Parti communiste. L'unité de travail n'est pas seulement une institution économique, c'est aussi une institution politique. Les cadres ne se bornent pas à encadrer la production, ils représentent aussi l'autorité du Parti. Cette attitude est très différente de celles que JIN Yihong a observées à la campagne. D'après son enquête, le modèle de la « fille de fer » qui attribue à une partie des femmes « jeunes et instruites » une autorité morale déléguée par le pouvoir étatique, est considéré comme un défi à la conception traditionnelle de la division sexuée du travail telle qu'elle existe dans les campagnes où elles ont été envoyées (Emily Honig, 2005). Nous supposons que ce refus est étroitement lié à la relation de réciprocité qui s'est instaurée entre les jeunes instruits et les paysans. Pour se lier aux masses, les jeunes instruits travaillant à la campagne, s'efforcent de comprendre et de servir les masses paysannes en partageant leur vie et leur labeur. Mais en même temps, ils sont des révolutionnaires dont la mission consiste à faire évoluer la mentalité des paysans. Comme le note Michel Bonnin:

« A l'époque, la tâche des intellectuels consiste aussi à lutter contre les "restes du féodalisme" subsistant dans les mentalités rurales[208]. »

Mais, ce n'est pas le cas dans l'unité de travail. Dans l'unité de travail, les dirigeants représentent le Parti-Etat. Ainsi, l'obéissance devient une nécessité absolue. Ce devoir de loyauté à l'égard du Parti communiste a été intégré comme une valeur fondamentale par beaucoup de femmes, comme l'attestent Jiesheng et presque toutes les femmes que nous avons interrogées chez Aban. C'est pour cette raison qu'elles n'ont jamais remis en question, même mentalement, l'évidente inégalité de la répartition des tâches entre les femmes et les hommes, inégalité flagrante qui contredit dans la pratique le mot d'ordre officiel : « ce que les hommes peuvent faire, les femmes le peuvent également ».

Pour les *zhiqing*, jeunes instruits, le fait d'être envoyé à la campagne a exercé un effet très négatif sur leur carrière. Ce sont les femmes qui ont le plus perdu au change et de beaucoup. Certaines ont été affectées aux « sales boulots ». C'est sur elles que s'accumulent et se concentrent les pressions morales et les problèmes matériels : mariage, enfants, logement, emploi, travail domestique élargi aux parents et à la belle-famille, etc. Les femmes qui n'ont pas été envoyées à la campagne ont pu mener des carrières dans des conditions plus favorables.

Dans les années 1980, au cours du premier cycle de la réforme, les hiérarchies dans l'unité de travail se sont reproduites et même creusées. Les cadres, majoritairement des hommes, occupent désormais les postes névralgiques qui combinent à la fois l'encadrement de la production et l'encadrement politique. Chez Aban, tous ont « modernisé » leurs compétences et sont devenus « managers » ou « PDG ». Les techniciens qui ont une faible compétence technique consécutive à l'influence très négative de la Révolution culturelle sur les processus de formation ont également suivi des cours et passé l'examen du certificat technique. Ces deux catégories jouissent désormais d'un bon niveau d'employabilité, articulant leur réseau de « relations » et leur « certificat » ou « diplôme ». Pendant les années 1990, quand Aban était en crise, beaucoup d'hommes ouvriers techniques et de cadres ont trouvé un emploi dans les entreprises privées, ou même ont eu la possibilité de créer leur propre

---

208 Michel Bonnin, 2004, *Génération perdue, Le mouvement d'envoi des jeunes instruits à la campagne en Chine, 1968—1980,* Paris, Editions de l'Ecole des hautes études en science sociales, Paris, p.41.

entreprise grâce à la fois à leurs relations, avec les autres cadres au pouvoir dans le gouvernement ou dans les entreprises, leur diplôme et leur expérience de gestion. Comme le notent les *Annales de Shanghai*[209], les diplômés des « cinq catégories des universités » ont eu beaucoup d'occasions de faire carrière. Il en va tout autrement pour les ouvrières, OS sur la chaîne ou chefs de chaîne : sans qualification objectivement reconnue, elles se caractérisent par une très faible employabilité sur le marché du travail.

---

209 Source officielle en ligne :
http://www.shtong.gov.cn/node2/node2247/node4602/node79793/node79813/userobject1ai104531.html

CHAPITRE 7.
LA DEUXIEME GENERATION LA
RENCONTRE DE LA REFORME ECONOMIQUE

La troisième phase, celle qui correspond aux Réformes économiques, ouvre pour les femmes une ère nouvelle. En dehors de la pression économique qui faisait de leur emploi une nécessité vitale pour elles, et pour l'Etat une variable efficace d'ajustement, les femmes des deux premières générations étaient encouragées et parfois exhortées par l'Etat à travailler, même si on les renvoyait chez elles dans les périodes où la main d'œuvre était pléthorique. Le parti et les dirigeants faisaient du travail, de l'emploi et de l'activité professionnelle des femmes des valeurs positives, même si, d'une période à l'autre, le contenu de ces valeurs a pu changer. Tout autre est le climat social qui prévaut pour les femmes de la troisième génération. Les femmes continuent aujourd'hui à faire l'objet d'une discrimination sur le marché du travail, expérimentant même des formes nouvelles de discrimination et de ségrégation dans le domaine de l'emploi, la première d'entre elles, étant le licenciement. Le discours officiel et médiatique les concernant s'est aussi entièrement transformé. Le travail des femmes est aujourd'hui affecté d'un signe négatif. Les valeurs traditionnellement associées à la féminité, la douceur et la tendresse, sont remises au goût du jour, les vertus du mariage et de la maternité sont à nouveau célébrées comme des destins naturellement féminins. La transmission de ces valeurs s'effectue moins par le biais des discours officiels de la propagande d'Etat que par les politiques d'emplois des entreprises et les pressions quotidiennes des mères exercées sur leurs filles. C'est du moins ce qu'on a pu observer au sein de l'entreprise Aban.

Nous étudierons successivement les deux aspects de cette transformation en profondeur du statut des femmes dans la société chinoise. Le premier a trait aux nouvelles conditions de travail et d'emploi qui leur sont faites dans le cadre de la réforme économique ainsi qu'aux formes de résistance que déploient hommes et femmes contre les nouvelles formes d'organisation du travail ; le second aux formes de transmission par lesquelles s'effectue le retour en force du modèle maternel.

I. LICENCIEMENTS ET RECONVERSIONS

Depuis le début des années 1990, la réforme économique s'est accélérée. Les entreprises étatiques ont été touchées de plein fouet par la concurrence. La sécurité de l'emploi a été fortement ébranlée. Les licenciements ont été nombreux et massifs. Pendant les premières années, la reconversion de la main-d'oeuvre en surnombre a été prise en charge. La plupart des ouvriers licenciés ont retrouvé un emploi. Comme le note Jean-Louis Rocca :

« En 1991, pour l'ensemble du pays 980 000 personnes ont dû quitter leur poste de travail', mais sur ce chiffre 880 000 se verront ''réinstallées'' (anzhi) dans un autre travail. Seuls 100 000 resteront sans emploi tout en restant à la charge de l'entreprise : ce sont, avant l'heure, les premiers xiagang zhigong. »[210]

En novembre 1993, le ministère du travail crée le « programme de réemploi » (zaijiuye gongcheng) à titre expérimental avec les objectifs suivants :

« encourager et soutenir les entreprises et la société dans leur efforts de reclassement des travailleurs au chômage (shiye zhigong) et des travailleurs surnuméraires (fuyu zhigong) ; encourager les unités de travail à embaucher des chômeurs et des travailleurs surnuméraires ; soutenir activement les chômeurs et les travailleurs surnuméraires lorsqu'ils créent eux-mêmes leur emploi ou leur activité d'auto-subsistance (zimou zhiye) ; aider les départements concernés des entreprises dans leur travail d'ajustement de la main-d'œuvre des chômeurs et des travailleurs surnuméraires à l'intérieur de l'entreprise et de la branche d'activité; coordonner les procédures et fournir des services en matière de conseil, d'information et d'orientation dans le domaine de l'emploi ; établir vigoureusement des entreprises de service pour l'emploi et une base permettant aux employés et ouvriers qui ont quitté leur poste de « se sauver par eux-

---

210 CHENG Liansheng, 2002, *Zhongguo fanshiye zhengce yanjiu (Recherche sur les politiques anti-chômage en Chine)*, Beijing, Shehui wenxian chubanshe (Editions de lectures des Sciences sociales), p.141. Cité par Jean-Louis Rocca, 2005, *La Condition chinoise : Capitalisme, mise au travail et résistances dans la Chine des réformes, op.cit.*, p.77.

mêmes » (zijiu). Très rapidement les villes de Shanghai, Shenyang, Qingdao, Chengdu, Hangzhou mettent en place le programme, bientôt suivies d'une trentaine d'autres agglomérations. »[211]

L'entreprise Aban, fortement touchée par la concurrence, a connu une crise grave au point d'être obligée de fermer en 1993. Comme les autres grandes entreprise étatiques, Aban a créé une compagnie de services de main-d'oeuvre (laodong fuwu gongsi) destinée à orienter les travailleurs licenciés vers de nouvelles activités.

Pendant deux ans (1993—1994), mis à part les travailleurs qui ont retrouvé un emploi dans des entreprises privées, souvent des cadres supérieures et des techniciens qui disposent à la fois d'un diplôme et de relations, les autres ont soit été reconvertis à d'autres emplois, soit touchent une allocation vitale de base (jiben shenghuofei) en « attendant » un emploi (daiye). Les cadres, femmes et hommes, qui n'ont pas cherché un emploi sur le marché, ont été largement pris en charge par le bureau gouvernemental de l'industrie légère et travaillent sur des affaires liées à la coopération des capitaux, la reconversion des ouvriers, etc.

En 1995, avec le soutien gouvernemental de Shanghai et de la politique du Zhuadafangxiao, Aban est l'objet d'une restructuration : changement du produit et reconfiguration de la structure d'emploi. Sont réembauchés environ 500 travailleurs parmi les 2000 travailleurs employés en 1990.

Reconversions : hommes et femmes ne sont pas logés à la même enseigne

Mais les politiques de reconversion mises en œuvre pour les femmes ne sont pas les mêmes que celles dont bénéficient les hommes. Les postes proposés aux femmes sont situés dans les secteurs tertiaires qui sont en plein essor, service d'hôtel et restauration. Il s'agit d'entreprises privées. L'emploi y est souvent très précaire avec une limite d'âge. Par exemple, Xueli, antérieurement ouvrière sur des tâches en aval, se souvient qu'en 1994, Aban lui a proposé un emploi dans un hôtel où l'on embauchait des femmes de ménage âgées de moins de 35 ans.

En 1994, Aban amorce une coopération avec une entreprise privée pour fonder une entreprise de taxis afin de pouvoir reconvertir une partie de ses propres travailleurs. Aban a financé la formation de 100 chauffeurs. La sélection s'effectue sur la base de dossiers déposés librement par les candidats. Mais

---

211 *Ibid*, p.77.

beaucoup d'ouvrières employées chez Aban n'ont pas été informées de cet appel d'offre. Parmi les 100 personnes financées par Aban pour apprendre à conduire, il n'y avait que 6 ou 7 femmes. Une fois de plus, les hommes ont le monopole de ce travail « technique ». Or cette nouvelle branche d'activité, en plein essor à l'époque, représentait un travail très attirant, du fait en particulier de salaires élevés. Zhuanghua, le mari de Yujia, qui figurait parmi ces 100 personnes financées par Aban, rappelle qu'il gagnait entre 3000 et 4000 yuan par mois, pouvant même aller, certains mois, jusqu'à des salaires de 10 000 Yuan, le salaire des ouvriers correspondant à l'époque à quelques centaines de Yuan.

Les nouveaux emplois chez Aban

En 1995, après la restructuration, à part une partie de femmes qui sont réembauchées pour travailler sur la chaîne de production de l'eau potable ou comme chefs de chaîne pour encadrer les ouvrières, deux sortes de postes sont ouverts à leur intention : ouvrières sur la chaîne et marketing.

Le marketing est un département nouvellement créé. En transformant le marché vendeur de l'économie planifiée où les vendeurs sont en position de force en un marché acheteur soumis aux contraintes de l'économie de marché, toutes les entreprises s'efforcent de rechercher des clients et d'activer les ventes. L'ancien département d'approvisionnement et de vente (gaoxiaoke) chez Aban où les hommes étaient majoritaires est ainsi transformé en département de « Marketing » ; beaucoup d'ouvrières y ont été embauchées à la condition d'être âgées de moins de 40 ans.

Leur salaire est composé d'un salaire de base et d'une prime de performance proportionnelle au nombre de clients. La pression est forte. Tous les trois mois, le travailleur dont la performance est la plus faible est menacé de licenciement. En plus, ces anciennes ouvrières embauchées pour ce travail sur la base d'un contrat annuel se trouvent très vite en compétition avec les jeunes de la génération suivante qui viennent d'être embauchés. Dongma, 52 ans en 2007, se souvient :

« Beaucoup des anciennes ouvrières ne supportent pas la compétition et l'objectif du travail en choisissant volontairement d'être licenciées en touchant une partie de leur salaire. » (Dongma,).

Mais, beaucoup de femmes qui ont lutté pour apprendre ce métier et qui ne voulaient à aucun prix arrêter de travailler ont été également incitées à accepter d'être licenciées au début des années 2000, à plus de 45 ans. Quelques femmes, comme Dongma, dont les performances étaient élevées et qui disposait de nombreuses relations avec les clients, ont été réembauchées avec un contrat d'un an après le licenciement. Mais les autres ont été privées de toute chance de pouvoir être réembauchées chez Aban.

La même année, 1995, un centre d'appel financé par le bureau gouvernemental de l'industrie légère est créé et un grand nombre des ouvrières licenciées y ont été embauchées comme « téléopératrices ».

Ces anciennes ouvrières, décrites par le PDG du centre comme « de nouvelles illettrées » (Yandan), ont d'abord dû suivre un stage informatique destinée à leur apprendre à se servir d'un ordinateur, à taper les informations des clients, utiliser les logiciels, etc. L'évaluation de leur travail s'effectue sur le niveau de maîtrise du mandarin, la vitesse de frappe et les manières d'être au travail : sourire (weixiao fuwu), amabilité avec le client (qinqie fuwu). En fait, le critère de qualification est strict:

« A l'époque nous avions moins de 300 produits, nous avons une table des matières : le nom du produit, le numéro, le prix. Il fallait réciter par coeur toutes ces informations. On a organisé des concours sur la vitesse de frappe, le niveau de mandarin. »

Les conditions de travail sont caractérisées par une forte irrégularité du temps de travail. Le centre d'appel est ouvert 24 heures sur 24 et 356 jours par an. Pendant 24 heures, quatre équipes de femmes s'y succèdent.

Elles perçoivent un salaire de base de 800 yuan. Plus une prime par coup de téléphone. Un contrôle automatique intégré à l'ordinateur mesure la vitesse de leur débit de paroles. Selon le manager, le salaire le plus élevé au cours de la période chaude est supérieur à 2000 yuan. Le mot d'ordre en vigueur dans le centre est «le client est roi».

Leur contrat est annuel. En cas de plainte des clients, c'est le licenciement sec sans recherche du motif. « Qui a offensé le client, va être licencié.» Ainsi, selon le manager, à cause du stress moral, de la pression physique ou d'une qualification inadaptée, beaucoup de femmes quittent volontairement ce travail, sont licenciées avec contrepartie de salaire ou prennent leur retraite anticipée. Celles qui survivent dans ce système, selon le manager sont « vraiment d'excellentes travailleuses.»

On le voit, les nouvelles formes d'économie de marché et de consommation provoquent des licenciements massifs chez les ouvrières et des reconversions assorties d'une limite d'âge vers les secteurs des services où les emplois qui leur sont proposés exigent des compétences dites « féminines » ou dans des secteurs comme le marketing, où il y a un urgent besoin de travailleurs. Dans le centre d'appel, elles subissent la discipline sévère de la nouvelle organisation du travail qui structure leur comportement : esprit de service, voix féminine. Elles se trouvent astreintes aux nouvelles normes disciplinaires capitalistes. L'image traditionnelle du rôle féminin dans le domaine domestique est réexploitée dans les postes de vente de produits d'usage quotidien. Le manager le dit clairement : « les clients n'acceptent pas une voix d'homme.».

Dans le cas de la restauration et des hôtels, ce sont les « compétences» domestiques des femmes qui sont mobilisées.

En même temps, leur emploi est précaire. Bien souvent, la réinsertion professionnelle est une mesure qui ne fait que différer le licenciement. Elles se trouvent très vite en concurrence avec les jeunes de la nouvelle génération. Beaucoup de celles qui ont réussi à s'adapter à leurs nouveaux emplois se sont trouvées menacées directement à partir de l'an 2000 par la deuxième vague de licenciement.

Encadré N°11 : la trajectoire de Dongma (52 ans en 2007) pendant les années 1990

Dongma, chef de la chaîne de l'ancien Aban, avait 40 ans en 1995.

Elle était gardienne entre 1993 et 1994, période où la crise chez Aban était la plus sévère.

En 1995, elle est embauchée dans le département du marketing. « En 1995, notre entreprise a été restructurée. On avait besoin de personnel de marketing, mais il était précisé sur l'annonce qu'il fallait avoir moins de 40 ans. J'avais justement 40 ans cette année-là. J'ai demandé à un directeur qui m'a aidée à remplir et déposer mon dossier. J'ai passé l'entretien et suis devenue une représentante en marketing (xiaoshouyuan). » raconte-t-elle.

En 2000, à l'âge de 45, on lui a vivement conseillé d'acheter ses années de travail (maiduan).

La situation des hommes était beaucoup plus favorable. A la même époque, en effet, beaucoup d'ouvriers ont été reconvertis dans des postes nouveaux qui leur étaient exclusivement réservés tout en leur garantissant la sécurité de l'emploi. Mis à part une partie des ouvriers réembauchés comme ouvriers techniques, la plupart d'entre eux ont été affectés à deux types de taches.

Après la restructuration, Aban a eu besoin de chauffeurs pour livrer les produits : des chauffeurs de camion pour acheminer les bouteilles d'eau et des chauffeurs de chariot élévateur pour transporter dans l'usine les bouteilles d'eau aux camions. Beaucoup de chauffeurs de taxi ont été ainsi réembauchés par Aban sur des postes assurés de la sécurité de l'emploi. Pour stimuler leur esprit d'initiative au travail, leur salaire est payé à la pièce et tourne autour de 2000—3000 yuan ou même davantage, ce qui les situe à un niveau de rémunération supérieur à celui des ouvriers sur la chaîne. Dans les années 2000, le salaire des chauffeurs et conducteurs est en effet proche de 3000 yuan par mois.

Les hommes dépourvus de qualification ou qui ne savent pas conduire, ont été affectés à un travail de manutentionnaire. Ce sont surtout les hommes qui se trouvaient en surnombre dans les tâches en amont. Par exemple, Yongjie, 47 ans en 2007, ancien chef d'équipe sur les tâches en amont commence en 1995 à faire de la manutention. La rémunération est également élevée, d'autant que pour stimuler l'esprit d'initiative au travail, leur salaire est payé à la pièce et tourne lui aussi autour de 2000—3000 yuan.

Mais il s'agit pour eux d'une situation transitoire puisque, plus tard, dès l'irruption des migrants dans l'entreprise, ils seront à peu près tous affectés à d'autres postes plus élevés dans la hiérarchie des emplois.

Réassignation identitaire

La deuxième vague de licenciements se produit à la fin des années 1990 au moment où Aban coopère avec une entreprise française qui investit chez elle de nouveaux capitaux. Cette fois, « les ouvriers et employés ayant quitté leur poste de travail » (xiagang) ne se voient plus proposé de reconversion. Le Conseil des affaires d'Etat a décidé d'interdire toute création de nouveaux centres de reconversion et toute nouvelle entrée dans les centres de reconversion à partir du 1er janvier 2001.

Depuis la fin des années 1990, le licenciement chez Aban s'effectue surtout sous deux formes : « acheter les années de travail » (maiduan), ou partir en retraite interne (neitui).

« Acheter les années de travail » (maiduan), consiste à mettre fin à la relation d'emploi tout en touchant une indemnité de salaire en une fois. Le coût pour « acheter les années de travail » s'élève à 50 000 yuan. La retraite interne (neitui) consiste à conserver avec l'unité de travail une relation d'emploi et à continuer à percevoir une part du salaire dont le montant dépend de la situation financière de l'entreprise, sans bonus ni augmentation jusqu'à l'âge de la retraite à partir duquel ils touchent leur pension de retraite versée par l'Etat. Cette solution est appliquée aux travailleurs âgés qui devaient prendre leur retraite d'ici cinq ou dix ans. La législation du travail chinoise fixe l'âge de la retraite à 50 ans pour les ouvrières, à 55 ans pour les femmes cadres, et à 60 ans, pour les hommes, cadres ou ouvriers. La retraite interne chez Aban a été fixée à 600 yuan par mois.

Entre 2000 et 2001, 100 personnes environ ont pris leur retraite interne. L'année où Aban entreprend sa coopération avec les capitaux français, il est décidé de « réduire le nombre des travailleurs en élevant le rendement » (jianyuan zengxiao). La direction de l'entreprise incite alors fermement les travailleurs à accepter le principe du licenciement avec indemnité de départ (« acheter leurs années de travail » (maiduan)) . En 2002, 100 travailleurs ont ainsi accepté ce principe de licenciement. Depuis lors, chaque année, 20 travailleurs sont plus ou moins forcés de recourir à cette formule. A partir de 2003, chaque année, une cinquantaine d'ouvriers sont licenciés par l'entreprise avec une indemnité de départ (achat des années de travail).

Bien que cette forme de licenciement s'effectue théoriquement sur la base du volontariat, nombreuses et fortes sont les pressions exercées sur les salariés pour qu'ils l'acceptent, surtout les femmes ouvrières âgées de plus de 45 ans. L'argument central invoqué pour justifier le licenciement des ouvrières de plus de 45 ans est la rationalité économique. Cette solution est plus « économique » pour elles qui n'ont pas de « qualification » et sont en surnombre.

Cet argument est très contestable. Parce qu'il y a pour les hommes et pour les femmes, deux poids et deux mesures. Une fraction non négligeable des hommes non qualifiés et sans compétence particulière, notamment ceux qui effectuent des tâches de manutention, n'ont pas été licenciés. Ceux dont l'âge était proche de 60 ans n'ont pas été licenciés non plus. Comme le dit avec humour Mahua, vice-manager des ressources humaines :

« Si les hommes étaient licenciés, où iraient-ils ?...»

Ainsi, il est clair qu'il ne s'agit pas ici d'une question d'âge ou de surnombre mais bel et bien d'un traitement différent réservé aux femmes et aux hommes.

Le discours dominant chez Aban, insiste sur le caractère raisonnable et rationnel pour les ouvrières de racheter leurs années de travail. Qu'elles travaillent ou non, c'est, d'un point de vue économique, à peu près pareil. L'identité professionnelle des femmes est entièrement niée. Le sens du travail des femmes est réduit à la seule dimension économique du revenu. Mahua, la vice manager des ressources humaines est une femme de 48 ans. Elle et Jiesheng, ont faite leur la vision la plus étriquée de l'emploi féminin sans avoir vraiment conscience de ce qu'elle implique en termes d'inégalité entre les hommes et les femmes dans ce domaine.

Les femmes qui ont été le plus victimes de cette forme de licenciement ont été les OS sur la chaîne, les chefs de chaîne mais aussi les femmes employées dans le bureau de marketing.

Encadré N°12 : Extrait d'entretien avec Mahua sur le licenciement

Xiaojing - Qui prend la décision du licenciement ?

Mahua: - C'est volontaire, parce que nous ne sommes pas une entreprise en déficit, donc, c'est vraiment volontaire.

Xiaojing - Mais, vous n'avez pas persuadé ou suggéré à des gens de prendre leur retraite ?

Mahua - Oui (*répond très vite*), c'est sur un critère d'âge. C'est ceux qui ont 45 ans et plus.

Xiaojing - Ce sont plutôt les femmes ou les hommes ?

Mahua - Les femmes bien sûr, celles qui sont sur les postes en surplus, sans qualification, ou celles qui se sentent fatiguées par le travail. Vous voyez, elles touchent un peu plus de 1000 yuans par mois dans l'atelier. Si elles font le principe de l'« achat des années de travail », elles peuvent toucher un peu de pension dans leur quartier d'habitation. En tout cas, il leur reste seulement quelques années... Il y a des gens qui se sentent fatigués et ne peuvent pas supporter ce travail...

Xiaojing - Et les hommes ?

Mahua - Ce n'est pas profitable pour les hommes. Ils ont encore beaucoup d'années, ils ont la retraite à 60 ans. Et... si les hommes prennent leur licenciement, où vont-ils ? Ceux qui sont compétents dans leur domaine (yiji zhichang) peuvent être embauchés par d'autres entreprises. Sinon, où vont- ils ? Travailler ailleurs comme agent de la sécurité publique ? Ils auraient une situation très inférieure à celle qu'ils ont où nous leur offrons quand même de bonnes conditions. Ca ne vaut pas la peine pour eux, parce qu'ils ont encore beaucoup d'année. (*Mahua insiste finalement*) En tout cas, c'est une volonté des deux parties... Si elles ne veulent pas, elles peuvent ne pas le faire. Parce que notre entreprise n'est pas une entreprise en déficit.

Le licenciement des femmes cadres

Le licenciement ne touche pas seulement les ouvrières, même si elles constituent la majorité des personnels licenciés ; il touche aussi les femmes cadres.

En fait, pendant la crise traversée par Aban en 1993, une partie des cadres travaillant dans les diverses entreprises étatiques du secteur agro-alimentaire ont été reconvertis dans un bureau organisé par le bureau de l'industrie légère pour gérer le financement et la gestion de la restructuration des entreprises étatiques avec la coopération étrangère.

Fin 1998, on n'a plus besoin de cadres. Changhua se souvient :

« A ce moment, les cadres de plus de 45 ans se voient proposer de rentrer au foyer (huijia). Les plus de 45 ans, on ne nous embauche plus. Les dirigeants ont dit : "Si vous les cadres moyens ne partez pas, le peuple (laobaixing) ne partira pas non plus, ça sera très difficile de les persuader (zuo gongzuo)". Ainsi, tous les cadres moyens de plus de 45 ans sont partis... »

Le ton de Changhua est résigné. Elle s'exprime d'une manière neutre comme s'il était « naturel » que ce soit les femmes qui partent.

Une autre partie des femmes cadres est réembauchées dans leurs anciennes entreprises et travaillent en tant que personnel de bureau. D'autres qui entretiennent de bonnes relations avec les dirigeants, créent de petites entreprises en coopération avec Aban. Par exemple, avec quelques autres cadres licenciées, Wuping a créé une entreprise de lavage et de réparation des machines pour l'eau potable :

« Ils (les cadres) ne peuvent pas se résoudre à nous laisser partir, mais on ne peut pas non plus nous garder. Ainsi les dirigeants nous donnent une chance de créer une entreprise de nettoyage pour servir Aban : nettoyer les machines de l'eau potable. De l'autre côté, on peut également résoudre une partie du problème de l'emploi pour les ouvriers licenciés ».

D'autres enfin, sont « retournées au foyer », d'après ce que nous ont dit nos enquêtés

---

Encadré N°13 : deux femmes cadres licenciées

Wuping, 59 ans en 2007 (voir encadré…),

Elle était cadre moyen dans le département du travail et du salaire.

En 1994, elle a été reconvertie dans le bureau d'industrie légère comme syndicaliste.

En 1998, elle a accepté le principe de l' « achat des années de travail »,
à l'âge de 50 ans. L'année d'après, elle a créé, avec d'autres cadres licenciées
comme elle, une petite entreprise….

Jiangxin, 50 ans en 2007

Elle est entrée chez Aban en 1979 après ses études secondaires.

Elle travaillait d'abord sur la chaîne, puis a été promue comme
syndicaliste.

En 1994, elle a été reconvertie dans le bureau de l'industrie légère où
elle travaille comme syndicaliste.

En 1998, elle a été réembauchée par Aban sur les tâches statistiques.
En 2001, elle accepte le principe de l' « achat des années de travail ».

2. « INTENSIFICATION » DU TRAVAIL POUR LES OUVRIERS ET LES OUVRIERES

Parallèlement à ces politiques de licenciement, les tâches accomplies
par les personnels demeurés dans l'entreprise ont été soumises à une forte
intensification du travail. C'est particulièrement le cas des ouvrières sur la
chaîne et des contremaîtres dont les conditions de travail ont été entièrement
réorganisées.

Après la restructuration de 1995, l'ancienne organisation du travail était
toujours en vigueur dans l'usine avec ses trois composantes : les ouvriers
techniques qui n'étaient pas soumis aux trois-huit, les ouvriers techniques qui
faisaient les trois-huit, et les chefs de chaîne. A partir de 2000, quand Aban
commence à coopérer avec l'entreprise française, le profit s'accroît grâce au
licenciement des femmes - dont tous les chefs de chaîne et une partie des
femmes réparateurs attachées aux trois-huit - et désormais la nécessité pour les
ouvriers techniques diplômés, hier dispensés des trois-huit, de devoir cumuler
les fonctions d'ouvrier technique et de chef de chaîne.

Ainsi, à partir des années 2000, les contremaîtres qui font aussi de la
réparation sont tous des hommes. Leur travail consiste à encadrer la production
et dans le cas où les machines tombent en panne, à les réparer. Leur poste
est stable. Malgré le cumul des postes, leur travail n'est pas aussi intensif que
celui des ouvrières. Ils ont au moins le temps d'aller prendre un verre de bière
pendant les heures de travail.

Depuis 1995, toutes les tâches d'OS sont assurées par les femmes. Les tâches en amont consistent à contrôler la qualité de l'eau : surveiller les cadrans de température, de pression, examiner la qualité de l'eau, contrôler la purification de l'eau, etc. Les tâches en aval sont constituées des tâches sur la chaîne : laver les seaux, embouteiller l'eau, mettre les étiquettes, etc.

A partir de 2000, avec l'installation d'une nouvelle chaîne plus productive, le travail des ouvrières sur la chaîne devient plus intensif. Sur la chaîne en aval, les ouvrières produisent 4500 bouteilles par heure au lieu de 1500 bouteilles auparavant. Sur la tâche en amont, après l'année 2000, il y a une ouvrière pour chaque machine au lieu de deux avant l'année 2000.

En fait, immédiatement après la restructuration, pour stimuler le travail, le salaire est à la pièce pour tous les types de tâches. Par exemple, en 1995, les ouvrières sur la chaîne travaillent à la pièce, le salaire le plus haut pouvant atteindre 1700—1800 yuan. Mais au bout de quelques années, le système de rémunération est changé. Pour les ouvrières sur la chaîne, le salaire est toujours à la pièce. Mais pour chaque pièce le tarif est diminué. Le niveau de leur salaire est contrôlé. Le salaire moyen reste à peu près le même que celui qu'elles touchaient en 1995, quoiqu'un peu diminué : 1200 yuan par mois. Il ne peut jamais dépasser 1600—1700. En même temps, le salaire du contremaître est passé lui d'un paiement à la pièce en 1995, à un salaire mensuel fixe qui s'élève à un peu plus de 2000 yuan par mois, soit environ 600 yuan de plus qu'en 1995.

Comparée à celle des hommes, en 10 ans, la valeur du salaire des ouvrières a beaucoup diminué en termes de pouvoir d'achat.

3. ARRIVEE DES MINGONG, PROMOTION DES HOMMES SHANGHAIENS

Depuis les années 2000, Aban commence à embaucher des migrants (littéralement « ouvriers paysans » ou « mingong »). Leur arrivée a été l'occasion d'une nouvelle réorganisation du travail.

Les migrants chez Aban sont embauchés par le biais de plusieurs entreprises d'intérim. Ils sont originaires de diverses régions. « Pour créer une société harmonieuse, il faut embaucher les gens de différentes régions », affirme le manager. Cette diversification des origines régionales a pour objectif d'éviter de trop fortes solidarités entre ouvriers migrants (Cf Rocca, 2005).

Les migrants vivent sous le régime de la double « exploitation » : Aban et l'entreprise d'intérim. Ils sont mal payés. Chacun doit d'abord verser une commission de 300 yuan à l'agent d'intérim pour obtenir l'emploi. L'agent d'intérim prélève ensuite automatiquement 2% du salaire versé par Aban au titre de frais de « gestion ». De plus, leur salaire est souvent injustement amputé de sommes dues. Il arrive par exemple que le paiement des heures supplémentaires ne soit pas versé.

Le statut d'emploi de la plupart des ouvrières paysannes migrantes est plus précaire que celui des hommes. Elles sont embauchées quasi exclusivement pour les saisons chaudes, soit en été. Elles touchent un salaire fixe, proche du salaire minimum chinois fixé à 750 yuan. Les hommes migrants sont embauchés, eux, pour effectuer le travail de manutention qui avait été assuré par les hommes shanghaiens. Ils touchent un salaire à la pièce, soit environ 1300 yuan aux saisons froides et plus de 2000 aux saisons chaudes.

L'arrivée des migrants provoque la promotion de tous les hommes Shanghaiens. Avec l'expansion de la production et l'embauche de migrants comme manutentionnaires, les hommes Shanghaiens titulaires d'un permis de conduire deviennent chauffeurs. Certains, comme Wujiang, sont mêmes promus comme personnel d'expédition pour encadrer le transport des produits. Si la promotion de Wujiang correspond à sa qualification, celle de Juanmao semble uniquement due à son statut d'homme Shanghaien.

Leur travail consiste à surveiller les migrants qui apportent les seaux et les migrantes qui comptent et rangent les seaux. S'il manque un seau, les manutentionnaires doivent payer 20 yuan. Puis, les migrantes rangent les seaux en ordre. Juanmao parcourt l'entrepôt en menaçant les immigrants. Il bavarde avec les migrants et d'autres ouvriers, réparateurs dans l'entrepôt. Quand je cherche à réaliser un entretien avec Juanmao et un autre homme qui fait le même travail, des contremaîtres se mettent à rire en disant que ni l'un, ni l'autre ne sont des travailleurs de chez Aban :

« Ils travaillent dans une entreprise ou l'on est oisif et où l'on mange. » (Dangchi gongsi)

Ils s'absentent souvent de chez Aban pendant les heures de travail pour prendre une bière ou pour bavarder. Juanmao met l'accent sur la « pénibilité » de son travail et sur la difficulté qu'il éprouve à exercer son autorité sur les migrants mécontents :

« Tu vois ? Ce n'est pas un travail facile ! Ces campagnards, ils ne sont pas faciles à gérer. Des fois, ma voix va jusqu'à être enrouée. Mais je ne peux pas non plus être trop brutal envers eux, leur voix peut être encore plus sonore que la mienne... Ces ouvriers se plaignent beaucoup. En tout cas, ils peuvent se plaindre, mais s'ils ne font pas bien leur travail, si le nombre de seaux n'est pas correct, c'est ma responsabilité... Ce travail est fatiguant, il semble que je n'ai pas beaucoup de travail à faire, mais une fois que les seaux sont rentrés, il faut les compter et on ne peut pas se tromper. »

Ce poste qui réclame le moins de travail à faire occupe 8 hommes, qui se révèlent être les plus vindicatifs chez Aban.

Encadré N°14 : trajectoire de Wujiang (47 ans en 2007) et Juanmao (46 ans en 2007)

Wujiang (47 ans en 2007)

Après deux ans passés à l'école technique d'Aban, Wujiang, qui remplace sa mère, a été affecté à un travail sur les tâches en amont dans l'atelier de bonbons.

Dans les années 80, il a préparé l'examen d'accès à l'université, mais ne l'a pas réussi.

En 1994, il apprend à conduire et travaille dans une entreprise gérée en commun avec Aban comme chauffeur de taxi. Quelques années plus tard, les taxis ont été vendus et Wujiang a perdu son poste. Aban l'affecte à un travail de manutention.

Deux ans plus tard, quand les migrants sont entrés, il reprend son travail de chauffeur. Il a été promu dans le bureau d'expédition (diaodu). Son travail consiste à affecter les camions en fonction des commandes des clients.

Juanmao (46 ans en 2007)

Il est entré chez Aban en 1980 à l'âge de 19 ans après le service militaire. Il a été affecté dans l'atelier de réparation où il répare les équipements de congélation.

En 1993, il commence la manutention.

Quand les immigrants sont arrivés, il a été affecté à la gestion de la récupération des seaux de l'eau. Son travail consiste à surveiller les immigrants qui portent les seaux à l'intérieur et les migrantes qui rangent les seaux. Il a 8 migrants sous sa direction.

	Forme d'emploi	salaire	congé	Autres formes de rémunération
Ouvriéres spécialisées (Shanghaiennes)	Stable	1200 yuan en moyen, dépends de la saison, à la pièce.	oui	Les articles donnés par syndicat (les articles d'usage courant, argent pour la douche)
Ouvriéres spécialisées (Immigrantes)	Sous-traitance (saisonni)	800 yuan (Salaire fixe)	Travail avec congés payés	Inférieur aux Shanghaiens (les articles d'usage courant, argent pour la douche)
Shanghaiennes licenciées et réembauché	Précaire	750 yuan (salaire minimum)	Travaille avec congés payés	Non
Contremaîtres et techniciens (hommes shanghaiens)	Stable	2000 yuan	oui	Oui
Conducteurs (Shanghaiens)	Stable	plus de 2000 yuan	oui	oui
Conducteurs (immigrants)	Sous-traitance (Contrat d'unan)	1300 yuan à plus de 2000 yuan	Travaille avec congés payés	Inférieur aux Shanghaiens (les articles d'usage courant, argent pour la douche)
Manutentionnaire (hommes immigrants)	Contrat d'un an	1300 yuan à plus de 2000 yuan Salaire à la pièce	Travaille avec congés payés	Inférieur aux Shanghaiens (les articles d'usage courant, argent pour la douche)

4. RUPTURES IDENTITAIRES

L'institutionnalisation du travail dans le système socialiste avant la réforme économique avait fait du travail une source d'identité « naturelle » pour tout le monde (Jean-Louis Rocca, 2005). Pour ces générations de femmes, les « femmes au foyer » étaient devenues une catégorie de l'histoire ancienne, comme le note WANG Zheng :

« L'expression "femme au foyer", soit les femmes qui ne gagnent pas leur vie dans la production sociale, est devenue une catégorie sociale méprisée dans les villes qui avait le statut d'un vestige historique».[212]

L'unité de travail attribue toutes les ressources nécessaires à la vie des individus et des familles : assurance maladie, retraite, pension de retraite, logement, etc. En outre, dans le cadre de la politique « haut taux d'emploi, niveau bas de salaire », le salaire des femmes constituait une partie importante et indispensable du revenu de la famille.

Dans la pratique, les tâches domestiques restaient inégalement réparties bien que la participation des hommes au travail domestique ait été plus développée que dans la génération précédente. En 1989, une enquête sur échantillon montre que parmi 500 maris, ceux qui considèrent que leur femme savent mieux gérer la vie familiale sont 6 fois plus nombreux que l'inverse, ceux qui considèrent que leur femme sait mieux calculer consciencieusement et dépenser strictement selon le budget sont 3 fois plus nombreux que l'inverse, ceux qui considèrent que leur femme est plus travailleuse sur les tâches domestiques sont 8 fois plus nombreux que l'inverse (XU Anqi, 1989). Une autre enquête réalisée en 1998 montre que dans les villes, 40% des couples partagent les tâches domestiques, l'homme effectuant le travail domestique dans 10% des couples, et la femme dans 50 % des cas[213]. Selon notre enquête, ce rôle domestique est appris dans le cadre de la famille.

Parmi les tâches domestiques effectuées par les femmes, celle qui consiste à gérer le salaire de leur mari est très importante. Elle leur confère du pouvoir et des responsabilités en général admis et reconnus. L'opinion d'un technicien est typique :

« C'est naturel, les femmes peuvent tenir une bonne comptabilité. Ma femme, elle est rigoureuse dans les dépenses. Moi, je n'ai pas cet esprit. Si je suis responsable des dépenses, il n'y n'aura plus d'épargne familiale. Les femmes ont une forte conscience familiale, elles peuvent faire des économies et accumuler de l'argent ».

Ainsi, beaucoup de femmes ont le sentiment d'occuper un « haut statut». Leur rôle est double et ce double rôle leur vaut une double reconnaissance :

---

212 WANG Zheng, 2000, « Gender, employment and women's resistance » in *Chinese Society. Change, Conflict and Resistance*, Elizabeth J.Perry and Mark Selden, London and New York, Routledge, p. 63.

213 *Shijizhijiao de chengxiang jiating (La famille urbaine et la famille rurale au moment du tournant du 20ème au 21ème siècle)* sous la direction de SHEN Chonglin, YANG Shanhua, LI Dongshan, 1999, Edition des Sciences sociales en Chine, p. 91.

« Les femmes Shanghaiennes, elles ont un statut haut... Dans la famille, les femmes gèrent plus l'argent que les hommes et puis nous occupons également une place dans le Danwei. » (Chenshi, 51 ans en 2007)

A l'époque de la révolution culturelle, le rôle familial des femmes ne semble pas constituer un obstacle important à l'activité professionnelle de la plupart des femmes, à l'exception des jeunes femmes instruites qui ont commencé leur vie plus tard. Elles ont un seul enfant selon la politique d'enfant unique, ce qui a allégé leur tâche domestique. De l'autre côté, l'unité du travail offre des crèches et les enfants à partir de 56 jours jusqu'à 18 mois peuvent être gardés par la crèche au sein de l'unité du travail.

Certaines femmes animées d'un fort enthousiasme révolutionnaire formé pendant la Révolution Culturelle ont beaucoup investi dans leur carrière au détriment de leur vie familiale.

Jiesheng se définit toujours comme un membre du Parti Communiste dévoué à plein temps au travail. Son mari, syndicaliste dans une entreprise de bateaux, a également le statut de cadre. Leur mariage est fondé sur le but commun communiste entre des « camarades du prolétariat ». Tous les deux sont fortement investis dans leurs carrières professionnelle et politique.

Pendant les années 1980, Jiesheng et son mari s'occupent de leur fille à tour de rôle pour que chacun puisse suivre la formation continue : de 1983 à 1986, quand Jiesheng étudie pendant trois ans à l'université, sa fille avait seulement 3 ans et c'est son mari qui s'en occupe. En 1986 quand elle obtient son diplôme d'université, son mari entreprend à son tour une formation continue et c'est cette fois Jiesheng qui s'occupe de leur fille. Jiesheng et son mari sont animés de la même volonté :

« Je dépensais presque toute mon énergie au travail, mon mari aussi. Par exemple, quand ma fille était à la maternelle, nous la laissions souvent manger toute seule à la maison. Une simple collation préparée d'avance.... Quand il y avait des conflits entre la carrière et la famille, nous laissions tomber les affaires familiales, c'est sûr... Nous, les "lao sanjie" (les premières trois promotions de jeunes instruits envoyés à la campagne)[214] avons tous ce genre d'enthousiasme. »

Wuping a elle aussi été animée d'un grand enthousiasme pour le travail

---

214 Le sentiment d'appartenance à une génération spécifique a été particulièrement fort chez les jeunes gens qui se trouvaient dans l'enseignement secondaire au moment du lancement de la Révolution culturelle, en 1966, et qui sont partis en masse à la campagne, en 1968 et 1969. Voir Michel Bonnin, 2004, *Génération perdue, Le mouvement d'envoi des jeunes instruits à la campagne en Chine, 1968—1980*, Paris, Editions de l'Ecole des hautes études en science sociales, p.13.

pendant toute sa vie professionnelle. Fortement engagée dans sa carrière, elle n'a jamais pris de congé-vacances pour les affaires familiales. Chez elle, c'est son mari qui assume la plus grande part des tâches domestiques.

« J'ai toujours essayé de rationaliser la relation entre les affaires familiales et le travail. Le travail est toujours passé en premier. J'ai toujours un grand enthousiasme pour le travail. Depuis que ma fille est née jusqu'à aujourd'hui, je n'ai jamais retardé mon travail à cause des affaires familiales.»

Quand leur fille est enfant, elle partage pendant quelques années, les tâches domestiques avec son mari : elle s'occupe de leur fille, son mari se charge des repas, de laver les vêtements, ranger la maison, etc. Après ces quelques premières années, c'est son mari qui est en charge des affaires familiales :

« C'est plutôt lui qui fait les tâches domestiques. Quand notre fille est malade, je lui demande de prendre un congé et il l'accompagne à l'hôpital. Moi, je n'ai pas l'idée qu'une femme doit s'occuper des tâches domestiques. Je pense que qui s'adapte à la carrière fait carrière et qui ne s'adapte pas à la carrière fait les tâches domestiques. Parce que je suis cadre, ce n'est pas bien de prendre un congé, il est ouvrier c'est plus facile pour lui... . C'est normal. »

Wuping joue un rôle de chef dans sa famille. C'est elle au lieu de son mari qui a le dernier mot.

Le travail constitue un principe d'identité important pour ces femmes. C'est pour cela qu'en 1995 quand Aban est restructuré, beaucoup de femmes ont eu le sentiment de revivre une « deuxième vie». Yezi, âgé de 48 ans en 2007 déclare :

« J'étais très contente, on retrouve l'enthousiasme. C'était comme une deuxième vie à la fois pour notre entreprise et pour moi.»

Wuping (59 ans en 2007), abonde dans ce sens :

« Je sentais à ce moment que mon enthousiasme et ma passion étouffés pour le travail étaient revenus.»

Rupture identitaire et repli familial des femmes

La réforme et les licenciements plongent les femmes ouvrières dans une situation économique difficile mais aussi dans l'insécurité psychologique. Le manager des ressources humaines se souvient:

« Beaucoup de gens sont paniqués. Après avoir travaillé presque une vie ici, soudain elles se trouvent dans une situation de sans abri. A ce moment-là, personne ne veut accepter le licenciement, c'est difficile à négocier.»

Les licenciées ont clairement exprimé dans les entretiens la douleur ressentie, le sentiment que le lien avec la société avait été rompu. Elles se sentaient rejetées par la société.

Qiaomin a 45 ans en 2001 quand le manager de ressources humaines lui annonce son licenciement :

« Ils m'ont dit que nous étions une charge pour notre unité de travail... Pour aider l'entreprise à réduire le charge, j'étais prête à accepter le licenciement par « achat des années de travail », en plus il n'y avait pas d'autre choix... Je pensais que la conjoncture économique était mauvaise puisqu'ils (les cadres) disaient qu'il n'y avait plus de travail pour moi. L'entreprise était en difficulté.».

Qiaomin était très triste :

« J'étais revenue à Shanghai à l'âge de 30 ans. J'étais très heureuse. Le destin me tourmente. Tu sais, j'ai accepté le licenciement mais les voisins ne le savaient pas... Je ne voulais pas qu'ils le sachent... J'ai des pressions (*pleurs*)...Ma famille savait que j'étais licenciée, mais pas ma belle famille ...». (Qiaomin, 52 ans en 2007)

Dongma, est aussi licenciée en 2001 à l'âge de 45 ans. Elle était également « paniquée » :

« C'était douloureux...A ce moment là, le licenciement était un phénomène très nouveau pour nous. L'unité du travail, c'était pour nous comme notre racine, et on nous la coupait ! J'avais peur...».

Très vite, elles se sont résignées à considérer que la suppression de leur travail était avant tout un fait économique et se sont repliées sur la famille. Qiaomin adjure le directeur de la reprendre. Elle est embauchée sans contrat sur un poste qu'elle connaît bien avec un salaire proche du salaire minimum, inférieur à celui que perçoivent les migrantes :

« Moi, je leur ait dit que si mon fils n'était pas si jeune, je n'en serais pas là ! Le salaire de mon mari ne suffit pas et mon fils doit pouvoir aller à l'université. Tu sais, c'est cher ! » (Qiaomin, 52 ans en 2007)

Les femmes qui continuent à travailler dans l'usine se plaignent de leur lourde responsabilité économique vis-à-vis de leur famille et s'en veulent d'avoir un mari qui gagne si peu. Elles regrettent que leur travail serve seulement à gagner l'argent nécessaire pour subvenir aux besoins élémentaires. Leurs enfants sont encore jeunes (yangjiahukou), elles envient les femmes dont le mari a un bon travail. Elles déplorent l'inutilité de leur mari. Cinq d'entre elles apportent leur témoignage :

« Tu vois, chez nous, mon mari est incompétent ! Ainsi nous travaillons ici avec les migrantes !» (Zhoufang, 48 ans en 2007, sur la chaîne)

«C'est un malheur que j'aie épousé un homme qui est également ouvrier...» (Jiahua, 46 ans en 2007, sur la chaîne)

« Ce travail est si pénible, même les hommes ne veulent pas le faire... Si j'avais une meilleure condition familiale, est-ce que ça vaudrait la peine de faire ce travail ? Je n'ai pas d'autre solution, mon fils est petit, mon mari ne gagne pas beaucoup, j'ai besoin d'argent.» (Fanghu, 49 ans en 2007, conducteur)

« C'est un travail pour les campagnards, maintenant nous le faisons. » (Une ouvrière de 46 ans)

« Les autres vont croire que nous sommes des migrants, des campagnards...» (Une ouvrière de 48 ans)

5. RESISTANCES. LOGIQUE DE PROTESTATION ET ENJEUX DES OUVRIERES

Face à la dégradation de leur situation, depuis quelques années, les protestations des ouvrières sont devenues fréquentes. Elles protestent à la fois sur un mode personnel et sur un mode collectif. Souvent une ouvrière entre dans le bureau de Jiesheng (syndicaliste et vice PDG) et vient lui raconter ses difficultés familiales. Il arrive aussi qu'un groupe d'ouvrières profite des 30 minutes de pause du repas pour aller ensemble dans le bureau de Jiesheng.

Bien qu'elles se plaignent également du statut des ouvriers, si on l'observe de plus près, leur logique de protestation est différente de celle des hommes ouvriers à laquelle elles ne participent pas.

La protestation est plutôt motivée par la comparaison avec les migrantes. C'est la faiblesse du salaire qui la déclenche. Par exemple en mai 2008, le salaire des ouvrières ne dépassait pas les 1100 yuans à cause d'une panne des machines qui a duré pendant plusieurs jours. Elles se sont rendues compte que leur salaire n'était pas plus élevé que celui des migrantes qui faisaient le même travail. Elles demandent alors une augmentation de salaire et protestent contre le salaire à la pièce. Devant la porte de Jiesheng, une ouvrière parle à haute voix :

« Nous ne sommes pas des campagnards ! »

Les hommes ouvriers n'ont jamais participé à la protestation des ouvrières, parce qu'ils avaient déjà obtenu des conditions de travail meilleures à la suite de leurs revendications. En plus, à partir de 2000, les dix-neuf contremaîtres ont été autorisés à adhérer au Parti communiste, ce qui est probablement une stratégie d'Aban pour apaiser le mécontentement des hommes. La mesure ne concernait que les hommes : on trouve rarement un membre du Parti communiste parmi les ouvrières. Yongmin a adhéré au Parti communiste en 2001.

« Moi je suis membre du Parti communiste. Ces protestations, ce n'est pas bien … Au moins il faut avoir une mentalité d'organisation (zuzhiguannian). Si nous ne pouvons empêcher les ouvrières de protester, au moins on ne doit pas participer. »

La réaction des dirigeants est également significative. Quand les « protestations » sont individuelles, les femmes venant négocier, se plaindre ou pleurer dans son bureau, il arrive que Jiesheng leur donne un peu d'argent (200 yuan par exemple). Dans les autres cas, elle les « console» simplement. « Amei (ma soeur cadette), je n'ai pas de solution à te proposer, maintenant c'est l'économie de marché. » leur dit-elle parfois. Pour la protestation de Juin 2008, Jiesheng a discuté avec le manager des ressources humaines:

« C'est bien, il n'y aucun contremaître qui a participé à leur action. Je sais qu'il y a deux "petites femmes"(xiao nüren) qui ont protesté plus fort que les autres et ont organisé cette protestation, l'une parce que la situation économique est vraiment difficile chez elle. L'autre, parce qu'elle est fière de montrer qu'elle sait parler ! »

Jiesheng a fait cette analyse. Puis, elle a « discuté» avec ces trois femmes l'une après l'autre. En même temps, Jiesheng a négocié avec le PDG français, lequel n'est pas favorable du tout à une augmentation du salaire des ouvriers. Son argument est que parmi les quatre entreprises où les français ont investi des capitaux, Aban est la seule entreprise qui comporte des « anciens travailleurs de l'époque de l'économie de plan » et le coût salarial est déjà le plus élevé des quatre entreprises, puisque les trois autres n'embauchent que des migrants. Finalement, la seule solution possible pour lui est d'allonger le nombre d'heures de travail. Plusieurs équipes qui faisaient les trois-huit devaient désormais travailler 12 heures par jour.

Stratégie : la « revente » des heures de travail aux immigrantes

Très souvent les femmes Shanghaiennes revendent le travail du soir. Elles vendent ces heures de la main à la main aux migrantes. Les migrantes l'acceptent toujours parce qu'elles ont besoin d'argent. Les contremaîtres ferment les yeux. Le travail supplémentaire est payé par l'entreprise 50 Yuan les huit heures, le personnel shanghaien le revend 40 Yuan les huit heures.

Au cours des dernières années, beaucoup de femmes se sont portées volontaires pour être licenciées. Elles viennent en parler avec Jiesheng dans son bureau. Elles font état de problèmes de santé, disent qu'elles ne supportent pas l'intensification du travail ou invoquent des raisons familiales. Face à ces demandes et à l'issue d'un calcul coût/bénéfice, Aban interdit désormais aux travailleurs de moins de 48 ans qui sont à moins de deux ans de la retraite de demander le principe du licenciement par « achat des années de travail ».

« Deux rythmes de vieillissement » : la distinction homme/femme

Chez Aban, certaines femmes trouvent des justifications naturelles et biologiques au fait qu'elles prennent leur retraite plus tôt que les hommes et que leur position dans l'entreprise soit inférieure à celle des hommes. Dongma répond à mes questions :

Dongma	- En fait, j'ai toujours dit que l'Etat a raison d'avoir demandé aux femmes de prendre leur retraite plus tôt que les hommes. Les femmes ayant 50 ans ont leurs difficultés. Elles ont beaucoup de problèmes...les maladies etc. L'humeur... on ressent la fatigue beaucoup plus qu'auparavant... »
Xiaojing	- Les maladies... L'humeur ?
Dongma	- Avec la ménopause, souvent, j'ai des suées. Quand j'avais 45 et 46 ans, mon visage devenait brusquement tout rouge avec de la sueur... Les autres ne comprennent pas pourquoi j'étais comme ça. C'est également très important de contrôler l'humeur, souvent l'humeur devient bizarre, il est aisé d'être de mauvaise humeur... Donc, pour les femmes, 50 ans est une autre étape de la vie.

J'interroge Changhua (52 ans en 2007) :

Xiaojing :	- A votre avis, pourquoi les hommes occupent-ils les postes le plus élevés dans votre unité du travail ?
Changhua	- Les femmes ont les tâches domestiques... En plus, quand les femmes arrivent à l'âge de 50 ans, elles ont la ménopause... C'est vrai. Souvent nous ne pouvons pas faire autant que l'on voudrait. C'est un facteur biologique. Quand les hommes ont 50 ans, ils sont encore forts comme des boeufs, mais pas les femmes. C'est évident. Ce matin quand j'étais avec Zhou et Hong, deux autres femmes cadres au statut élevé, nous parlions de la ménopause. Elles avouent qu'elles commencent à ressentir le phénomène de ménopause... Elles ne connaissaient pas ce problème auparavant. Par exemple,

moi, j'ai mal à la tête donc je suis allée consulter plusieurs fois le médecin, mais ça ne sert à rien... Les femmes à cet âge ont ce genre de problème...»

Ce type de propos est très fréquent chez les femmes cadres qui naturalisent les compétences féminines et masculines, invoquant la ménopause, le cycle menstruel et le handicap que représenteraient de tels cycles biologiques sur l'aptitude au travail. Par opposition, les hommes se trouvent valorisés et avantagés par les stéréotypes sociaux propres à la virilité. Pour Changhua, les hommes sont plus intelligents et maîtrisent mieux la technique :

« Oui, les hommes font mieux le travail technique et occupent les postes élevés...Outre le fait qu'ils sont libérés des tâches domestiques, ils sont plus intelligents que nous dans le domaine technique. »

Jiesheng soutient la même opinion :

« Les hommes sont plus intelligents dans les activités techniques, ils s'orientent mieux dans les aspects stratégiques du développement économique, etc. Les femmes ont plus de limites biologiques. Par exemple, chaque mois, quand les règles arrivent, tu deviens facilement impulsive... Tu ne veux pas...mais c'est le corps qui t'influence.»

Récupération de l'identité masculine et la résistance des hommes ouvriers

Bien que dans certaines familles, les rôles soient équitablement répartis, la priorité attribuée à la profession du mari n'est jamais remise en question dans la plupart des couples. En cas de conflit, ce sont toujours les hommes qui finissent par s'investir davantage dans leur carrière. Par exemple, dans les années 80, quand les jeunes instruits sont retournés en ville, ce sont les hommes qui suivent la formation continue tandis que leur femme s'occupe des tâches domestiques.

Un autre exemple, au début des années 1990, lorsqu'Aban était en crise, la règle était que si les deux membres d'un couple travaillaient dans l'entreprise, l'un deux était obligatoirement licencié. C'était le plus souvent les femmes qui « retournaient à la maison » expression chinoise qui équivaut à être licencié :

« Chez les couples, ce sont les femmes qui rentrent... Parce qu'elles peuvent s'occuper de la famille. Les hommes rentreraient pour faire quoi ?» (Juanmao)

Les hommes développent des discours exaltant leur propre virilité au détriment de la faiblesse congénitale des femmes. Ainsi,un chef d'équipe de chauffeurs de pelle déclare :

« Les femmes ne s'adaptent pas à ce travail. Les femmes ont plus de problèmes... Menstrues, maternité... Leurs réactions sont lentes, elles ne sont pas assez rapides dans leurs mouvements. En plus, nous sommes plus forts physiquement, quand les bidons tombent, il faut les ramasser. Ce travail est intensif, c'est fatigant, les femmes ont du mal à le prendre en charge. Donc c'est mieux de les affecter à un travail moins fatigant.»

Il souligne la faiblesse des femmes : manque de force et lenteur des réactions, etc. Les femmes seraient « faibles », il faut les protéger. Les chauffeurs insistent sur la pénibilité de leur travail auquel les femmes ne s'adaptent pas :

« C'est un travail dangereux, risqué... Les femmes dont le mari gagne bien sa vie ont déjà arrêté et ont accepté le licenciement. » (Un homme conducteur, 51 ans)

Au cours des années 1990, les hommes cadres qui ont la possibilité de se lancer dans une carrière compétitive empêchent leurs femmes de faire carrière et les poussent à abandonner leur emploi. Ils les cantonnent au cercle familial et les incitent à se conformer au rôle traditionnel des femmes sur un modèle confucéen.

Les hommes revendiquent également leur domination économique et sociale sur les femmes.

Teng (50 ans en 2007), ancien cadre chez Aban, a créé sa propre entreprise en 1994 à l'âge de 40 ans. La même année, sa femme, qui a le même âge que lui et a pu accéder au statut de cadre en tant que secrétaire dans son unité de travail du comité de la Ligue de la Jeunesse communiste de Chine, a mis fin à son emploi. Teng a réussi à convaincre sa femme d'abandonner sa carrière. Leur fille avait 9 ans cette année-là. Voici un extrait de notre conversation :

Teng	- Elle (sa femme) soutient beaucoup ma carrière. Une fois que j'ai créé ma propre entreprise, j'ai dit clairement à ma femme qu'il valait mieux qu'elle quitte son travail et rentre dans la famille.
Xiaojing	- Pourquoi ?
Teng	- Parce que... Je lui ai dit qu'il fallait que l'un de nous deux soit sacrifié. Puisque tu travailles tant bien que mal, il vaut mieux que tu quittes ton travail. Il faut qu'un de nous se sacrifie, sinon la famille ne sera plus stable. A ce moment là, notre fille était justement en train de faire ses études. Ma femme abandonne sa carrière pour s'occuper de notre fille. Elle s'occupe d'elle, fait la cuisine, et s'occupe des tâches domestiques, tu vois, et puis elle rend service à nos parents

avec « piété et respect » (xiaojing), vous voyez ? Mes parents, ses parents, ont besoin de quelqu'un pour s'occuper d'eux... Vous voyez ?

Xiaojiing — Pourquoi c'est elle qui abandonne son travail ? Parce qu'elle est moins capable que vous ?

Teng — Non, ma femme est quelqu'un de très capable, mais cette société est plus adaptée aux hommes pour mener une carrière, c'est comme ça ! si une femme veut faire carrière, c'est sûr, elle doit faire le double d'efforts qu'un homme qui a les mêmes capacités. Le taux de réussite est plus haut chez les hommes. En puis, c'est la réalité. On a dit que derrière le dos d'un homme qui réussit, il existe sûrement une femme éminente. Mais, derrière le dos d'une femme qui réussit, il existe au moins deux hommes ! Dans notre société, la tradition est forte. Surtout aujourd'hui, si une femme veut se lancer dans une carrière, elle doit payer cher, c'est comme ça. Sur ce point, ma femme est d'accord avec moi. C'est pour ça que notre famille va bien. Vous allez voir, la plupart des femmes qui réussissent n'ont pas une bonne famille. Mais, la famille derrière un homme est souvent parfaite. A ce moment-là, je lui ai dit, tu peux te lancer dans l'aventure, mais au bout, il y a toutes les chances que la famille éclate. L'effet le plus négatif est pour l'enfant, pas pour moi, pas pour elle, mais pour notre enfant. Elever l'enfant est notre responsabilité. Elle accepte ce que j'ai dit. Donc, elle est bien, ma femme, elle a bien arrangé notre famille. Pour la récompenser, ma carrière est très belle, c'est comme si elle avait une carrière à elle, c'est pareil, le résultat est le même.

Xiaojing — Elle était d'accord ? Est-ce qu'elle est heureuse ?

Teng — Elle était d'accord. Il y a plus de dix ans que nous avons pris la décision. Aujourd'hui encore, elle reste à la maison pour s'occuper de moi et éduquer notre fille (xiangfujiaozi)... En fait, la fonction des femmes est également lourde... La famille est la cellule de la société. Si cette cellule n'est pas stable, comment la société pourrait-elle être stable ? C'est pourquoi je peux tranquillement travailler au dehors. Au moins je n'ai pas besoin de me soucier de la famille... La nourriture, les vêtements, elle se soucie de tout et elle arrange tout pour moi.

En lui imposant le rôle domestique, Teng a mobilisé le discours confucéen, niant par là toute identité professionnelle à sa femme. Il insiste sur le fait que le travail que faisait sa femme dans son unité du travail n'était pas intéressant, dévalorisant ainsi son statut d'emploi et justifiant par-là qu'elle ait dû l'abandonner :

« Elle passe simplement ses journées dans une entreprise étatique pour toucher un salaire ».

Mais en même temps, il interdit à son épouse de créer une entreprise et de faire une « vraie carrière » comme lui, en l'accusant à l'avance de risquer de briser la famille. Il a adopté le stéréotype stigmatisant les femmes qui réussissent dans la vie professionnelle.

On trouve plusieurs couples de ce type chez Aban. Comme Teng, plusieurs hommes PDG ou managers élevés ont persuadé leur femme de retourner à la maison.

La résistance des hommes ouvriers

WANG Zheng a montré que la résistance manifestée par les hommes contre les tentatives de licenciement, résistance anticipée par les managers, a eu pour effet de concentrer sur les femmes les procédures de licenciement. Transfert facilité par le fait que l'immense majorité des managers sont des hommes. (WANG Zheng, 2000)

Chez Aban, les résistances des hommes ont été beaucoup plus précoces et plus vigoureuses que chez les ouvrières. Le premier moment de protestation se produit en 1995, au moment où Aban commençait à réembaucher les travailleurs licenciés. Les ouvriers protestent vivement et harcèlent les dirigeants pour obtenir à nouveau un emploi. Par exemple, les enquêtés rappellent que plusieurs hommes ouvriers saisissent le PDG par les bras et le menacent de sauter avec lui du troisième étage. Le deuxième temps fort de la résistance masculine commence en 2000, quand l'écart de salaire s'accroît fortement entre ouvriers et managers : les contremaîtres réclament une augmentation de salaire. En 2007, le PDG français gagne 1 000 000 yuan, les vice-PDGs 350 000 yuan par an avant impôt ; les managers gagnent entre 3 000 et 10 000 yuan par mois. Les ouvriers sont en colère et souvent surgissent individuellement ou collectivement dans le bureau du PDG jusqu'à parfois le menacer de mort.

La colère des ouvriers est provoquée par la dévalorisation relative de leur statut de membre de la classe ouvrière, qu'engendre l'accroissement de l'écart entre les ouvriers et les cadres. La vigueur de leurs réactions tire sa source de l'idéologie de « l'égalité » entre les ouvriers et les cadres qu'ils partagent. Beaucoup d'ouvriers se réfèrent à la situation antérieure où régnait davantage d' « égalité » :

« Auparavant c'était l'égalité entre les ouvriers et les cadres ! (…) Mao a dit à l'époque, qu'il ne permettrait jamais que la classe ouvrière subisse la misère (chiku), et aujourd'hui, nous somme en train de subir pour la deuxième fois la misère. La première fois, c'était avant 1949». (Un ouvrier technique, 48 ans en 2007)

Ce mécontentement profond est également provoqué par le sentiment que leur statut d'homme, leur identité masculine ont été blessés. Cette identité masculine qui se renforce aujourd'hui renvoie à la domination économique des hommes dans la famille. Par exemple, un homme ouvrier de cinquante ans déclare :

« Ma femme est retraitée, elle touche plus de 1 000 yuan par mois de pension de retraite. Moi, pendant la période où Aban était fermée, je touchais moins de 1000 yuans! J'étais en colère ! »

Certains ouvriers, les plus violents chez Aban, sont appelés des « voyous ». Ils se sont installés dans les postes les moins pénibles qui ont en fait été créés pour eux : la gestion des migrants dans l'entrepôt. « Comment oseraient-ils me licencier ? » me confie Juanmao, à propos des cadres. Leur violence a été constatée par tout le monde chez Aban. Les enquêtées se souviennent :

« Les dirigeants de l'usine avaient peur des ouvriers qui les battaient à la moindre occasion et à tout propos... ».

La mobilisation d'un stéréotype masculin violent s'est, dans ce cas, avérée protectrice du point de vue de l'identité au travail et de la conservation de leur emploi.

Chacun sait que les « relations » (guanxi) jouent un rôle important dans la société Chinoise comme dans les unités de travail. Andrew G. Walder définit la relation dans l'unité du travail comme un « lien personnel instrumentalisé » (« inistrumental-personal ties » Andrew G. Walder, 1986). Andrew G. Walder n'a pas analysé les modalités différentes des relations que développaient séparément les hommes et les femmes au sein de l'unité de travail. En revanche, LIU Jieyu dans son étude réalisée à Nanjing auprès d'ouvrières licenciées, distingue trois types de « relations » développées par les femmes dans leur vie professionnelle : le modèle de la relation familiale (la famille natale), où le

statut de leur père décide des ressources qu'elles peuvent mobiliser ; le modèle
de la relation familiale avec la belle famille ; et la relation entre elles et les
contremaîtres qui les encadrent directement.

Pour le troisième type de relation, LIU Jieyu a montré qu'elle était très
limitée :

« The guanxi one sought to acquire was with the immediate supervisor and,
as women's positions in the work hierarchiy were very low, the power of their
superiors was limited.»[215]

Chez Aban, le réseau des relations est mobilisé dès qu'il s'agit d'obtenir
une promotion, des financements pour suivre une formation continue dans
les années 1980, de passer son permis de conduire ou d'être réembauchée au
moment de la restructuration de 1995, etc.

La mobilisation de son propre réseau de relations n'a jamais réussi à
transformer la division du travail entre les sexes, telle qu'elle prévaut chez Aban.
Cela dit, si une femme dispose d'un réseau de relations efficace, elle peut avoir
plus de chance d'être promue à « un poste pour les femmes » (syndicaliste,
administratif, propagande, etc.) que les autres femmes. Il en va de même pour
les hommes qui sont souvent promus aux postes réservés aux hommes par le
biais de leur « relation ».

Notre enquête confirme également ce que LIU Jieyu a constaté : la relation
qu'entretiennent les femmes salariées avec leur directeur suscite souvent des
rumeurs.

Par exemple, Songjuan, 48 ans en 2007, est entrée, après avoir accompli
sa scolarité secondaire, dans l'école technique d'Aban en 1977. A la sortie de
cette école technique, elle a été affectée à un poste sur les tâches en aval, ses
études techniques semblant n'avoir eu aucune utilité. Quatre ans plus tard, elle
a été promue pour effectuer le travail statistique dans l'entrepôt. Son directeur
est un homme. En 1994, Songjuan touche une allocation vitale de base (jiben
shenghuofei) en « attendant » un emploi (daiye). En 1995, quand Aban a
été restructurée, son directeur l'embauche dans son département qui est le
département du transport. Elle travaille toujours sur les statistiques. En 1998,
elle est promue manager. En même temps, elle a suivi des cours de finance par
elle-même pendant ses heures de loisir. Elle obtient un diplôme d'université en
1990. Son travail s'effectue dans un environnement où la majorité des salariés

---

215 LIU Jieyu, 2007, *Gender and Work in Urban China, Women Workers of the Unlucky Generation*, Routledge
Contemporary China Series, 178 p.

sont des hommes. Cette situation donne lieu à de nombreux commérages sur sa relation avec le directeur. Par exemple, un ouvrier a déclaré :

« Cette femme, elle ne connaît rien, c'est par sa relation avec Shi (le directeur) qu'elle a eu ce poste. En tout cas, Shi a le pouvoir. Elle est juste l'une de ses femmes. » (Un homme technicien, 48 ans en 2007).

Une autre femme qui fait partie des très rares femmes chauffeurs avoue franchement que c'est grâce à l'aide de son directeur actuel qu'elle a pu obtenir la possibilité d'être financée pour passer son permis de conduire. Voici un extrait de notre conversation :

Xiaojing   - Comment êtes vous entrée dans le métier ? Vous vous êtes inscrite pour apprendre à conduire ?

Qiaozhu   - S'inscrire ? Ça sert à rien ! Cela devait passer par la porte de derrière (zou houmen) ! J'ai même offert un cadeau de valeur à mon directeur ! Tu sais, je n'ai pas d'autre solution, je dois avoir un travail, je dois gagner ma vie.

Aujourd'hui, dans le bureau de repos réservé aux chauffeurs, Qiaozhu est la seule femme. Il y avait quelques autres femmes conductrices, mais toutes ont pris le licenciement par « achat des années de travail ». Lors de ma semaine d'observation dans ce bureau. Qiaozhu et son directeur, face aux autres chauffeurs, se présentent comme un « couple ». Le directeur pose sa main sur ses épaules et en me disant :

« Nous sommes un couple, tu vois ? Je l'ai nourrie pendant toutes les années où elle n'avait pas de travail...».

Les autres conducteurs se mettent à rire et m'expliquent :

« Ils sont un couple seulement pendant la journée ! Après la journée du travail, chacun a son époux ou son épouse. »

Ce cas manifeste qu'il existe bien du harcèlement sexuel au sein de l'unité du travail. S'agit-il d'un phénomène nouveau, né avec la Réforme économique ? Il faudrait disposer d'enquêtes plus précises pour répondre à cette question.

Mais en tout cas, il est clair que les chances qu'ont eues certaines femmes d'obtenir des promotions grâce aux relations personnelles qu'elles entretenaient avec leurs dirigeants sont souvent interprétées comme la contrepartie d'une relation sexuelle. Quand je demande à Qinfen si elle a pu bénéficier de possibilités pour mener la carrière qu'elle souhaitait en sortant de l'école secondaire, elle m'a répondu très vite :

« Possibilité ? Ça dépend si vous avez la porte de derrière (houmen), autrement dit, si vous avez un beau visage... Pour moi, je n'ai toujours pas eu cette possibilité… J'accepte mon destin.» (Qinfen, 47 ans en 2007)

La question de l'efficacité des relations pour les hommes est plus complexe. A part les relations qu'ils entretiennent au sein même de l'entreprise, certains connaissent hors d'Aban, des salariés travaillant dans d'autres unités du travail ou des cadres dans le gouvernement local. Les techniciens eux-mêmes entretiennent des échanges avec d'autres techniciens employés dans l'industrie légère. Ce réseau de relations les a parfois aidés à trouver des emplois dans les années 1990. Un ouvrier technique déclare par exemple :

« On a souvent des échanges de connaissances sur des questions techniques avec les techniciens travaillant dans d'autres unités de travail. En 1993, parmi mes relations, un cadre technique m'a appelé pour aller travailler dans son entreprise, Je suis donc parti.»

Les hommes cadres, situés au centre de pouvoir chez Aban, disposent d'un réseau de relations beaucoup plus large, souvent avec les cadres du bureau de l'industrie légère ou les cadres du gouvernement local.

On le voit, chez Aban, la forme de l'organisation du travail est paternaliste. Elle s'apparente à celui qu'on observe chez les patrons de la grande industrie en Europe au 19ème siècle ; mais il est ici teinté de valeurs confucéennes et s'applique davantage aux femmes qu'aux hommes. Ce paternalisme structure également la morphologie des relations. Les réseaux de relations des hommes ne sont pas limités à l'unité du travail. Ils entretiennent des relations avec d'autres unités du travail ainsi qu'avec le gouvernement qui encadre directement les unités de travails. Les femmes, dont les réseaux sont beaucoup moins ouverts, sont contraintes parce que leurs relations avec les dirigeants sont limitées. Si elles établissent un contact avec un réseau supérieur elles s'exposent par là à voir se propager des rumeurs sur leurs relations sexuelles supposées, voire à être les victimes de véritables harcèlements. Une chose est sûre, comme l'a implicitement révélé l'enquête, depuis les années 1980, le harcèlement sexuel existe dans l'unité de travail. Certains dirigeants profitent du pouvoir qu'ils exercent sur l'embauche pour harceler les femmes.

CHAPITRE 8.
TROISIEME ET QUATRIEME GENERATIONS : RETOUR AU STATUT TRADITIONNEL DE LA FEMME DANS LA SOCIETE ?

Malgré la réaffirmation par l'État du principe de l'égalité au début des années 1980, notamment dans la Constitution de 1982,[216] depuis les années 1990, les lois ont une tendance à instituer juridiquement les supposées spécificités biologiques des femmes - en particulier leur capacité de reproduction. En 1992, la loi de la protection des droits des femmes, tout en confirmant le principe de l'égalité, promulgue que «certaines catégories de travail ou certains postes sont inadaptée pour les femmes » et ainsi exige que toutes « les unités de travail protégent la sécurité et la santé au travail des femmes selon les lois »[217]. Le Règlement provisoire sur l'application du système d'emploi sous contrat en 1986 appelle les entreprises à embaucher les femmes sur des postes « convenables » (heshi) pour elles. Ce terme « convenable» est très ambigu, comme le dit Margaret Y.K.Woo :

« [Il] laisse place à l'interprétation discrétionnaire des employeurs.»[218]

---

216 Contre la discrimination des femmes dans l'embauche, le salaire et le licenciement, la Constitution de 1982 précise : « Les femmes ont le même droit que les hommes dans toutes les sphères de la vie [...] l'Etat protége les droits et l'intérêt des femmes, applique le principe de salaire égal le travail égal, former et sélectionner les cadres parmi les femmes ».

217 La loi de la protection des droits des femmes, 1992, article 25.

218 Margaret Y. K. Woo, « Chinese Women Worker: the delicate balance between protection and equality », in *Engendering China. Women, Culture, and the State,* Christina K. Gilmartin, Gail Hershatter, Lisa Rofel et Ryrene White, 1994, Cambridge, Harvard University Press, p. 280.

Deux lois, le « Règlement provisoire sur le soin sanitaire des employées féminines » et le « Règlement sur la protection du travail des femmes » en 1988, soulignent la spécificité de la « capacité de reproduction » des femmes. Par exemple, ces règlements définissent cinq périodes de la vie d'une femme travailleuse qui nécessitent une protection spéciale (wuqi baohu) : menstruation, grossesse, accouchement, allaitement, et ménopause. Pour chaque période, le règlement impose des limites sur le type du travail et les conditions de travail. Les médias soulignent également le rôle de mère des femmes (Jacka Jamara, 1990).

Les discours sur le « rôle féminin » apparaissent à la fois dans la presse et dans la vie ordinaire. Les filles adolescentes sont jugées intellectuellement, physiquement et émotionnellement inférieures aux hommes. Elles reçoivent les messages des plus âgés sur leur rôle féminin leur conseillant de choisir une carrière appropriée à leur féminité. Le mariage a été remis en valeur. Il est aujourd'hui considéré comme le plus grand bonheur pour elles (Emily Honig, Gail Hershatter, 1988). Sur le marché du travail, les femmes sont considérées par l'entreprise comme une ressource humaine «inefficace » voire comme un frein à la rentabilité. Les nouveaux statuts légaux imposent aux entrepreneurs de prendre à leur compte les charges sociales liées à la maternité. Selon un rapport publié par le Département du Travail et de l'assurance Sociale en août 2001, 67% des entreprises ont précisé le sexe dans leurs annonces d'embauche. (Li Huiying, 2003)

Cette situation manifeste une véritable résurgence de la domination masculine et un « retour en arrière » du statut des femmes de cette génération. Pourtant, on connaît peu de choses sur l'organisation du travail dans l'entreprise non-socialiste d'aujourd'hui. Les questions restent à poser en particulier sur la façon dont s'articule la résurgence des normes confucéennes sur le genre avec l'organisation du travail non-socialiste et les normes capitalistes. Quels sont ses effets sur la construction du genre et donc sur la division sexuée du travail ? Que devient l'héritage de l'époque maoïste ? Si l'individualisme, comme la Révolution Culturelle (Tania Angeloff, 1997), en Chine ont aidé ou aident aujourd'hui à former la conscience de soi des femmes, quelle peut être leur stratégie ? La question est de tenter de comprendre les parts de rupture et de continuité entre cette nouvelle génération de femmes et celles et leur mère et de leur grand-mère avec les normes confucéennes.

Pour tenter de répondre à ces questions, nous allons d'abord étudier les formes et les principes de la division du travail entre hommes et femmes en vigueur chez Aban pour caractériser l'évolution des rapports de genre par rapport à la génération précédente. Ensuite, on cherchera à identifier la spécificité de l'organisation du travail de bureau chez Aban où le paternalisme construit l'identité familiale des femmes. La philosophie confucéenne, toujours très vivante dans la société a imprégné les esprits de beaucoup de femmes de la génération précédente et s'est transmise aux femmes de la génération suivante. Ainsi, les filles se trouvent aujourd'hui soumises à une forte pression pour qu'elles se marient et reçoivent des conseils de nature à décourager leur ambition professionnelle. Mais des attitudes de résistance tendent à contrecarrer ces pressions. Beaucoup de jeunes femmes élaborent, consciemment ou non, des stratégies visant à emprunter des voies de sortie non traditionnelles.

I. LA DIVISION DU TRAVAIL ENTRE HOMMES ET FEMMES CHEZ ABAN DANS LES ANNEES 2000

Rappelons-nous qu'Aban, en 2000, en coopérant avec les capitaux français, est devenue une entreprise au statut mixte, semi-privé et semi-étatique. Depuis 2002, la branche française participe au management. La branche française dirige surtout le nouveau département de marketing et de la vente créé en 1995. Pour les autres départements administratifs, dont les postes sont largement occupés par la génération de la révolution culturelle, la gestion est prise en charge par des dirigeants de la branche chinoise.

Il faut d'abord clarifier un point : sur le marché de l'économie, Aban n'est pas parmi les entreprises les plus attractives pour les jeunes diplômés. Celles-ci sont plutôt les grandes entreprises privées très compétitives qui donnent un meilleur salaire et plus de perspective professionnelle. A cause de ses lourdes charges, de la culture du travail qui y règne, et du style de management caractéristique de l'époque de l'économie du plan, la compétition d'Aban sur le marché n'est pas la meilleure. Ainsi, les salaires y sont plus bas que dans les entreprises exclusivement privées.

Aujourd'hui, la nouvelle génération de travailleurs (la plupart ont moins de 35 ans) représente une part minoritaire des effectifs employés chez Aban : à peu près 30 % de travailleurs employés dans les bureaux. Ils sont embauchés principalement dans quatre départements : affaires financières, ressources humaines, administratif, marketing et vente.

Un premier fait est frappant. La division entre les sexes est d'abord horizontale : les trois premiers départements sont très féminisés et comptent peu

255

d'hommes, sauf que dans le département d'administration, il y a trois hommes sur des postes de support informatique. Leur travail consiste à assurer le réseau Internet et à réparer les problèmes de logiciels ou mécaniques des ordinateurs de l'entreprise. Dans le département marketing et vente, la division entre hommes et femmes se réalise dans la nature des tâches. Les hommes occupent largement les postes de vente qui impliquent un contact avec les agents de la vente : chercher des agents, gérer la relation avec les agents, contrôler la vente, etc. Parmi les cinquante employés de la vente (y compris 10 managers), le secteur compte seulement quatre femmes. Ce genre de travail implique un niveau de diplôme relativement bas. La plupart ont un diplôme de l'école professionnelle ou au maximum Bac+3 (dazhuan). En revanche, 5 femmes occupent dans ce département des postes de support situés en amont de la relation avec la clientèle : faire le plan de marketing pour activer la vente, les publicités, étudier le marché du produit et des clients et élaborer les stratégies de marketing, etc. Une sorte de travail de « spécialiste ». La plupart possèdent un diplôme universitaire : Bac+3 ou 4. Elles maîtrisent bien la langue anglaise, ce qui leur permet de communiquer avec les dirigeants de la branche française.

Ensuite, on peut distinguer deux types d'emploi au sein des différents départements. D'abord, le département vente et marketing, où travaillent la majorité des jeunes employés chez Aban. Cinquante jeunes, soit 80 % des travailleurs de la nouvelle génération (la majorité sont des hommes) travaillent dans la vente. Ce département est géré par un homme de 38 ans, embauché par le PDG de la branche française. Avant son arrivée à Aban, il travaillait dans une entreprise purement privée investie par le même capital français. Dès son arrivée chez Aban en 2002, il y introduit le style de gestion plus disciplinaire et les normes de la compétition, de l'efficacité et de la rentabilité dans l'organisation du travail. Mais, il rencontre des difficultés à cause de la résistance des autres départements et une lourde culture basée sur la relation (guanxi) et sur la « protection » des femmes. Malgré cela, son département reste le plus dynamique et le plus compétitif chez Aban, surtout pour les tâches de vente. Les employés sont embauchés après un examen et un entretien présidés par les managers. Le département compte dix managers, huit hommes et deux femmes, chacun dirigeant un groupe d'employés. Un manager de marketing pour quatre employés. Les employés ont la possibilité d'être promus managers. Ils ont également des opportunités pour être embauchés par les autres grandes entreprises investies par le même capital français. Ce sont les postes de marketing qui bénéficient des salaires les plus élevés chez Aban : 5000 yuans par mois pour une employée. Pour les hommes qui travaillent dans la vente, le salaire est basé sur leur « performance » et peut atteindre des sommes importantes. Le directeur du département me confie :

« Souvent on rigole en disant que mon département est le seul département qui a été privatisé »

Quand ils ne travaillent pas dans le département marketing et vente, les jeunes sont disséminés dans les autres départements : affaires financières, ressources humaines, administration. Là, les postes sont régis par un autre type de gestion. Comme nous l'avons dit, ces postes sont très féminisés. La plupart des femmes qui les occupent ont leurs parents qui travaillent ou ont travaillé chez Aban : elles doivent leur situation aux relations (« guanxi ») de leurs parents. Souvent, elles ont un diplôme de faible compétence sur le marché du travail, ou bien un diplôme qui ne correspond pas à leur poste. Juanjuan par exemple, diplômée de niveau bac+4 en chimie, a eu du mal à trouver un poste en ressources humaines en 2005, au moment où le marché du travail à Shanghai offrait peu d'emplois. Ces femmes sont embauchées pour les postes d'assistance des managers de la deuxième génération. Leur travail comprend également la traduction des rapports d'activité de l'anglais vers le Chinois ou du Chinois vers l'anglais, pour faciliter la communication entre leurs managers et les dirigeants français. La gestion de ces départements est plus souple, la pression y est plus faible. Il n'y pas beaucoup de compétition. Les femmes n'y ont pas d'opportunités de promotion chez Aban, puisque les postes de managers sont déjà occupés par la génération précédente. Leur salaire varie suivant leur travail, mais il est de l'ordre de 2000 yuan par mois.

L'embauche sexuée

La division sexuée horizontale du travail chez Aban dépend de quelques facteurs. Dans la plupart des cas, Aban ne précise pas le sexe dans les annonces d'emploi. Mais les CV reçus au département de ressources humaines sont très sexués. Par exemple, en décembre 2007, pour un poste de vente, on ne comptait que 19 femmes parmi les 96 postulants. Le même mois, Aban embauche une comptable : parmi les 180 CV reçus, 35 ont été envoyés par des hommes. S'agissant des postes administratifs ou de réception, il y a très peu de CV d'hommes. Cela s'explique à la fois par la segmentation sexuée des disciplines dans les universités et par les « choix » professionnels des garçons et des filles après leur sortie de l'école. Pendant un entretien d'embauche, un jeune homme de 22 ans explique ainsi :

« A l'université, je fais du marketing. Mon prof m'a dit que la vente est un bon travail pour les garçons... Je sais que la responsabilité et la pression sont plus lourdes pour un homme que pour une femme... Je pense que c'est un métier qui donne des opportunités pour gagner de l'argent. » (Zhangjie, 22 ans, diplômé de Bac+3 -Bac+4).

Ce travail de vente donne à beaucoup de jeunes hommes l'opportunité de gagner de l'argent, comme en témoigne un autre jeune homme :

« Mes études ne sont pas très spécifiques ni techniques, j'ai fait "gestion administrative", à vrai dire, je ne suis pas quelqu'un qui est très ouvert, j'aurais préféré faire un travail technique, mais la réalité est que mon diplôme n'est pas compétitif. Le niveau requis pour la vente est bas... C'est le seul métier susceptible de changer mon avenir... Si je fais bien ce travail, je gagnerai de l'argent... C'est beaucoup mieux qu'un travail administratif qui ne donne aucun espoir » (Xiaoxin, 28 ans, diplômé d'une école professionnelle).

Ensuite, même si Aban ne précise pas le sexe sur les annonces d'embauche, les managers effectuent souvent dans la pratique des discriminations sexuées. Chez Aban, l'embauche passe par trois étapes : d'abord, les personnels des ressources humains sélectionnent des CV sur Internet. Les candidats passent ensuite un entretien présidé par des membres du département des ressources humaines, puis, s'ils sont retenus, un nouvel entretien présidé par le manager ou le PDG du département qui embauche. Souvent, au moment de la sélection des CV, les managers du département font connaître informellement leur préférence de sexe.

En fait, la plupart des managers préfèrent les hommes Shanghaiens pour effectuer la vente.

D'abord, aucune personne qui n'était pas enregistrée comme résidant à Shanghai (« hukou ») n'a été embauchée par ce département. Parce que selon les managers, l'embauche des migrants implique un risque financier :

« La vente implique des transferts d'argent. Si nous embauchons des migrants, s'ils partent avec l'agent, personne ne peut les retrouver. Par contre, les Shanghaiens, leur hukou est à Shanghai, c'est plus facile à contrôler ».

Mais au-delà de cette explication, il y a une autre raison, concernant la nature de ce travail.

Chez Aban, la vente de l'eau potable se fait selon deux méthodes. Elle peut se faire par le biais d'un centre d'appel. Comme nous l'avons montré dans le chapitre 7, un centre d'appel a été créé par le bureau gouvernemental de l'industrie légère. Par le biais de ce centre, les divers produits de plusieurs entreprises (y compris Aban) peuvent être commandés directement par les clients. Les ouvrières licenciées sont les premières téléopératrices qui sont embauchées dans ce centre. Depuis les années 2000, elles sont graduellement remplacées par les jeunes femmes sortant de l'école professionnelle. L'autre méthode, qui consiste à vendre directement depuis le département vente et marketing chez Aban, est utilisée dans le cadre de la coopération avec les stations d'eau potable installées dans les divers quartiers de Shanghai. Ces stations d'eau potable sont gérées par les agents de la vente. Les habitants peuvent commander directement l'eau potable dans les stations d'eau potable. Parmi les huit groupes de travail sur la vente, six sont consacrés à cette méthode de vente. Les deux autres s'occupent de la coopération avec les supermarchés et les comités d'habitation pour vendre l'eau potable.

Les femmes sont également fortement exclues de ces tâches. Le vice-PDG de ce département déclare :

« Le travail de la plupart des employés ici est en contact avec les agents de la vente. Ces personnes sont d'une qualité inférieure (suzhicha). Ils n'ont pas de culture, ils sont très grossiers. Notre but est de multiplier nos agents de vente. Mais ce n'est pas facile parce que cela touche l'intérêt des agents de vente qui sont déjà installés dans le même quartier. Parfois, ils cherchent à nous menacer. Tu vois, il y un trou sur mon bureau, c'est un agent de vente qui l'a fait. Sur le marché de l'eau potable, les agents de vente sont tous ces gens… Ils ne respectent pas toujours les règles… Dans ce métier, il y a peu de femmes, parce qu'il n'y pas besoin d'être cultivé...»

Les agents de vente sont souvent des couples de migrants ou des hommes migrants vivant seuls à Shanghai. Ils sont venus à Shanghai des provinces plus pauvres dans l'ouest de la Chine. Parfois, il y a également les chômeurs Shanghaiens. Ils embauchent quelques migrants manutentionnaires pour transporter les bouteilles d'eau potable chez les clients. Ce travail est considéré comme masculin en raison du contact avec les hommes migrants : contrôle de la relation avec les migrants, négociation, contrôle des conflits.

En fait, ici il s'agit d'un rapport de pouvoir relatif au genre et à l'ethnicité. Les hommes Shanghaiens ont la préférence. D'un côté, la masculinité renvoie au contrôle de la relation de pouvoir. De l'autre côté, un homme Shanghaien est mieux placé qu'un migrant dans la hiérarchie et considéré comme mieux adapté aux relations avec les migrants qui, dans l'imaginaire collectif, demeurent une population sensible ou dangereuse[219].

Les femmes sont mieux acceptées dans les deux groupes qui contactent les supermarchés et les comités d'habitation. Ce travail implique un contact avec des Shanghaiens qui, selon les managers du département, sont « plus cultivés ». En outre, il n'y pas de tension à gérer. C'est un travail basé sur la communication et sur la signature de contrats. Ainsi, les quatre seules femmes du département sont dans ces deux filières. Parmi les deux femmes managers, l'une est responsable de la vente dans le supermarché, l'autre est responsable de la vente dans le quartier d'habitation. En fait, leur travail consiste à gérer la relation avec les agents.

En même temps, un discours genré est développé dans ce département. Les managers et les hommes employés soulignent que c'est un travail sous pression qui est « trop fatiguant pour les femmes » :

« C'est un travail qui implique beaucoup de défis... Et puis, pour une femme c'est trop fatiguant de travailler tout le temps dehors... En plus, ce travail n'est pas très stable... » (Un manager de la vente de 30 ans)

On retrouve ici les normes qui régissent la distinction entre travail masculin et travail féminin : compétition et travail au dehors sont associés à la masculinité, la stabilité et le travail à l'intérieur à la féminité. La masculinité est définie par l'ambition et l'aventure professionnelle, la pression du travail et la compétition. Cette masculinité correspond au modèle en vigueur dans les pays capitalistes. Comme la noté WANG Zheng, cette conception se rapproche de la masculinité à l'occidentale, mais pas exactement de la masculinité telle qu'elle est définie dans le cadre de la culture confucéenne («Xiao, Zhong, Ti » : piété filiale, fidélité et sincérité, amour pour les frères aînés) (WANG Zheng, 2001). En revanche, la féminité est liée à la stabilité de l'emploi. La vente est un travail qui implique beaucoup de défis et d'aléas et dont le salaire est frappé d'une grande élasticité selon la performance. Chaque jour, les hommes qui pratiquent ce métier arrivent chez Aban à 8 heures et demie. Ils prennent les documents et partent à 9 heures. Ils restent presque toute la journée chez les clients et rentrent à 17h30 pour rendre compte du travail effectué pendant la journée. Mais souvent ils rentrent plus tard. C'est un travail sous pression. Pour stimuler l'ambition des salariés, sur le mur de bureau, un tableau enregistre la performance de chaque salarié. Tous les trois mois, le travailleur dont la performance est la plus faible est obligé d'envisager la possibilité de son

---

219 Voir Chloé Froissard, 2005, « Quelle citoyenneté pour les travailleurs migrants en Chine ? », in *Etudes chinoises*, Vol.24, pp.301-316 ; Eric Florence, 2006, « Les débats autour des représentations des migrants ruraux » in *Perspectives Chinoises*, Mars-avril 2006, N° 94, pp. 13-26.

licenciement.

La division du travail entre hommes et femmes au sein de l'entreprise est encore empreinte des normes confucéennes sur la distinction entre le « dedans » (la famille) et le « dehors » (la profession) tout en s'articulant avec les normes de l'économie de marché associant le travail des hommes aux valeurs de compétition, ambition et d'aventure sur le marché de l'économie. En fait, le travail de bureau se fait « dedans », alors que le travail de vente à l'extérieur de l'entreprise se fait « dehors »[220].

En revanche, les managers de marketing, de ressources humaines et de finance préfèrent les femmes. Le manager de marketing constate :

« Le marketing dans le domaine de l'agro-alimentaire est largement réalisé par les femmes, c'est la même situation que pour l'entreprise où je travaillais auparavant… Les hommes s'adaptent plus au travail de vente, parce qu'il faut, la pression est énorme… Mais pour le travail de marketing, c'est différent, cela demande des qualités comme la patience, être soigneux où les filles sont plus douées. » (Zhu, 33 ans)

L'organisation paternaliste du travail et les discours sur le rôle féminin

Chez Aban, les valeurs familiales sont reconnues et défendues. On constate une sorte de « paternalisme» d'entreprise comparable au paternalisme de certains grands patrons de l'industrie européenne au 19ème siècle.

L'organisation du travail de bureau a conservé beaucoup de traits de l'époque socialiste. La gestion est souple en ce qui concerne la maternité des femmes et permet à ces dernières de concilier activité professionnelle et rôle familial. Souvent quand une femme est enceinte ou vient d'avoir un enfant, elle peut bénéficier de certains «soins» : dormir une heure ou deux pendant la journée de travail, s'absenter pendant quelques heures pour allaiter son enfant, aller à l'hôpital quand l'enfant est malade, ou réduire son temps de travail pendant qu'elle est enceinte. Comme le dit Jian, 38 ans qui a un fils de 3 ans :

« Ici, on peut parler facilement de nos problèmes avec le directeur du côté chinois, ils sont très compréhensifs... Parce que tu vois, dans ce genre de vieille entreprise, il y avait une crèche. Donc, c'est facile de communiquer.»

---

220 L'argument du retour au confucianisme paraît davantage relever de la part des managers d'une justification ex-post qu'ex-ante. Il est souvent invoqué pour justifier l'état de fait. Car, au-delà du confucianisme, il s'agit d'une division symbolique universelle comme l'ont montré les travaux anthropologiques et comme le rappellent souvent Françoise Héritier ou Maurice Godelier.

Cette culture influence également le département marketing et vente. « Je m'adapte un peu à l'environnement ici... » déclare le PDG de la vente et du marketing.

Le manager de l'administration a offert un emploi de bureau à une fille qui faisait du marketing en contact avec les clients quand elle est tombée enceinte. Les femmes qui travaillent dans le bureau ont réagi ainsi :

« Pour une femme enceinte, travailler dehors est inhumain. Il faut la changer de poste et lui trouver un autre travail, c'est normal... Après la naissance de l'enfant, si elle veut rester travailler dans le bureau, le manager sera d'accord. »

Dans les départements de la branche chinoise, il existe une sorte de relation « parentale » entre les deux générations. Souvent, les jeunes femmes appellent les femmes âgées: « ayi » (tante), parce que ce sont d'anciennes collègues de leurs parents. Dans ce contexte, les jeunes femmes ont reçu de leurs aînées beaucoup de conseils ou de pressions sur leur « rôle familial».

Voici, à titre illustratif, une conversation tout à fait typique.

Un jour, pendant la pause déjeuner, quelques femmes et filles des deux générations parlent ensemble. Nous sommes cinq :
- Zhao, une femme de 50 ans travaille dans le département des affaires financières ;
- Lujie, 35 ans, mariée et ayant une fille de 10 ans, travaille dans le département des affaires financières ;
- Qingyu, 38 ans, mariée et ayant une fille, travaille dans le département des affaires financières,
- Juanjuan, célibataire, 24 ans,
et moi.

La conversation commence par des échanges sur l'avenir de la fille de Zhao, qui est en train de terminer ses études de master en France et qui se pose des questions sur son orientation professionnelle.

Voir encadré page suivante →

Encadré N°15 : extrait d'une discussion pendant le déjeuner

Juanjuan : Qu'est-ce que ta fille veut faire après ses études en France ? Elle est vraiment excellente, tu sais. Aller à l'étranger et faire des études est mon rêve.

Zhao : Non, non, elle n'est pas vraiment excellente, elle est ordinaire, oui, oui, ordinaire... Elle fait bien ses études, dit

---

elle avec fierté, mais, comme vous avez déjà, vu ma fille, n'a rien de spécial... Je pense que ça sera idéal si elle trouve une sorte de travail à l'Ambassade de France à Shanghai. Je ne veux pas qu'elle fasse une thèse. Au début, on pense que le travail dans l'université est très stable, c'est bien, mais maintenant, le diplôme de master ne suffit pas, il faut avoir le diplôme de PHD...

Juanjuan : Mais j'ai entendu dire qu'à l'Ambassade, les chinois n'auront pas une bonne carrière... Puisque ce sont les français qui occupent les postes importants.

Zhao : Développement de carrière? A quoi ça sert ? Le plus important est de s'installer dans la vie et de se stabiliser... Non ? Une carrière d'avenir n'est pas si importante. En fait, au début elle voulait devenir professeur à l'université. C'est également stable. Mais pour ce genre de poste, il faut avoir un diplôme de doctorat. Donc je lui ai conseillé de ne pas continuer à faire des études. A priori, il faut d'abord régler ses affaires personnelles.

Juanjuan : Ce n'est pas dommage ? Si tu veux seulement qu'elle soit une "épouse vertueuse et sage, bonne mère" (xianqi liangmu), ce n'est même pas la peine de faire des études !

Qingyu : Aujourd'hui, les hommes n'aiment pas les femmes qui réussissent trop dans la profession. Mais si tu ne fais pas d'études, comment peux-tu communiquer avec ton mari ? Faire les tâches domestiques ne suffit pas, il faut avoir la capacité de communiquer ! Ma fille est en sixième année d'école primaire et à l'école, elle pense déjà au métier qu'elle fera plus tard.

Juanjuan : Oui, les « baigujing » ou les «femmes fortes » sont les femmes qui ont le plus de difficulté à trouver un homme... Il semble que les hommes aiment plutôt les « petites femmes » (xiao nüren)... Quelle réalité !

Zhao : Tu ne sais pas ? Les femmes qui ont un doctorat sont appelées « le troisième sexe ». A vrai dire, ce n'est pas la peine de faire des études à un si haut niveau.

Juanjuan : C'est terrible...

> Qingyu : Il ne vaut mieux pas trop entretenir cette idée d'autosuffisance... Une fois que les femmes deviennent trop fortes ça posera des problèmes. On dit que les hommes sont les arbres sur lesquels les femmes peuvent s'appuyer et compter dessus !
>
> Lujie : Tu vois, juanjuan, dépêche-toi à trouver un homme ! Dingding, au même âge que toi, elle était déjà enceinte !

La pression exercée sur Juanjuan n'est pas un cas singulier chez Aban. En fait, la recherche et la présentation d'un homme en vue du mariage sont une partie importante du rôle des mères chez Aban. Jiesheng, dont la fille est en train de terminer ses études en Australie, a déjà commencé à chercher un homme pour sa fille.

La conversation précédente est très courante chez Aban. Les jugements de valeur et les stéréotypes portés sur les femmes fortes dans cette conversation sont le signe d'une redéfinition des rôles affectés aux hommes et aux femmes.

Ces pressions sociales contribuent à affecter d'un sens négatif non seulement la réussite professionnelle des femmes mais aussi le fait pour elles de travailler ; elles s'inscrivent en rupture avec le modèle de la « femme de fer » qui avait été mis en valeur à l'époque de la Révolution Culturelle. La réussite professionnelle des femmes est considérée comme un fait contre nature, une perte de la féminité « naturelle », une masculinisation des femmes.

« Femme forte » (nü qiangren), «baigujing » (femme fantôme) et « troisième sexe», autant d'expressions nouvelles dans la ville de Shanghai depuis les années 1990. « Femmes forte » et « baigujing » (femme fantôme) sont des expressions qui désignent les femmes qui ont connu une réussite professionnelle. Le « troisième sexe » désigne les femmes titulaires d'un doctorat, c'est-à-dire celles qui ont connu une réussite intellectuelle.

L'expression de «femme forte » signifie que les femmes ayant connu la réussite dans la vie professionnelle ont perdu leur féminité « naturelle ». A l'époque actuelle, où l'on considère que le maoïsme a masculinisé les femmes, la féminité est en train d'être récupérée par les femmes (WANG Zheng, 2001). Comme le dit une femme PDG :

« Non, non, je n'aime pas cette expression, elle me fait douter. Suis-je encore une femme ? »

« Baigujing » est un jeu du mot. Ce groupe de mots renvoie à une image de femme-démon dans un grand roman classique chinois : « Xiyouji ». Cette expression associe trois notions. « Bai gu jing » : les trois termes signifient respectivement cols-blanc (bailing), ossature (gugan), élite (jingying). Il s'agit d'une stigmatisation des femmes cols-blanc qui ont une réussite professionnelle, soit les femmes faisant partie des élites économiques. On pourrait ici évoquer, les travaux de Jacqueline Laufer sur la féminité neutralisée des femmes cadres, comme stratégie de réussite aux plus hauts postes et comme logique intégratrice au sein du groupe des hommes managers[221].

Le «troisième sexe » désigne les femmes titulaires d'un doctorat. Elle signifie que les femmes appartenant aux élites culturelles ne sont ni du sexe masculin, ni du sexe féminin. Elles sont donc du « troisième sexe ». Cette expression reflète également une image négative assignée à ces femmes en terme de perte de leur féminité.

Jiesheng parle souvent de douceur à propos de sa fille. Pour mieux comprendre la représentation de la relation sociale entre hommes et femmes dans le discours, il est nécessaire de comprendre l'expression de « dia ».

Le «dia» est un bon symbole de la féminité telle qu'elle est en train de se construire à l'époque actuelle. Le « dia » rompt radicalement avec le modèle de la « femme de fer », à l'époque où les femmes s'identifiaient aux comportement masculins : vêtements uniformes, culte du courage, parler haut et fort, exhiber la force, etc. Jiesheng le constate :

« A notre époque, les plus pauvres étaient les plus révolutionnaires, les plus révolutionnaires étaient les plus inébranlables... Il y avait quand même quelques filles pour parler avec le ton "dia", mais en général c'étaient des filles originaires de familles capitalistes... Nous avons toujours reçu une éducation valorisant l'héroïsme, les héros avec un air digne qui inspiraient notre respect...qui peuvent mourir pour la révolution, donner leur vie pour l'oeuvre de la libération du peuple chinois, tout ça, avec une face inflexible, inébranlable ou indomptable..».

Aujourd'hui, on retrouve une féminité considérée comme « naturelle ». L'attitude de Jiesheng indique très clairement sa « découverte » de la « féminité » :

« Je ne savais pas que les femmes par nature ont une autre face de tendresse ! C'est bien tard pour moi... Aujourd'hui, je dis souvent à ma fille qu'elle doit avoir de la tendresse. »

---

221 Jacqueline Laufer, 1982, *La féminité neutralisée ? Les femmes cadres dans l'entreprise*, Collection « Visages de l'entreprise », Paris, Editions Flammarion, 297 p. ; Catherine Marry, 2004, *Les femmes ingénieurs, une révolution respectueuse*, Paris, Editions Belin, 288 p.

Encadré N°16 : l'image sociale des « troisième sexe » chez Aban

Ma présence chez Aban attire l'intérêt des personnes enquêtées sur ma situation personnelle. Sachant que je suis en train de préparer une thèse, beaucoup de travailleurs me manifestent de l'intérêt : « une fille fait des études si supérieures ! »

Puis, ils s'intéressent à ma situation personnelle. Le fait que je vais bientôt me marier les « rassure ». Wangjie, 40 ans en 2007, me dit : « C'est bien, comme ça tu peux faire une thèse sans souci. Mais attention, ne sois pas trop forte devant ton mari. »

D'autre part, mes comportements attirent également leur attention. Un jour Jiesheng me dit : « On dit que les femmes docteurs sont le troisième sexe... Elles sont les "femmes fortes" qui font fuir les hommes. Mais toi, tu n'as pas l'air d'être comme une femme forte, tu es très douce. C'est bien comme ça, j'imagine que tu es très exceptionnelle... ».

Un autre jour, Zhengwang, une femme de 56 ans vice-PDG dans une autre grande entreprise agro-alimentaire est venue chez Aban. Une femme cadre me présente en disant : « Cette fille est en train de faire ses études, elle cherche à enquêter sur les réussites professionnelles des femmes. »

Zhengwang lui répond spontanément : « Réussite ? Qu'est-ce que une femme qui réussit ? ». Après avoir compris que je suis en train de préparer une thèse, elle déclare que « les filles qui font trop d'études vont devenir bêtes. » Je lui demande : « Pourquoi bête ? ».

Elle me répond : « A part la carrière, vous êtes probablement nulle sur les autres choses».

Encadré N°17: « dia », une féminité retrouvé

Le « dia » est un adjectif du dialecte shanghaien. Dans le *Dictionnaire de la langue chinoise contemporaine*, il signifie « un ton de voix ou une manière pour faire un caprice. ».

Il se réfère à une voix très douce dont le dernier son est long. Selon QIAN Nairong, un linguiste de la langue Shanghaienne, il s'agit d'un mot traduit de l'anglais « dear » à la fin du 19ème siècle et au début de 20ème siècle. A partir du sens de l'adjectif anglais « dear » (cher, aimé et adorable), il signifie douceur (rou), gâterie, fragilité, mignardise et coquetterie (Qian

Nairong, 2003). Aujourd'hui, « dia » est aussi utilisé comme un nom dans le dialecte Shanghaien : « faire dia » (fadia).

La notion de « dia » a été beaucoup critiquée dans les années 60, dans la presse, parce qu'elle était associée à la « presse jaune », celle qui traite du sexe.

Aujourd'hui, le terme « dia » est l'objet d'une renaissance. Il représente la nature des femmes, le charme et l'attirance féminine. Mais cette valeur esthétique retrouvée des femmes renvoie également à un rapport hiérarchique entre les deux sexes. « Dia » définit les femmes par un certain comportement enfantin, une douceur émotionnelle qui se révèlent très en dessous des qualités exigées et valorisées par le capitalisme d'aujourd'hui : rationalité, courage et indépendance. En faisant « dia », les femmes peuvent chercher et obtenir la protection des hommes puisque le masculin est synonyme de rationalité, de contrôle des émotions, de compétitivité et de force. C'est par cette domination à travers un jugement esthétique qu'on le naturalise et le pratique. Le « dia » construit insidieusement une dépendance des femmes aux hommes.

Chez Aban, « dia » est un sujet. Le « fadia », comme le dit Jiesheng, est notamment pratiqué par les femmes devant leur copain ou mari. C'est une relation de dépendance dans la relation conjugale.

Ainsi, on comprend mieux l'inquiétude de Zhao. Son expression « elle est ordinaire» qu'elle répète à plusieurs reprises est là pour souligner le fait que sa fille reste et doit rester «une femme». Ces expressions, les femmes d'Aban les ont progressivement adoptées au point de les faire leurs. A travers ce genre de conversation et la diffusion de ces stéréotypes, une culture se construit chez Aban. La réussite professionnelle des femmes est mise en doute. Une relation hiérarchique se restaure : l'idée que l'homme est le pilier de la famille est désormais largement acceptée. La mise en scène de ces nouvelles valeurs s'inscrit dans le cadre d'un certain retour aux normes confucéennes : le rôle des femmes a pour cadre la famille et les hommes exercent leur domination dans la sphère économique.

Comme l'a mentionné Zhao, la notion de « stabilité » est associée au travail des femmes. Appeler les femmes à rester « stables », c'est nier leur identité professionnelle et réduire l'emploi féminin à un fait économique. C'est-à-dire à un emploi qui attribue aux femmes une situation économique, réservant l'essentiel du temps et de l'énergie pour se consacrer à la vie familiale.

La valeur de la famille a été profondément intériorisée par les femmes plus âgées, souvent de la génération précédente, mais également par les femmes de la nouvelle génération qui ont déjà un enfant et qui s'installent chez Aban par choix afin de pouvoir mener une vie « stable ».

Dingding : un cas typique

Dingding représente un cas typique de fille dont les parents travaillent dans la même entreprise. Sa mère est une ouvrière licenciée chez Aban et son père y est dirigeant .

Elle est diplômée de l'école professionnelle. Sa discipline est la gestion de la vente. Elle est entrée chez Aban en 2000 grâce à son père, ancien chef de l'usine d'Aban. Ayant appris la gestion de la vente à l'école (Aban, en outre, a un besoin urgent des vendeurs), elle est embauchée comme vendeuse auprès des supermarchés et des petites boutiques agro-alimentaires. Pendant six mois, elle dit ne pas apprécier ce travail :

« J'ai très peur d'être refusée... Je ne m'adapte pas à cette tâche... Je voulais travailler dans un bureau, c'est plus stable et il n'y a pas beaucoup de pression. »

Elle est ainsi mutée sur un poste administratif, grâce aux relations de son père. Là, son travail consiste à traiter les données sur la vente. Elle se marie en 2001. Son mari travaille dans une entreprise privée. Dingding apprécie beaucoup son travail chez Aban :

« Les entreprises dehors...comment dire, la compétition est trop forte... Aban c'est mieux, cette entreprise n'est pas très compétitive, mais elle est stable...Je n'ai pas beaucoup d'ambition professionnelle... si un homme n'a pas d'ambition professionnelle, ce n'est pas bien, mais pour une femme, c'est tout à fait normal...».

Dingding a profondément intériorisé le rôle féminin. A l'âge de 23 ans, elle est enceinte. Elle souligne :

« C'est bien, le manager s'occupe de moi. C'est le bon côté de notre entreprise. Et puis, mon travail n'est pas lourd... Je fais très rarement des heures supplémentaires...»

Elle quitte souvent le travail une heure avant l'heure officielle. Dingding est satisfaite de son travail chez Aban et se prépare à investir son énergie dans son rôle de mère.

2. ADAPTATIONS OU STRATEGIES DES FEMMES

Pour s'adapter au marché du travail, les filles choisissent le plus souvent les filières qui leur sont les plus ouvertes et qui leur offrent le plus d'opportunités professionnelles, comme les ressources humaines, le marketing ou la finance.

Zhu par exemple (33 ans en 2007), après son bac qu'elle obtient en 1991, a choisi la discipline comptable :

« J'ai choisi cette discipline parce que je pense que c'est une filière qui offre un grand espace professionnel pour les femmes. »

Après quatre ans d'études, elle est entrée dans une entreprise et travaille comme comptable dans le département de finance.

Mais, très vite, elle s'aperçoit qu'elle n'aime pas ce travail. Après six mois de travail, elle change de métier, et est embauchée au département marketing d'une entreprise :

« C'est un travail plus intéressant. En fait, j'hésitais entre le marketing et la gestion des ressources humaines parce que ce sont deux filières très ouvertes pour les femmes…Finalement, j'ai choisi le marketing, parce qu'il y a plus de défis dans ce métier… Je suis quelqu'un qui est dynamique. La vente, il faut toujours être en dehors de l'entreprise…côtoyer les clients, ça, je n'aime pas. Je préfère travailler dans un bureau ».

On voit que le choix de filière commence déjà à l'école. Zhu a très consciemment choisi les filières les plus ouvertes pour les femmes :

« Je suis quelqu'un qui a une certaine ambition pour sa carrière. Choisir une bonne filière est important. Cela offre des perspectives professionnelles ».

Juanjuan : « pas trop forte, ni trop petite »

Juanjuan est une fille célibataire de 24 ans. Sa mère a travaillé chez Aban toute sa vie, Elle travaille aujourd'hui encore dans le département de marketing. Après quatre ans d'études supérieures dans l'université en 2005, elle est embauchée par Aban au département de ressources humaines grâce à la recommandation de sa mère.

Sa mère a travaillé toute sa vie jusqu'à sa retraite. Elle cumule tout, les tâches domestiques et sa profession. Son père est un technicien de niveau élevé. Juanjuan est typique de l'enfant unique dans sa famille. Son père joue plus un rôle éducatif envers elle tandis que sa mère prend soin de sa vie. Ainsi, Juanjuan a toujours entretenu des relations plus proches avec son père qu'avec sa mère.

En même temps, son père fait preuve d'une attitude très ambivalente envers elle. D'un côté, il l'encourage à réussir à l'école :

« Il m'a mis beaucoup de pression et m'a poussée. Je me souviens dans mon enfance et adolescence, souvent je discutais avec mon père au bout du lit. J'ai un souvenir ancien qui m'a marquée, je lui ai dit que je n'arriverais pas à réussir un examen. Il m'a dit : "tu sais, toi, tu a deux yeux, un nez, une bouche, comme les autres, pourquoi les autres réussissent et toi non ? Il faut chercher la raison." Il m'a dit que ce n'est pas un problème d'intelligence, jamais : "c'est parce que les efforts que tu fais ne suffisent pas".»

Son père voulait que son enfant hérite de ses techniques. Depuis la troisième année d'école primaire, il apprend à Juanjuan comment fabriquer des ampoules. Puis, son père lui apprend à se servir d'un ordinateur.

Mais d'un autre côté, son père a une vision très sexiste qui stigmatise la faiblesse d'intelligence des filles, leur fragilité et n'accorde qu'une importance secondaire à leur réussite professionnelle:

« En fait, je sais qu'il aime mieux les garçons. Il était très déçu quand je suis née, mais il m'adore quand même... Mon père se considère comme un individu très intelligent, ainsi il pense que ses enfants doivent également être intelligents. Il dit toujours que le plus intelligent dans la famille est mon cousin, le seul garçon de la famille. Il adore beaucoup cet enfant, il a dit qu'après ce cousin, c'est moi qui suis l'enfant le plus intelligent.»

Il remplit le formulaire consignant les souhaits de discipline à l'université. Et il choisit toujours « commerce international », considéré comme la spécialité la plus adaptée aux femmes. Il a refusé le projet de Juanjuan d'aller étudier au Canada :

« Il pense qu'une fille, n'a pas besoin d'avoir une trop grande réussite. D'ailleurs, je sais qu'il n'est pas rassuré si je suis seule à l'étranger. Mais il a dit que si j'étais un garçon, c'est certain qu'il m'enverrait faire des études à l'étranger, mais moi, je suis une fille... ».

« *Une femme ni très grande, ni très petite* »

Ainsi, Juanjuan a-t-elle été élevée sur la base d'une attitude ambivalente sur sa carrière avant d'entrer dans le monde du travail. Mais elle garde un esprit indépendant. « Si je peux régler un problème, je n'aurai jamais à demander de l'aide aux autres. » me dit-elle.

Elle a adhéré à l'idée que les filles sont faibles en Sciences en raison d'une déficience intellectuelle :

« J'avais de très bonnes notes dans toutes les autres disciplines scientifiques. A ce moment-là, j'ai choisi la chimie parce que je pensais que la physique était trop une "science dure", la chimie est un peu plus proche des sciences dites "humaines". Alors j'ai choisi la chimie. »

Elle n'a pas réussi à être admise dans la section « commerce » et ainsi en fonction de la discipline qu'elle a choisie, il lui reste deux possibilités : chimie ou mécanique. Elle a choisi le département de chimie puisque, la mécanique, c'est « trop terrible ! Une fille qui fait de la mécanique, c'est comme une belle fleur qui pousse sur une bouse ! »

Après quatre ans d'étude de chimie, elle réalise qu'elle ne veut pas se lancer dans un emploi lié à la chimie parce que « c'est pas bien pour une femme, ça menace la santé, surtout pour les femmes enceintes...»

Faire une carrière en correspondant à la féminité

Elle décide alors d'entrer dans une carrière de gestion de ressources humaines, qui représente pour les femmes une bonne opportunité professionnelle. Manquant de diplôme lié à ce type d'emploi, sa mère est intervenue auprès de Jiesheng. Elle a passé l'entretien d'embauche et a commencé à travailler en 2005. Chez Aban, sa mère a constaté que plusieurs filles de l'âge de Juanjuan étaient mariées, l'une d'entre elles ayant déjà un fils. Elle commence à inciter Juanjuan à trouver un homme. Elle présente à Juanjuan comme des modèles, des trajectoires de filles salariées chez Aban ayant trouvé un homme en espérant qu'elle trouve elle-même le même bonheur.

Une femme ni trop grande ni trop petite

L'attitude de son père avait déjà incité Juanjuan à adopter une attitude ambivalente à l'égard du travail. Son ambition professionnelle a encore été altérée au cours des deux premières années de sa vie professionnelle chez Aban :

« Auparavant, je souhaitais être une "femme forte", mais maintenant, je n'ai plus envie. Parce que tu vois, souvent je trouve que notre PDG est trop fatigué. Si c'était un homme, je pense que ce serait normal, mais une femme, son enfant est si jeune... »

Juanjuan abandonne alors son projet d'aller aux Canada :

« Mon père a raison, il ne peut pas se résoudre à me laisser toute seule à l'étranger. Tu es forte, mais aller si loin pour une fille ! J'aurais aimé aussi aller à l'étranger... Hé ! Tant pis, en tout cas, je vais voyager à l'étranger un jour dans ma vie.»

Elle a adopté la norme de mariage et forme ainsi un projet de vie :

« Me voici presque à l'âge de préparer mon mariage... Mais malheureusement, je n'ai pas encore de copain, mon seul regret est que je ne suis pas amoureuse de quelqu'un dans l'université... Je projette de me marier avant

28 ans, sinon toute la famille va me tuer ! ».

Mais en même temps, elle refuse de devenir comme sa mère dont toute l'énergie est accaparée, en dehors de son emploi, par les tâches domestiques :

« Elle n'a pas de vie à elle…Elle se sacrifie trop. Elle n'a pas de divertissement personnel... Ca sera terrible pour moi si un jour j'ai un enfant et que je vis comme ma mère ! »

Ainsi, elle a commencé à imaginer les qualités d'un mari idéal :

« Un homme idéal pour moi, c'est d'abord une belle carrière, ensuite un diplôme plus haut que le mien, c'est à dire plus que bac+4 ; je voudrais aussi qu'il soit issu d'une famille plus riche que la mienne… Le mode de vie idéal serait pour moi que je puisse compter sur mon mari. Tout le monde pense comme cela, non ? Un mari qui a une bonne capacité à gagner de l'argent, c'est rassurant ! »

Juanjuan conçoit son propre travail comme une activité qui lui apporte un salaire, les assurances et de l'autonomie :

« Tu sais, l'argent du mari c'est pour l'assurance de la famille, mais je dois également avoir mon propre argent. Et une fois que tu as l'argent, tu peux faire tout ce que tu veux. »

Juanjuan a également pris en compte le rythme social de vieillissement des femmes qui n'est pas le même que celui des hommes. Sur cette base, elle a formé un projet :

«Avant 40 ans, l'important est la carrière et la famille pour une femme . Après 40 ans, il n'y a plus de carrière pour une femme, donc c'est la famille et soi même. Je dois avoir du temps pour participer aux cours qui m'intéressent et pour faire quelque chose qui m'intéresse. .. Moi, j'ai un peu d'argent sous la main et je peux faire ce qui m'intéresse. Ce que je fais ce n'est pas pour gagner de l'argent mais pour mon intérêt. »

Ainsi, elle lie sa carrière à son projet de vie :

« A part les hommes que mes parents peuvent me présenter, la seule chance que j'ai de rencontrer un homme, c'est dans mon monde professionnel. Ainsi, la première chose que je dois faire est de changer d'emploi et d'environnement. Tu vois, ici, chez Aban, peu de jeunes correspondent à ces critères… ». " xianqiliangmu" (femme vertueuse et bonne mère) est correcte, mais il faut quand même avoir une carrière à soi-même. La volonté externe c'est ça la liberté ! »

Puis elle souligne :

« Pour une femme, à part la famille, il faut avoir des affaires qui vous intéressent personnellement… ».

Juanjuan a refusé le modèle de la « femme forte». Mais, elle n'a pas non plus vraiment accepté le modèle confucéen.

L'expression « xianqiliangmu » (femme vertueuse et bonne mère) est une définition idéale pour les femmes dans la culture confucéenne. Juanjuan a retourné ce mécanisme discriminatoire en choisissant de répondre en apparence à cette injonction sociale. En choisissant un mari fortuné afin de montrer qu'elle ne « choisit pas » la carrière tout en restant économiquement indépendante.

Un mari riche, pour elle, est ainsi une condition nécessaire pour assurer la qualité de la vie familiale et pour se dégager des tâches domestiques et disposer de temps pour ses intérêts personnels ainsi que d'un espace pour elle même :

« Je ne vais pas faire les tâches domestiques. Si j'avais un enfant ma mère m'aiderait... Et surtout, j'embaucherais une nounou. »

Elle a déjà trouvé un travail dans une banque. Elle refuse aussi le modèle de la mère de famille à temps complet.

Jingjing : Aban comme tremplin professionnel

Juanjuan a été très influencée par les discours qu'elle a entendus en écoutant parler les femmes d'Aban et s'est ainsi construit un projet de vie sans ambition professionnelle. Jinjin, elle, se conforme plutôt à d'autres modèles de femmes.

Jingjing, femme de 32 ans, est chargée du plan de marketing. Elle a été élevée par des parents qui travaillent beaucoup. Sa mère est médecin, son père est architecte. Elle a une sœur qui est vice-professeur dans une université à Shanghai. Elevée dans cette famille, elle a une ambition professionnelle. A la fac, elle a suivi la filière de marketing. Dans sa classe, sur trente étudiants, douze sont des garçons :

« Beaucoup de garçons dans notre classe font du marketing après les études. Les filles font des métiers plus divers : publicité, travail administratif, marketing, etc. »

Elle définit la vente comme un travail masculin :

« La vente, est un travail qui demande une ambition... Souvent ce sont les hommes qui occupent ce type de postes dans beaucoup d'entreprises comme ici. C'est normal, parce que la pression est très importante. »

Elle travaille chez Aban jusqu'à ce que son fils ait deux ans. Elle change alors d'emploi et se fait embaucher dans une grande entreprise étrangère. Son ambition de carrière professionnelle est venue après la naissance de son fils :

« Au fond, je suis quelqu'un qui veut toujours avancer et aller de l'avant.

Je suis devenue mature très tard... En fait, j'ai quelques copines qui ont déjà leur propre entreprise. J'ai une copine, elle a acheté une voiture, elle a sa propre entreprise, elle gagne beaucoup..»

Jingjing se considère aussi intelligente que son amie. « Depuis mon enfance, j'ai toujours été excellente... » déclare-t-elle. Le fait que sa soeur soit titulaire d'un doctorat constitue également un modèle pour elle.

Elle change d'emploi lorsque son fils a 2 ans. C'est une façon habile de s'adapter aux obstacles que certaines entreprises érigent pour discriminer les femmes à l'âge du mariage et des maternités. Ne pas avoir d'enfant au moment de l'embauche représente pour l'entreprise un risque d'absence pour raison de maternité. Elle a profité du côté « socialiste » d'Aban pour la période de sa maternité. Les entreprises évitent d'embaucher les femmes pour éviter la vacance de maternité. Elle déclare :

« Si je n'ai pas encore accouché, il est difficile de trouver un bon travail. Parce que l'entreprise va demander quand aura lieu la naissance et va réfléchir. Pendant l'entretien d'embauche, on doit remplir un formulaire indiquant la composition du ménage et surtout la situation matrimoniale, etc.»

Ainsi, elle a décidé que c'était pour elle le bon moment de s'investir dans une carrière. « J'ai réalisé mes tâches, c'est le moment de lutter pour ma carrière » a déclaré Jinjin. Elle fait fi du stigmate social de la « femme forte» :

« Aujourd'hui, dans notre entreprise, il n'y pas de femme forte... Toutes sont très fortes. J'apprécie beaucoup les femmes au travail. La capacité potentielle d'une personne peut être découverte dans le travail. Si tu es sage et perspicace, tu vas être très charmante dans le travail. Moi, je cherche à m'élever moi-même. C'est terrible pour moi de ne pas travailler.»

Pour elle, la carrière est un accomplissement de soi-même :

« Le travail est une recherche de moi-même, pour me nourrir moi même... Le travail me donne le bonheur. Il me permet de m'éloigner de mon fils (rire). Je trouve que le travail est une source de vie.»

Quand je demande s'il y a conflit entre la carrière et la famille, et qui va se sacrifier plus pour la famille entre son mari et elle, Jingjing répond :

« Le travail et la famille, les deux sont importants pour moi... En tout les cas, mon mari est le pilier de la famille. Mon salaire est pour moi, mais c'est mon mari qui supporte toute la famille. »

En fait, sous couvert de soumission à la tradition (« l'homme est le pilier de la famille»), elle est fortement attachée à conserver son indépendance économique et sa liberté de développement professionnel. Elle déclare :

« En fait, être mariée et avoir un enfant n'a pas une influence pour moi. Au contraire, je sens que j'ai déjà accompli cette tâche et je peux me battre pour ma carrière.»

Elle habite avec ses beaux parents. Sa belle-mère est en charge des tâches domestiques et s'occupe de leur fils. En utilisant le revenu familial, elle embauche également une nounou pour aider sa grand-mère à garder son enfant.

Dans la culture confucéenne, c'est la belle-fille qui s'occupe des beaux-parents et accomplit toutes les tâches domestiques. Mais, ici, elle profite de la relation égalitaire entre les deux générations, fruit de Révolution culturelle, et du fait que la retraite des femmes de la deuxième génération tombe tôt (à 45 ans pour les licenciées, à 50 ans pour les ouvrières et 55 ans pour les femmes cadres), ce qui donne une main-d'oeuvre jeune pour s'occuper des tâches domestiques :

« Les grands-parents s'occupent des enfants, c'est aujourd'hui l'un des modes de vies des retraités... Je ne veux pas déranger ce mode de vie et je suis reconnaissante envers ma belle-mère. C'est grâce à elle que je suis libérée de ces tâches domestiques. »

Gaoding : Aban comme lieu d'apprentissage

Gaoding, 23 ans, travaille depuis un an dans le département de ressources humaines. Sa mère, Changhua, manager d'un département de propagande dans le bureau d'industrie légère est une femme qui travaille beaucoup. Son père, technicien dans une entreprise, incline plus à s'occuper de la famille. Changhua représente un modèle pour Gaoding.

D'un côté, l'enthousiasme de Changhua a influencé Gaoding. D'un autre côté, Gaoding a beaucoup été influencée par le statut d'indépendance économique et sociale de sa mère et par le modèle égalitaire vécu par ses parents : en fait, sa mère et son père ont toujours géré séparément leur salaire toute leur vie.

Changhua garde toujours la conviction et le bonheur du travail. Changhua espère qu'elle réussira encore mieux qu'elle :

« Elle est encore jeune, c'est trop jeune pour considérer le mariage... J'espère qu'elle aura une belle carrière, meilleure que la mienne.»

Gaoding, ayant un comportement très ouvert et franc, ressemble à sa mère. Elle déclare :

« Je suis influencée par ma mère depuis l'enfance. Je l'admire beaucoup. Elle adore son travail et a mis toute son énergie dans son travail. Quand sa mission de travail est urgente, elle ne rentre pas pendant quelques jours. Elle n'exprime jamais de fatigue pendant le travail. Seulement quand elle fait les tâches domestiques, elle dit que c'est fatigant. Et je vois chaque pas d'avancement de ma mère. Elle est mon modèle... Quand j'étais petite, je faisais "dia" avec ma mère, elle me disait toujours : "allez, fais ce que tu dois faire," j'ai l'impression qu'elle n'a pas une face féminine, très doucement. Elle n'est pas comme les mères aujourd'hui qui traitent leurs enfants avec plein d'affection.... C'est peut-être pour cela que je n'aime pas les "petites" filles. Je ne sais non plus comment "fadia"... »

Aujourd'hui, Gaoding a un copain. Il est le fils d'une famille ouvrière et ne dispose pas de logement pour leur mariage.

Mais Changhua a respecté le choix de sa fille :

« Ma mère nous a dit que le bonheur est à notre main. "Si vous travaillez bien, vous gagnerez de l'argent " m'a-t-elle dit. Mois aussi, je pense comme ça... »

En 2007, ils ont acheté un logement à crédit. Gaoding et son copain ont tous les deux mis chaque mois un certain pourcentage de salaire pour rembourser le crédit.

Pour Gaoding, le travail chez Aban est un apprentissage qui lui permet d'entrer dans le métier. En 2006, le marché du travail offre peu d'emplois. Gaoding a étudié la chimie à l'université, mais elle souhaitait travailler dans les ressources humaines. Ainsi, c'est d'autant plus difficile pour elle d'avoir un travail dans une bonne entreprise. Gaoding est très consciente de son choix :

« Cette entreprise n'est pas la meilleure, mais elle est quand même célèbre à Shanghai. Je ne connaissais rien aux ressources humaines et c'est déjà pas mal d'avoir un emploi comme ça... Si je me compare avec mes camarades issus de la même classe dans notre université... la plupart font un travail en relation avec la chimie. Ici, il y a un autre bon côté : comme mon manager ne connaît pas l'anglais, une grande part de la communication avec la branche française se fait par mon intermédiaire, ce qui m'a appris beaucoup de choses au niveau du management. En tout cas, je vais changer de métier tôt ou tard. Cette expérience me sera utile pour mon prochain emploi. »

Sous l'influence de sa mère, Gaoding est très indépendante. Elle a également de grandes ambitions professionnelles, et est en train de développer un rapport égalitaire avec son copain. Chez Aban, son cas reste cependant exceptionnel.

CONCLUSION

Hier, formellement égales des hommes à la deuxième génération, les femmes sont aujourd'hui confrontées à des discriminations sur un marché du travail désormais capitaliste. Néanmoins, la construction du genre aujourd'hui demeure un processus complexe. Le lieu de travail est un endroit important pour transmettre les normes de genre et pour construire une identité genrée par le régime concret d'organisation du travail. La pénétration des discours confucéens dans la vie du travail chez Aban est liée au statut paternaliste de l'entreprise. Cela est lié également au processus de licenciement des femmes et à la reconstruction identitaire des femmes de la génération précédente chez Aban. Ainsi, bien que l'unité de travail n'existe plus, Aban continue à offrir un contexte favorable aux maternités et permet aux femmes de mieux concilier leurs deux rôles : l'activité professionnelle et les responsabilités familiales.

Après la réforme économique et la privatisation des unités de travail, les crèches n'existent plus dans les entreprises. A Shanghai, quand leurs enfants ont moins de trois ans, les jeunes mères ayant un emploi confient leurs enfant à leurs parents, souvent leur mère ou belle mère qui sont soit licenciées soit retraitées, ou, quand elles en ont les moyens, embauchent une nounou parmi des shanghaïennes licenciées ou des migrantes. On voit ici comment le genre, la classe et l'ethnicité s'articulent. Les femmes diplômées bénéficient d'une main-d'oeuvre pas chère pour déléguer leur tâches domestiques. En outre, on constate également une nouvelle construction de la maternité inspirée de modèles occidentaux.

En même temps, les femmes diplômées participent à la construction du genre. Certaines, les plus diplômées, « retournent » le mécanisme discriminatoire en choisissant de répondre à une injonction sociale proche des normes confucéennes où le mari domine économiquement et socialement son épouse. La réalité est plus complexe. Ainsi, ces femmes recherchent un mari fortuné dont elles entendent bien gérer le salaire dans le revenu familial, afin de montrer qu'elles ne « choisissent » pas la carrière tout en restant économiquement indépendantes. Certaines autres ont développé des stratégies conscientes en réinterprétant le modèle de la « femmes forte» comme un idéal de confiance de soi, tout en mobilisant une valeur traditionnelle, l'homme, pilier de la famille, sans renoncer à conserver une certaine indépendance caractéristique de valeurs individualistes[222] non traditionnelles.

On peut également dégager deux héritages de l'époque maoïste. Premièrement, emploi et indépendance économique ont beaucoup été adoptés

222 Lorsque je les interroge, les femmes de la génération culturelle utilisent souvent le « nous », alors que les filles/ femmes de la troisième génération, utilisent plutôt le « je ».

comme des modèles légitimes et stimulants par les femmes. Deuxièmement, l'existence d'un modèle égalitaire dans la relation conjugale chez certaine couples de la génération de la Révolution Culturelle, a sans doute exercé une influence sur les femmes de la génération actuelle.

Les raisons pour lesquelles les Réformes économiques, introduisant en Chine des formes de production et d'organisation du travail capitalistes, coïncident avec une forte dégradation du statut des femmes au travail peuvent être cherchées dans la suppression progressive de la Danwei. C'est du moins l'explication proposée par Stockman Norman dans son texte intitulé « Gender inequality and social structure in urban China» publié en 1994. Pour lui, la structure même des unités du travail (danwei) qui remplissaient de multiples fonctions, de production mais aussi de reproduction, favorisait l'égalité entre hommes et femmes du fait de la co-existence même de ces fonctions. Si le statut des femmes s'est tant dégradé au cours de la période des réformes, c'est parce que les fonctions des danwei surtout ses fonctions reproductives ont été supprimées. Aban, où la situation des femmes est plutôt meilleure qu'ailleurs, tiendrait cet avantage du fait que cette entreprise a conservé une partie de la tradition socialiste dans le domaine de l'organisation du travail des personnels de bureau.

CONCLUSION
LA CONTRADICTION CHINOISE

L'approche particulière que nous avons adoptée dans notre travail présente deux caractéristiques. Nous avons choisi comme observatoire de toutes ces transformations une entreprise qui a connu d'importants changements de taille et de statuts au fil des ans mais qui a su résister aux mouvements violents qui ont animé la vie économique et sociale et maintenir une relative identité, à la fois par ses produits (l'eau), et son organisation d'Etat. On lira dans l'annexe 6 le dernier avatar de l'entreprise. Nous avons distingué, au sein de cette même entreprise plusieurs générations de femmes et nous les avons interrogées afin de saisir au plus près la réalité quotidienne de leurs conditions d'existence et de travail, les effets des contextes économiques et politiques sur leurs vies, leurs valeurs et leurs représentations, aussi bien dans le domaine de la vie professionnelle que de la vie familiale.

Ces deux principes d'analyse nous ont permis d'observer des phénomènes qui demeurent peu visibles lorsqu'on en reste aux approches plus macro-économiques ou macro-sociales. Il est clair que les trois grands moments historiques que furent pour la Chine la Révolution de 1949, la Révolution culturelle et la période des Réformes économiques ont bouleversé les conditions d'existence et de travail de l'immense majorité de la population chinoise. L'incidence du contexte économique et politique engendré par ces grands événements a en particulier transformé à plusieurs reprises la condition des femmes, dans des directions souvent contradictoires. Cela dit, on a souvent été frappé au cours de notre étude par le divorce qui séparait les discours politiques et les mots d'ordre révolutionnaires prônant l'égalité entre les sexes de la réalité quotidiennement vécue par les filles et les femmes que nous avons interrogées.

Ici, égalité, grands principes et belles phrases (« la moitié du ciel », « ce que les hommes peuvent faire, les femmes le peuvent aussi »), et là toujours ségrégation des tâches et des statuts. Aux changements et bouleversements magnifiés dans le discours, s'opposait la permanence de relations dissymétriques entre les hommes et les femmes. D'une certaine façon, chez Aban, rien n'a changé. Les hommes occupent les tâches en amont et tirent de leurs compétences techniques des avantages notables en matière de salaires et de pouvoir, les femmes sont préposées aux tâches d'exécution et de communication. La stabilité et le bol de fer pour les uns, la précarité et les licenciements pour les autres. Les hommes ont des possibilités de promotion et de carrière, les femmes sont cantonnées à vie dans des emplois dont elles ne peuvent sortir qu'en quittant la sphère de l'emploi. La « femme au foyer » semble constituer depuis 1949 jusqu'à aujourd'hui un pivot théorique et politique, un centre de référence par rapport auquel les femmes se définissent. Au début de la période, tout était mis en œuvre pour qu'elles sortent du foyer tout en continuant à se nommer ainsi, à la fin, tout semble mis en œuvre pour qu'elles y retournent. A une grande histoire faite de ruptures et de révolutions répond une petite histoire qui devient monotone à force de se répéter.

Et pourtant, malgré cette impression de monotonie au jour le jour, des transformations d'une ampleur immense se sont produites.

La plus visible concerne l'accès à l'emploi et la mobilisation de millions de femmes au travail. Il a été largement démontré que le « Grand Bond en avant» (1958—1961) a été une période cruciale dans l'histoire des femmes chinoises. Pour la Chine entière, plus de 730 000 entreprises collectives sont créées en 1958 dans 22 provinces, 85% des travailleurs employés sont des femmes. De 1957 à 1960, le nombre des travailleuses dans les unités étatiques passe de 3 286 000 à 10 087 000. À Shanghai, pendant la même période, le nombre de travailleuses dans les unités étatiques passe de 422 700 à 645 700. Pendant l'année 1958, près de 300 000 « femmes au foyer» à Shanghai sont « sorties du foyer[223] ». Dans le monde académique, on glorifie les effets positifs du Grand Bond en avant tout en critiquant les limites (Elisabeth Croll, 1983, JIANG Yongpin, 2000 ; LI Xiaojiang, 2000, JIN Yihong, 2005). Notre enquête montre comment la catégorie des « femmes au foyer » a été construite ; en fonction d'enjeux politiques, économiques et idéologiques. De même, la notion de « femmes cadres » est elle aussi le produit d'une construction. Elles ne s'inscrivent

---

223 Annuaire statistique de la Chine 1980 et Annuaire statistique de Shanghai

pas dans la même filière professionnelle que les hommes et leur travail n'est pas valorisé. Ces deux catégories de femmes ont été construites par l'Etat. Au nom de la non-distinction entre le privé et le public, le parti communiste contrôle ce qui se passe dans la sphère privée, ce qui contribue à dissoudre les possibilités de résistance. Pour cette génération de femmes, leur statut, de l'ouvrière jusqu'à la cadre, est inégalitaire par rapport à celui des hommes. Les femmes étaient en charge du double fardeau professionnel et familial, ces dernières tâches limitant fortement leurs opportunités professionnelles. A la fin, on montre quels sont les enjeux et les stratégies de ces femmes dans la famille et au travail.

La Révolution culturelle a beaucoup fait bouger les choses et c'est à cette époque que la distance a été la plus faible entre les principes prônant l'égalité entre les sexes et la réalité de l'égalité entre hommes et femmes : le nombre et la qualité des crèches augmentent, dans les villes, l'éducation dispensée aux garçons et aux filles devient plus égalitaire. On n'observe aucune discrimination entre garçons en filles au cours de l'envoi à la campagne des jeunes instruits, etc. Il reste que le régime du travail au sein de la « danwei » n'a pas changé et que les hommes et les femmes sont orientés dès le départ dans des filières professionnelles séparées.

L'acceptation des tâches dans l'unité du travail fait partie de la loyauté au Parti communiste. Les « guanxi » (relations) dans l'unité du travail sont également sexuées. Depuis les années 1980, avec le regain d'intérêt pour la culture et l'éducation, les hiérarchies se sont reproduites et creusées, chez Aban. Les cadres et les techniciens ont pu, en faisant jouer simultanément leur réseau de « relation » et leur « certificat » ou « diplôme », acquérir un bon niveau d'employabilité sur le marché du travail. Il reste que le fait d'avoir été envoyé à la campagne a exercé un effet très négatif sur leur carrière, effet négatif dont les femmes jeunes instruites ont davantage pâti que les hommes. La politique d'enfant unique, appliquée dès1981, a néanmoins réduit la quantité des tâches domestiques tout en offrant plus de latitude aux femmes cadres pour faire carrière.

La réforme économique ouvre une nouvelle fois une période de grands bouleversements. Notre niveau d'observation nous mettant directement en présence des personnes concernées permet de ne plus considérer la réforme comme un événement global tombant sur des individus immuables, mais d'appréhender le changement organisationnel comme un événement qui suscite, voire impose une transformation des identités individuelles.

Les vagues de licenciement des années 1990 et 2000 ont eu pour effet de réassigner brutalement une nouvelle identité aux femmes. Dans ce contexte, les ouvrières n'ont pas été les seules femmes touchées, bien qu'elles constituent de loin l'immense majorité des femmes concernées, les femmes cadres l'ont été aussi. Un nouveau rôle a été assigné aux femmes, les réduisant à leurs fonctions familiales. Ce nouveau rôle est conforme aux normes confucéennes. On constate dans le même temps une revendication de la masculinité à la fois chez les hommes ouvriers et chez les cadres. C'est la raison pour laquelle les hommes et les femmes n'ont pas participé aux mêmes protestations, ils n'étaient pas animés par les mêmes motivations.

Les normes traditionnelles mettant l'accent sur l'identité familiale des femmes ont également été transmises aux jeunes filles diplômées. Les carrières des jeunes filles diplômées sont aussi régies par une organisation paternaliste du travail. Mais les enjeux d'aujourd'hui sont plus complexes. Les modèles des femmes sont diversifiés. Sur un marché du travail libre, les femmes développent également des stratégies tentant d'adapter leurs carrières professionnelles aux normes nouvelles de la féminité.

La tentation est grande sur la base de notre étude de céder au pessimisme. On peut en effet, à partir de nos observations résumer l'histoire de l'emploi féminin comme un cercle qui part du foyer et retourne au foyer. Cette lecture est possible mais elle est unilatérale et simplificatrice.

Reste à savoir si les observations que nous avons pu faire au sein des personnels employés dans cette entreprise Aban peuvent ou non s'appliquer à des entités plus vastes à l'échelle de Shanghaï, voire de la Chine tout entière. Deux articles récents de Tania Angeloff et Isabelle Attané permettent de mettre notre propre travail en perspective[224].

La question est de savoir si la période communiste et plus particulièrement maoïste (1949—1976) a constitué une rupture irréversible avec l'ordre ancien du statut social des femmes ou seulement une parenthèse dans l'histoire des femmes en Chine ? Observe-t-on une persistance, une disparition ou au contraire une résurgence de la domination masculine et patriarcale traditionnelle, incarnée par un certain confucianisme en pleine reviviscence, lisible notamment dans les rapports de travail ? Ou au contraire, les formes de la domination ont-elles radicalement changé ?

La réponse à ces questions qui divisent aujourd'hui aussi bien les

---

224 Tania Angeloff, 2010, « Travail et genre en République populaire de Chine à l'heure des réformes économiques (1980—2010 », in *Travail, Genre et Société*, Isabelle Attané, « Naître et vivre femme en Chine : une lecture démographique des inégalités entre les sexes », in *Travail, Genre et Société*.

sociologues chinois et occidentaux que les politiques eux-mêmes n'est pas simple. Pour deux raisons : la première est politique, la seconde, scientifique.

On assiste aujourd'hui, sur le plan politique, à une lutte sans merci entre deux lignes dont il est difficile de prédire l'issue. Des économistes et des intellectuels critiquent la politique d'égalité des sexes promue par Mao. Critiquant les mots d'ordre de la révolution culturelle comme « les femmes détiennent la moitié du ciel », aussi bien que les images de travailleuses robustes et asexuées de l'époque, ils rationalisent en termes économiques la « nécessité » de renvoyer les femmes au foyer tout en expliquant qu'elles constituent un obstacle au développement économique. Dans un contexte de forte compétitivité qui caractérise l'économie mondialisée, les femmes seraient moins bien adaptées et moins résistantes. On a constaté dans les comportements de certaines des femmes interrogées chez Aban, des effets lointains de ces positions extrêmes. Face à eux, les féministes de la Fédération des femmes chinoises (FFC) s'appuient, pour dénoncer les inégalités de traitement, le retour à la philosophie confucéenne et le développement de sentiments rétrogrades et antiféministes, sur la ligne politique officielle qui n'a jamais rompu avec le marxisme-léninisme. En réaction aux licenciements massifs de femmes de 30 à 50 ans et au non-respect de la loi, la FFC concentre son effort sur le soutien des femmes spoliées dans l'emploi en milieu urbain ; elle les aide à intenter des actions en justice, à se reconvertir, à se former, à rechercher un nouvel emploi.

Mais il est aussi difficile de répondre à la question, parce qu'au niveau de la Chine toute entière comme d'ailleurs de n'importe quel autre pays, l'ensemble des femmes constitue un groupe très hétérogène et contradictoire. Très nombreuses sont en effet les lignes de clivage qui les séparent : l'âge, l'origine géographique, le niveau de diplôme, ces trois variables se déclinant à l'infini dans un pays comme la Chine : régions pauvres et régions riches, ville ou campagne, etc... (Wang Zheng, 2003). « Dans ces conditions, note Tania Angeloff, les rapports de genre et les stratégies de résistance des femmes, en tant que groupe social, ne peuvent être que diversifiés dans leur forme et leur contenu[225] ».

Quelle que soit la réponse que seule l'histoire pourra apporter à la question, de larges accords se dessinent entre les scientifiques sur la pertinence dans l'évolution de l'emploi féminin des trois grandes coupures qui ont servi de cadre à notre étude.

---

225 Tania Angeloff, 2010, « Travail et genre en République populaire de Chine à l'heure des réformes économiques (1980—2010 », in *Travail, Genre et Société*, *op. cit.*.

La mise en place de la République populaire de Chine et la politique de ses dirigeants ont tout au long de la seconde moitié du vingtième siècle affirmé et proclamé le principe de l'égalité entre les sexes. Ces principes et les mesures législatives qui ont suivi ont exercé des conséquences immédiates, à la fois pratiques et idéologiques, sur les rapports sociaux et les rapports de genre. La loi du 1er mai 1950 sur le mariage mettait en œuvre une émancipation des femmes, mariées de force, spoliées dans le régime de succession matrimoniale ou patriarcale et sous l'emprise de leur belle-famille. La Constitution de 1954 proclamait l'égalité entre les hommes et les femmes. Dès 1959, dans le contexte de gigantisme économique du mouvement dit du « Grand Bond en avant » (1958—1961), le dispositif juridico-politique encouragea fortement le travail des femmes. L'application de la théorie marxiste en faveur de l'égalité des sexes permit aux femmes dès la fin des années cinquante d'avoir un emploi rémunéré et de sortir du modèle traditionnel où seul l'homme ramenait un salaire. A la campagne, dans le cadre de la collectivisation agraire (1958—1981) le travail de la terre des femmes fut enfin reconnu et rémunéré. Dans le secteur industriel, l'idéologie communiste produisit une iconographie vantant les mérites d'ouvrières « modèles » de l'industrie, portant de lourdes charges, travaillant sans relâche, de force physique égale à celle des hommes et arborant le « costume Mao » unisexe, bleu ou vert. L'égalité proposée constitua, jusqu'à la mort de Mao (1976) et l'ouverture économique, la négation et la condamnation d'une certaine féminité considérée comme « bourgeoise » par les communistes chinois.

Le régime de Mao s'inscrivait ainsi dans la continuité de la conception de la modernité chinoise qu'avait définie le Mouvement républicain du 4 mai 1919 qui ne se concevait pas sans l'émancipation des femmes, c'est-à-dire par l'interdiction : de bander les pieds, d'arranger des mariages, de spolier les filles et les épouses de leurs droits humains fondamentaux. La modernité passait dès cette époque par l'accès au travail des femmes et leur reconnaissance en tant qu'agents économiques – et plus seulement domestiques – au même titre que les hommes. C'est ainsi que la lutte contre l'oppression des femmes fut, dès les débuts de l'ère maoïste (1949), le fer de lance du développement pour combattre une Chine féodale considérée par les communistes chinois comme « arriérée » et « socialement viciée » par la tradition (Bauer John, Wang Feng 1992). L'histoire récente, après la mort de Mao (1976), n'a pas officiellement remis en cause cette ligne politique égalitaire. Comme le remarque Wang Zheng, le principe d'égalité des sexes est l'un des rares de la Chine communiste qui soit resté inchangé avec l'arrivée des réformes, au début des années 1980, notamment dans la Constitution de 1982 (Wang Zheng, 2003).

Et ces principes sont encore en partie appliqués, aujourd'hui encore, lorsqu'on s'en tient aux taux d'emploi. Le taux d'emploi masculin atteint 80 %, celui des femmes, 68 % en 2007 ; ils étaient respectivement de 81 % et 71 % en 1991 (chiffres OCDE). Les taux d'activité calculés lors du dernier recensement de 2000 étaient de 90 % pour les hommes et de 81 % pour les femmes. En d'autres termes, la quasi-totalité de la population chinoise de 16 à 60 ans déclare travailler ou chercher un emploi.

Ces principes demeurent en tous cas présents dans l'idéologie officielle et les propos du gouvernement. Un document du Conseil d'État chinois (1994) stipule :

« La Chine souscrit au principe d'égalité des sexes énoncé dans la Charte des Nations unies et s'engage à le respecter. Le gouvernement est convaincu que l'égalité des sexes deviendra une réalité dans la mesure où les femmes pourront prendre part au développement à titre de partenaires égales des hommes »[226].

Cette conviction n'est pas aveugle à la réalité. En 2005, le gouvernement chinois reconnaît que « De profondes inégalités persistent entre régions dans le statut des femmes, que les droits des femmes sont encore bafoués dans de nombreux endroits [et que] il reste encore beaucoup de travail à faire pour améliorer la situation des femmes chinoises et pour que leur égalité avec les hommes devienne réalité »[227].

De fait, les principaux indicateurs de l'égalité dans l'emploi soulignent une régression du statut des femmes depuis le lancement des réformes économiques, il y a trente ans [Chan, Liu et Zhang, in Cheng, 1998]. Il est également attesté au niveau de la Chine entière qu'après la mort de Mao (1976) et l'abandon de l'économie planifiée socialiste, l'ère des réformes économiques, engagées dès 1978, a profondément modifié les rapports sociaux entre les hommes et les femmes, ainsi que le statut de la femme sur le nouveau marché du travail. De nouveaux régimes de travail – plus disciplinaires et précaires –ont refaçonné les rapports de genre en termes de division du travail, d'écarts de salaires, de plafond de verre.

Même si l'emploi féminin a évolué et que le niveau d'éducation s'est élevé

---

226 « Gender Equality and Women's Development in China », référence en ligne : http://www.china.org.cn/ english/ features/cw/140980.htm, consultée le 28 septembre 2005.
227 « Gender Equality and Women's Development in China », reference en ligne: http://www.china.org.cn/ english/ features/cw/140980.htm et http://www.china.org.cn/english/2005/Aug/139404.htm.

en milieu urbain, le bilan des réformes reste, globalement, défavorable aux femmes chinoises. C'est le bilan auquel parvient Tania Angeloff au terme d'une revue approfondie de la littérature chinoise et étrangère sur la question :

« Discriminées, les femmes le sont dans un accès inégal à l'emploi et un traitement différencié dans le droit à travailler (avec un âge de retraite anticipé). Par ailleurs, elles sont l'objet de harcèlement moral et sexuel au travail encore renforcé quand elles sont en situation de migrantes. Plus nombreuses à accéder à l'éducation, les filles restent cantonnées dans des filières délaissées par les hommes. Elles quittent l'école ou en sont retirées plus tôt et plus fréquemment que leur frère et se heurtent au phénomène du "plafond de verre" au niveau des diplômes les plus élevés. En la matière, ces jeunes femmes ne sont pas des acteurs totalement passifs : ne pas s'inscrire en troisième cycle à l'université est parfois une stratégie raisonnée pour pouvoir trouver plus facilement un mari par la suite. En outre, le renoncement aux études pour financer celles de la fratrie masculine est quelquefois assumé et récompensé par une migration source de promotion sociale lorsque ces jeunes femmes retournent dans leur village. Les rôles sexués, qui n'avaient pas disparu sous la Chine communiste, apparaissent plus stéréotypés encore qu'autrefois, avant 1980.»[228]

Malgré l'équipement des foyers en électroménager, les femmes actives se confrontent à la réalité de la « double journée » qui crée ou renforce les inégalités au sein du couple et sur le marché du travail. Même si des stratégies de résistance existent et sont mises en œuvre, l'égalité entre les sexes est plus un principe qu'une réalité, malgré la forte diversité au sein du groupe des femmes et la réussite sans faille de certaines d'entre elles. Les inégalités qui existaient sous la Chine communiste ont changé d'aspect et s'expriment de manière plus violente que durant la période pré-denguiste, en particulier sur le marché du travail libéralisé.

De son côté, Isabelle Attané[229] relève, en démographe, que la répartition des sexes dans une population de même que la structure de la mortalité selon l'âge et le sexe et la durée de vie moyenne, en disent long sur les conditions d'existence respective des hommes et des femmes. Or, en Chine aujourd'hui, ces indicateurs démographiques sont largement en défaveur des femmes. Avec près de 108 hommes pour 100 femmes au sein de sa population, la Chine est

---

228 Tania Angeloff, 2010, « Travail et genre en République populaire de Chine à l'heure des réformes économiques (1980—2010 », in *Travail, Genre et Société, op. cit.*.
229 Isabelle Attané, « Naître et vivre femme en Chine : une lecture démographique des inégalités entre les sexes », in *Travail, Genre et Société, op.cit.*.

même, désormais, le pays le plus « masculin » au monde, devant les autres rares pays affichant également une masculinité démographique comme l'Inde (107), le Pakistan (106) ou le Bangladesh (102) (Nations unies, 2008). L'avortement sélectif, la surmortalité féminine notamment aux très jeunes âges, un taux de suicide élevé (la Chine est le seul pays au monde où les femmes se suicident plus que les hommes), et des contraintes démographiques affectent gravement la vie et l'espérance de vie des femmes.

Peu de pays ont depuis 1950 autant légiféré sur le statut des femmes, cherchant par la loi à contrecarrer les effets d'une tradition multiséculaire, qui valorise le masculin au détriment du féminin, au point de procéder à des avortements sélectifs et à considérer les femmes comme des êtres inférieurs par un système de normes et de valeurs profondément ancrées dans les mœurs. La Conférence internationale des Nations unies sur la Population et le Développement qui s'est tenue au Caire en 1994 et la 4e Conférence mondiale sur les femmes, organisée à Pékin en 1995, ont marqué une étape décisive dans la promotion du statut des femmes dans le monde : Afin de tenter d'appliquer ces principes, les autorités chinoises ont mis en place un premier « Programme pour le développement des femmes (1995—2000) », qui a eu notamment pour objectif de promouvoir l'égalité entre époux, de lutter contre les violences domestiques, les trafics de femmes et la prostitution, d'augmenter leur participation politique et leur représentation dans les instances gouvernementales. Cette action a trouvé son prolongement dans un second programme du même nom (2001—2010)[230] qui, à l'instar du précédent, vise à garantir une meilleure protection des droits et intérêts des femmes, à élever leur niveau de qualification et à parvenir à une plus grande égalité des sexes. Il s'agit en outre de renforcer l'action du gouvernement, notamment pour favoriser l'application des lois existantes, de garantir un accès égal des femmes et des hommes à l'emploi, aux ressources économiques, à l'éducation et à la santé. Ce programme s'inscrit également dans la continuité des « Objectifs du millénaire pour le développement » définis en 2000 par les États membres des Nations unies, qui incluent la promotion de l'égalité des sexes, l'autonomisation des femmes et l'amélioration de la santé maternelle.

Et pourtant, alors que les Chinoises se sont dans une large mesure émancipées de la tutelle familiale depuis les années 1950, notamment grâce au développement de l'instruction et aux lois successives sur le mariage, un

---

230 http://www.china.org.cn/english/features/cw/140979.htm, consulté le 28 septembre 2005.

traitement différencié des hommes et des femmes est visible dans de multiples domaines de la société en particulier dans l'accès à l'instruction, à l'emploi et à la santé, mais aussi en matière d'héritage, de salaire, de représentation politique ou de prise de décision au sein de la famille (Bossen, 2007 ; TanTan, 2006). Et les réformes des dernière décennies semblent avoir aggravé les niveaux d'inégalités que la révolution maoïste n'a jamais réussi à combler mais néanmoins beaucoup œuvré à faire diminuer.

GRANDES LOIS ET MESURES CONCERNANT LE TRAVAIL ET LES DROITS DES FEMMES DEPUIS 1949

1949
- Mars : « La Fédération démocratique des femmes de la Chine » est établie.
- Septembre : La Conférence consultative politique du peuple chinois (CCPPC) a tenu sa première session plénière à Pékin, avec la participation de 69 femmes, soit 10,4% des représentants. Le "Programme commun" ayant la validité juridique de Constitution provisoire, que la Conférence a adoptée, déclare solennellement que soit aboli le « système féodal » dans lequel les femmes étaient opprimées, et que les femmes jouissent dès lors des mêmes droits que les hommes dans tous les domaines de la vie politique, économique, culturelle, éducative et sociale.
- 1er octobre : proclamation de la République populaire de Chine par Mao Zedong sur la place Tian'anmen.

1950
- « Loi sur le mariage visant à abolir les mariages arrangés, le concubinage, la polygamie et les pressions exercées sur les veuves pour qu'elles se remarient et à autoriser le divorce. Cette loi établit l'égalité des droits des deux sexes. La même année, des campagnes d'information sont conduites dans tout le pays pour que les femmes puissent user de

leur droit en cas de coercition familiale ou de pressions sociales. »[231]

1954

- La première Constitution : « les femmes ont les mêmes droits que les hommes dans la sphère politique, économique, culturelle, sociale et familiale.»

1978

- DENG Xiaoping prend les rênes du PCC et affirme la nécessité de passer de la « lutte des classes» à la « modernisation socialiste». La réforme des *Quatre modernisations* est lancée.

1979

- La politique de « l'enfant unique » est encouragée.

1980

- Promulgation de la seconde loi sur le mariage.[232]
- Envoi d'une délégation à la deuxième Conférence internationale sur les femmes à Copenhague. Le gouvernement chinois signe la Convention d'élimination de la discrimination contre les femmes.[233]

1981

- Mise en place des réformes économiques ; Lancement de la politique de l'enfant unique.

1982

- Modification de la Constitution en faveur de l'égalité des sexes et, en particulier, du droit des femmes à participer aux prises de décisions politiques, économiques et familiales.[234]
- Dès 1982, le système du contrat de travail est adopté, il sera généralisé à l'ensemble du pays en 1986.

1985

- Envoi d'une délégation à la troisième Conférence internationale sur les femmes.

---

231 Noté par Noté par Tania Angeloff, 1996, Les incidences de la modernisation chinoise sur le statut des femmes en milieu urbain depuis la fin des années 1980 : Etat des lieux des recherches, Mémoire de DEA sous la direction de Marianne Bastid-Bruguière, ENS-EHESS, la partie Chronologique.

232 Cité par TAN Lin («Quel statut pour la femme chinoise ? », Isabelle Attané, *La chine au seuil du XXIème siècle*, 2002, p. 332), TAN Lin, LI Xinjian (1995), *Women and Sustainable Development*, Tianjin Science and Technolog Press ; The People's Republic of China Report on the Implementation of the Beijing Declaration and the Platform for Action, mai 2000.

233 *Ibid.*

234 Cité par TAN Lin («Quel statut pour la femme chinoise ? », Isabelle Attané, *La chine au seuil du XXIème siècle*, 2002, p. 332), TAN Lin, LI Xinjian (1995), *Women and Sustainable Development*, Tianjin Science and Technolog Press ; The People's Republic of China Report on the Implementation of the Beijing Declaration and the Platform for Action, mai 2000.

- Promulgation de la loi sur les successions, qui accorde clairement aux femmes des doits égaux à ceux des hommes en matière d'héritage.[235]
- Publication des normes et exigences relatives à la qualité des soins maternels dans les régions urbaines et rurales.[236]

1986

- « Les mesures provisoires d'embauche des ouvriers dans les entreprises étatiques » (Guoying qiye zhaoyong gongren zanxing guiding) : « L'une des conditions nécessaires d'embauche des ouvriers est l'âge de 16 ans ou plus ».
- Promulgation du Code civil stipulant l'égalité des droits entre hommes et femmes.[237]
- Loi sur l'instruction obligatoire, accordant aux femmes les mêmes droits et opportunités d'instruction qu'aux hommes.[238]
- Publication de la réglementation du travail des femmes et des soins aux enfants.[239]

1988

- Publication de la réglementation de la protection des travailleuses et ouvrières.
- Publication de l'« Annonce concernant quelques questions de rémunération sur la maternité des salariées et employées ». Le congé maternité est fixé à 90 jours.

1990

- Le Conseil des Affaires d'Etat fonde le comité du travail concernant les femmes et les enfants (funü ertong gongzuo weiyuanhui)
- JIANG Zemin, réaffirme le principe de l'égalité au moment du 80ème anniversaire de la fête des femmes travailleuses : « Tous les membres communistes et toute la société doivent soutenir la conception marxiste de l'émancipation des femmes ».

1992

- Tournée décisive de Deng Xiaoping dans le sud de la Chine et à

---

235 *Ibid.*
236 *Ibid.*
237 *Ibid.*
238 Cité par TAN Lin («Quel statut pour la femme chinoise ? », Isabelle Attané, *La chine au seuil du XXIème siècle*, 2002, p. 332), TAN Lin, LI Xinjian (1995), *Women and Sustainable Development*, Tianjin Science and Technolog Press ; The People's Republic of China Report on the Implementation of the Beijing Declaration and the Platform for Action, mai 2000.
239 *Ibid.*

Shenzhen ; renforcement des réformes économiques.

- Promulgation de *la Loi de la République populaire de Chine sur la protection des droits et des intérêts des femmes*.[240] (funü quanyi baozhangfa)

1993

- Publication des Objectifs pour le développement des femmes dans les années 1990.[241]

1994

- Juillet : Promulgation de *la Loi du travail* (mise en application le 1er janvier 1995), stipulant clairement l'égalité des sexes en matière de droit à l'emploi et la protection dont bénéficieront les femmes dans les périodes spéciales de menstruations, de grossesse et d'allaitement. [242]Cette loi proclame de nouveau l'interdiction d'embauche des mineurs de moins de 16 ans.

1995

- Organisation de la quatrième Conférence internationale sur les femmes à Pékin.[243] Jiang Zeming a déclaré dans la cérémonie d'ouverture : « *nous considérons l'égalité entre les hommes et les femmes comme une politique fondamentale de la Chine pour promouvoir le développement de la société chinoise.*»

- Publication du Programme 1995—2000 pour le développement des femmes chinoises.[244]

1997

- Septembre, l'annonce d'une politique radicale de modernisation des entreprises publiques lors du XVème Congrès du Parti a débouché sur une accélération spectaculaire des licenciements. De plus, la politique de restructuration de l'emploi touche à présent tous les secteurs, et la fonction publique n'y échappe pas.

2000

- Publication du Rapport de la République populaire de Chine sur l'application de la Déclaration de Pékin et du Plan d'action

---

240 *Ibid.*
241 *Ibid.*
242 *Ibid.*
243 *Ibid.*
244 *Ibid.*

(Conférence internationale sur les femmes de Pékin +5)[245]
2005
- Révision des « lois de protection du droit et de l'intérêt des femmes chinoises ».

245 Cité par TAN Lin («Quel statut pour la femme chinoise ? », Isabelle Attané, *La chine au seuil du XXIème siècle*, 2002, p. 332), TAN Lin, LI Xinjian (1995), *Women and Sustainable Development*, Tianjin Science and Technolog Press ; The People's Republic of China Report on the Implementation of the Beijing Declaration and the Platform for Action, mai 2000.

ANNEXE 2 : LEXIQUE

Ban tuochan	半脱产	Avoir un congé (un mi-temps) de formation continue
Baoquan gong	保全工	Ouvrier qui répare les machines
Baoshengong	包身工	Ouvrier contractuel
Bu tiaopi	不调皮	Discipliné
Buzhu	补助	Allocation
Changgong	长工	Ouvrier employé sur une longue durée
Changji ganbu	厂级干部	Cadre au niveau de l'entreprise dans un bureau
Changzhang	厂长	Directeur d'usine
Che qian pao	车钳刨	Tournage, Ajusteur, Raboteur
Chejian ganbu	车间干部	Cadre dans l'usine
Chejian zhuren	车间主任	Chef d'atelier
Chenggong nanren de beihou you yiwei weida de nüxing	成功男人的背后有一位伟大的女性	Derrière le dos d'un homme qui réussit, il y a une excellente femme
Chuzhong	初中	Le collège
Dangwei shuji	党委书记	Secrétaire du comité du Parti
Dangwei weiyuan	党委委员	Membre du comité du Parti
Danwei	单位	Unité de travail

Dibao	低保	Garantie minimum (acronyme du « seuil») [246]
Dingti	顶替	Remplacement d'un retraité par un de ses enfants [247]
Duangong	短工	Emploi de courte durée
Duanlian	锻炼	Forger
Fancheng zhiqing	返城	Retour à la ville des jeunes instruits
Fangxiao zhuada	放小抓大	« Laisser tomber les petites, garder les grandes » [248]
Feizhenggui jiuye	非正规就业	Emploi informel ou non-standard [249]
Funü gongzuo	妇女工作	Travail des femmes
Funü nengding banbiantian	妇女能顶半边天	Les femmes occupent la moitié du ciel
Ganbu	干部	Cadres
Gaozhong	高中	Le lycée
Gongduanzhang	工段长	Chef de section
Gonghui zhuxi	工会主席	Président du syndicat
Gongxiaoke	供销科	Le département d'approvisionnement et vente
Guanxi	关系	Relation

---

246 Traduit par Jean-Louis Rocca, La Condition chinoise Capitalisme, mise au travail et résistances dans la Chine, des réformes, 2005, p.212.
247 Traduit par Michel Bonnin, Génération perdue. Le mouvement d'envoi des jeunes instruits à la campagne en Chine, 1968—1980, p450
248 Traduit par Jean-Louis Rocca, La Condition chinoise Capitalisme, mise au travail et résistances dans la Chine, des réformes, 2005, p.212.
249 Ibid., p.212.

Guoyou qiye	国有企业	Entreprise étatique
Hezi qiye	合资企业	Entreprise à capitaux mixtes
Hougongduan	后工段	Les tâches en aval
Huijia	"回家"	« Retour au foyer »
Hukou	户口	Enregistrement de la résidence
Jianyuan zengxiao	减员增效	Diminuer les effectifs pour accroître leur efficacité
Jiatingfunü	家庭妇女	Femme au foyer
Jiedao	街道	Quartier d'habitation
Jieji chengfen	阶级成分	Statut de classe
Jijiegong	季节工	Saisonnier
Jiti qiye	集体企业	Entreprise collective
Juweihui	居委会	Le comité de résidents
Lao dong fuwu gongsi	劳动服务公司	Compagnies de travail et de services
Laomo	劳模	Travailleur (se) modèle
Laosanjie	老三届	Les trois promotions
Linshigong	临时工	Travailleur temporaire
Maiban	卖班	La « revente » des heures de travail
Maiduan gongling	买断（拗断）工龄	Acheter les années de travail (Licenciement avec indemnités de départ)
Neitui	内退	Partir en retraite anticipée
Nongminggong	农民工	Ouvrier-paysan
Nügong weiyuan	女工委员	Membre du comité des ouvrières
Nüqiangren	女强人	Femme forte
Qiangongduan	前工段	Les tâches en amont
Qunzhong gongzuo	群众工作	Travail idéologique sur les masses
Rigong	日工	Journalier

San ban (zaoban, zhongban, yeban)	三班（早班，中班，夜班）	Trois huit
Shidai butongle, nannü dou yiyang . Nantongzhi neng bandao de shiqing, nütongzhi ye neng bandao.	时代不同了，男女都一样。男同志能办到的事情，女同志也能办到。	L'époque est différente, les hommes et les femmes sont identiques. Ce que les camarades hommes peuvent faire, les camarades femmes peuvent aussi le faire
Suoyouzhi	所有制	Le régime de propriété
Tieguniang	铁姑娘	Fille de fer
Tonggong	童工	enfant ouvrier
Tonggong tongchou	同工同酬	A travail égal, salaire égal
Tuochan	脱产	Détaché de son travail, quitter la production
Waibaogong	外包工	Travailleur externe (intérimaire)
Wudasheng	五大生	Cinq catégories d'étudiants
Xiagang zhigong	下岗职工	Ouvriers et employés ayant quitté leur poste de travail
Xiaxiang	下乡	Descendre à la campagne
Xiebao	协保	Maintien par accord des relations d'assurance sociale
Xuetugong	学徒工	Apprenti
Yaoqiu jinbu	要求进步	Ayant la volonté de progresser
Yingxing jiuye	隐形就业	Emploi caché [250]
Yingxing shiye	隐形失业	Chômage caché [251]
Zai jiuye	再就业	Réemploi
Zaofan	造反	Se révolter
Zhengshigong	正式工	Travailleur formel

---

250 Traduit par Jean-Louis Rocca, La Condition chinoise Capitalisme, mise au travail et résistances dans la Chine, des réformes, 2005, p.214.
251 *Ibid.*, p.214.

Zhibanzhang	值班长	Chef d'équipe qui assure le fonctionnement de la chaîne
Zhibu shuji	支部书记	Secrétaire de cellule du Parti
Zhigong	职工	Ouvrier et employé [252]
Zhiqing	知青	Jeunes instruits
Zhishi qingniqn	知识青年	Les jeunes gens concernés par le « Xiaxiang ». Traduit par « jeunes intellectuels», « jeunes scolarisés», « jeunes éduqués» ou « jeunes instruits»
Zhua dangyuan sixiang	抓党员思想	Assurer une évolution des mentalités
Zimou zhiye	自谋职业	Emploi d'auto-subsistance [253]
Zou houmen	走后门	Passer par la porte de derrière (entrer par relation)
Zuzhang/banzhang	组长/班长	Chef d'équipe
Zuzhi ke	组织科	Bureau d'organisation

---

252 Traduit par ROCCA Jean-Louis, 2006, La Condition chinoise : Capitalisme, mise au travail et résistances dans la Chine des réformes, Paris, Karthala, p.51.
253 Ibid., p.215.

ANNEXE 3 : PRESENTATION DES ENTRETIENS REALISES

Nombre d'entretiens réalisés avec les salariés et les retraités d'Aban (sans compter les discussions informelles au cours de l'enquête de terrain avec de nombreux enquêtés) :

56 (tous sont retranscrits).

La première génération (âgée d'au moins 60 ans) : 11 au total (7 ouvrières et leur histoire biographique et celle de leurs famille ; 1 femme cadre, 2 hommes cadres)

La deuxième génération (âgée de 50 ans à 59 ans) : 20

La troisième génération (âgée de 41 ans à 49 ans) : 10

La quatrième génération (âgée de 33 ans à 40 ans) : 8

La cinquième génération (âgée de 32 ans et moins) : 5 femmes/filles, 2 hommes/garçons

Autres entretiens (retranscrits) réalisés en dehors d'Aban : 12

-5 Femmes PDG d'entreprise ;

-2 Hommes PDG ;

-2 Femmes personnel dans les entreprises étrangères,

-3 Femmes dans un bidonville

N.	Génération	Prénom	Sexe	âge	Fonction au moment de l'entretien
A1	Première	Wangbei	F	83 ans	Retraitée en 1974
A2	Première	Guoli	F	79 ans	Retraitée en 1980
A3	Première	Zhumao	F	78 ans	Retraitée en 1979

A4	Première	Linqun	F	78 ans	Retraitée en 1979
A5	Première	Chenye	H	76 ans	Retraité en 1991
A6	Première	Jieqing	F	74 ans	Retraité en 1985
A7	Première	Juhua	F	74 ans	Retraitée en 1981
A8	Première	Shifen	F	74 ans	Retraitée en 1983
A9	Première	Liuwen	H	70 ans	Retraité en 1997
A10	Première	Liuyi	F	69 ans	Retraitée en 1988
A11	Première	Xieli	F	68 ans	Retraitée en 1989
A12	Première	Yilin	F	67 ans	Retraitée en 1990
B1	Deuxième	wuping	F	59 ans	PDG d'une entreprise associée à Aban
B2	Deuxième	Fugen	H	58 ans	ouvrier technique
B3	Deuxième	Zhuxin	H	57 ans	Chef d'équipe et réparateur
B4	Deuxième	Xuwen	H	56 ans	Manager de la vente
B5	Deuxième	Jiesheng	F	56 ans	Vice PDG chez Aban
B6	Deuxième	Zhuquan	H	55 ans	Manager
B7	Deuxième	Machang	H	55 ans	Personnel de la finance
B8	Deuxième	Teng	H	52 ans	Entrepreneur
B9	Deuxième	Changhua	F	52 ans	Directeur du centre de la culture d'entreprise
B10	Deuxième	Dongma	F	52 ans	Personnel de la vente
B11	Deuxième	Yujia	F	52 ans	Licenciée
B12	Deuxième	Qiaomin	F	52 ans	Licenciée
B13	Deuxième	Libao	H	52 ans	Manager
B14	Deuxième	Xiayi	F	50 ans	Patron de femmes de nettoyage à Aban
B15	Deuxième	Xuejia	F	50 ans	Licenciée
B16	Deuxième	Zhaoke	F	50 ans	Retraitée
B17	Deuxième	Jiangxin	F	50 ans	Petit entrepreneur

B18	Deuxième	Kongwu	H.	50 ans	Chef d'équipe et réparateur
B19	Deuxième	Yongmin	H.	50 ans	Guide de classe et réparateur
B20	Deuxième	Changwei	H.	50 ans	Ouvrier sur la chaîne
B21	Deuxième	Yandan	H.	50 ans	Manager
B22	Deuxième	Yongjie	H.	49 ans	Chauffeur pour un PDG
B23	Deuxième	Yezi	F.	48 ans	Représentante de vente
B24	Deuxième	Songjuan	F	48 ans	Manager de finance
B25	Deuxième	Qinhan	H	48 ans	Guide de classe et réparateur
B26	Deuxième	Bei	F	48 ans	Ouvrière
B27	Deuxième	Qinfeng	F	47 ans	Licenciée
B28	Deuxième	Fanke	F	47 ans	Ouvrière
B29	Deuxième	Wujiang	H	47 ans	Ouvrier technique
B30	Deuxième	Zongbao	H	47 ans	Responsable de dépôt
B31	Deuxième	Junqiang	H	47 ans	Contremaître
B32	Deuxième	Xiaolong	H	47 ans	Vice-PDG
B33	Deuxième	Xiufang	F	45 ans	Ouvrière
B34	Deuxième	Chen	F	43 ans	Personne de sécurité à l'entrée
B35	Deuxième	Xueli	F	42 ans	Ouvrière
B36	Deuxième	Aijia	F	41 ans	Personnel administratif
C1	Troisième	Yanmei	F	39 ans	Manager
C2	Troisième	Jian	F	38 ans	Personnel administratif
C3	Troisième	Huangqin	F	37 ans	Personnel administratif
C4	Troisième	Jingjing	F	33 ans	Manager de marketing
D1	Quatrième	Qingqing	F	32 ans	Marketing
D2	Quatrième	Jiexi	F	31 ans	Marketing
D3	Quatrième	Dingdi	F	30 ans	Personnel de la vente
D4	Quatrième	Haojun	H	29 ans	Support informatique

D5	Quatrième	Juanjuan	F	24 ans	Personnel des ressources humaines
D6	Quatrième	Dingding	F	23 ans	Personnel administratif
E1	Migrant	Renrong	F	43 ans	Ouvrière sur la chaîne (Originaire de la province du Jiangsu)
E2	Migrant	Wangqi	F	42 ans	Ouvrière sur la chaîne (Originaire de la province de l'Anhui)
E3	Migrant	Liuhui	F	40 ans	Ouvrière sur la chaîne (Originaire de la province de l'Anhui)
E4	Migrant	An	F	39 ans	Ouvrière sur la chaîne (Originaire de la province de l'Anhui)
E5	Migrant	Shan	F	37 ans	Ouvrière sur la chaîne (Originaire de la province du Shandong)
E6	Migrant	Ji	H	36 ans	Manutentionnaire (Originaire de la province de l'Anhui)
E7	Migrant	Liulu	F	36 ans	Ouvrière sur la chaîne (Originaire de la province de l'Anhui)
E6	Migrant	Wangxin	F	33 ans	Ouvrière sur la chaîne (Originaire de la province du Henan)
E7	Migrant	Liu	F	29 ans	Ouvrière sur la chaîne (Origine de la province de l'Anhui)

ANNEXE 4 : QUELQUES PHOTOS

Photo 1 : Une femme Shangaienne à l'usine d'Aban.

Photo 2 : Une femme Shangaienne à l'usine d'Aban.

Photo 3 : Une migrante à l'usine d'Aban.

ANNEXE 5
LES PRINCIPALES QUESTIONS ET CONCLUSIONS D'UNE ENQUETE EN 1989, REALISEE PAR LA FEDERATION DES FEMMES CHINOISES (TRADUCTION EXTRAITE DU MEMOIRE DE DEA DE TANIA ANGELOFF, 1996)

L'enquête adopte une grille de lecture à entrées multiples qui lui permet de soulever différentes question : -le rôle des femmes expliqué par la tension entre familialisme et féminisme ; -l'attitude des gens face à la division traditionnelle du travail(les hommes seraient du côté de la sphère productive, les femmes du côté des sphères reproductive et familiale) ; -le choix professionnel en fonction du sexe(nature du travail, choix et priorités des conditions de travail) ; -la question de la "psychologie féminine"(confiance en soi, esprit de compétition) ; -la crise de l'emploi féminin ; -l'égalité problématique des hommes et des femmes et la question de la libération (inachevée) des femmes.

L'enquête nous a révélé qu'après être passé par la division traditionnelle du travail 'les hommes au travail, les femmes à la maison' et toutes sortes de tendances "gauchistes", le mouvement de libération des femmes chinoises connaît un nouveau développement. Les femmes demandent à réaliser la valeur de leur propre existence par un rôle social et familial complet. Les hommes aussi, dans la reconnaissance de la valeur des femmes, en arrivent à croiser les facteurs familiaux et les facteurs sociaux. Nous avons constaté avec joie que les citoyens des plus grandes villes analysaient avec soin la question de l'avenir des femmes et l'origine des problèmes d'emploi. Ils demandaient avec insistance que la société, dans le cadre de la reproduction de l'espèce, donne aux femmes une rémunération correspondant aux dépenses des activités de reproduction, et qu'en toute honnêteté on construise, pour les femmes, un environnement social propice à une juste concurrence. Le débat sur la cessation temporaire d'activité, vieux de plusieurs années, montre ici que l'opinion s'oriente vers une discrimination sexuelle. L'enquête nous montre aussi que les femmes, dans leur combat de longue haleine pour lutter contre l'image de faiblesse qu'elles portaient en elles, ont vu leur confiance en elles et leur prise de conscience concurrentielle a augmenté. En outre, l'enquête a soulevé de nombreuses réflexions qui méritent notre attention.

Réflexion n°1 : Faire une enquête sur l'avenir des femmes requiert des conditions préalables. La question de l'avenir des femmes est née dans le contexte majeur des réformes économiques. Sa résolution connaîtra les limites de l'époque. C'est pourquoi, explorer l'avenir des femmes nécessite de régler correctement trois points :

En premier lieu, il faut que la solution profite aux réformes et ne s'y oppose pas.

Deuxièmement, il faut que la solution favorise la prise de conscience subjective des femmes et ne soit pas l'imposition d'une culture de pouvoir masculin ni le retour à la conscience féodale.

Troisièmement, il faut que cela valorise le développement du mouvement de libération des femmes de l'étape actuelle, sans défendre à tout prix une vieille tendance qui consiste à « affronter les changements avec immobilisme».

Réflexion n°2 : Il faut donner aux femmes la possibilité de choisir entre de multiples rôles.

Réflexion n°3 : Le mouvement de libération des femmes doit être repensé. Dans l'histoire, le mouvement de libération des femmes chinoises a été guidé, avec zèle, par l'objectif d'émancipation des femmes, de leur famille et de la participation à l'activité productive de la société. A n'en pas douter, cela a été un pas décisif pour se libérer du joug féodal, cela a renforcé le sentiment d'indépendance. Mais, à l'heure actuelle, nous sommes sortis de l'époque des réformes historiques, de ce qu'elles ont apporté de prospérité, de protection politique et de principe de sécurité de l'emploi. Nous avons subi l'assaut des réformes et leur bouleversement impitoyable. C'est pourquoi, l'armée de 200 millions de chômeurs est apparue. L'emploi des femmes s'est lui aussi précarisé. Dans le même temps, si l'objectif déjà fixé par le mouvement de libération des femmes ne change pas, si les deux principes selon lesquels « l'emploi des femmes est la seule voie de libération» et « plus le taux d'emploi des femmes est élevé, plus le symbole du degré d'émancipation sera élevé» (mais, ici, le symbole du travail est toujours la "grande marmite") restent le critère, cela signifiera non seulement une déviation du point de vue théorique, mais aussi une impasse dans la pratique.

La réalité des réformes chinoises actuelles appelle une réflexion nouvelle sur le mouvement de libération des femmes.

Réflexion n°4 : Rectifier les préjugé vis-à-vis de l'égalité hommes/femmes. (Premier préjugé : Inconsciemment, les hommes souffrent d'un complexe de supériorité profondément enraciné. Dans tous les domaines, ils se considèrent puissants et pensent que l'égalité hommes/femmes passe par une prise en charge des femmes. Deuxième préjugé : l'ignorance des caractéristiques féminines. Troisième préjugé : considérer l'égalité hommes/femmes seulement du point de vue des résultats ou de la fin.)

Réflexion n°5 : les différents organes de décision doivent incorporer, dans la planification de l'Etat, la question de la prise en charge financière pour les actrices de la reproduction de l'espèce. A l'heure actuelle, le coeur du problème de la crise de l'emploi des femmes vient de ce que les femmes assument la lourde responsabilité de l'éducation de leur enfant et des tâches domestiques. Au cours de l'enquête, ce phénomène est apparu clairement dans de nombreuses ébauches de discussions. Les uns après les autres, les gens ont demandé que le problème soit résolu. La grande majorité d'entre eux est prête à ce qu'un salaire soit donnée aux femmes qui élèvent leur enfant et « travaillent» à la maison ; de nombreuses villes commencent à mettre en pratique un programme concret allant dans ce sens. Dans ces conditions, il faut à tout prix que le pays, tout en développant un plan à grande échelle, donne des garanties politiques qui incluent le problème de la reproduction de l'espèce.

Réflexion n° 6: Les femmes ont besoin d'un examen de conscience. Selon l'enquête, les femmes sont plus attachées que les hommes à la "grande marmite". Dans la cellule familiale, les femmes ne sont pas encore débarrassées de la dépendance vis-à-vis de leur mari ; d'un autre côté, en société, les femmes ont pris conscience de l'apathie et de l'indifférence face à leurs problèmes cruciaux. Ces facteurs psychologiques négatifs font qu'à notre époque les demandes des femmes et leurs espoirs ne s'harmonisent pas. Pour cette raison, si les femmes veulent progresser, elles doivent « éliminer toutes les mauvaises pensées » de leur esprit, combattre la culture de domination masculine qui les maintient en esclavage et sortir de l'ombre de leur faiblesse et de leur humilité. Sinon, un bon environnement objectif ne leur sera d'aucune aide.

En dernière analyse, la libération des femmes exige que les femmes se libèrent elles-mêmes : il faut compter sur la délivrance des femmes par les femmes, après que ces dernières auront pris conscience d'elles-mêmes.

ANNEXE 6 : ARTICLE DU « MONDE » (01/10/2009)
En Chine, Danone finit par vendre sa coentreprise avec Wahaha pour ne pas compromettre son développement

Pour Danone, les déboires en Chine semblent finis. Après plus de deux ans d'un violent conflit avec Wahaha, son partenaire historique dans le numéro un des boissons sans alcool, les deux groupes ont annoncé, dans un communiqué mercredi 30 septembre, la signature d'un accord à l'amiable pour mettre fin à leur aventure commune, commencée en 1996.

Danone a accepté de céder à son partenaire les 51 % qu'il détenait dans leur coentreprise. Le montant de la cession n'a pas été révélé mais il serait, au final, proche de la valeur de Wahaha inscrite dans les comptes de Danone, soit autour de 300 millions d'euros. L'accord met fin à toutes les procédures juridiques en cours.

Le communiqué, au ton fort diplomatique, précise que la fin de ce conflit a été obtenue avec "*le soutien des gouvernements chinois et français*". "*Nous sommes confiants que Wahaha saura poursuivre cette réussite*", déclare Franck Riboud, le PDG de Danone. "*La Chine est un pays ouvert* (...). *Les entreprises chinoises sont désireuses de coopérer et de croître avec les autres leaders mondiaux sur la base de relations équitables et de bénéfice réciproque*", précise pour sa part Zong Qinhou, patron de Wahaha.

Le tonitruant milliardaire, qui entretient des liens étroits avec le pouvoir, n'avait pourtant pas hésité, en plein coeur de la bataille, à faire appel au patriotisme économique.

Mi 2007, des procédures multiples avaient été engagées devant des tribunaux en Chine, en Suède et aux Etats-Unis. Danone détenait 51 % de la coentreprise, formée de 39 sociétés. Celles-ci étaient seules habilitées, en principe, à utiliser la marque et à distribuer les produits Wahaha. Mais le groupe français avait découvert l'existence de "*circuits parallèles*", au travers d'usines qui ne faisaient pas partie de l'accord, mais qui écoulaient tout de même des produits sous cette marque.

Le français avait proposé de les racheter, ce qu'avait refusé Zong Quinhou. Il avait alors publiquement dénoncé le comportement "*colonialiste*" de Danone et ses visées "*impérialistes*", puisque, depuis son mariage avec Wahaha, il avait multiplié les participations dans d'autres groupes agroalimentaires chinois.

En décembre 2007, une trêve dans les actions judiciaires avait été décidée, après une visite du président de la République Nicolas Sarkozy en Chine. Il était surtout question de trouver une solution au désengagement de Danone. En 2008, Wahaha avait affirmé que le français réclamait 1,6 milliard d'euros pour sortir de la coentreprise, et qu'il refusait de payer. Un chiffre que Danone démentait.

Désormais, Danone va poursuivre, seul, ses investissements en Chine. Hors Wahaha, ce marché arrive en quatrième position, en terme de chiffre d'affaires, après la France, l'Espagne et les Etats-Unis. Danone y est présent dans l'eau en bouteille, l'alimentation infantile, la nutrition médicale, et surtout les produits laitiers.

Sur ce secteur, il a déjà rompu ses liens avec Shanghai Bright Dairy et Mengniu Dairy. Il n'est à présent plus question de coentreprises pour Danone en Chine, où Wahaha était son dernier partenariat. Même chose en Inde, d'ailleurs, où son partenariat avec Wadia, après plusieurs années de conflit aussi, a été rompu il y a six mois.

Le groupe assure que l'aventure Wahaha restera un succès. "*Sur treize ans, l'expérience est positive. Sans Wahaha, nous aurions été incapables de monter un tel business en Chine*", indique-t-on chez Danone. Reste une inconnue : un conflit d'une telle durée et d'une telle ampleur, aura-t-il terni l'image du français auprès des consommateurs ? Chez Danone, on estime que non. On en veut pour preuve la croissance continue du marché, et le lancement réussi des yaourts Bio en janvier.

Laetitia Clavreul
Article paru dans l'édition du journal Le Monde, 01/10/09.

BIBLIOGRAPHIE

I. BIBLIOGRAPHIE EN FRANÇAIS

ALEZRA Claudine, LAUFER Jacqueline, MARUANI Margaret, SUTTER Claire, (sous la dir. de) 1987, *La mixité du travail: une stratégie pour l'entreprise,* Paris, La documentation Française, 82 p.

ANGELOFF Tania, 2010, « Genre et trajectoires d'emploi des migrant-e-s et de leurs enfants à Shanghai (1949—2007) », *China Perspective,* à paraître.

ANGELOFF Tania, 2010, *Histoire sociale de la Chine 1949—2009,* Paris, La Découverte, collection Repères, 126 p.

ANGELOFF Tania, 2010, « Travail et genre en République populaire de Chine à l'heure des réformes économiques (1980—2010 », *Travail, Genre et Société,* n°23, à paraître.

ANGELOFF Tania, 2006, «Monde du travail et sociologie du genre», *Sociologie du monde du travail,* Norbert Alter (sous la dir. de), Paris, Presses Universitaires de France, Chapitre 16, pp.283-300.

ANGELOFF Tania, 2000, *Le temps partiel, un marché de dupes ?* Paris Syros, 226 p.

ANGELOFF Tania, Avril 1999, « Des miettes d'emploi : temps partiel et pauvreté », *Travail, genre et société,* n° 1, pp.43-70.

ANGELOFF Tania, 1999, *Le travail à temps partiel : question de temps ou redéfinition des représentations et du statut du travail des femmes ?* Thèse de doctorat sous la direction de Margaret Maruani, Université Paris 8, 466 p.

ANGELOFF Tania, 1996, *Les incidences de la modernisation chinoise sur le statut des femmes en milieu urbain depuis la fin des années 1980 : Etat des lieux des recherches,* Mémoire de DEA sous la direction de Marianne BASTID-

BRUGUIERE, ENS-EHESS, 102 p.

AROBORIO Anne-Marie, PIERRE Fournier, 1999, *L'enquête et ses méthodes: l'observation directe,* Nathan, 128 p.

ATTANE Isabelle, 2002, *La Chine au seuil du XXIe siècle,* Paris, INED, 600 p.

BATTAGLIOLA Françoise, 2000, *Histoire du travail des femmes,* Paris, La Découverte, Paris, 122 p.

BAUDELOT Christian, ESTABLET Roger, 2007, *Quoi de neuf chez les filles ? : Entre stéréotypes et libertés,* Paris, Nathan. 144 p.

BAUDELOT Christian, ESTABLET Roger, 2006, *Suicide, l'envers de notre monde,* Paris, Seuil, 263 p.

BAUDELOT Christian, Gollac, Michel (dirs), 2003, *Travailler pour être heureux ? Le bonheur et le travail en France,* Paris, Fayard, 352 p.

BAUDELOT Christian, ESTABLET Roger, 2000, *Avoir trente ans...1968—1998,* Paris, le Seuil, 228 p.

BAUDELOT Christian, décembre 1997, « Faut-il travailler pour être heureux, *INSEE* première, n° 560.

BAUDELOT Christian, ESTABLET Roger, 1992, *Allez les filles!* Paris, Seuil, 243 p.

BEAUD Stéphane, PIALOUX Michel, *Retour sur la condition ouvrière. Enquête aux usines Peugeot de Sochaux-Montbéliard* (avec M. Pialoux), Paris, Fayard, 1999. 468 p.

BEAUD Stéphane, WEBER Florence, 1997, *Guide de l'enquête de terrain,* Paris, la découverte, 288 p.

BONNIN Michel, 2004, *Génération perdue, Le mouvement d'envoi des jeunes instruits à la campagne en Chine, 1968—1980,* Paris, Editions de l'Ecole des hautes études en science sociales, 491 p.

BOUFFARTIGUE Paul (Ed. en coll. avec André Grelon, Jacqueline Laufer, Yves-Frédéric Livian), 2001, *Cadres : la grande rupture,* Paris, La Découverte, 348 p.

BOURDIEU Pierre, 1998, *La domination masculine,* Paris, Seuil, Liber, 177 p.

BOURDIEU Pierre, 1980, *Le sens pratique,* Paris, Edition de Minuit, 475 p.

CHAUVEL Louis, 2006, « Générations sociales et dynamique de la consommation En France et en Chine», communication à un colloque franco-chinois organisé à l'université Sun Yat Sen de Canton, les 15, 16 et 17 décembre

2006.

CHEN Yingfang, 2008, « Comment se forme une chaîne d'intérêts : le mécanisme d'absorption de la population migrante dans les villes », in ROCCA Jean-Louis, 2008, *La Société Chinoise vue par ses sociologues- Migrations, Villes, Classe Moyenne, Drogue, Sida,* Paris, Les Presses De Sciences Po, pp. 75-92.

COMMAILLE Jacques, 1992, *Les stratégies des femmes. Travail, famille et politique,* Paris, Editions La Découverte, 189 p.

DUBAR Claude, 2000, *La crise des identités. L'interprétation d'une mutation,* Paris, PUF, 239 p.

DURU-BELLAT Marie, 2004, *L'école des filles : Quelle formation pour quels rôles sociaux?* Paris, Editions L'Harmattan; 276 p.

ERBES-SEGUIN Sabine, 2004, *La sociologie du travail,* Paris, La Découverte, 122 p.

EPHESIA, 1995, *La Place des femmes : Les enjeux de l'identité et de l'égalité au regard des sciences sociales,* (ouvrage collectif), Paris, La Découverte, 740 p.

EYRAUD Corine, 1999, *L'entreprise d'Etat chinoise : de « l'institution sociale totale » vers l'entité économique?* Paris, L'Harmattan, 398 p.

FERRAND Michèle, 2004, *Féminin Masculin,* Paris, La découverte (Repères), 124 p.

FLORENCE Eric, 2006, « Les débats autour des représentations des migrants ruraux », *Perspectives Chinoises,* n° 94, pp. 13-26.

FORTINO Sabine, 2002, *La mixité au travail,* Paris, La Dispute, 235 p.

FROISSART Chloé, 2005, « Quelle citoyenneté pour les travailleurs migrants en Chine ? », *Etudes chinoises,* vol.24, p.301-316.

HÉRITIER Françoise, 2007, *Masculin-Féminin,* 2 vol., Paris, Éditions Odile Jacob, Réédition de volumes parus séparément, comprend : I, *La pensée de la différence* ; II, *Dissoudre la hiérarchie.*

HIRATA Hélèna, KERGOAT Danièle, 2007, «Division sexuelle du travail professionnel et domestique. Evolution de la problématique et paradigmes de la 'conciliation' », *Marché du travail et genre : comparaisons internationales Brésil-France,* (sous la direction de) Cristina Bruschini, Helena Hirata, Margaret Maruani et Maria Rosa Lombardi, Actes du collogque international qui a eu lieu au Brésil, Directrice de la publication, Helena Hirata, pp. 309-318.

HIRATA Hélèna, LABORIE Francoise, LE DOARE Hélène, SENOTIER Danièle (sous la dir. de), 2000, *Dictionnaire critique du féminisme,* Paris,

Presses Universitaires de France, 299 p.

GADREY Nicole, 1992, *Hommes et Femmes au travail : Inégalités, différences, identités,* Paris, l'Harmattan, 255 p.

GADREY Nicole, 1982, *Travail féminin, travail masculin: pratiques et représentations en milieu ouvrier à Roubaix-Tourcoing,* Paris, Ed. Sociales, 223 p.

GUILBERT Madeleine, avril 1999, «Parcours, entretien avec Madeleine Guilbert, Propos recueillis par Margaret Maruani et Chantal Rogerat», *Travail, genre et société,* n° 1, pp. 7-20.

GUILBERT Madeleine, 1966, *Les fonctions des femmes dans l'industrie,* Paris et La Haye, Mouton, 393 p.

KERNEN Antoine, ROCCA Jean-Louis, janvier 1998, La réforme des entreprises publiques en Chine et sa gestion sociale : Le cas de Shenyang et du Liaoning, *Les Etudes du CERI,* N° 37

LALLEMENT Michel, 2007, *Le travail. Une sociologie contemporaine,* Paris, Folie Essais, 676 p.

LAPEYRE Nathalie, 2006, *Les professions face aux enjeux de la féminisation,* Toulouse, Éditions Octares, 214 p.

LAUFER Jacqueline, Avril-juin 2005, « La construction du plafond de verre : le cas des femmes cadres à potentiel », *Travail et Emploi,* n° 102, pp. 31-43.

LAUFER Jacqueline, 2004, «Femmes et carrières : la question du plafond de verre», *Revue Française de Gestion,* n° 151. pp. 117–127.

LAUFER Jacqueline (en coll. avec S. Pochic), 2004, «Carrières au féminin et au masculin», *Les cadres au travail - les nouvelles règles du jeu,* A. Karvar, L. Rouban (Eds), Paris, La Découverte, pp. 147-168.

LAUFER Jacqueline, MARRY Catherine et MARGARET Maruani (sous la direction de), 2003, *Le genre au travail. Les sciences sociales du travail à l'épreuve des différences de sexe,* Paris, La Découverte, 299 p.

LAUFER Jacqueline, 1984, « Les femmes cadres dans l'organisation », in Barrère Maurisson M-A. al. *Le sexe du travail,* Grenoble, Presses Universitaires de Grenoble, p. 71-95.

LAUFER Jacqueline, 1982, *La féminité neutralisée ? Les femmes cadres dans l'entreprise,* Paris, Flammarion, 297 p.

LEMOINE François, 2006, *L'économie de la Chine,* Paris, La Découverte, 4e édition, 126 p.

LI Peilin et ZHANG Yi, 2004, « La réinsertion professionnelle des « xiagang » », *Perspectives chinoises,* n°81, [En ligne], mis en ligne le 1 mars 2007. URL : http://perspectiveschinoises.revues.org/document1202.html.

MARCHAND Olivier, THÉLOT Claude. 1997, *Le travail en France 1800—2000,* Paris, Nathan (Collection essais et recherches), 269 p.

MARRY Catherine, 2004, *Les femmes ingénieurs-une révolution respectueuse,* Paris, Belin, 288 p.

MARUANI Margaret, *Mais qui a peur du travail des femmes ?* , Paris, Syros, 1985, 175 p.

MARUANI Margaret (sous la dir. de), 1998, *Les nouvelles frontières de l'inégalité. Hommes et femmes sur le marché du travail,* Paris, La Découverte, 285 p.

MARUANI Margaret, REYNAUD Emmanuelle, 2001, *Sociologie de l'emploi,* 3e éd. Paris, La Découverte, 128 p.

MARUANI Margaret et ROGERAT Chantal, « Hommage à Madeleine Guilbert », *Travail, genre et société,* n°16-novembre 2006, pp. 5-6.

MERON Monique et SILVERA Rachel (dossier / coordonné), 2006, Salaires féminins, le point et l'appoint, *Travail, genre et sociétés* n° 15, Paris, Armand Colin, 138 p.

MERLE Aurore, « Vers une sociologie chinoise de la "civilisation communiste" », *Perspectives chinoises,* n°81, 2004, [En ligne], mis en ligne le 1 mars 2007. URL : http://perspectiveschinoises.revues.org/document861.html.

NIVARD Jacqueline, 1993—1994, «Recherche sur les femmes chinoises. Ressources bibliographiques chinoises». *Revue Bibliographique de Sinologie* 11-12, p. 23-38.

ROCCA Jean-Louis, 2008, *La Société Chinoise vue par ses sociologues-Migrations, Villes, Classe Moyenne, Drogue, Sida,* Paris, les Presses De Sciences Po, 319 p.

ROCCA Jean-Louis, 2006, *La Condition chinoise : Capitalisme, mise au travail et résistances dans la Chine des réformes,* Paris, Karthala, 215 p.

ROCCA Jean-Louis, avril 2000, « L'évolution de la crise du travail dans la Chine urbaine », *Les Études du Ceri,* Paris, 65 p.

ROULLEAU-BERGER Laurence , GUO Yuhua, LI Peiling et LIU Shiding, *La Nouvelle sociologie chinoise,* Paris, CNRS, 2008, 500 p.

ROUX Alain, 2006, *La Chine au XXe siècle,* Paris, Armand Colin, 4e édition, 248 p.

SCHWARTZ Olivier, 1990, *Le monde privé des ouvriers-hommes et femmes du Nord,* Paris, PUF, 531 p.

SILVERA Rachel (sous la dir. de), 2000, *Les femmes et le travail, nouvelles inégalités, nouveaux enjeux,* VO Editions, Séminaire 1998—1999, 188 p.

315

TANG Jun, 2007, « En haut, il n'y a plus de ciel, en bas, plus de terre ! La logique de l'action collective ouvrière dans la Chine contemporaine », *L'Homme et la société*, n° 163-164, p. 155-180.

TANG Xiaojing, 2010, « Les 'femmes du Grand Bond en avant' : quand l'idéologie construit et masque les catégories : l'exemple des 'femmes au foyer'» (titre provisoire), *Travail, Genre et Société*, à paraître.

TANG Xiaojing, 2010, « Quatre moments de l'emploi féminin en Chine et à Shanghai. 1949—2008 : les chiffres et les faits », *China Perspective*, à paraître en 2010.

THIREAU Isabelle et de WANG Hansheng (sous la direction de), 2001, *Disputes au village chinois. Formes du juste et recompositions locales des espaces normatifs*. Paris, Editions de la Maison des Sciences de l'Homme, 342 p.

THIREAU Isabelle, «The Changing Patterns of Marriage». *China News Analysis*, 1331, 1987, pp. 1-9.

THIREAU Isabelle, «Pouvoir de l'Etat, puissance des traditions: l'évolution du mariage paysan en Chine de 1949 à 1982». Archives européennes de sociologie, 1986, XXVII, 260-293.

TRAN Émilie, « Vers une professionnalisation du politique à Shanghai ? », *Perspectives chinoises*, n°75, 2003, [En ligne], mis en ligne le 24 juillet 2006. URL : http://perspectiveschinoises.revues.org/document58.html.

TROLLIET Pierre et BEJA Jean-Philippe, 1986, *L'Empire du milliard, populations et société en Chine*, Paris, A. Colin, Coll. U, 317 p.

YI Chen, DEMURGER Sylvie, FOURNIER Martin, 2007, revue 2009, « Différentiels salariaux, segmentation et discrimination à l'égard des femmes sur le marché du travail chinois », Documents de travail, version 2, en ligne : http://209.85.135.132/search?q=cache:8oFyGaHnOxsJ:ftp://ftp.gate.cnrs. fr/RePEc/2007/0713.pdf+le+salaire+des+unit%C3%A9s+etatiques+entre prise+collectives+en+chine&cd=12&hl=zh-CN&ct=clnk&gl=fr

YI Chen, DEMURGER Sylvie, FOURNIER Martin, Mai-Juin 2004, *«Les différentiels salariaux par sexe en Chine urbaine »*, Perspectives Chinoises, n 83, pp. 32-42.

ZHU Lina, 2007, La réforme du système de gestion des actifs de l'Etat en Chine, *Revue française d'administration publique*, n° 124, pp. 639-658.

2. BIBLIOGRAPHIE EN ANGLAIS

ANGELOFF Tania, TANG Xiaojing, 2009, « East-West and Gender: An unlikely dialogue? A Pedagogical Exchange Between a Chinese PhD student and a Frenche Academic », article présenté au conference internationale à York: *Gendering East-West conference.*

ANGELOFF Tania, 2007, "The gender perspective in sociology or how to investigate gender?" *West meets east: a Sociological point of view,* Rapport de conférence à Shanghai.

BAUER, John, et al., 1992, "Gender Inequality in Urban China: Education and Employment", *Modern China,* 18 (3), pp. 333-370.

BARRETT, Richard E., et al., 1991, "Female labor Force Participation in Urban and Rural China", *Rural Sociology,* pp. 1-21.

BRUBAKER Rogers, COOPER Frederick, 2000, "Beyond 'Identity' ", *Theory and society,* Vol.29, No.1. pp. 1-47.

CHERRINGTON Ruth, 1997, "Generational Issues in China: A Case Study of the 1980s Generation of Young Intellectuals", *The British Journal of Sociology,* Vol.48, No.2, pp. 302-320.

CHIU Stephen W. K. and LEE Ching Kwan, 1997, "After the Hong Kong Miracle: Women Workers under Industrial. Restructuring in Hong Kong," *Asian Survey,* vol. 37(8): 752-770.

CROLL Elisabeth, 1983, *Chinese Women since Mao,* London, Third World Book, 129p.

CROLL Elisabeth, 1978, *Feminism and Socialism in China,* London, Routhledge and Kegan Paul, 363 p.

DAVIN Delia, 1996, "Gender and Rural-Urban Migration in China", *Gender and Development,* vol. 4; No. I, (Feb. 1996), pp. 24-30.

DAVIN Delia, 1976, Women-Work, Women and the Party in Revolutionary China, Oxford, Oxford University Press, 244p.

ENS MANNING Kimberley, "Marxist Maternalism, Memory, and the Mobilization of Women in the Great Leap Forward", *The China Review,* Vol.5, No.1 (Spring 2005), pp.83-110.

FAN Cindy C, 2003, "Rural-Urban Migration and Gender Division of Labor in Transitional China", Internation Journal of Urban and Regional Research, Vol. 21.1, pp. 24-47.

FAN Cindy C, 1991, "Migration and gender in China, *China Review,* Hong Kong, p.423-454.

ANDORS Phyllis, 1983, *The Unfinished Liberation of Chinese Women 1949—1980,* Bloomington, , Brighton, Sussex, Indiana University Press, 212 p.

FANG Lee Cooke, 2003, "Civil service reform and its human resource implications in China", *Journal of the Asia Pacific Economy,* pp. 380-404.

FANG Lee Cooke, 2002, "Ownership change and reshaping of employment relations in China: a study of two manufacturing companies", *The journal of Industrial Relations,* Vol. 44, I, pp.19-39.

FANG Lee Cooke, 2000, "Manpower restructuring in the state-owned railway industry of China: the role of the state in human resource strategy», *The international Journal of Human Resource Management,* pp. 904-924.

GILMARTIN Christina K., HERSHATTER Gail, ROFEL Lisa, WHITE Ryrene, 1994, *Engendering China. Women, Culture, and the State,* Cambridge,Harvard University Press, Mass, 382 p.

GUI Shixun; LIU Xian, 1992, "Urban Migration in Shanghai, 1950-88: Trends and Characteristics", *Population and Development Review,* Vol. 18, No. 3. (Sep. 1992), pp. 533-548.

HARE-MUSTIN Rachel T., 1988, "Family change and gender differences: implications for theory and practice", *Family Relations,* 37, pp. 36-41

HERSHATTER Gail, HONIG Emily, MANN Susan, and ROFEL Linda, eds., 1999, *Guide to Women's Studies in China,* China Research Monograph 50, 211 p.

HERSHATTER Gail, WANG Zheng, 2008, "Chinese History: A Useful Category of Gender Analysis", *The American Historical Review,* 113: 1404—1421.

HOOPER Beverley, 1984, "China's Modernization. Are Yong Women Going to Lose Out?" Modern China, Vol.10, No.3, July 1984, pp.317-343.

HONIG Emily, 1986, *Sisters and Strangers. Women in the Shanghai Cotton Mills,* 1919-1949, Stanford, Stanford University Press, 297 p.

HONIG Emily, HERSHATTER, Gail, 1988, *Personal Voices. Chinese Women in the 1980's,* Stanford University Press, Stanford, 345 p.

HONIG Emily, 1989, "The Politics of Prejudice: Subei People in Republican-Era Shanghai", *Modern China,* Vol. 15, No. 3, (Jul, 1989), pp. 243-274.

HONIG Emily, 2000, "Iron Girls Revisited: Gender and the Politics of Work in the Cultural Revolution", in Barbara Gutwisle and Gail Henderson, eds., *Re-Drawing the Boundaries of Work, Households, and Gender in China,* Berkeley, University of California Press, pp. 97-110.

JACKA Tamara, 1990, "Back to the Work: Women and Employment in Chinese Industry in the 1980's", *Australian Journal of Chinese Affairs,* pp. 1-23.

LEE Ching Kwan, 1998, *Gender and the South China miracle Two Worlds of Factory Women,* Berkeley, University of California Press, 210 p.

LEE Ching Kwan, 1998, "The Labor Politics of Market Socialism: Collective Inaction and Class Experiences among State Workers in Guangzhou", *Modern China,* Vol. 24, No. 1, pp. 3-33

LEE Ching Kwan, 1999, From Organized Dependence to Disorganized Despotism: Changing Labour Regimes in Chinese Factories, *The China Quarterly,* No. 157, pp. 44-71.

LEE Ching Kwan, 2000, "Pathways of labors insurgency", in *Chinese Society. Change, Conflict and Resistance,* Edited by Elizabeth J.Perry And Mark Selden, London and New York, pp. 41-61.

LEE Ching Kwan, Apr., 2002, From the Specter of Mao to the Spirit of the Law: Labor Insurgency in China, *Theory and Society,* Vol. 31, No. 2, pp. 189-228.

LEE Grace O. M. and WARNER Malcolm, 2007, *Unemployment in China. Economy, human resources and labour markets,* London and New Yok, 265 p.

LI Xiaojiang, ZHANG Xiaodan, 1994, "Creating a Space for women: Women's Studies in China in the 1980s", Signs, Vol.20, No. 1, pp. 137-151.

LIU Jieyu, 2007, *Gender and Work in Urban China, Women Workers of the Unlucky Generation,* Routledge Contemporary China Series, 178 p.

OGDEN Suzanne, May, 1998, "Reviewed Works: China Briefing: The Contradictions of Change by Wiliam A. Joseph Suzanne Ogden", *The Journal of Asian Studies,* Vol.57, No.2. pp. 499-501.

PUN Ngai, Jul., 1999, "Becoming Dagongmei (Working Girls): The Politics of Identity and Difference in Reform China", *The China Journal,* No.42, pp.1-18.

ROFEL Lisa, 1999, *Other Modernities: Gendered Yearnings in China after Socialism,* Berkeley, Los Angeles and London, University of California Press, 330 p.

RILEY Nancy E., 1997, "Gender Equality in China: Two Steps Forward, One Step Back", in *China Briefing: The Contradictions of change,* Edited by William A. Joseph, Armonk, N.Y.: M.E.Sharpe, 1997, Published in cooperation with the Asia Society, 336 p.

STOCKMAN Norman, 1994, "Gender Inequality and Social Structure in Urban China", *Sociology* 28 (3), pp. 779–797.

SHU Xiaoling, BIAN Yanjie, June 2003, "Market Transition and Gender Gap in Earnings in Urban China", *Social Forces,* 81(4), pp.1107-1145.

SUNG Sirin, August 2003, "Women Reconciling Paid and Unpaid Work in a Confucian Welfare State: The Case of South Korea", *Social Policy&Administration*, Vol.37, No.4, pp. 342-360.

SUNG Sirin, "Women Reconciling Paid and Unpaid Work in a Confucian Welfare State: The Case of South Korea", *Social Policy&Administration*, Vol.37, No.4, August 2003. pp, 342-360.

WANG Zheng, 2001, "Call Me Qingnian but Not Funü: A Maoist Youth in Retrospect," *Feminist Studies*, Vol. 27, No. 1, spring: 9-34.

WALDER Andrew G, LI Bobai, TREIMAN Donald J, 2000, "Politics and Life Chances in a State Socialist Regime: Dual Career Paths into the Elite, 1949 to 1996", *American Sociological Review*, Vol. 65, No. 2, pp. 191-209.

WALDER Andrew G, 1986, *Communist Neo-Traditionalism. Work and Authority in Chinese Industry*, Berkeley/ Los Angeles/ London, University of California Press, 302 p.

WARNER Malcolm, 1987, *Management Reforms in China*, London, Frances Pinter (Publishers), 240 p.

WATSON James L., 1984, *Class and social stratification in post-revolution China*, Cambridge [Cambridgeshire], New York, Cambridge university press, 289 p.

WATSON James L., 1985, Reviewed work(s): *Class and Social Stratification in Post-Revolution China*, American Ethnologist, Hill Gates, Vol. 12, No. 3, pp. 578-579.

ZHOU Xueguang and HOU Liren, 1999, "Children of the Cultural Revolution: The State and the Life Course in the People's Republic of China", *American Sociological Review*, Vol. 64, No. 1, pp. 12-36.

ZHOU Xueguang, MOEN Phyllis, TUMA Nancy Brandon, 1998, "Educational Stratification in Urban China: 1949—94", *Sociology of Education*, Vol. 71, No. 3, pp. 199-222.

ZHOU Xueguang, TUMA Nancy Brandon, MOEN Phyllis, 1997, "Institutional Change and Job-Shift Patterns in Urban China, 1949 to 1994", American Sociological Review, Vol. 62, No. 3, pp. 339-365.

ZHONG Xueping, WANG Zheng, BAI Di, 2001, *Some of us Chinese Women Growing Up in the Mao Era*, Rutgers University Press, 208 p.

3. BIBLIOGRAPHIE EN CHINOIS

CAO Jin, WU Juan, 2004, « Ruhe cong bianyuan dao zhuliu: shehui xingbie yanjiu zai Zhongguo de kunjing-meiguo mixigen daxue funü yu shehui xingbie yanjiusuo WANG zheng jiaoshou fangtanlu» (Comment aller de la marge au centre: difficultés des recherches sur le genre en Chine. Interview avec WANG Zheng, professeur en études sur le genre à l'Université de Michigan), *Tansuo yu Zhengming* (*Exploration et débat*), n°12, pp.8-10.

CHEN Yingfang, 2008, « Qingnian yu « qingnian » de jieti » (la jeunesse et la déconstruction de la jeunesse), *Nanfengchuang*, pp.44-47.

CHEN Yingfang, 2005, « 'Nong mingong' : Zhidu anpai yu shenfen rentong» ('ouvrier-paysan' : arrangement institutionnel et identité), Shehuixue yanjiu (Études sociologiques) n°3, pp. 119-132.

CHEN Guisheng, 2007, *Zhongguo ganbu jiaoyu* 1927—1949 (L'éducation des cadres chinois (1927-1949)), Shanghai, Edition de l'université normale de la chine de l'est. 251p.

CHEN Yan, 2005, « 'le grand bond en avant' et le développement des carrières des femmes urbaines en Chine dans les années 1950» (« 'da yuejin yu 1950 niandai zhongguo chengshi funü de zhiye fazhan »), Shanghai funü (Femmes à Shanghai) en ligne : http://www.modern-family.com/shanghaiwomen/article.asp?id=1050

DU Fangqin, WANG Xiangxian (dir.), 2003, *Funyu yu shehuixingbie zai zhongguo (1987-2003) (Les femmes et le genre en Chine (1987—2003))*, Tianjin renmin chubanshe (Edition du peuple à Tianjin), 485 p.

DU Fangqin, 2003, «Zhongguo funü yanjiu de lishi yujing : fuquanzhi, xiandaixing yu xingbie guanxi» (Le contexte historique des recherches sur les femmes chinoises : patriarcat, modernité et les relations de genre), Sous la direction de Du Fangqi, Wang Xiangxian, *Funü yu shehui xingbie yanjiu zaizhongguo (Les recherches sur les femmes et le genre en Chine)*, Tianjin renmin chubanshe (Edition du peuple à Tianjin), pp. 45-76.

HONIG Emily, 2005, « Kuayue xingbie fenjie : 'wenge' shiqide tieguniang xingxiang yu zhiqing» (Franchir les frontières de genre : les 'filles de fer' pendant la Révolution Culturelle), Sous la direction de Wang Zheng, Chen Yan, *Bainian nüquan sichao yanjiu (Recherches sur les courants de pensée féministe en Chine pendant cent ans)*, Shanghai, Editions de l'université Fudan, pp. 245-258.

GAIL Hershatter, WANG Zheng, 2008, « Zhongguo lishi : Shehuixingbie fenxi de yige youyong de fanchou» (L'histoire chinoise : une catégorie utile pour les analyses du genre), *Shehui kexue (La science sociale)*, n°12, pp.141-154.

GAO Xiaoxian, 2005, « 'Yinhuasai' : 20 Shiji 50 niandai nongcun funü de xingbie fengong » (La division sexuelle du travail dans la région rurale dans les années 1950 : le concours de ramassage de coton), *Shehuixue yanjiu* (*Études sociologiques*), n°4, pp. 351-371.

GUO Yuhua, 2003, « Xinling de jitihua : Shanbei jicun nongye hezuohua de nüxing jiyi»' (la collectivisation de l'âme : la mémoire des femmes sur la collectivisation dans le village de Ji du nord de la province du Shanxi), *Shehuixue yanjiu* (*Études sociologiques*), n°4, pp.9-92.

JIANG Yongping, 2003, « Liangzhong tizhi xia de zhongguo chengshi funü jiuye » (L'emploi féminin des femmes chinoises sous deux régimes), *Funü yanjiu luncong* (*Etudes féminines*), n°1, pp. 15-21.

JIANG Yongping, 2000, «50 nian Zhongguo chengshi nüxing jiuye de huigu » (regard en arrière sur l'emploi féminin en Chine urbaine pendant 50 ans), *Laodong baozhang tongxun*, (*Communications sur la protection de l'emploi*), n°3, pp. 29-30.

JIE Aihua, 2001, « Danwei zhi yu chengshi nüxing fazhan » (Le régime de l'unité de travail et le développement des carrières des femmes urbaines), *Zhejiang shehui kexue* (*Les sciences sociales dans la province de Zhejiang*), n°1, pp. 94-99.

JIN Yihong, 1995, « Yetan nannü pingdeng de shouhuo yu daijia» (Discussion sur les gains et le prix de l'égalité entre les hommes et les femmes), *Shehuixue yanjiu* (Études sociologiques) n°1, pp.98-101.

JIN Yihong, 2006, « Tie guniang zai sikao-zhongguo wenhua da geming qijian de shehui xingbie yu laodong » (« Repenser la "fille de fer" : Genre et travail pendant la Révolution Culturelle en Chine »), Shehuixue yanjiu (Études sociologiques), n°1, pp.169-193.

LI Chunling, LI Shi, 2008, « Shichang jingzheng haishi xingbie qishi-shouru xingbie chayi kuoda qushi ji qi yuanyin jieshi » (Compétition de marché ou discrimination de sexe : explications sur l'écart salarial croissant entre les sexes et ses causes), *Shehuixue yanjiu* (*Études sociologiques*) n°2, pp. 94-117.

LI Dezhong, NIU Bianxiu, 2000, Zhongguo de zhiye xingbie geli yu nüxing jiuye (L'emploi féminin et la segmentation genrée des professions en Chine), *Funü yanjiu longcong* (*Etudes féminines*), n°4, pp. 18-20.

LI Hanlin, LI lulu, 1999, « Ziyuan yu jiaohuan : Zhongguo danwei zuzhi zhong de yilaixing jiegou» (Les ressources et les échanges : la structure de la dépendance dans les unités de travail en Chine), *Shehuixue yanjiu, (Études sociologiques*), n°4, pp. 44-63.

LI Hanlin, QU Jindong, 2002, «Guanyu danwei de yanjiu yu sikao » (réflexion et recherche sur l'unité du travail), *Lilun cankao* (*référence théorique*), n°11, pp. 2-4.

LI Huiying, 2003, « Cong shehuixingbie de shijiao shenshi zhongguo de xingbie lifa yu shehui gonggong zhengce » (étudier les lois et les politiques publiques du point de vue du genre), *Zhejiang xuekan* (*Revue académique de la province de Zhejiang*), n°2, pp. 209-213.

LIN Juren, ZHAO Ping, 2000, « Hangye he Zhiye zhong de xingbie geli zhuangkuang fenxi » (Analyse de la segmentation genrée au travail), *Funü yanjiu luncong* (*Etudes féminines*), n°4, pp.14-17.

LIU Lin, LIU Xiaoli, 2007, « Cong funü yanjiu dao xingbie yanjiu - LI Xiaojiang jiaoshou fangtanlu », (« Des recherches sur les femmes aux recherches sur le genre - Enquête du professeur LI Xiaojiang), *Jinyang Xuekan* (*Rue académique de Jinyang*), pp. 3-14.

LI Qiang, 1997, «Zhengzhi fenceng yu jingji fenceng » (stratification politique et économique), *Shehuixue yanjiu* (*Études sociologiques*), n°4, pp.32-41.

LI Shuangbi, 2000, *Rushizhitu : zhongwai xuanguan zhidu bijiao yanjiu* (*Le chemin pour entrer dans la carrière officielle : comparaison des régimes de sélections des fonctionnaires en Chine et à l'étranger*), Guizhou, Edition de la province de Guizhou, 200 p.

LI Xiaojiang, 2000, « Wushinian, women zou dao le na li?-Zhongguo funüjiefang yu fazhan licheng huigu » (Cinquante ans après, où sommes-nous arrivés ? Regard en arrière sur l'histoire de l'émancipation des femmes chinoises), *Zhejiang xuekan* (*Revue académique de la province de Zhejiang*), n°1, pp. 59-65.

LI Xiaojiang, 1997, "Zhongguo funü zai shehui zhuanxing zhong de bianhua he zuowei" (Les changements et la contribution des femmes chinoises dans la société en transition), *Yanbian da xue xuebao-Shehui kexue ban* (*Revue académique de l'université Yanbian- sciences sociales*), n°3, pp. 62-64.

LI Xiaojiang, ZHUhong, DONG Xiuyu (dir.), 1997, *Pingdeng yu fazhan-xingbie yu Zhongguo di er ji* (*L'égalité et le développement : le genre et la Chine,* volume 2), 388 p.

LI Xiaojiang, 1995, « 'nannü pingdeng', zai zhongguo shehui shijian zhong de shiyude » (« L'égalité sexuelle' : Gains et pertes dans la société chinoise ») in *Shehuixue yanjiu* (*Études sociologiques*), N°1, pp. 92-97.

LI Xiaojiang, TAN Shen (dir.), 1991, *Funü yanjiu zai Zhongguo* (*Les recherches sur les femmes en Chine*), Henan renmin chubanshe (Edition du peuple de la province de Henan), 327 p.

LI Xiaojiang, 1989, *Nüren de chulu-zhi 20shiji xiabanye zhongguo funü* (*La solution pour les femmes – les femmes Chinoises de la deuxième partie du 20ème siècle*), Editions du peuple de la province de Liaoning, 150 p.

LI Xiaojiang, 1988, "Gaige yu Zhongguo nüxing qunti yishi de juexing-jianlun shehuizhuyi chuji jieduan de funü wenti ji funü lilun wenti" (La réforme et le réveil de la conscience des femmes chinoises : commentaires sur la question des femmes et des théories féministes dans les premiers stades du socialisme), *Shehui kexue zhanxian* (*La ligne de combat des Sciences sociales*), n°4, pp. 300-310.

LI Xiaojiang, LIANG Jun, 1986, "Funü ganbu de xinli duiyi yu shehui tiaoshi-jiantan funü ganbu duiwu jianshe de ruogan wenti" (La psychologie des femmes cadres et leur adaptation à la société : discussion sur quelques problèmes de construction du groupe des femmes cadres), *Shehui xue yanjiu* (*Études sociologiques*), n°6, pp. 103-109.

LI Xiaojiang, 1983, («Renlei jinbu yu funü jiefang») (le Progrès de l'humanité et de la libération des femmes), *Makesi zhuyi yanjiu* (*Recherches marxistes*), n°2, pp. 142-166.

LI Yinhe, Décembre 1997, *Nüxing quanli de jueqi* (*La montée du pouvoir féminin*), Zhongguo shehuikexue chubanshe (Editions des Sciences sociales en Chine), 334 p.

LI Yinhe, 1994, « 'nüren huijia' wenti zhi wojian » (Mon opinion sur la question du 'retour au foyer des femmes'), *Shehuixue yanjiu* (*Études sociologiques*), n°2, pp. 71-72.

LIU Bohong, 1995, « Zhongguo nüxing jiuye zhuangkuang» (La situation de l'emploi féminin en Chine), *Shehuixue yanjiu* (*Études sociologiques*), n°2, pp. 39-48.

LIU Bohong, 1994, « dui 'nannü pingdeng de shehuixue sikao' de sikao » (Réflexion sur la « Réflexion sociologique sur l'égalité hommes-femmes »), *Shehuixue yanjiu* (*Études sociologiques*), n°2, pp. 68-71.

LIU Bohong (dir.), 2007, Quanguo fulian yanjiusuo bian (Sous l'égide de la Fédération nationale des femmes Chinoises), *Zhongguo funü yanjiu nianjian* (*2001—2005*), (*Annales de recherches sur les femmes chinoises*), Shehui kexue wenxian chubanshe (Edition des documents des sciences sociales), 692 p.

LIU Bohong, JIN yihong, 1998, «Di er jie 'zhongguo funü yu fazhan yantaohui' zongshu», (Résumé sur la deuxième session du colloque sur 'le développement et les femmes chinoises'), *Zhejiang xuekan* (*Revue académique de la province de Zhejiang*), n°1, pp.108-111.

LIU Bohong, 1995, « Zhongguo nüxing jiuye zhuangkuang» (La situation de l'emploi des femmes chinoises), *Shehuixue yanjiu* (*Études sociologiques*), pp. 39-48.

LIU Lin, LIU Xiaoli, 2007, « Cong funü yanjiu dao xingbie yanjiu - LI Xiaojiang jiaoshou fangtanlu », (« Des recherches sur les femmes aux recherches sur le genre - l'enquête du professeur LI Xiaojiang »), in *Jinyang Xuekan* (*Rue académique de Jinyang*), pp. 3-14.

LIU Xiaomeng, 2003, «Nü Zhiqing-dangdai xingbie yanjiu zhong de zhongyao keti» (les femmes « jeunes instruites » – un sujet important pour les études de genre de nos jours), *Zhiqing* (*Jeunes instruits*), n°5.

MA Lizhen, 1989, (Jiuye haishi huijia? guanyu funü chulu wenti de taolun) (Travailler ou rentrer au foyer ? discussions à propos de la solution pour les femmes), *zhongguojianshe* (*La Construction en Chine*), n°3, pp. 77-80.

QIAN Nairong, 2003, Shanghai *yuyan fazhanshi* (histoire du dialecte Shanghaien), Edition du peuple Shanghaien, 404 p.

SHEN Chonglin, YANG Shanhua, LI Dongshan (sous la direction de), 1999, *Shijizhijiao de chengxiang jiating* (*La famille urbaine et la famille rurale au tournant du 21ème siècle*), Edition des Sciences sociales en Chine, 671 p.

SHEN Yuan, 2006, « Shehui zhuanxing yu gongren jieji de zaixingcheng » (la transition de la société et la reformation de la classe ouvrière), *Shehuixue yanjiu* (Études sociologiques), n°2, pp. 13-36.

SUN Liping, 2004, *Zhuanxing yu duanlie : Gaige yilai Zhongguo shehuijiegou de bianqian* (*Transformations et ruptures : l'évolution des structures sociales en Chine depuis la réforme*), Qinghuadaxue chubanshe (Editions de l'Université Qinghua), Pékin, 393 p.

SUN Liping, 1994, « 'xingbie juese yu shehui fazhan bitan' (yi) : chongjian xingbie juese guanxi », (discussion sur le rôle genrés et le développement social (I) : reconstruire les rôles et les relations de genre »), *Shehuixue yanjiu* (*Études sociologiques*), n°6, pp. 65-68.

TAN Lin, LIU bohong (dir.), 2005, *Zhongguo funü yanjiu shinian (1995—2005) Huiying 'beijing xingdong gangling'* (Dix ans d'études sur les femmes chinoises (1995—2005) : réponse au 'programme d'action de Pékin'), *Review on the Chinese Women's Studies in Recent 10 Years Response to the Pékin Platform for Action*), Shehuikexue wenxian chubanshe (Editions des documents des sciences sociales), 897 p.

TAN Shen, 2005, « Jiating celüe, haishi geren zizhu ?-nongcun laodongli waichu juece moshi de xingbie fenxi» (stratégie familiale ou décision personnelle

? Analyse en termes de genre des déterminants du départ pour la main d'œuvre rurale), *Zhejiang xuekan* (*Revue académique de la province de Zhejiang*), n°5, pp. 210-214.

TAN Shen, 2005, « waichu he huixiang : nongcun liudong nüxing de jingli» (Partir et revenir au village : l'expérience de migration des femmes rurales), *Nongcun, nongye, nongmin,* (*la campagne, l'agriculture, paysans*) pp.8-11.

TAN Shen, 1994, «Shehui biange yu Zhongguo funü jiuye » (Réforme sociale et emploi féminin en Chine), *Zhejiang xuekan* (*Revue académique de la province de Zhejiang*), n°2, pp. 62-65.

TAN Lin, BO wenbo, 1995, « Zhonguo zaiye renkou zhiye, hangye xingbie geli zhuangkuang jiqi chengyin» (La segmentation genrée au travail et ses causes par métiers et branches d'activité), *Funü yanjiu luncong* (*Etudes féminines*), pp.24-28.

TAO Chunfang, JIANG Yongping (dir.), 1993, *Zhongguo funü diwei gaiguan* (*Vue d'ensemble du statut des femmes chinoises*), Editions des Femmes Chinoises (Zhongguo funü chubanshe), 483 p.

TONG Xin, May 2008, « 30 nian Zhongguo nüxing/xingbie shehuixue yanjiu» (30 années d'études sur les femmes et le genre en Chine), *Funü yanjiu luncong* (*Etudes féminines*), n°3, pp. 66-74.

TONG Xin, 2006, « Yanxu de shehuizhuyi wenhua chuantong – yiqi guoyou qiye gongren jiji xingdong de ge'an fenxi » (Persistance de la tradition culturelle socialiste – Une analyse de cas du mouvement ouvrier dans le secteur d'État) *Shehuixue yanjiu* (*Études sociologiques*), n°1, pp. 59-76.

TONG Xin, 2003, *Yihua yu kangzheng : Zhongguo nügong gongzuoshi yanjiu* (*Aliénation et résistance : recherche sur l'histoire du travail des ouvrières en Chine*), Zhongguo shehuikexue chubanshe, Editions des Sciences sociales, 261 p.

TONG Xin, Longyan, 2002, « Fansi yu chonggou-dui zhongguo laodong xingbie fengong yanjiu de huigu » (Penser et reconstruire : regard en arrière sur les recherches sur la division genrée au travail en Chine), *Zhejiang xuekan ren* (Edition de revue académique de la province de Zhejiang), n°4 pp. 211-216.

TONG Xin, 2002, « Shehui bianqian yu gongren shehui shenfen de chonggou-'shiye weiji' dui gongren de yiyi», (Transformations sociales et reconstruction de l'identité sociale des travailleurs : la signification de la « crise du chômage » pour les travailleurs), *Sehhuixue yanjiu* (*Études sociologiques*), n°6, pp. 1-12.

TONG Xin, 1999, «Shehui bianqian yu Zhongguo funü jiuye de lishi yu qushi » (Transformations sociales et histoire de l'emploi féminin en Chine), *Funü yanjiu luncong (Etudes féminines)*, n°1, pp.38-41.

WANG Jinling, 2005, « Xingbie yu shehui yanjiu de xin jinzhan » (Les nouvelles avancées dans les recherches sur le genre), *Shanxi shida xuebao (Journal académique de l'université normale de Shanxi)*, n°4, pp. 64-68.

WANG Jinling, 2000, « Shehuixue shiye xia de nvxing yanjiu: shiwunian lai de jiangou yu fazhan » (Les recherches sur les femmes en sociologie : construction et développement durant les quinze dernières années), *Shehuixue yanjiu (Études sociologiques)*, n°1 pp. 51-64.

WANG Shijun, 1989, « Dangdai Shijie funü yu jiuye» (les femmes et l'emploi dans le monde contemporain), *Sheke xinxi (informations des Sciences sociales)*, n° 4, pp. 33-36.

WANG Tianfu, LAI Yang'en, LI Bobai, 2008, « Chengshi xingbie shouru chayi jiqi yanbian 1995-2003 » (L'écart de salaire entre les deux sexes en ville et son évolution), *Shehuixue yanjiu (Études sociologiques)*, n°2, pp.23-53.

WANG Zheng, 2001, « Qianyi Shehuixingbiexue zai Zhongguo de Fazhan» (Quelques remarques sur le développement des études de genre en Chine), *Shehuixue yanjiu (Études sociologiques)*, n°5, pp. 43-44.

WANG Zheng, 2000, « Gender, employment and women's resistance », in *Chinese Society. Change, Conflict and Resistance,* Elizabeth J.Perry and Mark Selden, London and New York, Routledge, pp. 62-82.

WANG Zheng, 1997, « 'Nüxing yishi', 'Shehuixingbie yishi' bianyi» (Discuter la différence entre 'conscience féminine' et 'conscience de genre'), *Funü Yanjiu luncong (Etudes féminines)*, n°1, pp. 14-20.

WANG Zheng, 1997, « Guowai Xuezhe dui Zhongguo funü he shehui xingbie yanjiu de xianzhuang» (L'état des recherches sur les femmes chinoises et sur le genre par les chercheurs étrangers), *Shanxi daxue xuebao, Shehuikexue bao (Journal académique de l'université Shanxi : Science Sociale)*, 24/n° 5, pp. 47-51.

WU Gang, Juin 2002, « Zhishi yanbian yu shehui kongzhi : Zhongguo jiaoyu zhishishi debijiao shehuixue fenxi » (évolution des connaissances et contrôle de la société : comparaison entre l'histoire de l'éducation et l'analyse sociologique), l'Edition des sciences de l'éducation, Pékin, 299 p.

WU Gang, 1997, « wenhua baquan yu kecheng (Shang)» (la domination culturelle et les programme d'étude). *Waiguojiaoyu ziliao, Les données sur l'éducation à l'étranger;* n° 3, pp.51-54.

WU Gang, 1995, «Lun jiaoyuxue de zhongjie » (commentaire sur la fin de l'éducation comme discipline), n° 7, *Jiaoyu yanjiu(Etudes sur l'éducation)*, pp.19-24.

WU Gang, 1992, « meiguo jiaoyu shehuixue de huigu»(la sociologie de l'éducation aux Etat-units), *waiguojiaoyu ziliao* (*les données sur l'éducation à l'étranger*), n°6, pp.70-76

WU Yuxiao, Wu Xiaogang, 2008, « Woguo feinong Zhiye de xingbie Geli yanjiu 1982-2000» (le segmentation genrée dans les métiers non-agricoles : 1982-2000), 06, *Shehui* (Société), n°6, pp. 128-152.

YU Xiaomin, PAN Yi, 2007, « Xiaofei shehui yu 'xinshengdai dagongmei' zhutixing zaizhao» (Société de consommation et reconstruction de la subjectivité de la nouvelle génération des ouvrières), *Shehuixueyanjiu* (*Études sociologiques*), pp.143-171.

ZHU Jianggang, SHEN Kai, 2001, « Gongzuo, quanli yu nüxing rentong de jiangou-dui guangdong yijia waizi qiye de Zhongguo bailing nüxing de ge'an yanjiu » (le travail, le droit et la construction de l'identité des femmes : étude sur les femmes cols blancs dans une entreprise étrangère dans la province de Guangdong), *Qinghua shehuixue pinglun* (*Critiques sociologiques de Qinghua*), n°1, pp. 75-103.

ZHANG Wanli, 2004, « Xianjieduan Zhongguo shehui fenhua yu xingbie fenceng» (Division sociale et stratification genrée dans la société chinoise d'aujourd'hui), Zhejiang xuekan (Revue académique de la province de Zhejiang), n° 5, pp.203-207.

ZHANG Ping, 2004, « Guojia ganbu» (les cadres de l'Etat), *Zhuomoniao* (*Pic*).Pékin

ZHENG Yefu, 1994, «Nannü pingdeng de shehuixue sikao » (Réflexion sociologique sur l'égalité hommes-femmes), *Shehuixue yanjiu* (*Études sociologiques*), n°2, pp. 108-113.

ZHENG Yongfu, 1992, « Zhongguo jindai chanye nügong de lishi kaocha» (recherche historique sur les ouvrières de l'industrie en Chine à l'époque moderne), *Zhengzhou daxue xuebao* (*Zhexue shehui kexueban*) (*Journal académique de l'université Zhengzhou* (*Sciences sociales et philosophie*), n°4, pp.7-15.

ZHANG Minglong, 2000, « Xin zhongguo 50 nian laodongjiuye zhidu bianqian Zonglan» (Un aperçu historique sur 50 ans de régime de l'emploi et du travail dans la Chine nouvelle), *Tianfu xinlun*, n°1, pp. 11-16.

Annales et sources statistiques
Zhongguo Tongjiju (le bureau statistique de la Chine), *Zhongguo tongji nianjian* (*Annuaire statistique de Chine 1981—2008*), Zhongguo tongji

chubanshe (Editions des statistiques de la Chine), Pékin.

Shanghai Tongjiju (le bureau statistique de Shanghai), *Shanghai tongji nianjian* (*Annuaire statistique de Shanghai 2000—2007*), Zhongguo tongji chubanshe (Editions des statistiques de la Chine), en ligne : http://www.stats-sh.gov.cn

Zhongguo Tongjiju (le bureau statistique de la Chine), 1995, « Zhongguo Shehui zhong de nanren yu nüren : shishi yu shuju», (« Les femmes et les hommes dans la société chinoise : faits et données statistiques »), référence en ligne : http://www.stats.gov.cn /tjsj/qtsj/men&women/men&women.pdf

Le Quotidien du peuple (Renmin Ribao), l'organe de presse officiel du Comité central du Parti communiste chinois. Archives des années 1950—1960.

1949 nian Shanghaishi zonghe tongji (*Données de statistiques synthétiques de Shanghai en 1949*), sous la direction du Secrétariat du gouvernement populaire de Shanghai (Shanghaishi renmin zhengfu mishuchu), 471 p.

Zhongguo ganbu tongji wushinian : 1949—1998 nian ganbu tongji ziliao huibian (Cinquante ans de travail statistique sur les cadres Chinois : collection des données statistiques sur les cadres durant 1949—1998), sous la direction du Département de l'Organisation du CC et du Ministère du Affaires du personnel, septembre, 1999, Dangjian chubanshe (Editions de la construction du Parti), 757 p.

HUANG Sha, MENG Yankun, 2000, *Shanghai funüzhi* (*Annales des femmes à Shanghai*) [sous la direction du comité de rédaction des *Annales des femmes à Shanghai*], Shanghai shehuikexueyuan Chubanshe (Editions de l'académie des Sciences sociales à Shanghai), 782 p.

Shanghai Laodongzhi (Annales du travail à Shanghai), sous la direction du comité de la rédaction des Annales du travail à Shanghai, 1998, Shanghai shehuikexueyuan chubanshe (Editions de l'académie des sciences sociales à Shanghai), 567 p.

Shanghai gongyunzhi (Annales du mouvement des ouvriers à Shanghai), sous la direction du comité de rédaction des *Annales du mouvement des ouvriers à Shanghai,* Septembre 1997, Shanghai shehuikexueyuan chubanshe (Editions de l'académie des sciences sociales à Shanghai), 922 p.

Shanghai qinggongyezhi (*Annales de l'industrie légère à Shanghai*), sous la direction du comité de la rédaction des *Annales du mouvement des ouvriers à Shanghai,* Décembre, 1996, Shanghai shehuikexueyuan chubanshe (Editions de l'académie des sciences sociales à Shanghai), 1002 p.

Xie•kang• Keladaiweiqi, 1956, *Enquête sur la population de Chine en*

1953 (*Zhongguo 1953nian quanguo renkou diaocha*), traduit par le bureau des spécialistes dans l'office des statistiques nationales de Chine, Maison d'édition des statistiques (tongji chubanshe), Pékin, 38 p.

ZHENG Ruoling, 2002, « Xinzhongguo nüzi gaodeng jiaoyu de chengjiu-lishi yu guoji de shijiao » (« Les succès de l'éducation supérieure pour les filles en Chine nouvelle : perspective historique et internationale »), *Qinghua daxue jiaoyu yanjiu* (*Recherche sur l'éducation de l'Université Qinghua*), N°6, pp. 66-73.

Zhongguo ganbu tongji wushinian : 1949—1998 nian ganbutongji ziliao huibian (*Le recensement des cadres chinois pendant 50 ans : collection des données statistiques sur les cadres 1949—1998*), Le Département de l'Organisation du Comité Central (CC) du Parti communiste chinois (Zhonggongzhongyang zuzhibu) et le Ministère des Affaires du personnel (renshibu), Septembre 1999, Dangjian duwu chubanshe (Editions des lectures sur la construction du Parti), 757 p.

Remerciements（致谢）

J'ai mis du temps à pouvoir écrire ces remerciements, non seulement parce que je n'arrivais pas à me dire que c'était la fin de ma thèse, mais aussi parce que les écrire ouvrait la boite de souvenir de ces quatre années inoubliables, pendant lesquelles j'ai été énormément soutenue et aidée par les personnes et les institutions qui m'ont accompagnée.

Mes remerciements vont d'abord à mon directeur de thèse, Christian Baudelot. Alors que j'avais peu de connaissances en sociologie (et uniquement des connaissances théoriques), son humanité m'a véritablement permis d'entrer en sociologie. L'un des souvenirs précieux que j'ai gardé remonte à l'année 2007 où j'ai eu la chance de faire des enquêtes sur le terrain avec le professeur Christian Baudelot. Un jour, dans un bidonville, à la fin d'un entretien avec une femme analphabète de 68 ans, il lui a serré la main, en lui disant les yeux dans les yeux : « Nous avons le même âge, moi aussi, j'ai 68 ans. » A ce moment-là, j'ai décidé de m'engager en sociologie. Depuis, son attitude scientifique rigoureuse et son profond souci à l'égard de la souffrance humaine n'ont cessé de m'apporter des forces. Je le remercie vivement pour son soutien de fer pendant les moments difficiles, et pour avoir pris en charge, pendant les derniers mois, les lourdes tâches de réécriture afin de m'aider à finaliser cette thèse. Sans lui, cette thèse n'aurait pas vu le jour.

Cette thèse doit énormément à Tania Angeloff, qui m'a encadrée de près à chaque étape. Avec elle, j'ai fait la connaissance d'une autre âme sociologique qui m'a beaucoup nourrie. J'ai apprécié les nombreux échanges avec Tania à Shanghai et à Paris sur la construction de ma problématique, la formulation des idées, l'analyse et la rédaction, etc. Ses cours sur la méthodologie, sur la sociologie du travail et du genre m'ont également beaucoup apporté. Surtout, c'est elle qui m'a aidée à me dégager des contraintes idéologiques pour pouvoir penser mon objet librement. La grande énergie qu'elle sait insuffler à ses étudiants m'a permis de garder le cœur libre et léger tout au long de ma recherche. Je lui garderai toujours toute ma reconnaissance.

Ma gratitude va également à Olga Baudelot. Ses encouragements et son optimisme m'ont beaucoup apporté. Je la remercie aussi pour ses relectures et corrections de plusieurs chapitres de ma thèse.

Je voudrais aussi dédier mes remerciements à Monsieur Gang Wu, co-directeur de ma thèse. Il m'a accordé une grande confiance et beaucoup de patience. Pendant mon année de terrain à Shanghai, il m'a fait prendre connaissance du département de l'éducation, dans lequel j'ai beaucoup appris.

Je remercie les deux établissements qui m'ont accueillie pendant mes études sociologiques : l'Ecole normale supérieure et l' Ecole normale de la Chine de l'est. Mes conditions de travail favorables doivent au travail de nombreuses personnes : je remercie tout particulièrement Madame Yunhua Qian et Madame Laurence Frabolot pour leurs soutiens administratifs. Que soit aussi remercié le Gouvernement chinois qui a financé ma thèse.

Je suis reconnaissante à l'équipe ETT (Enquêtes Terrains Théories) du Centre Maurice Halbwachs, qui m'a accueillie pendant mon séjour à Paris et m'a accordé de très bonnes conditions de travail. J'ai beaucoup apprécié l'ambiance vivante du labo et les amitiés entre doctorants. Beaucoup d'entre eux m'ont apporté des aides de correction. Je remercie Stéphanie Guyon, Rémi Sinthon, Camille Salgues, Sarah Abdelnour, Pascal Marichalar, Emilie Biland, Mathieu Hauchecorne, Laure Lacan… et tous ceux avec qui j'ai passé de bons moments. Je remercie également Antoine Melchior pour son travail de mise en page sur cette thèse.

Je voudrais aussi remercier les professeurs à Paris et à Shanghai avec qui j'ai eu des discussion stimulantes : Madame Violette Rey, Madame Hélèna Hirata, Madame Catherine Marry, Madame Jaqueline Laufer, Madame Yingfang Chen, Monsieur Jun Wen…

Sans la confiance que m'ont accordée mes enquêtés, cette recherche n'aurait pas été possible. Je tiens donc à remercier toutes les femmes et tous les hommes de plusieurs générations, qui ont bien voulu participer à cette enquête et me sacrifier du temps. Je remercie Monsieur Jianguo Jiang qui m'a introduite chez Aban et Madame Yahong Sheng qui m'a accueillie et offert des conditions d'enquête très favorables pendant un an et demi.

Je remercie vivement mes chers amis pour leur amitié et leur soutien moral :

Hao Zhou, Yuzhen Ni, Hong Zhang, Zhe Sun, Tong Wu, Xiaohui Zhang, Lili Wei, Yingshuang Gao, Olivier Marichalar, Olivier Spiga ...et Jean Pierre Moisant qui a pris beaucoup de temps pour la relecture constante de ma thèse.

Enfin, je remercie mes parents et mon mari qui me soutiennent, m'accordent compréhension et amour. Je remercie plus particulièrement mon père qui a encouragé, depuis toujours, mes études. En tant que « jeune instruit » et habité par un vif intérêt intellectuel, il a été privé d'études supérieures à cause de la Révolution culturelle, j'espère que mes études supérieures sont aujourd'hui, pour lui, une forme de compensation et de reconnaissance à son égard.

专家评荐

专家评荐一：

华东师范大学社会学系 　陈映芳

唐晓菁申请博士学位论文《从"家庭妇女"、"铁姑娘"到"回归家庭"，社会性别与劳动在上海 1949—2007——对一家食品企业中四代职工的调研》以 1949 年以来中国工厂的女职工为对象，探讨社会性别与劳动的关系问题，这项研究在中国及其他各国的中国社会研究中，尚是一个比较新的研究领域。这个主题不仅对社会学的中国研究，而且对各国学者认识当代中国社会的变迁，都非常重要。对各国学者的劳动研究和性别研究，也将是一个富于推进力的研究。

从 1949 年共产党新政权开始实践社会主义运动，一直到今天，中国经历了政治、经济、社会、文化等各方面的巨大变革，这样的社会变迁模式，本身即对社会学研究者形成了挑战，尤其是对于试图从历史变迁的角度来解释中国问题的学者。但这样的研究充满意义。唐晓菁的论文较好地处理了历史维度与社会学的社会性别、国家－社会－个人关系等研究模式的相互关系。论文对传统中国社会的"女性性别"在 1949 年以后的工厂中是如何被维持、被一再重构的过程和机制，作了很清晰的梳理和说明，这样的观察角度和分析框架很有创意，其中有不少社会学的发现以及学术性的建构。

这篇论文在方法上以深入的田野调查以及个案访谈为特色。作为以历史维度为基本角度的社会学研究来说，对调查研究的对象群体、该群体所处社会单位作这样的调查，是很好的尝试。这可以弥补社会史研究或宏大的历史社会学研究的局限。同时，作者在这篇论文中，很好地利用了相关的社会科学理论和历史文献，将问题置于 1949 年以后国家－社会关系、国家－家庭－个人关系的结构变迁历史中去加以研究，这使论文能超越一些性别研究过于关注性别间关系的局限。

关于社会主义社会中女性的社会地位和角色身份，这篇论文除纠正了以前一些简单的政治定论和是似而非的"妇女解放"说，还用较详细的文献资料和访问对象的个案资料，说明了一直存在于社会主义中国的劳动的性别化现象，以及这种性别化的劳动制度如何被建构的机制。在这样的分析中，作者对于国家如何动员女性的机制，以及国家根据政治的需要或经济变化的情况，创造"家庭妇女"、"临时工"、"外包工"等社会类别或职业类别的动机和机制的分析，都是非常好的学术发现，值得充分肯定。这样的分析和发现，不仅是对既往基于观念立场出发的各种社会性别研究的拓展，也是对中国国家－社会关系研究、以及国家－家庭－个人关系研究的贡献。而论文从"劳动"切入，来分析社会的性别化、性别平等运动的复杂性，也使得这篇论文具有了一般的性别平等研究所缺少的解释力。

如作者本人所意识到的那样，本论文的一个重要的学术意图在于对历史动力机制的追问。由于这项研究具有个人生活史的视角和基础，这使得论文能够涉及到在历史变迁中个人的情感、主体性、以及个人谋求地位、建构身份的能动性等等。通过这样的研究，我们可以了解个体、以及由个体组成的社会群体和社会类别，是如何存在于历史之中、如何介入历史变迁的，而历史的变迁对于她们又意味着什么。

此外，这篇论文还运用了世代（generation）的维度，这样的方法，对于研究跨度较大、社会变动剧烈的社会变迁，是必要的。论文显示，作者对于几个个案背后所代表的不同的世代的分类、对几代人的特征的概括等等，是较好的尝试，也有相应的说服力。

当然，这样的代际分类以及对不同时代的女性（女工）的各方面的异同的说明，还有待作者在以后的研究中作进一步的斟酌和探讨。特别是对于80年代以来不同"单位"、不同性质的企业中的女性的地位、身份的分析，可能需要研究者对当前中国的社会结构作出相应的讨论、判断，以及对不同的学历阶层、不同的户籍身份等维度的必要的关注。

作者在论文中，提出并讨论了"中国式的矛盾"，这是一个很好的问题意识，作者的讨论也很有价值。这个问题的进一步的说明，需要中国以及各国的学者从各个方面，对中国现代化的问题作出探讨。这也是本人对"新一代学者"唐晓菁的期望。

专家评荐二：

吴刚（华东师范大学教育科学学院）

与西方现代性有所不同，中国现代性的展开，首先是寻求民族的自由与解放，所以有洋务救国、科学救国、实业救国、教育救国等各种救国方略的尝试；其次是个体的自由与解放，特别是女性的解放。女性的解放包括两个重要方面，一是经济的独立，所以有就业的要求；二是婚姻的自由，所以有婚姻和性的选择要求。唐晓菁申请博士学位论文《从"家庭妇女"、"铁姑娘"到"回归家庭"，社会性别与劳动在上海1949—2007——对一家食品企业中四代职工的调研》正是从一个独特的视角，即从社会性别的角度探讨中国现代性的曲折与迂回。而上海，作为中国最早开放的口岸之一，折射着中国现代性展开的完整历程，是现代性的一个标本。因此，唐晓菁选择上海，特别是选择一家 1864 年由英国人创立的工厂 Aban，作为研究社会性别建构的具体场所，有其研究的适切性。

应该看到，中国社会的父权制有其悠久的历史，也是儒家政治伦理学的重要组成，这可以追溯到孔子的"君君、臣臣、父父、子子"。1949 年之前，女性主体性的觉醒已经开始，特别反映在知识女性中，但女性解放的话语并没有上升到国家意识形态层面；1949 年之后，女性解放作为"新社会"的一个标识进入官方话语，并通过"劳动"得以凸现。唐晓菁的论文揭示了政治—劳动—家庭三者在建构现代女性主体性时的互动关系。研究采用了世代的视角。确实，20 世纪的中国处于急剧动荡的变革之中，其烈度和广度都是历史上罕见的，因此特别适合运用世代的视角，特别适合通过世代的观察分析时代的历史轨迹和女性的心态轨迹。世代不仅是一个人口学概念，更是某一年龄段的人经历的共同命运，因为这共同的经历，使这一代人中的每一个都拥有一份大致相同的体验和情感。在中国，性别也是制度和大规模的文化过程的一个方面，深嵌于劳动的组织分工、组织文化、象征系统、情感依附及敌视的模式之中。从世代的角度出发，唐的论文为我们勾勒在制度和文化演变过程中女性代际间的心态历程和迂回反复。

唐晓菁论文在方法论上的一个特点是将中国及上海妇女就业概况的宏观统计数据与民族志研究的微观观察进行比照，宏观统计数据显示了总体趋势，民族志研究的观察则提供了个体细微的感受和真实心理，并通过个体的日常话语与日常行动，呈现了女性在日常生活中的抗争、无奈、选择或彷徨。人们可以从总体数据与个体感受的对照中，体会女性解放的不同意味。

专家评荐三：

Margaret Maruani（Directrice de recherche au CNRS）

唐晓菁的论文从上海的一家食品企业中四代女性的历史出发来关注中国当代女性职业演进的问题。论题的关怀，一上来，是庞大的。正如完成用法语撰写论文一样有难度，而结果达到了相应的高度，并超出了对这一企业的代表性意义。

这一本论文分为 8 章。开始的导言对于性别社会学、劳动和就业社会性在法国和在世界中的发展作了梳理。这一对既有文献的全景回顾，是经典的，也得到了很好的安排。接着是考察中国学界对女性就业的思考。导言最后以对研究问题和理论框架的交待为结尾，并开宗明义地提出了深入的问题：新中国前三十年的遗产是什么？断裂和延续之处在哪儿？更具体地，1990 年后的改革是否影响了女性就业形式和条件？

为了处理这些问题，唐晓菁在全文中引入了非常有成效的并且很适合研究对象的方法：从世代也就是由重大历史事件建构的社会群体出发展开研究。这一路径，构成了论文的主线，使她得以将整个 20 世纪中国大变动和女性就业的演变细致地连接起来。这一方法论的引入及其具体操作的方式，在我看来，构成了这篇论文的主要力量。

对四代 Aban 工厂劳动妇女的社会学素描几乎是一幅巨大的历史和社会学的壁画，其丰富性和细致性使人为之动容。从这个角度来看，这一章详述 5 位在同一城市同一工厂工作的妇女（不同的地位和故事）的生活史（肖像／口述）引入入胜。可以说，串联出了唐晓菁这项研究的论文内容之一：不平等、分裂、隔离、划分、等级，这些中国就业结构的特征，虽然发生了转变，但在历史和政治大变革之下延续了下来。

因此，唐晓菁的研究至少在两个方向上增加了社会学知识的积累：

当代中国妇女地位的演进、一个经历变动的社会中劳动市场的严格调节和去调节的过程。

这篇论文的高质量同样也在于没有"磨光"现象,而是呈现出了作为社会状况表现的中国妇女劳动参与的图景:其矛盾、反论、未完成的断裂、未预期的延续性和再现,等等。

这一研究花了很大的力气向我们展现妇女的劳动可以如何作为一条主线来解读女性在社会中的地位。正是在这儿,我希望和唐晓菁讨论:今天中国的男性霸权表现在哪儿?妇女地位的转变到了何种程度?这些问题,很显然在论文中(特别是在很出色的结论"中国式矛盾"中)有一定的交待,可以成为作者接下来研究的内容。

图书在版编目（CIP）数据

走出家庭，或回归家庭？：劳动、社会性别与当代
中国社会变迁：法文／唐晓菁著. -- 上海：上海三联
书店，2020.10
　　ISBN 978-7-5426-7153-0

　　Ⅰ.①走…　Ⅱ.①唐…　Ⅲ.①性社会学-研究-中国
-法文　Ⅳ.①C913.14

中国版本图书馆CIP数据核字(2020)第160227号

走出家庭，或回归家庭？ ——
劳动、社会性别与当代中国社会变迁（法文版）

著　　者／唐晓菁
责任编辑／徐建新
装帧设计／徐　徐
监　　制／姚　军
责任校对／张大伟　王凌霄

出版发行／上海三联书店
　　　　　（200030）中国上海市漕溪北路331号A座6楼
邮购电话／021-22895540
印　　刷／上海惠敦印务科技有限公司

版　　次／2020年10月第1版
印　　次／2020年10月第1次印刷
开　　本／890×1240／1/32
字　　数／287千字
印　　张／11.5
书　　号／ISBN 978-7-5426-7153-0／C·601
定　　价／80.00元

敬启读者，如本书有印装质量问题，请与印刷厂联系021-63779028